U0580771

农村电商前沿研究

许安心　著

RURAL

E-COMMERCE

新华出版社

图书在版编目（CIP）数据

农村电商前沿研究 / 许安心著 —北京：新华出
版社，2022.7
ISBN 978-7-5166-4320-4

Ⅰ.①农… Ⅱ.①许… ①农村—电子商务—研究
—中国 Ⅳ.① F713.36

中国版本图书馆 CIP 数据核字（2018）第 222538 号

农村电商前沿研究

著　　者：	许安心		
责任编辑：	蒋小云	**封面设计：**	文人雅士

出版发行： 新华出版社

地　　址： 北京市石景山区京原路 8 号　　**邮　　编：** 100040

网　　址： http://www.xinhuapub.com

经　　销： 新华书店

新华出版社天猫旗舰店、京东旗舰店及各大网店

购书热线： 010-63077122　　　　**中国新闻书店购书热线：** 010-63072012

照　　排： 文人雅士

印　　刷： 天津顾彩印刷有限公司

成品尺寸： 170mm×240mm

印　　张：	23.75	**字　　数：**	351 千字
版　　次：	2018 年 10 月第 1 版	**印　　次：**	2022 年 7 月第 2 次印刷
书　　号：	ISBN 978-7-5166-4320-4		
定　　价：	75.00 元		

版权专有，侵权必究。如有质量问题，请与出版社联系调换：010-63077101

自2014年起，关于农村电子商务行业的利好政策频出，中共中央、国务院于2017年2月5日公开发布《关于深入推进农业供给侧结构性改革加快培育农业农村发展新动能的若干意见》，这是新世纪以来，党中央连续发出的第十四个指导"三农"工作的一号文件。今年的一号文件从基础、服务与环境的角度出发致力促成有利于农村电商发展的土壤，这将成为农村电子商务发展的东风。而从CNNIC第40次调查数据显示，截至2017年6月，中国网民规模达到7.51亿，其中农村网民占比 26.7%，规模为 2.01 亿。2017年上半年，商务交易类应用持续高速增长，网络购物用户规模增长10.2%。这些数据的逐渐扩大，为农村电子商务快速发展奠定了基础。

  在这良好的势头下，阿里、京东、苏宁众多电商大玩家加速挺进农村电商，各类农村电商企业及平台如美菜网、村村乐、乐村淘等也纷纷成功。然而，2015年一亩田短期内招聘了2000多名地推人员，企图把批量农产品的交易从田间地头搬到手机。由于缺乏大规模的线下推广的经验，野心勃勃的做法最终使一亩田在2015年上半年危机四伏，也使其错过了一段发展的黄金时间。这给众人敲响了警钟，成功者固然多，但失败的案例也比比皆是。具体原因如下：

  农产品同质化严重，标准化不足。随着电子商务在农村的不断渗透，越来越多的农民开始触网并从事电商，产品种类也在不断增加。但产品同质化严重，这会导致其以低价为主要竞争手段，频繁促销轰炸使得营商环境变得恶劣，出现农民农产品卖不出去或者卖不出好价钱的现象。同时如今网上的农产品很多处于粗加工且生产散的阶段，而目前适应电商的农产品质量、等级、包装等标准化体系尚未建立，不利于农村电商的健康发展。

乡村物流配送体系不完善。村级物流网点少，适合乡村特点的县（镇）至村的物流网络还未形成，最后一公里问题尤其突出。此外，部分农产品的配送需要冷链物流，而冷链物流体系在我国发展较为滞后，难以按时保质地将农村生鲜产品配送到客户手中。并且由于农村电商小批次、多品种的特征，加之劳动力成本逐年提高，运输费用不断增长，农村物流的配送成本必然较高，偏远山区的配送成本更高，造成农村地区配送率不高。

农村电子商务人才的匮乏。农村电商发展离不开人才的核心驱动，需要既懂农村又懂互联网的人才。农村电商发展起步较晚，基础设施不完善，薪资待遇不佳等因素导致它难以吸引到优秀人才，而自身培养电子商务人员又没有现实的可能。

基础设施相对薄弱。乡村光网数量仍显不足，使用率低，且面向三农的信息网站、数据平台和应用都比较少，农村电商的信息应用落后于需求。

在此背景下，本书认为首先要加快完善广大农村信息基础设施，提高信息覆盖面。鼓励和引导农民群众利用好信息网站和服务。如中农信合就是用线上商城加线下铺设服务站的方式实现双向互通，买得进卖得出。其次，要加强物流体系的建设，积极推动第三方物流，探索第四方物流。由村、乡圈定一定范围自发组织设立基本的仓储，与物流公司合作配送，破解最后一公里问题。第三，制定农产品及其加工品的相关标准规范，创新品牌产品，设立溯源机制，让每一个产品都有"家乡"。如五常大米联合政府和天猫商城共同发布了首款"大米防伪码"，所有经认证的五常大米都会带有这个防伪码，并统一在天猫平台销售。最后，出台各项鼓励政策以吸引大学生和在外务工者返乡创业，同时在村里培训干部以指导农民群众。如博兴县从2005年起，一些回乡的大学毕业生开始尝试利用淘宝等电子商务平台从事网上交易草柳编和老粗布产品，逐步形成了以点带面、辐射带动的发展形势；农村淘宝的团队和政府正在做吸引人才返乡并留下来深耕，带动当地农民再次就业，出现大量职业农民，让他们在农村电子商务创业中发挥领头羊的示范作用。

　　在本书的撰写过程中，福建省商务厅、福建农林大学管理学院的领导给予指导及大力支持，陈火全博士，以及林桂芬、周锋、林佳慧、吴旖旎、郑旎娜、黄炜柘、蔡莉莉、邓惠萍、蔡栅梅等研究生参与本书的资料收集与部分内容的撰写，在此一并鸣谢。

目　录

第一章
福建省农村电子商务发展报告

1 福建省农村电子商务发展现状

1.1 网商和网店增长快速

福建省农村网商和网店的增长较快。从阿里研究院提供的数据可以看出，至2014年，阿里平台上，全省县域电子商务活跃卖家为24.81万家，拥有网店最多的十个县分别是晋江、石狮、安溪、南安、仙游、惠安、闽侯、德化、福清、福鼎，全省农村每万人拥有103.46家网店，泉州市农村网店总数占全省的60%。

在阿里平台上，全省农村网店经营农产品的卖家数量为5.7万个，同口径较2013年增长44%，特色农产品销售位居全国前列。2014年，在阿里巴巴零售平台上，福建省农产品销售额最高的三个县域依次为安溪、武夷山和古田，其中，安溪农产品销售额位居全国第一。三个县通过网络销售的农产品主要为：安溪（乌龙茶、红茶）、武夷山（红茶、乌龙茶）、古田（桂圆、银耳）。从具体类目来看，阿里零售平台上，乌龙茶为福建省最大农产品类目，福建省占据其74.88%的平台销售量。网络销售额同比增速最快的农产品有蔬菜干、海参、冬虫夏草、白茶和枸杞等。在移动端，销售额最高的农产品依次为：乌龙茶、红茶和花草茶。

1.2 网销和网购活跃

至2014年，阿里平台上，全省农村电子商务活跃卖家为24.81万家，2014年总销售额为429.27亿元，每个网店的平均年销售额为1.73万元，经营的优势品类主要有鞋、服装、家居、茶叶、陶瓷等福建省优势产业的产品。经营农产品的卖家数量为5.7万个，同口径较2013年增长44%。2014年福建省在阿里平台上完成农产品销售35.7亿元人民币，用2014年同口径相比，较2013年增长60%。

在阿里平台上，2014年全省农村居民的网购总额为451亿元人民币，年人均网购金额为0.188万元人民币，全年网购金额全省排名前十个县分别是晋江、安溪、福清、石狮、南安、闽侯、仙游、惠安、长乐、龙海（2014年每个县的网购金额都超过14亿人民币），人均网购最高的十个县分别是石狮、安溪、德化、闽侯、武夷山、福安、晋江、罗源、福清、柘荣。

1.3 涉农电子商务平台多元发展

福建省涉农电商平台的发展比较早，并且已经形成了多个全国性的知名涉农电商平台模式。从电商交易平台不同的多样化模式来看，目前福建省的涉农电子商务平台大致分为两类：一类是政府平台：主要是以政府为主导建立的平台，包括"政府投入+企业化运作"的平台，也包括政府主导下、市场主体参与，但明显具有政府背景、在相当程度上承担政府公共服务功能的平台。如从农业部门、农村供销社到组织部门主管的远教网等发展出来的开展电子商务服务的平台；如福建省重点建设的闽货网，将围绕石材、茶叶、鞋服、水产品、林产品、旅游、食品、陶瓷等，支持行业协会（商会）、龙头企业、专业市场和第三方服务机构在阿里巴巴、京东、慧聪等知名第三方电子商务平台上建设闽货网上专业市场，或发展覆盖产业链上下游的自营行业垂直电商平台，推动福建省优势商品触网销售。如泉州南安"世纪之村"电子商务综合平台等，也被国内学界称为"兰田模式"，是2012年福建省为民办实事20个事项之一。目前，已在福建省众多县（市）的行政村（社区）

全面上线使用，发展农家店2247家，每月成交金额达1.83亿元。该平台融合电子商务和电子村务管理于一体，电子商务交易主体包括平台企业、村镇信息员、销售商、采购商，各家主体都从电子商务过程中受益。另一类是市场化平台：可分为第三方平台和卖方销售网站两类。其中，第三方平台，又有综合平台与垂直平台之分。综合平台，包括天猫、淘宝、京东、一号店等平台；而垂直平台也有所分类，既包括依托批发市场所建立的平台，如安溪茶多网，也包括依托专业机构所建立的平台，如柘荣的太子参平台等；而从卖方销售网站一类划分，又大致可分为"基地+网店/商城"，如漳州悦农庄，"采购+网店/商城"以及混合型的O2O电商。在涉农电子商务平台应用上，福建省最近出现两个新迹象或新动向：一是"微电商"平台异军突起，结合移动通信平台和终端，微博、微信、微营销、微网店、微支付的商业应用风生水起；二是涉农电商开始向多平台化、跨平台化发展，即由原来的淘宝、天猫、京东向速卖通、亚马逊等跨境平台发展。

1.4 涉农电子商务服务业配套发展

福建省知名的第三方涉农电子商务服务平台不多，大多数垂直（行业）网站仍处于供求信息发布等初级阶段，行业电子商务服务单一，工商企业电子商务应用程度不深等问题较为凸现，与集商流、物流、信息流、资金流为一体的目标还有一定距离，但是也出现了许多有力的探索实践案例。

1.4.1 电子商务代运营服务业

1.4.1.1 新华大宗福建农产品运营中心

该中心是新华大宗首个专门设立的农产品区域专业运营中心，以服务现货交易为指导方向，为农产品的产销对接、产需直供提供安全、便捷通道，帮助农业产品"走出第一公里"、"打通最后一公里"。新华大宗福建农产品运营中心与福建省优质农产品企业进行上线农产品的对接签约。首批拟上线农产品有：安溪有机观音茶、宁德海参、霞浦紫菜、连江海带、平和蜜柚、闽东茉莉花茶、莆田桂圆干、福鼎白茶等。新华大宗福建农产品运营中心发挥资源整合与农副产品交易全产业链服务方面的优势，把福建省的优质农产品推向全国，为农业现代化建设服务。

1.4.1.2 海峡三农网

海峡三农网是福建省三农行业的门户网站，专注于福建省三农行业电子商务，采取"网站+DM"线上线下结合的办法，打通产业链上下游环节，为家禽、家畜、养猪、海水养殖、淡水养殖、粮食、瓜菜、园林花草、树木种植、果树种植等行业提供资讯、商机、人才等全方位的服务。海峡三农网，在福建省最具影响力的三农电商平台，致力解决三农问题。三农网关心农业增长、关注农村稳定、关爱农民增收，为广大农民朋友提供农业资讯，农产品价格行情，农业信息技术，推动现代农业和社会主义新农村建设。

1.4.2 电子商务物流服务业

2014年福建省完成邮电业务总量857.49亿元，比上年增长16%。其中，邮政业务总量162.67亿元，增长42.6%；电信业务总量694.82亿元，增长11.2%。邮政业全年完成邮政函件业务18030.17万件，包裹业务154.24万件，快递业务量65417.31万件。

在移动通信网络方面，中国电信的3G网络已覆盖福建省所有城市、乡（镇）、村；4G网络覆盖福、厦、泉三地主要区域，正逐步向全省主要区域覆盖；并推动向莆、厦深铁路（福建段）无线通信公众网络覆盖。在光纤宽带网络方面，千兆光纤已通达全省各县区，乡镇、商务楼宇光纤通达率均100%，行政村光纤通达率、城市50M带宽、乡镇20M、农村12M带宽接入能力，均处于全国先进水平。2014年下半年，还面向城市家庭客户推出100M光纤宽带服务，并持续开展老用户提速服务。全省互联网用户3859万户，净增287万户，其中，固定宽带用户899万户，净增64万户。移动电话基站13.9万个，增长41.8%。全省电话普及率为137.7%，互联网普及率为102.3%。

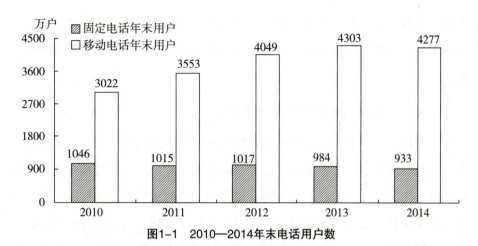

图1-1 2010—2014年末电话用户数

数据来源：2014年福建省国民经济和社会发展统计公报

1.4.3 电子商务教育培训服务业

为大力开展福建省电子商务人才培训工作，加快福建省电子商务人才队伍建设，培养更多具备理论知识和实践能力相结合的复合型人才，以服务福建省电子商务产业快速发展。省商务厅根据《福建省人民政府关于进一步加快电子商务发展的若干意见》提出，争取用5年时间，全省普及电子商务知识10万人次，培训电子商务专业人员18万人次，培养电子商务高级人才2万人次，力争在电子商务人才构成、素质、管理、服务等方面形成区域竞争优势，推动福建省电子商务服务产业的集群建设与发展。

省商务厅会同省人社厅总牵头，主要由高校知名电商教授、社会知名电商专家和知名电子商务企业高管等参与，组建"福建省电子商务专家委员会培训指导专委会"，负责对全省有关电子商务的培训工作。包括培训平台和体系建设、培训活动以及对培训过程进行指导建议和监督评估。同时，福建省还将逐步建立一套符合实际的电子商务技能培训和考核认证体系。

1.4.3.1 福州和泰网络科技有限公司

公司成立于2011年，是一家致力于电子商务、培训、导航定位等业务领域多元化发展的高新科技企业。公司秉承专业、严谨、时效、创新的工作作风，旨在通过提供优质的产品和服务为广大用户所长期支持和信赖。公司坐落于海峡两岸合作建设的第一个电子商务产业基地——海峡电子商务产业基地。

1.4.3.2 厦门德讯教育科技有限公司

作为中国最专业、最具价值的管理培训咨询机构之一，多年来一直致力于企业组织管理领域中成功运营方法的研究，致力于探寻成功企业成长中的实战方法，整合国内外管理资源，推出了一系列成长中企业所需之品牌课程、实操课程、管理咨询项目等，内容涉及战略管理、人力资源管理、营销管理、财务管理、生产管理、物料管理、品质管理、技术管理、流程设计等领域，专注为成长中企业和个人的不断创新提供专业、贴身的管理、咨询服务。

1.4.3.3 淘宝大学

全球领先的电子商务公司阿里集团旗下的核心教育培训部门，以不断提升网商成长为己任，整合集团内外领域内的优势资源，经历7年的积淀和发展，每一步皆立足电商成长之所需，打造线上线下多元化、全方位的电商学习平台。淘宝大学在泉州、福州、厦门等地均设有合作分支机构。淘宝大学电商精英泉州机构是淘宝大学官方授权培训机构，目前总部在石狮日报社，同时在石狮蚶江、晋江陈埭鞋都电商中心、泉州丰泽东海大街和园、泉州清濛、安溪茶多网电子商务创业孵化基地、德化电子商务园都有教学点。常年开设网店精英推广、精英美工、精英客服班。

1.5 涉农专业市场电子商务发展各具特色

1.5.1 海峡品牌农产品展示交易中心"海峡特产城"

福建海峡特产城投资管理有限公司投资建设的海峡品牌农产品展示交易中心"海峡特产城"，联合京东生鲜推进福建省优质农产品电子商务发展。南平市海绿农产品交易中心的"海绿农商城"公共服务电子商务平台顺利运行，平台引入农产品电子商务、农业物联网、农产品溯源、农村信息服务、智慧型设施农业、农产品现代物流服务新兴技术，加快了福建省笋、竹、锥栗等农产品、产业特色现代农业产业转型升级。

1.5.2　海西药城

福建海兴电子商务科技有限公司投资建设海西药城门户、海西药城微门户服务平台和公共服务平台（企业可信平台、中药材产品检测平台）。海西药城门户网站信息平台于2014年于6月开发测试完成，在2014年12月正式上线。海西药城微门户平台于2015年1月完成开发及测试工作，现已投入服务工作中。目前该平台仅柘荣县当地医药制造企业服务数20家以上和上百户药农提供药材种植信息及药材市场动态等服务，其中为制造企业的主要服务内容有：药材市场动态信息查询、发布新闻、为医药机械设备发布供求信息、提供广告服务等内容服务。

1.5.3　泉州泉港区特色农副产品中心

泉州泉港区特色农副产品中心组建泉港区农副产品产销联盟的通过统一的采购、质量标准、运营模式、物流配送、资源整合，抱团参与电子商务。目前，该联盟已组织100多个农产品品种在电子商务平台实现"网上叫卖"，一定程度上破解新鲜农产品的销售难、配送难问题。

1.6　农产品电子商务应用前景广阔

一是福建省农产品电子商务企业不断壮大。中闽弘泰、茶多网、春舞枝、新罗区培斜村、美地农业、三优商城、蓝渔农业、沙县大通蛋业、兰爱珍豆腐皮等本地电商企业致力于农产品的网上营销，促进了农产品电商推广和应用。茶多网创立了全国"茶叶价格指数"，成为全国农产品电子商务标杆企业。春舞枝网成为全国花卉苗木交易的风向标。二是福建省农产品企业电子商务意识不断增强。以农业产业化龙头企业为代表的福建农产品企业、行业协会通过自建电商平台（含企业门户网站）、委托第三方电商平台、依托淘宝、天猫、京东商城等电商平台多渠道开拓农产品营销。南安世纪之村电子商务平台、泉港海峡两岸农产品电子商务园区、华威物流电子商务平台，不仅是彰显企业文化、宣传产品和品牌的平台；同时成为企业降低交易成本，扩大市场销售，凸显品牌效应不可或缺的现代交易方式。三是福建省农产品电子网上交易量不断扩大。福建省品牌农业发展迅速，农产品数量品种繁多、质量上乘。淘宝、京东商城、苏宁云商等电商巨头纷纷入驻福建，以其强大的平台功能和线下配送能力推动福建农产品的网上交易。

因此，当下无论何时何地登陆淘宝网、京东商城、1688网、聚划算等电子商务网站时，福建造茶、米、油（茶油）、盐、酱、醋、营养品、中药材、土特产干货等特色产品农产品应有尽有，正所谓一"网"打尽、一"网"无限。

2 福建省农村电子商务发展面临的主要问题

2.1 农村电子商务基础设施相对薄弱

现阶段来看，农村电子商务基础设施对于基层的覆盖还不够完全。一是农村信息设施初具规模，但使用率相对较低。根据省通信管理局、省互联网协会发布的《2014年度福建省互联网发展报告》数据显示，截至2014年12月，福建省网民数量为2471万，普及率为65.5%，普及率在全国排名第4。商务交易类应用，与2013年比，网络购物、网上支付、网上银行的用户规模均增长10%以上，旅行预订和团购的用户规模均增长60%以上；网上支付用户规模达1222万人，增长16.9%；网上支付使用率49.4%，提高5.9个百分点；互联网理财产品用户规模为326万人，使用率13.2%。福建省大部分农村实现了通电话、通网络，为农村电子商务发展奠定了基础。但与城镇居民相比，农村居民的信息网络设施还存在不足，使用率也低于城镇。从国内电商巨头阿里巴巴、京东在福建实施电子商务进农村计划公开的数据综合课题组实地调研的抽样调查可以看出，福建省农村居民对网购接受率超过80%，但实际网购人数仅占网民约30%。二是涉农信息化平台流量受限突出。虽然省、市、县各级都建立了一些涉农信息服务平台，但规模都比较小，知名度不高，没有形成规模效应和品牌效应。据世界权威的Alexa排名，省级综合类涉农网站"福建三农服务网"，其月均流量、月均到访量均排在全球网站的200万位以后；区域性综合类涉农网站"古田翠屏湖在线"，仅排在50万位左右；民办的"世纪之村"平台也仅排在20万位左右；有的县级网站日均到访量甚至还不到10人。

2.2 农村电子商务物流配送流通不畅

福建省地处我国东南沿海，山地多、平地少，80%以上是丘陵和山地，是典型的山区省份；农村人口众多，人口居住分散。这些问题对于农村物流配送来说是个不小的挑战。福建省交通运输已实现较快增长，2014年全年交通运输、仓储和邮政业实现增加值1320.35亿元，比上年增长10.7%。公路通车里程101189.60公里，比上年增长1.7%。其中高速公路4053.02公里，增长3.0%。铁路营业里程2759.1公里，增长0.6%。

表1-1 2014年福建省各种运输方式完成货物运输量情况

指标	单位	绝对数	比上年增长（%）
货运量	万吨公里	111779.00	15.6
铁路	万吨公里	3403.17	-7.0
公路	万吨公里	82573.37	18.2
水运	万吨公里	25781.54	11.3
民航	万吨公里	20.92	9.0
货物周转量	亿吨公里	4783.48	21.3
铁路	亿吨公里	149.80	-9.1
公路	亿吨公里	974.80	18.7
水运	亿吨公里	3655.72	23.7
民航	亿吨公里	3.15	12.3

数据来源：2014年福建省国民经济和社会发展统计公报

但是，目前大部分快递只能到乡镇一级，还到不了农民的家门口，最后一公里问题尤为突出。并且由于农村电商小批次、多品种的特征，加之劳动力成本逐年提高，运输费用不断增长，农村物流的配送成本必然较高，偏远山区的配送成本更高，造成农村地区配送率不高。福建省邮政邮路总条数746条；邮路总长度（单程）192848公里，比上年末增加10248公里。福建省邮政农村投递路线3246条，比2013年末增加22条；农村投递路线长度（单程）93057公里，比上年末增加1370公里。福建省邮政城市投递路线1888条，比上年末增加107条；城市投递路线长度（单程）36047公里，比上年末增加3779公里。福建省快递服务网络条数3732条，比上年末增长28.16%；快递服务网络长度（单程）961491.74公里，比上年末增长15.99%。福建省农村与城市的投递信息汇总情况如下表1-2所示。

表1-2 福建省农村投递路线、城市投递路线

年份	邮路单程长度（公里）	农村投递路线（公里）	城市投递路线（公里）	长途电话业务（路）
2013	180600	91687	32268	7912728
2014	192848	93057	36047	7912728

2.3 农村电子商务专业人才相对不足

从全国来看，农村发展电子商务遇到人才瓶颈是一个普遍现象。最近阿里研究院与淘宝商学院联合发布了《县域电子商务人才研究微报告》，未来两年县域网商对电商人才的需求量超过200万人，最缺运营推广、美工设计和数据分析三类人才。即使已经开始从事电商创业的人才，也面临能力不足的问题。《"新三农"与电子商务》引用的调查数据表明，20%的人认为自己缺少开店知识；另有14%反映不会设计网店，31%认为当前最大的困难是经营管理和发展问题。所以，引进人才是一个方面，培训人才也十分迫切。

2014年省商务厅制定出台《福建省电子商务人才培训工作方案》，并同人社厅等部门，邀请省内外高校知名电商教授、社会知名电商专家和知名电子商务企业高管等参与，组建"福建省电子商务专家委员会培训指导专委会"，对全省有关电子商务的培训工作，包括培训平台和体系建设、培训活动以及对培训过程进行指导建议和监督评估。省商务厅先行先试，已成功开

展了多场人才培训活动，并结合"八闽电商行"电子商务大讲堂，主动对接省委组织部、省人社厅、中国国际电子商务中心等单位，探讨优势合作互补，做优做强电子商务人才培训。

由于福建省地区经济发展水平差距较大，山区县受到农村社会经济和文化环境限制，电子商务人才一人难求。一方面，一些懂得电子商务技术和电子商务管理的人员不愿意到农村去；另一方面，农村本身培养电子商务人员又没有现实的可能，使得农村电子商务人才严重缺乏，影响了农村电子商务的快速、健康发展。在调研中，各县不管是政府部门还是电子商务企业反映最强烈的就是电子商务人才缺乏，尤其是运营、美工、推广的人才。

2.4 农村电子商务服务业发展相较滞后

从调研情况看，福建省农村电商教育培训、孵化支撑、平台建设、营销推广等配套服务发展滞后仍然突出。问题主要来源于几个方面：一是缺乏系统的电商规划、运营和专业培训，如很多农村电商企业还处于摸索成长阶段，缺乏专业指导，也缺乏专业运营管理人员、网络营销人员和VI设计人员等；二是缺乏融资渠道和创业资金支持，如农村一些初始创业群体无固定资产抵押，无法获得银行贷款，融资渠道受限，电商创业启动资金难以为继；三是农村电商群体同质化竞争严重，造成价格战，农村电商群体初创即面临生存危机。

2.5 农产品标准化不够与同质化竞争普遍

截至2014年12月福建省地理标志驰名商标总数达21件，居全国第1位，累计获批地理标志产品62个，虽然商标工作取得长足进步，但农产品标准化生产水平普遍较低。电子商务对产品的品质分级标准化、规格化以及编码化有较高的要求。福建省多山少平地的地形特点决定了农产品生产小规模、分散，这进一步加剧了农产品的标准化生产的难度。由于标准化程度低，农产品的安全与信任就成了大问题。对于同一地区，农产品同质化现象比较明显，品牌的和产品的差异度不大，产品辨识度较低，这样的结果容易走入两个极端：一是类似干货品类农产品如茶叶、食用菌，与普通消费品的储藏物流特性相当，许多产品均走入低价营销误区。从阿里研究院提供的数据显示，福建省在阿里平台上销售的优势涉农产品的顾客单价均较低，如乌龙茶、红茶平均每斤在50元以下、桂圆、银耳平均每斤在15元以下；二是类似生鲜品类，虽然产品附加值较高，但保鲜成本高，冷链物流困难大，实际损耗程度大得惊人。

2.6 农村网商管理运营能力有待提高

目前，福建省多数地区农村电子商务企业成立时间较短，规模较小，企业运营停留在依靠人力提供销售产品、营销推广等几个基础环节上，整体上处于"劳动密集型"阶段，较少进入渠道规划、数据分析、客户管理等数据化、精细化、标准化的运营阶段。从阿里平台的数据可以看出，福建省农村网店平均年销售额是17万元，网店平均年销售额超过平均数的县分别是：浦城、福安、仙游、德化、石狮、晋江、清流、闽侯、福清、华安、政和、安溪、古田、南安、永安，全省72.3%的农村网店平均年销售额低于平均数，可见，大部分的农村网商管理运营能力偏低。

2.7 农村电子商务配套政策体系尚不完善

鉴于农村电子商务市场的特殊性，政府必须发挥宏观规划与指导作用，打破地区保护和封锁、条块分割，真正形成电子商务发展的有利环境。福建省出台了诸多扶持农村电子商务发展的指导意见和政策制度，从宏观上为农村电子商务发展提供了制度保障。但就农村电子商务发展的实际来看，现有的政策还是存在重制定轻执行轻绩效评估、处于支持"点"的发展，对"面"的发展关注不够等情况。在调研中发现，许多山区县电子商务基础非常薄弱，政府及各大平台主推网购，对于网络销售环节的推动力不够，造成对现有传统农村销售体系与大平台主推的网购体系的短期冲突估计不足。又如，目前福建省把扶持重点放在了电商园区、企业招商上，对草根电商创业重视不足，创业群体享受融资渠道和创业资金支持受限较多，农村电子商务的大众创业万众创新的态势难以形成。

3 推动福建省农村电子商务发展的对策建议

福建省已具备良好的农村电子商务产业基础，今后一段时期，将是福建省加快发展农村电子商务的关键时期和黄金时期。福建省必须抢抓时代契机，顺应农村电商发展趋势，找准农村电子商务发展的路径，加快把农村电商做大做强。

3.1 强化电子商务对农村经济转型的助推作用

充分认识电子商务作为战略性新兴产业与现代服务业的重要组成部分，已成为引领生产生活方式变革的重要推动力，成为经济增长的新引擎，成为加快完善现代市场体系的重要手段，把电子商务作为福建省农村经济社会转型的一项战略性任务，加快推进福建省农村电子商务发展。

3.1.1 制定战略规划

农村电子商务横跨一、二、三产业，农户、网络、政府、企业诸要素缺一不可，必须运用系统思维，统筹协调，充分调动各要素积极性，形成合力。

3.1.1.1 合理布局

省市两级政府必须充分利用和发挥当地已经形成的各种优势，结合传统实体产业集群分布，加大力度吸引外部资源，拓宽合作渠道，科学布局农村电商发展。要充分结合福建省产业集群的分布特点，考虑有自发形成淘宝村或网络市场可能性的农村地区，给予更多的政策支持。

3.1.1.2 制定规划

县级以下政府要统筹力量，落到实处，成立农村电子商务发展协调机构。开展电子商务法律法规研究，制定农村电子商务发展规划，建立行业管理和服务机制，明确引导农村电商发展方向，通过科学规划实现有序发展。

3.1.1.3 强化配套

在以线上销售为主、线下体验服务配套的大趋势下，各级地方政府应当根据当地产业发展需要，加大投入，优化有形市场的公共环境，树立良好的区域形象。

3.1.2 优先推进农村信息化建设进程

比较完善的信息基础设施是积极发展农村电子商务的重要基础。福建省还要在农村信息基础设施建设方面加大投入，加快完善广大农村信息基础设施，提高信息覆盖面。

3.1.2.1 给予一定的政策资金支持

各级地方政府要依据各自财力状况、农业发展能力等实际情况，制订专项扶持政策，建立农村电子商务发展基金等，让更多闲散资金投入到信息化建设之中，为农村电子商务发展保驾护航。

3.1.2.2 加快提升信息化服务水平

加强农村地区信息基础设施建设，加大信息化推广工程的支持力度，引导农村地区与相关电脑生产商进行合作等，为有意从事电子商务工作的农民群体提供性价比比较高、具备良好品质的电脑设备与网络设备，鼓励与帮助农民群体用上现代化信息设备，引领其更加积极地参与到电子商务之中。同时，吸收引进专业服务机构，多渠道为农民群众提供电子商务运营等信息咨询方面的服务，提升农民群体的信息化素养，拓宽其发展眼界。

3.1.2.3 增强技术创新的发展能力

协调电信部门优化电子商务通信环境，重点加强光纤接入网、无线接入网和基础电信运营商数字运营中心建设，适度降低电子商务企业网络接入、服务器托管等费用，尽可能降低农民群众的上网费用，加大农村电子商务信息化流量，提升农村信息基础设施利用效率。积极鼓励相关行业、企业进行技术创新，利用云计算、大数据、物联网、移动互联网等新兴技术，加强软件研发，加快推进O2O体验、C2B个人定制、手机APP、微营销，以及"云培训""云客服""云美工"等电子商务创新发展。

3.2 打好农村电商配套体系建设组合拳

农村电商创业主体是青年人，青年是最活跃的创业群体，大批青年返乡从事电商创业，已成为农村电商的最大活力，但农村电商发展也面临着一些发展的痛点和瓶颈。要解决农村电商的发展瓶颈，必须创新农村电商商业模式，解决长期制约农村电商发展的物流难、启动资金难等基本问题。

3.2.1 加强建设物流配套体系

3.2.1.1 进一步强化物流服务能力

积极发展第三方物流，引导企业内部系统的配送中心逐步向社会化发展，提高物流配送企业的技术含量和服务质量，逐步建立面向所有网上商户的社会化、专业化的物流配送机构。探索发展第四方物流，构筑以公共物流信息平台为主导，以物流园区信息平台为支撑，以福建省物流企业信息化为基础的层次分明、功能互补的数字物流体系。引导物流服务网上交易，实现物流资源优化配置，提高物流对电子商务发展的服务能力。

3.2.1.2 努力破解"最后一公里"问题

由村、乡自发组织在电子商务发展较好的村或乡设立基本的仓储，然后与物流公司合作建设相应的收货仓，产品按照不同的物流归仓，有相应的物流公司进行配送。鼓励物流企业从包装、仓储、运输方面出发，结合先进的信息技术，建立现代物流网络，并把物联网相关技术运用到物流体系建设中去，加快数字物流体系建设，努力破解"农村最后一公里"物流瓶颈。

3.2.2 培育电子商务服务业态发展

电子商务服务是一个全新的服务业态，既离不开传统服务、又有别于传统服务，相关配套服务必须要做到位。

3.2.2.1 培育专业化电商服务企业

大力培育专业化电商服务企业，为农村电子商务发展提供网店建设、产品包装、市场推广、代运营等专业服务，进一步拉长农村电商产业链、价值链和创新链。

3.2.2.2 政府购买服务的市场化模式

成立农村电子商务公共服务中心的运营服务商，以"面对面、手把手"方式为开网店的村民提供免费的产品拍摄、店铺装修、运营指导、培训等服务。

3.2.3 提升农村电商配套金融服务

针对农村地区金融不发达的现状，金融部门应结合农村地区金融服务需求的特点，推出相应的金融产品和金融服务。如加大小额贷款支持力度、降低贷款门槛并给予农民利率优惠，提高农民从事电子商务的积极性。或由商业银行等机构建设安全、便捷的在线支付平台，推广使用银行卡、网上银行等在线支付工具，积极发展市民卡、第三方支付平台等新型支付手段，推动在线支付业务规范化、标准化，为农村电商提供更加快速便捷的支付渠道，完善农村地区的交易支付体系。

3.3 切实加强农村电子商务人才的培养

电子商务是一项具备专业技术含量的商务模式，能不能在农村发展起来很大程度上取决于农民对电子商务的了解、农民对信息的利用能力和对网络的应用能力。在增强农民对网络和移动电子商务了解、熟悉的基础上，从培养对象出发，从以下三方面加强对人才的培养力度。

3.3.1 吸引大学生和在外务工者返乡创业

出台各项鼓励政策，吸引大学生和在外务工者返乡创业，特别可以开展农村网络代购创业服务。农村电子商务发展过程中需要很多技能人才，县、乡两级政府及村级组织可以通过专职培训、继续教育等形式，吸引农村的年轻人、返乡人员参加培训掌握电商技能。

3.3.2　引进大学生村官

省、市政府可以将现有大学生村官工作与村级电商服务点进行融合，通过引编、提薪等形式吸引大学生村官留村工作。加强对大学生村官的培训使其掌握电子商务应用技术，把村级电子商务服务站纳入到信息服务站的工作范畴中。

3.3.3　加强技术骨干培育

对已初具规模的农业电子商务应用企业和农村网商进行培训，建立一支农村电子商务的骨干队伍，让他们在农村电子商务创业中发挥领头羊的示范作用，并通过宣传和组织相关活动向他们普及移动电子商务运营方面的专业知识。鉴于农民对农村干部的信任度较高，可以培训部分村干部成为技术骨干，带领本村农民发展电子商务。

3.4　进一步提高农产品的市场竞争力

3.4.1　加强农产品标准化建设

农产品难以标准化，一直是制约着农产品流通的瓶颈，也是实现农村电子商务的瓶颈问题。因此，必须加强农产品标准化建设，达到电子商务活动中的品质要求。

3.4.1.1　制订农产品及其加工品的标准和规范

由专业的第三方机构加快对各类农产品及其加工品的标准化工作，制订标准和规范，开发适合电子商务网购的产品，探索建立网购农产品的生产、加工、包装、储运标准体系。

3.4.1.2　建设农产品源头追溯机制

鼓励电子商务企业联合开发，进一步深化农产品溯源查询平台的建设，建立可追溯的质量保障体系。充分考虑追溯的便捷性，引导和扶植平台运营的企业引入第三方鉴定机构建设移动追溯平台，设置"基地核查+实名认证+

全程抽查备案"的源头追溯机制。

3.4.2 扶持农村电子商务品牌建设

扶持农村电商品牌建设，需要创新、培育和强化品牌意识，具体来说，主要表现如下三个方面。

3.4.2.1 创新驱动

未来农村电商需通过自主创新，打造自己的品牌，积极引导个体要走特色化、差异化道路，主动率先求变和上档次，打造"人无我有，人有我优"的品种和质量，"人优我专，人优我精"的产品和服务的细分和专注，以及"人优我新，人优我转"主动差异化和做法。

3.4.2.2 培育精品

地方政府应根据"品牌电商化，电商品牌化"的大趋势，积极培育一批有竞争力的骨干品牌电商，力争在区域竞争中占据有利地位。建立并发挥协会的作用，进一步加强行业自律，规范市场经营、打击恶意竞争、控制产品质量。

3.4.2.3 提高品牌意识

不仅要精心打造自己的个体知名品牌，而且要积极打造集体品牌，实施品牌化战略。

3.5 提升对农村电商的服务水平和效率

3.5.1 明确农村电子商务服务机构

因农村电子商务涉及多个部门，政府要理顺体制，部门联动，统一部署，进一步明确农村电子商务发展牵头部门，为农村电子商务发展提供良好的机制保障、政策保障、服务保障和环境保障。各县（市、区）成立相应的农村电子商务服务机构，健全管理机构，配备熟悉电商业务的专业人才，强化部门协调，形成工作合力，共同推进农村电子商务发展。组建由商务、工商、人社、税务、通信等部门联合的志愿团队，结合各自职责下乡搞好便捷化服务。宣传部门要借助多种媒体渠道，加大宣传力度，营造利于农村电子商务发展的氛围。公安、工商、质监等相关部门要加强监管，引导行业规范健康发展，维护公平公正的经营秩序，维护企业和消费者的合法权益。充分发挥电子商务中介组织、行业协会作用，加强行业自律，促进农村电子商务健康有序发展。

3.5.2 创新农村电子商务发展模式

分散的农村是农村电子商务的主体，农业地区企业也少，所以农村在发展电子商务时不能借助城市运作模式，需在适合广大农村地区发展的基础上加以改进和创新。

3.5.2.1 建设具有福建省区域特色的电商平台

在利用第三方大型商务网站，打造福建农村电子商务营销平台的同时，着力建设具有福建省区域特色的电子商务平台。

3.5.2.2 加强电子商务村镇建设

以福建省各地区本地特色产品为依托，鼓励农村青年特别是农村残疾青年和贫困山区的青年利用电脑和手机建设网店和微店，加强电子商务村镇建设，积极培育一批适合福建省本地发展的电子商务村。

3.5.2.3 支持区域性农村电子商务网站

支持各类组织或企业创办区域性的农产品电子商务网站，初期可以先鼓励创办以所在地区居民为消费对象，进行生鲜产品为主的网站，结合购物特点强化移动端APP的开发，实现农产品消费者可以随时随地进行点击式购物。

3.5.2.4 创新电商平台模式

在现有平台的基础上创新电商运营模式，凸显以消费者的需求为主导，使用个性化定制、众筹模式等思路来创新平台，使适合农村电子商务平台更加移动化、智能化。

3.5.3 促进与高端农村电子商务资源对接

要加大与高端资源的对接力度，促进农村电商更好更快发展。一是大力引导和鼓励农民积极"触网"，通过微信、QQ、自建网站等各种网络终端销售农产品，提高农产品附加值，增加农民收益。二是以淘宝、阿里巴巴、京东、1号店等第三方平台为主要载体，加快建设网络销售平台和地方特色馆，并逐步向其他知名电商平台拓展网络销售业务。三是引导农业龙头企业、农业专业合作社、家庭农场、品牌农产品经营企业开设第三方旗舰店，推动特色农产品和加工基地依托电商平台建设区域性电商专区，培育网络销售品牌，扩大农产品销售。结合全省电子商务产业基地建设要求，推动一批基础较好的县（市、区）建设具有当地特色的农村电子商务产业基地，并以阿里巴巴产业带、淘宝特色馆等项目为载体，搭建区域性电商服务平台，通过线下产业发展平台和线上电商交易平台的结合，打造一批立足农村、面向全国及全球市场的电商产业基地。

3.6 营造农村电子商务发展的良好环境

3.6.1 出台有实效性的扶持政策

制定福建省农村电子商务发展的具体实施意见，发挥好政策的推动力和引导力。根据农村电子商务发展实际需要，通过安排相应的项目资金用于支持建设农村电商公共服务平台、电商产业基地、村级电子商务服务点及农村信息通信基础设施。对农业生产者通过开设网店等方式销售自产农产品免征增值税，引导农产品经营企业、农村合作社和农业经纪人等积极开展农产品网上销售等业务，支持涉农网商进一步转型发展。引导电子商务服务企业拓展农村业务，为农村电子商务发展提供网店建设、仓储物流、市场推广、代运营等专业化服务，带动更多企业参与农村电商发展。充分发挥农信机构的金融服务作用，对农村电子商务相关项目给予信贷支持，简便办理手续，并延长贷款年限。加大对农村青年，返乡大学毕业生、大学生村官，特别是农村电子商务创业、电子支付应用带头人的授信及贷款支持，积极培育一批农村电子商务创业带头人，切实发挥其引领示范作用。

3.6.2 分类指导农村网商并扶优扶壮

3.6.2.1 培育打造电子商务产业基地

规划建设高水平的电子商务集聚区，引入大型电子商务项目，集聚一批有较强市场竞争力的优质电子商务企业，建成一些电子商务产业园区（基地），形成产业集聚发展的示范效应。

3.6.2.2 培育电子商务示范企业

每年从传统企业电子商务应用、电子商务平台、"网络品牌"创业企业、电子商务配套服务企业等选出一批基础扎实、成长性好的企业，进行重点支持和培育，推广成功经验，增强区域引导、行业辐射和产业带动能力，通过示范企业引领其他企业加入电子商务网络营销行列。

3.6.2.3 结合优势产业发展垂直平台

重点支持"世纪之村""土巴巴""茶多网"等综合区域电子商务平台，为本地企业走出去搭造一个综合性的电子商务集聚平台，推动福建省产品参与国内和全球竞争。

3.6.3 改进对农村电商的指导方式

改进政府部门对农村电子商务的指导方式，激发农民电子商务能量。经验表明，农村经济社会转型真正成功的经验大多发自于草根，主管部门应切实加强基层农村电子商务调研，及时发现、总结和推广基层创新经验，高度重视农村电子商务示范作用，重点鼓励有上网经验的返乡大学生、务工人员和大学生村官等带头开展电子商务，鼓励引导各类电子商务专业人士到农村开展创业培训，鼓励成功的先行者现身说法，通过各种形式的宣传和农村"熟人社会"有利知识扩散的机制，促进涉农电子商务尽快星火燎原。

农村经济社会转型，根本上是作为农村经济社会最基本组织细胞的农户和农民的转型，要引导农户和农民提高自身的组织化水平和程度，提高他们及其组织的信息化意识、能力、水平和程度。政府主管部门应以农村专业合作社、农村服务网点及机构、各类村民组织等为重点，以提高农户与农民的组织化率和信息化率为基础，纳入新农村建设的发展规划和工作部署，发挥农村电子商务推动农户和农民积极转变的作用。

组织部门高度重视遴选、培育和使用农村已经、今后还会更多涌现的既有信息能力、又熟知农村经济社会规律的优秀人才，发挥农村网商这一新兴全体发展和改革需求动力足、见多识广、能力更强的特点，为他们参与地方经济社会发展决策和公共事务管理，助力农村经济社会转型，创造更好制度化条件。

第二章
生鲜农产品电子商务消费者购买意愿研究
——以漳州市为例

1 背景

随着网络的普及和物流行业的迅猛发展，商品送货上门、购买快捷方便，网络购物这一新兴事物正在被消费者逐渐接受。CNNIC第39次调查数据显示，截至2016年12月，我国网购用户达4.67亿，占网民比例为63.8%，规模较2015年底增长12.9%，网购市场保持稳健增长趋势。2016年"双11"当天阿里交易额达到1207亿元，打破了2015年创下的912亿记录，同比增长32.35%。生鲜农产品电子商务从2013年开始便上升势头迅猛，2013年生鲜农产品在网上热销产品中排名前四；2014年更被称为互联网农业元年；2015年的中央一号文件依旧强调支持电商、物流、金融等企业建设涉农电子商务平台。2016年艾瑞咨询、易观智库等机构发布了各自的研究报告，均预计我国生鲜电商市场交易规模到2017年将突破千亿元，未来几年我国的生鲜电商市场仍会呈快速增长趋势。

京东、天猫、亚马逊、我买网、一号店等综合型电商巨头也觊觎生鲜农产品市场的巨大的商机，都争先恐后在涉足该领域，迅速抢占生鲜农产品的市场份额。同时也涌现了如菜虫网、菜管家等一批专业从事农产品网络销售的网站平台。除此之外，传统企业也纷纷开始涉足生鲜电商领域，中粮我买网、光明菜管家、顺丰优选、国有企业中国邮政集团公司等不同领域的企业不断创新电商模式，凭借自身在农产品货源供应、物流配送网络等方面的优势，在生鲜电商中占有一席之地。但是，由于生鲜农产品所需要的冷链物流和"最后一公里"服务本身就具有一定难度，再加上消费者网购生鲜农产品的习惯尚未形成，所以目前生鲜电商的普及率还不高。生鲜电商网站平台的影响力和生鲜在网络购物中所占的市场份额都还较小，真正告别超市、农贸市场选择长期网购生鲜农产品的消费者比例不高。当前生鲜农产品电子商务的发展面临着以下几个方面亟需解决的关键问题：生鲜农产品质量和安全保障；物流配送高效便捷无损；满足各类消费者需求的网站平台建设和配套完善服务；提高消费者认知度和信任度等。这些问题都不同程度地影响消费者的购买意愿，在农产品电子商务发展过程中具有举足轻重的意义。

漳州市具有良好的生鲜农产品生产条件和地理优势。漳州市是著名的水果之乡、食品名城、花卉之都、蕈业之城、水产基地，是全国重要的绿色食品生产基地、福建省对台农业交流合作的重点地区，扎实推进海峡两岸农业合作实验区、台湾农民创业园建设。漳州地处"闽南金三角"，是鹰厦铁路、龙厦高铁、厦深高铁交汇的重要枢纽城市，是国家区域级流通节点城市。经过多年的发展，漳州市生鲜农产品生产和营销已颇具规模，具备了较强市场竞争优势。目前，全市已有7个县区和开发区新成立了县级电子商务协会，云霄县、漳浦县获批"电子商务进农村"国家级示范县；芗城区大力发展佰马城电子商务产业园，建设漳州首个O2O农业电商创业孵化平台。但目前漳州市生鲜农产品与电子商务的结合并不紧密，生鲜农产品电子商务仍处于起步阶段。因此，以漳州市为例进行研究，有助于进一步促进漳州生鲜农产品电子商务的发展，同时为其他类似的地区提供借鉴。

2 生鲜农产品及电子商务消费者购买意愿相关理论及文献回顾

2.1 相关概念界定

2.1.1 购买意愿的含义

购买意愿在国内外学术界比较一致的观点是认为它是一种消费心理活

动，是指消费者愿意采取购买行为的可能性。Mullet认为购买意愿是消费者根据外在及主观的影响因素对某种特定产品的主观选择倾向，并证实它可作为预测消费行为的一项重要指标[①]。许多学者就是通过对消费者购买意愿的研究来对消费者的实际购买行为进行预测。购买意愿既可以认为是消费者对特定的产品或者品牌的一种主观倾向，也可以认为是一种为了满足自身某种需要而选择购买某种商品的心理表现。国内学者韩睿就认为购买意愿是指消费者可能购买某种产品的可能性，作为一种消费心理属于购买行为的前奏[②]。

2.1.2　生鲜农产品与生鲜电商的含义

生鲜农产品主要指未经人为深度加工的初级农产品，如果蔬、水产品、畜禽等，也称为生鲜三品，由养殖或种植形成，可食用。生鲜电商是生鲜产品电子商务的简称，是指在互联网上利用电子商务技术、计算机技术等手段直接向消费者销售生鲜类产品[③]。

2.1.3　生鲜农产品的特征

生鲜农产品具有易腐易损性的主要特征，这就必然对其储存、流通提出较高的技术要求，而鲜活程度又是决定生鲜农产品价值的重要指标。因此，它相较于其他产品，有其特有的一些特点：

（1）季节性。由于生鲜农产品由种植、养殖形成，就必然会受到一年四季的降水、温度等因素影响，在数量和品种上有明显淡季旺季之分。

（2）区域性。因气候、土壤不同，不同地区因地制宜种植不同农作物，因此生鲜农产品一般也具有较明显的区域性。

（3）易损易腐性。生鲜农产品保鲜期都较短，容易因为外界温度和机械损伤等因素影响而发生变质腐烂，影响产品质量和价值，因此对生鲜农产品的包装、储存和冷链物流等要求很高。

（4）供需变动性大。受自然气候和区域的影响，生鲜农产品的品种和数

---

① Muulet.The roles of attitudinal and personality variables in the prediction of environmental behavior and knowledge[J]. *Environment and Behavior*，1977，9：217-232.

② 韩睿：《浅谈消费者购买意愿》，《中国农村经济》，2009年第4期。

③ 杨颖：《生鲜农产品网购意愿影响因素的实证研究》，安徽财经大学论文，2015年。

量的多变，使货源也变得多变，且生鲜农产品属于刚需产品，故易出现供需不平衡的现象。

2.2 理论基础

2.2.1 理性行为理论

理性行为理论（Theory of Reasoned Action，TRA），1975年由美国学者阿耶兹（Ajzen）和菲什拜因（Fishbein）提出，主要是分析态度怎么有意识地影响人们做出具有一定理性的行为，用于解释和预测个人的行为[1][2]。该理论包括四个因素：态度（Attitude）、行为（Behavior）、主观规范（Subjective Norm）、行为意向（Behavior Intention），认为个体行为是由行为意向决定；行为意向又由个体对行为的态度和主观规范所决定，这里的态度和主观规范是分别独立影响个体行为的。

2.2.2 计划行为理论

计划行为理论（Theory of Planned Behavior，TPB），是理性行为理论的继承。理性行为理论中，是假设人类在进行相关行为的时候完全理性，是在意识完全控制之下的，但阿耶兹（Ajzen）在研究中发现，人们的行为既不会完全的理性也不会完全的不理性[3]。除了受个人意志控制，还受客观环境因素的制约，所以他在TRA的基础上，引进了一个新概念——"Perceived Behavior Control"（即感知行为控制），并形成计划行为理论。感知行为控制是指个体在行为完成的过程中可以根据机会、资源的丰富程度来感受行为完成的难易程度。它可以有效地解释当个体无法控制自己的行为时所表现出来的各种作为，包括对商品的态度、自身的行为意向以及在此导向基础上的具体行为。比如我们在网上要购买某店铺的衣服，购买经验丰富的人可通过他人评论、店铺等级，甚至因购买过该店铺的衣服等因素而更容易地判断要购买的

---

① Fishbein M, Ajzen I.Belief, Attitude, *Intention and Behavior*: *An Introduction To Theory and Research*. MA: Addison-Wesley Reading, 1975: 234-243.

② 张希风：《消费者持续使用电子商务网站意愿的模型构建及实证研究》，浙江工商大学论文，2013年。

③ 倪毅：《在线购物环境感知对消费者购买行为影响研究》，安徽财经大学论文，2015年。

衣服质量好坏、价格是否合理，判断结果往往与事实更接近，证明其感知行为控制能力越强。相反，对于购买经验不足或不曾购买过该店铺的衣服的人而言，其判断结果往往与事实偏差会较大，其感知行为控制能力就越弱，就更难决定是否进行购买。

2.2.3 技术接受模型

技术接受模型（TAM），戴维斯（Davis）基于理性行为理论构建的计算机用户接受信息系统的模型，用于解释用户接受计算机的决定性因素。TAM提出了两个决定因素：一是感知有用性（perceived usefulness），指某一个体认为运用某个具体系统可提高其工作绩效的程度；二是感知易用性（perceived ease of use），指某一个体期望运用某个具体系统的容易程度[1]。技术接受模型认为行为意向决定系统使用，而感知有用性以及对使用系统的态度（attitude toward using）又共同决定行为意向，当行为体现为对技术的接受行为时，态度往往比主观规范拥有更强的影响力，态度反映出来的是两种相对的感觉，即对使用系统喜欢或者不喜欢，因此便提出感知有用性、感知易用性这两个概念。感知有用性、感知易用性两个概念决定了消费者对于技术的态度，同时感知易用认知也会对使用意图产生直接影响。比如当前被大家广泛使用的微信红包，在节假日亲朋好友发发微信红包，有传统喜庆的寓意，有效传达祝福，抢红包也增添了不少趣味，大家不必再精心准备红包袋、新钱币，花时间去走家串户，即可完成各种目标，其感知有用性较高；而微信红包操作起来也方便快捷，只要点开微信，有绑定银行卡或零钱包里有钱，几秒钟的操作即可完成，其感知易用性也高。在以上两因素被高度认可的情况下，微信红包自然而然地就被广泛使用了。

2.2.4 感知价值理论

感觉和知觉合称为感知。现有学术界对感知价值尚未做出统一的界定，有学者经过梳理，认为感知价值可分为两类，一类为权衡说，一类为多因素说，权衡说获得较多学者的支持，这些学者多认为感知价值是感知利益得失

---

[1]　邹悦：《基于TAM模型的B2C电子商务网站质量对消费者态度影响的研究》，东华大学论文，2013年。

之间的一种权衡。顾客感知价值（Customer Perceived Value，CPV），就是顾客在权衡他所感知到的利益和他在获得服务或者产品时所付出的成本后，对服务或者产品的效用进行的总体评价。它体现的是顾客主观上对企业所提供的服务或者产品具有的价值的认知，不同于服务和产品的客观价值。对感知价值的影响因素方面的研究中，很多学者认为感知价值的主要构成要素还应包括感知风险。而俞佳峰通过归纳认为能够驱动顾客感知价值的因素在网络环境下包括购买体验、产品感知、服务、感知风险、时间成本[1]。消费者进行消费心理活动的基础就是感知心理活动。消费者的感知和现实并不完全一致，但却对消费者的行为有着重要意义。

2.3 相关文献回顾

近年来国内外学者对于面向消费者的电子商务在制度环境、技术基础、商业模式、信任机制、产品特征等方面开展了较为深入的研究[2]。通过梳理国内外有关文献，发现当前关于电子商务消费者的购买意愿方面的研究，仍主要集中在两方面：一方面是消费者的行为研究，另一方面是影响消费者购买意愿因素的研究，而生鲜农产品因其易腐易损性、季节性等特点，相对其他领域如书籍、服装、家电、数码等进驻电子商务平台较晚，其电子商务方面的研究也相对较晚。

2.3.1 电子商务消费者行为研究

由于消费者行为多受消费者心理活动所支配，因此，大多数的学者在对电子商务消费者行为进行研究时，多运用了技术接受模型等心理学角度的行为理论，进而建立消费者行为模型并实证。比如Cheung和Turban等[3][4]、黎志

---

① 杨颖：《生鲜农产品网购意愿影响因素的实证研究》，安徽财经大学论文，2015年。
② 何德华、韩晓宇、李优柱：《生鲜农产品电子商务消费者购买意愿研究》，《西北农林科技大学学报》（社会科学版），2014年第14卷第4期，第85–91页。
③ Cheung C，Chan G，Limayem M.A Critical. Review of Online Consumer Behavior：Empirical Research[J]. *Journal of Electronic Commerce in Organizations*，2005，3（4）：1–19.
④ Turban E, et al. *Electronic Commerce：A Managerial Perspective.5thed* ［M］. New Jersey：Prentics Hall Press，2008，129.

成、刘枚莲[1]通过集合并分析电子商务环境下消费者行为的影响因素，并基于计划行为理论等构建了消费者行为模型。王崇，赵金楼则根据消费者商品效用最大化原则，构建了网络消费者购买商品偏好序列曲线，反映了消费者选购商品的偏好和态度及电子商务消费者的决策行为模式[2]。这些研究是在电子商务发展过程中，消费者选择在网上进行购买的一种普遍性行为的探讨和分析。

但随着网购快速渗透到人们的日常生活，消费者一些具有倾向性的行为逐渐显现，部分学者也针对这些行为展开了研究。如邢文祥、韩华以消费者重复购买行为进行调查，实证得出消费者满意度对消费者重复购买行为的影响是最大的[3]。张圣亮、陈流亮通过统计分析提炼出26个影响消费者冲动性购物的因素，其中以降价让利促销影响最大[4]。吴友军、於澄莹从主观和客观方面入手，研究网络口碑、信任、消费者行为对跟随购买的影响，研究认为消费者跟随购买是以信任为基础，在网络口碑中，消费者对于产品口碑信息应尤为关注[5]。从中可看出，随着人们网购行为越来越普遍，人们网购行为的特征也越来越多样化，研究的类型、触角也向多角度延伸，对电子商务消费者行为研究的内容不断丰富。

2.3.2 影响消费者购买意愿的因素研究现状

影响消费者购买意愿的因素很多，通过文献检索和分析，研究主要集中在信任、体验（服务质量）、风险感知等因素的分析与实证，而因素之间又相互影响。

在B2C电子商务环境下，消费者无法直接与所要购买的产品面对面进行检验，只能通过网页信息、顾客评论、与商家网上沟通等方式在虚拟环境中

---

① 黎志成、刘枚莲：《电子商务环境下的消费者行为研究》，《中国管理科学》，2002年第10卷第6期，第88-91页。

② 王崇、赵金楼：《电子商务下消费者购买行为偏好的量化研究》，《软科学》，2011年第25卷第8期，第134-138页。

③ 邢文祥、韩华：《电子商务消费者重复购买行为影响因素研究》，《学术论坛》，2014年第11期，第67-71页。

④ 张圣亮、陈流亮：《电子商务环境下消费者冲动性购买影响因素研究》，《上海管理科学》，2013年第35卷第4期，第20-24页。

⑤ 吴友军、於澄莹：《电子商务环境下消费者跟随购买意愿影响因素分析》，《商业经济研究》，2015年第26期，第51-54页。

了解产品信息。庄晓冬就通过研究得出不同信息源对消费者信任、购买决策以及购买行为影响非常显著，尤其从现实信息源中获取的要比从虚拟信息源中获取的信任度大[①]。因此，在电子商务环境下商家与消费者之间出现信任危机有其必然性。郭硕佳从电子商务影响消费者信任的前因进行研究，总结出影响消费者信任程度较为突出甚至起到决定性作用的是电子商务技术的可靠性和公司品牌与规模[②]。林家宝等从产品特性、服务质量、消费者特征三个方面考虑，研究得出产品特性因素（产品质量、感知价值）使消费者对生鲜农产品电子商务的信任影响最为突出，服务质量其次，消费者特性影响程度最小[③]。由此可看出，电子商务技术、公司规模、产品特性等都是现实客观存在的客体，消费者更容易获得信任感，更容易产生购买意愿，而服务质量、公司网站、消费特性等因素则较为主观和虚拟，较难获得消费者的信任感。

体验经济在Pine和吉尔摩（Gilmore）从学术领域范畴对体验进行专门、系统的研究以后，就获得了学术界与企业界的广泛关注[④][⑤]。姚公安通过对电子商务中消费者体验满意度进行结构研究，认为潜在消费者体验满意度只包含一个维度，即信息搜索满意度；而实际消费者体验满意度包含两个维度，即网络购物满意度和信息搜索满意度[⑥]。张诗臻则从心流体验的视角入手，发现心流体验所包含的专注度、控制感和购物愉悦性影响消费者在B2C电子商务网站的购买意愿方面成效是显著的正向直接的[⑦]。费霄雨从电子服务质量的角度研究，认为服务过程质量对农产品网购者影响最大，尤其是其便利性，服务结果质量又高于服务环境质量的影响[⑧]。而孙金丽在建模时则增加

① 庄晓冬：《电子商务中不同信息源获取的商品信息对消费者信任的影响》，哈尔滨工业大学论文，2013年。
② 郭硕佳：《B2C电子商务中影响消费者信任的前因研究》，华中科技大学论文，2006年。
③ 林家宝、万俊毅、鲁耀斌：《生鲜农产品电子商务消费者信任影响因素分析：以水果为例》，《商业经济与管理》，2015年第5期，第5-14页。
④ Pine II, B Joseph Gilmore, James H. Welcome to the Experience Economy [J]. *Harvard Business Review*, 1998, 76(7-8): 97-105.
⑤ ［美］瑟夫·派恩、［美］詹姆斯.H.吉尔摩：《体验经济》，夏业良、鲁炜译，北京：机械工业出版社2002年版。
⑥ 姚公安：《电子商务中消费者体验满意度维度结构研究》，《理论探讨》，2009年第23卷第9期，第124-128页。
⑦ 张诗臻：《B2C电子商务中消费者心流体验对购买意愿影响的实证研究》，浙江理工大学论文，2013年。
⑧ 费霄雨：《电子服务质量对消费者网络购买意愿影响分析——以农产品为例》，《电子商务》，2012年第8期，第63-64页。

了消费者购物后的满意度这一变量，认为消费者再次购买商品的态度会受当前购物后的满意程度影响[1]。上述研究说明了消费者购买意愿受消费者体验感知的影响，且消费前、消费过程、消费后的影响程度不同，影响因素也不同。

在网络环境下，信息的不对称使消费者在网上购物做出决策时面临更大的风险和不确定性。认知风险一直是消费心理学研究中的一个重要概念，对其研究，总的有两种取向，一是双因素模型，一是多维度模型[2]。坎宁安（Cunningham）就用某行为的不利后果可能造成的损失量和个体对于后果将会不利所主观感觉到的不确定性两个要素来定义知觉风险[3]。彼得（Peter）和Tarpey[4]则在Jacoby和Kaplan[5]将感知风险定义为财务风险、功能风险、身体风险、心理风险和社会风险5个维度后，又增加了罗泽柳斯（Roselius）提出的时间风险维度，建立了被后来大多数学者所应用的6个感知风险维度模型[6]。许多学者也经过深入研究，在传统感知风险维度模型上，又增加了隐私风险、交付风险、来源风险，服务风险[7][8]。通过对不同维度风险的研究和模型构建可知，任何一维度的潜在风险对电子商务消费者的购买意愿都具有影响作用，风险感知在电子商务中具有重要意义。

2.3.3　生鲜农产品电子商务研究现状

中国的生鲜电商从无到有，并在短时间呈现出爆发式增长，但其交易额较其他领域所占的比重较小。胡冰川认为，从未来发展趋势看，生鲜电商虽

---

① 孙金丽：《电子商务环境下消费者行为模型的构建及实证研究》，河南大学论文，2012年。

② 孙祥、张硕阳、陈毅文等：《B2C电子商务中消费者的风险来源及其影响》，《心理学报》，2006年第38卷第4期，第607–613页。

③ Hoffman D，Kalsbeek W D，Novak T P．Internet and web use in the U.S.Communications of The ACM［J］．1996，39(12)：36–46．

④ Peter J P，Tarpey L X．Comparative analysis of three consumers' decision strategies［J］．*Journal of Consumer Research*，1975（2）：29–37．

⑤ Jacoby J，Kaplan L B．*The components of perceived risk*［C］//Third Annual Conference，*Association for Consumer Reserach*．Chicage：University of Chicago，1972：382–393．

⑥ Peter J P，Tarpey L X．Comparative analysis of three consumers' decision strategies［J］．*Journal of Consumer Research*，1975（2）：29–37．

⑦ 刘莹：《本地服务电子商务团购感知风险构面研究》，《武汉理工大学学报》（信息与管理工程版），2013年第35卷第1期，第132–135页、第152页。

⑧ 杨晓菊：《大学生网上购物感知风险研究》，山东财经大学论文，2012年。

然起步较晚，体量较小，但是成长速度很快，未来空间很大[1]。近几年，电子商务已经成为生鲜农产品流通渠道的一个重要手段，但生鲜电商市场还不稳定成熟。叶迎从农业人才的角度，提出中国应借鉴国际上发达国家对农业生产者的互联网技能培训，建议设立农产品电子商务培训机构、资金保障和设立农产品电子商务集聚区等[2]。吴传淑通过对国外生鲜电商4种发展模式（O2O模式、C2B模式、B2B+O2O模式、纯平台模式）进行分析，提出了优化供应链、推广C2B和O2O模式、加强冷链物流体系建设等加快中国生鲜电商发展模式[3]。洪涛介绍了我国农产品电子商务的5个发展阶段，分析了农产品电子商务存在的"千网一面"、成本高、标准化不统一、信任度低、安全性低等问题，提出了未来发展将趋向规模化、标准化、多功能、全渠道、体系化、国际化、智能化、区域化、社区化、法制化[4]。骆毅分析了一组开展农产品电子商务相对成功的企业，按照农产品各自的特色以及整个交易流程，梳理出农产品电子商务的不同发展模式，并从政府支持与监管两方面提出自己的建议[5]。无论是从农业人才角度、生鲜电商发展模式、农产品电子商务发展存在问题，还是举例农产品电子商务发展成功的企业进行研究，都是当前对我国农产品电子商务发展的探索。

生鲜农产品自身存在的易损、易腐等主要特性，是其在电子商务发展中的一大制约因素，较多学者以生鲜电商模式构建及冷链物流发展作为研究方向，力争探索出能够推动生鲜农产品的电子商务发展的有效途径。如于博基于Osterwalder参考模型，从目标顾客、价值主张、分销渠道、核心业务、核心能力、顾客关系、伙伴网络、收入模式、成本结构等要素入手，构建出生鲜电商的商业模式[6]。刘一江等通过将电子商务与传统生鲜农产品供应体系相结合，解决供应链环节过多，导致生鲜农产品滞销问题，并提出构建生鲜电商

---

① 胡冰川：《生鲜农产品的电子商务发展与趋势研究》，《农村金融研究》，2013年第8期，第15–18页。

② 叶迎：《国外互联网农业人才培养对中国的启示》，《世界农业》，2015年第438卷第10期，第195–197页、第213页。

③ 吴传淑：《国外生鲜电商发展模式探析》，《世界农业》，2015年第433卷第5期，第136–138页、第150页。

④ 洪涛：《农产品电商模式创新研究》，《农村金融研究》，2015年第8期，第7–12页。

⑤ 骆毅：《我国发展农产品电子商务的若干思考——基于一组多案例的研究》，《中国流通经济》，2012年第9期，第110–116页。

⑥ 于博：《基于Osterwalder参考模型的生鲜商品电子模式构建》，《商业经济研究》，2015年第17期，第61–63页。

发展的新模式，以期降低农产品价格[1]。陈镜羽、黄辉通过对111家生鲜电商提供冷链物流服务的调查，对冷链物流概况、设施设备使用情况、冷链物流覆盖区域、物流模式等进行研究，从政策、标准等方面提出建议[2]。而从消费者购买意愿的角度研究生鲜农产品电子商务发展的研究较少。

3 生鲜农产品电子商务消费者购买意愿模型构建

3.1 理论模型构建

根据文献综述提及的影响消费者购买意愿因素，如黎志成、刘枚莲提及的网页设计风格、网络可靠性和安全性，林家宝提及的产品特性、服务质量、消费者特征，姚公安提及的网络购物满意度和信息搜索满意度，刘一江等提及的供应链环节等等进行归纳总结，从而决定以产品属性、网站质量、物流服务质量等因素作为外部变量，构建生鲜农产品电子商务消费者购买意愿的影响因素模型。因TAM广泛应用于研究采纳和意愿，故本书选择以技术接受模型为基础进行研究。本书的生鲜农产品电子商务消费者购买意愿影响因素模型如图3-1所示。

从图2-1中可以看出，研究模型的所有变量分为自变量和因变量两部分，同时又分为两个层级影响：一、影响生鲜农产品电子商务消费者态度的自变量，包括产品属性、系统质量、信息质量、网站服务质量、物流服务质量等，而感知有用性、感知易用性体现了消费者态度，受自变量影响，为第一层级的因变量。二、消费者的态度影响消费者购买意愿，感知有用性、感知易用性在第二层级作为自变量，生鲜农产品电子商务消费者购买意愿属于因变量。

① 刘一江、王录安、冯璐等：《降低农产品价格的新探索——构建生鲜农产品电子商务发展模式》，《现代管理科学》，2015年第3期，第112-114页。
② 陈镜羽、黄辉：《我国生鲜农产品电子商务冷链物流现状与发展研究》，《科技管理研究》，2015年第6期，第179-183页。

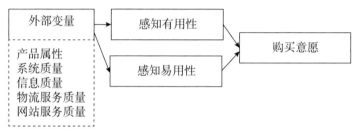

图2-1　生鲜农产品电子商务消费者购买意愿影响因素模型

3.2 研究假设

3.2.1 产品属性

对于购物而言，买到物美价廉、物超所值的商品是每一位消费者的共同期望，优良的质量永远是赢得消费者青睐的关键因素。巴伦（Baron）等（1995）[①]认为，产品属性影响消费者购买鲜活农产品的决策，新鲜程度、价格、产地的影响程度依次减弱，农产品新鲜度和可供选择的多样性对于消费者的网购意愿有积极的影响。季爱红等（2011）[②]基于淘宝网水果消费者的数据研究表明，价格、便利性、多样性等是影响消费者网络购买水果的关键因素时。倘若网购产品的品质与消费者购买前的预期相符并优于其他途径购买的产品，消费者便会认为该网站是有用的，从而选择购买该网站的产品，由此可见产品质量对感知有用性是正相关关系。故提出如下研究假设：

H1：产品属性会正向影响感知有用性。

H2：产品属性会正向影响感知易用性。

电子商务服务质量主要由网上服务质量（网站质量）和网下服务质量（物流服务质量）两部分构成。

3.2.2 网站质量

网站质量主要由系统质量、信息质量、网站服务质量三部分构成，网站

---

① Barom. P. J, Mueller. R. D. Consumer perceptions in Eastem European food markets［J］. British Food Journa, 1995, 97（2）：405-420.

② 季爱红、刘迪：《水果网络销售影响因素调查报告分析——来自淘宝网消费者的数据》，《物流工程与管理》，2011年第8期，第92-93页。

质量有效地正向影响感知有用性和感知易用性这一结论在王影等（2010）[①]和粟婕（2008）[②]的研究中都得到了验证，故提出如下研究假设：

H3：系统质量会正向影响感知有用性。

H4：系统质量会正向影响感知易用性。

H5：信息质量会正向影响感知有用性。

H6：信息质量会正向影响感知易用性。

H7：网站服务质量会正向影响感知有用性。

H8：网站服务质量会正向影响感知易用性。

3.2.3 物流服务质量

物流配送作为连接生鲜电商企业与消费者之间的桥梁，是实现非虚拟化产品转移的必要途径，是网络购物得以实现并成为当前时尚购物方式不可或缺的环节。作为电子商务系统特征中非常重要的组成部分，物流服务质量对生鲜农产品消费者购买意愿的影响不可小觑。物流服务质量的高低决定了消费者能否能够及时便捷地收到网上下单购买的生鲜农产品，生鲜农产品易腐、易损等特性也要求物流具有较高的配送水平。当物流服务质量满足生鲜消费者的需求时，不仅能及时无损地配送，还能根据消费者选择的时间段进行配送，既不影响消费者的饮食计划，又能让消费者认为网购生鲜农产品比传统购买方式更容易，更省时省力，那么消费者的购买意愿就会越来越强烈。故提出如下假设：

H9：物流服务质量会正向影响感知有用性。

H10：物流服务质量会正向影响感知易用性。

3.2.4 感知有用性与感知易用性

感知有用性是消费者对于网络购买生鲜农产品是否带来好处的主观评估，感知易用性是消费者感知到在电商网站购物的便利性，皆为生鲜消费者主观意识的体现。巴戈齐（Bagozzi）（1992）认为感知易用性可直接影响消

---

① 王影、管立国：《高校图书馆服务质量对感知有用性的影响研究》，《情报科学》，2010年第2期，第260–264页。

② 粟婕：《基于和模型的消费者网络购物意向影响因素研究》，电子科技大学论文，2008年。

费者网购意愿[1]，戴维斯（Davis）研究却发现感知易用性无法直接影响消费者网购意愿，必须通过中介变量感知有用性方可间接产生正向影响。买到生鲜农产品进行食用是生鲜消费者的根本目的，如果网购过程过于繁琐，大量耗费时间和精力，即易用性太低，那么即使消费者最终能买到生鲜农产品也会认为该网购无法给自己带来好处，消费者觉得网购易用时才会增强感知有用性。因此，提出如下研究假设：

H11：感知易用性对感知有用性有显著的正向影响。

3.2.5 网购意愿

思想支配行动，消费者的购买意愿决定了消费者的购买行为。消费者网购意愿很大程度上取决于其所感知到的网店相对于其他网店或购物渠道的有用性和易用性。程华等（2003）[2]、宋泽等（2005）[3]、钟小娜（2005）[4]等众多研究表明：感知有用性影响消费者网购意向，并起主要决定作用，购买意愿随感知有用性的增强而增强。Donna（2006）[5]、帕夫洛（Pavlou）（2003）[6]和Dong（2008）[7]等学者也认为，感知易用性和感知有用性对消费者网购意愿的影响作用显著，感知有用性是直接因素。温骁罡（2008）[8]、潘可心（2013）[9]研究进一步指出感知易用性会正向影响网购意愿。故提出如下假设：

H12：感知有用性会正向影响消费者网购意愿。

---

[1] Bagozzi Richard P, Warshaw Paul R. *An Examination of the Etionlogy of the Attitude.Behavior Relation for Goal-Directed Behaviors*. Multivariate Research, 1992, 27（4）: 601-634.

[2] 程华、宝贡敏：《网上购物意向决定因素的实证研究》，《数量经济技术经济研究》，2003年第11期，第150-153页。

[3] 宋泽：《网上购买意图影响因素实证分析》，湖南大学论文，2005年。

[4] 钟小娜：《网站特性和消费者个体特征对网络购物接受度的影响》，浙江大学论文，2005年。

[5] Donna Weaver McCloskey. The Importance of Ease of Use, Usefulness, and Trust to Online Consumers. An Examination of the Technology Acceptance Model With Older Consumers［J］. *Journal of Organizational and End User Computing*, 2006, 18（3）.

[6] Paul A. Pavlou. Consumer Acceptance of Electronic Commerce: Integrating Trust and Risk with the Technology Acceptance Model［J］. *International Journal of Commerce*, 2003, 7（3）: 15-23.

[7] Dong Hee Shin. Understanding purchasing behaviors in a virtual economy: Consumer behavior involving virtual currency in Web 2.0 communities［J］. *Interacting with Computers*, 2008, 20: 533-446.

[8] 温骁罡：《网络购物接受态度的影响因素研究》，广西大学论文，2008年。

[9] 潘可心：《基于ATM的网络口碑与消费者购买意愿实证研究》，哈尔滨农业大学论文，2013年。

H13：感知易用性会正向影响消费者网购意愿。

3.3　变量的定义和测量

3.3.1　变量的定义

为了能够更深入的了解各个变量的具体含义，在参考前人研究的基础上对它们做出如下定义，如表2-1所示。

表2-1　研究变量的定义①

研究变量	变量定义	参考来源
产品属性	生鲜农产品主要特征，包括安全、质量、新鲜度、价格、外观、产地、种类等方面属性。	王欣伟（2014）
系统质量	网站系统的质量，包括网站运作效率、网页外观设计、消费者个人和网上支付的安全性等。	Ahn et al.（2004）Cao.（2005）杨颖（2014）
信息质量	系统报告内容的质量，衡量网站信息内容准确性、全面性和时效性等特征的指标。	李东旻（2004）Ahn et al.（2004）
网站服务质量	指网上商家为消费者提供的在线咨询、订单查询和退款退货申请等服务。	王欣伟（2014）
物流服务质量	由于易损性、易腐性、季节性等特点，生鲜物流一向是物流业的难点，因此，时效性、货品完好程度在生鲜物流中对满意度的影响较大。本书选取时效性和货品完好程度作为衡量物流服务质量的指标。	John（1994）
感知有用性	生鲜消费者在使用生鲜网站购买生鲜农产品时感知的该网站对自己购买生鲜农产品的有用、便利程度。	戴维斯（Davis）（1989）黄昕（2011）
感知易用性	消费者在通过生鲜网站购买生鲜农产品的过程中所感知的容易程度，包括支付便捷、订单状态容易查询以及退货方便等。	王欣伟（2014）
购买意愿	指的是消费者主观上想要购买商品的程度。	王欣伟（2014）

---

① 杨颖：《生鲜农产品网购意愿影响因素的实证研究》，安徽财经大学论文，2015年；王欣伟：《C2C环境下影响消费者购买意愿的因素研究》，天津师范大学论文，2014年；Ahn, Tony, Seewon Ryu, and Ingoo Han. The impact of the online and offline features on the user acceptance of internet shopping malls [J]. *Electronic Commerce Research and Applications*，2004，3（4），405-420；Cao, Xinyu and Patricia L.Mokhtarian, "The intended and actual adoption of online purchasingra brief review of recent literature"，from http: //www.its.uc戴维斯（Davis）.edu/publications/2005AJCD-ITS-RR-05-07. pdf, 2005；李东旻、郝金星：《网站信息框架评价法研究》，《情报杂志》，2004年第11期；John Deighton, Caroline M, Henderson, Scott A. Neslin. The Effects of Advertising on The web [J]. *Journal of Marketing Research*，1994.（26）；戴维斯（Davis）. Perceived Usefulness, Perceived Ease of Use and User Acceptance of Information Technology [J]. *MIS Quarterly*，1989，（9）：319-339；黄昕：《基于TAM和TPB综合模型的网络团购因素实证研究》，北京化工大学论文，2011年。

3.3.2 变量的测量

本书根据生鲜电子商务的特点结合本书研究内容，通过参考、修改和调整现有的量表，得出本书的研究量表如表2-2所示。

表2-2　研究变量的测量指标[①]

研究变量	测量指标	参考来源
产品属性	安全	杨颖（2014）
	质量	
	新鲜度	
	价格	
	外观	
	产地	
	种类	
	购物便利性	
系统质量	生鲜网站界面设计美观，风格适宜	Cao（2005）
	生鲜网站访问方便、操作简单、支付便捷	
	生鲜网站能提供容易理解的产品或服务信息	
信息质量	生鲜网站提供的信息真实可靠	李东旻（2004） Ahn et al. （2004）
	生鲜网站的产品或服务的信息详细完整、准确可靠	
	生鲜网站的信息能够及时更新	

① 杨颖：《生鲜农产品网购意愿影响因素的实证研究》，安徽财经大学论文，2015年；王欣伟：《C2C环境下影响消费者购买意愿的因素研究》，天津师范大学论文，2014年；Ahn, Tony, Seewon Ryu, and Ingoo Han. The impact of the online and offline features on the user acceptance of internet shopping malls［J］. *Electronic Commerce Research and Applications*, 2004, 3（4），405-420；Cao, Xinyu and Patricia L.Mokhtarian, "The intended and actual adoption of online purchasingra brief review of recent literature"，from http：//www.its.uc戴维斯（Davis）.edu/publications/2005AJCD-ITS-RR-05-07. pdf, 2005；李东旻、郝金星：《网站信息框架评价法研究》，《情报杂志》，2004年第11期；Harrison Walker L.J. The measurement of word-of-mouth communication and investigation of service quality and customer lommitment as potential antecedents［J］. *Journal of Service Research*, 2009, Vol.4 No.l, 60-75；查金祥、王立生：《网络购物顾客满意度影响因素的实证研究》，《管理科学》，2006年第1期；Parasuraman, A.V.Zeithaml, L.Berry. A conceptual model of service quality and its implications for future research［J］. *Journal of Marketing*, 1985, 49（4），41-50；Shih, Hung-Pin. An empirical study on predicting user acceptance of e-shopping on the Web［J］. *Information & Management*, 2004, 41, 351-368；Gefen, D.TAM, Plain Habit. A Look at Experienced Online Shoppers［J］. *Journal of End User Computing*, 2003, 15（3）：1-13；Koufaris. Applying the technology acceptance model and flow theory to online consumer behavior［J］. *Information System Research*, 2002, 13（2）：205-223；邹俊：《消费者网购生鲜农产品意愿影响因素实证研究》，华中农业大学论文，2011年。

（续表）

研究变量	测量指标	参考来源
物流服务质量	送货及时、高效，从下单到收货时间短	Cao（2005） Ahn et al.（2004）
	产品包装完好、无损坏	
网站服务质量	生鲜能与客服人员即时在线交流，商家能及时有效解答问题	Harison（2008） 查金祥（2006） Parasuraman（2005）
	生鲜网站商家及时发货	
	生鲜网站商家有信用保证	
	生鲜网站通过记录顾客偏好提供个性化推荐或定制服务	
	生鲜网站提供良好售后服务（商品退换，意见反馈等）	
感知有用性	网购可以节约时间和精力，提高购物效率	Shih（2004） Gefen（2003） Koufaris（2002）
	网购可以帮助我做出更好的购物选择	
感知易用性	很容易通过网上商店获取我想要的产品或服务信息	
	网购过程的各项操作便捷（如订购、订单查询、付款、退货等）	
网购意愿	我对网购生鲜农产品很感兴趣	邹俊（2011）
	我愿意尝试网购生鲜农产品	
	我认为通过网络购买生鲜农产品完全可以实现	
	购买生鲜农产品时，我会优先考虑网购	
	我将会长期网购生鲜农产品	

4 生鲜农产品消费者购买意愿问卷设计与实施

4.1 问卷设计

4.1.1 初始问卷设计

根据上节各变量测量指标，结合本书研究的目标即生鲜农产品电子商务消费者购买意愿——以漳州市为例，确定在漳州市范围内通过问卷调查方式收集第一手样本数据，凭借可靠的样本数据来验证文中构建的理论模型和假设是否成立。

　　为了使受访者乐于如实回答问题，又能准确收集到本书研究所必需的各项数据，在设计调查问卷时，确保问卷所列问题都是必要的。而且尽可能做到短小精悍、语义明确、问题设置紧密相关、提问有章法，在题目安排上先易后难，将与个人隐私相关的敏感性问题调整到调查问卷的最后，由此形成了初始调查问卷。

　　本调查问卷共包括三部分内容，第一部分是问卷说明；第二部分是8个研究变量的30个测量指标，采用了Likert5级评分法，"1"表示"完全不同意"或"很不重要"，"2"表示"不太同意"或"不重要"，"3"表示"一般"，"4"表示"同意"或"重要"，"5"表示"非常同意"或"很重要"；第三部分是受访对象的性别、学历、收入等个人基本信息和生鲜农产品购买情况的调查。在已有的国内外有关研究消费者行为的文献中，通过对比发现多数调查问卷将受访者的个人基本情况的题项置于开头部分，随后才是研究变量的调查题项。鉴于人的注意力是一个逐渐下降的过程，为了更好地提高本次问卷调查结果的准确性，本书将调查人们对各种意识和观念认同程度的题项放在个人基本情况前面。

4.1.2 预调查

　　为保证问卷内容的信度和有效性，在正式调查之前进行了问卷的预调查。将初步设计形成的调查问卷发放给网购经验较为丰富且不同领域的30位专家进行填答，并征求他们对调查问卷的意见建议，从而找出初始问卷设计的不足之处并加以修改使之趋于合理、具有较强的可操作性。

　　通过预调查，剔除了调查问卷中网上购物比传统购物更有优越性和网上商店会保护我个人的私人信息两个影响因素不切合的指标，调整了意思表达不清的项目，对相似的问题以及难以理解的问题进行了修改、精简，并结合校内外导师提出的建议，确定了最终的调查问卷。

　　最终问卷包括调查问卷说明、消费者网购生鲜农产品意愿影响因素的8个变量的30个测量指标及网购消费者个人特征三部分，具体调查问卷见附录。

4.2 调查实施

4.2.1 调查范围和对象

本调查问卷中生鲜农产品范围主要包括：蔬菜、水果、肉类、鲜活水产品等，即"生鲜三品"，生鲜农产品网购的物流配送不涉及跨省市的配送，仅限于同城配送。本书研究的对象设定为漳州市区具有网购经验的消费者人群。

4.2.2 样本收集

本调查自2016年4月20日开始至5月20日结束，共历时一个月。本次调查问卷的发放和回收情况如表2-3所示。

表2-3　调查问卷发放和回收情况

	发出问卷数（份）	回收问卷数（份）	问卷回收率（%）	有效问卷数（份）	问卷有效率（%）
实地问卷调查	200	195	97.50	186	95.38
网络问卷调查	200	182	91.00	171	93.96
合计	400	377	94.25	357	94.69

通过线下（实地调查）和线上（网络调查）两种方式共发放调查问卷400份，其中实地发放问卷调查共200份，回收了195份；线上形式200份，回收了182份。实地发放问卷调查采用在不同街头和人群聚集地、到多个不同居住小区入户采样的方式，请求受访者现场填答问卷，当场回收问卷；线上主要通过问卷星网站在线发放。在377份问卷中，除去数据不完整或者是答案重复不准确的、问卷填答明显存在逻辑前后不符的，经反复筛选后挑出357份有效调查问卷，问卷有效率94.69%，符合进一步分析的要求。

5 生鲜农产品消费者购买意愿实证研究

本章节将通过对调查问卷获取的样本数据进行描述性统计分析，以及信度和效度分析检验本书设计的调查问卷是否可信可靠，运用结构方程模型对数据进行分析，并对本书构建的生鲜农产品电子商务消费者购买意愿模型及提出的假设进行验证。

5.1 样本描述性统计分析

本书主要从被调查者的个人状况方面对回收的357份有效问卷进行描述性统计分析，如表2-4所示：

表2-4 样本的人口统计特征

描述指标		频数	百分比（%）	累积百分比（%）
性别	男	136	38.1	38.1
	女	221	61.9	100
年龄	20 岁以下	58	16.2	16.2
	20—29 岁	156	43.7	59.9
	30—39 岁	112	31.4	91.3
	40 岁及以上	31	8.7	100
学历	初中及以下	39	10.9	10.9
	中专 / 高中	87	24.4	35.3
	大专 / 本科	174	48.7	84.0
	研究生及以上	57	16.0	100
职业	公务员或事业单位职员	141	39.5	39.5
	公司职员	93	26.0	65.5
	学生	76	21.3	86.8
	其他	47	13.2	100
月收入	2000 元以下	39	10.9	10.9
	2000—4000 元	157	44.0	54.9
	4001—6000 元	112	31.4	86.3
	6000 元以上	49	13.7	100
购物便利性	很方便	84	23.5	23.5
	方便	139	38.9	62.4
	一般	98	27.5	89.9
	不方便	32	9.0	98.9
	很不方便	4	1.1	100

描述指标		频数	百分比（%）	累积百分比（%）
购物地点	超市	102	28.6	28.6
	便利店	52	14.6	43.1
	农贸市场	127	35.6	78.7
	流动小摊	54	15.1	93.8
	其他	22	6.2	100
购物次数	一天一次	89	24.9	24.9
	两三天一次	187	52.4	77.3
	四五天一次	48	13.4	90.8
	一周一次	23	6.4	97.2
	一周以上	10	2.8	100
家庭人口	1人	24	6.7	6.7
	2人	51	14.3	21.0
	3人	156	43.7	64.7
	3人以上	126	35.3	100
网购生鲜经验	有，经常	67	18.8	18.8
	有，较少	192	53.8	72.5
	没有	98	27.5	100

根据表2-4所统计的样本人口统计特征，分析被调查者的年龄、教育、职业特征、家庭收入等，并对比《第37次中国互联网发展状况统计报告》中显示的网购用户特征和《福建统计年鉴-2016》统计数据，进而分析被调查对象是否具有代表性和可靠性。

（1）性别结构。由于我国当前仍以女性购买生鲜农产品为主，因此在进行现场调查时，也是有意识的更倾向女性作为调查对象，故而本次调查结果男性136人，女性221人。被调查的女性消费者是男性消费者的1.6倍，有别于《第37次中国互联网发展状况统计报告》中我国网民男女比例为53.6∶46.4的调查结果，但比例更符合我国当前女性作为购买生鲜农产品主要群体的现状。

（2）年龄结构。在被调查的消费者中，20—29岁这个年龄段的人数居多，占到被调查者总量的43.7%，其次是30—39岁，占31.4%。20岁以下的占

16.2%，40岁及以上的最少，占8.7%。与CNNIC调查的比例结构较一致，但也出现年轻化趋势。

（3）教育程度。48.7%的被调查的教育水平为大专/本科，其后依次是中专/高中、研究生及以上学历、初中及以下教育水平，分别为24.4%、16.0%、10.9%。《第37次中国互联网发展状况统计报告》也指出网民中具备中等教育程度的群体规模最大。但随着我国教育事业的不断发展完善，高学历人群不断增长，从本次调查结果来看，大专及以上学历占比高达64.7%，符合社会发展趋势。

（4）职业。本次调查有目的性地从不同领域进行抽样，以使调查达到足够的广度。将工作时间或压力较为类似的归为一类，其中公务员和事业单位职员包括在编及不在编人员；公司职员包括零售商、自主创业人员及私企职员等；学生包含在读的初高中、大中专、本科及以上等不同学年的学生；其他包含自由职业者、家庭主妇等。本次调查的行政机关及事业单位的工作人员、公司职员和学生，分别占39.5%、26.0%、21.3%，其他职业占13.2%。该比例可能受作者本人职业的影响，出现行政机关及事业单位人员占比最高的情况，但样本调查确保了职业类型的多样性，以达到足够广度的目的。

（5）家庭月收入。44.0%的被调查对象的收入在2000—4000元之间，与《福建统计年鉴-2016》中城镇居民人均可支配收入为33275元的统计数据和《第37次中国互联网发展状况统计报告》中网民中月收入在2001—5000元的群体居多的调查数据相一致。

（6）家庭人口数。3人及以上的比例高达79%，由于我国的计划生育政策及传统的家庭结构模式，形成以3人及3人以上为主的家庭存在形式。

通过以上（1）-（6）的分析统计，发现收集到的问卷被调查者的基本信息数据与《第37次中国互联网发展状况统计报告》、《福建统计年鉴-2016》的统计数据和我国当前发展现状基本一致。因此可认为本论文的被调查者是具有代表性和可靠性的，选取的样本可较好的代表当前漳州区域范围网民、消费者的整体水平。

（7）生鲜购买便利性。调查结果显示，认为家庭购买生鲜农产品方便的占比高达62.4%，而认为便利性一般的占27.5%，认为不方便只占10.1%，其中觉得很不方便的最少，只有1.1%，觉得比较不方便的有9.0%。

（8）生鲜购买地点。35.6%的被调查者选择到农贸市场购物，占比最大，其次是选择到超市购物，占比为28.6%。之后是选择到社区便利店和流动小摊，占比分别为14.6%、15.1%，差距不大，选择其他地点的占6.2%，比例最少。传统的市场依旧保持优势，传统购买方式仍是消费者的主要选择，菜篮子超市也广受青睐。

（9）生鲜购买频率。三天内至少购买一次的占77.3%，由此可见人们对生鲜农产品的需求大，频率高，通过电商平台拓宽生鲜农产品的销售渠道，提高人们购买力具有重要意义。

（10）网购生鲜经验。从网购生鲜农产品的经验来看，259个有网购生鲜经验的被调查者中仅67个经常性网购生鲜，占18.8%，随着各大电商不断推出农产品销售网站，网购生鲜农产品已慢慢渗透到网民的生活中，但还未形成普遍的购物习惯。

通过对（7）-（10）的统计分析可看出，漳州市居民目前对于生鲜农产品的购买仍偏向于传统的购买方式，但网购生鲜的发展潜力很大，因此本书以漳州市为例，研究生鲜农产品电子商务消费者影响因素，对于促进漳州市发展生鲜农产品电子商务具有重要意义和前瞻性。

5.2 变量的描述性统计分析

本书通过SPSS20.0统计软件对测评体系各要素进行简单分析，主要运用均值（Mean）和标准差分析（Std.Deviation）。各因子的均值主要是使用因子测量指标的得分来计算，对研究模型中的8个变量，30个测量指标的问卷数据进行了描述性统计分析，包括每个测量指标的加总平均值和标准差，计算结果如表2-6所示：

从表2-5中可以看出，在30个测量指标均值中，18个测量指标的均值在4—5之间，12个测量指标的均值在3—4之间，表明在被调查者看来，研究模型中的各变量对生鲜农产品电子商务消费者购买意愿起着较为重要的正向作用。其中，感知有用性和感知易用性2个变量的测量指标的均值均大于4，由此可以看出感知有用性和感知易用性对生鲜农产品电子商务消费者购买意愿起着很重要的作用。

表2-5　变量的描述性统计分析

变量	测量指标	均值	标准差
产品属性（PA）	PA1：安全	4.479	0.602
	PA2：质量	4.510	0.656
	PA3：新鲜度	4.252	0.669
	PA4：价格	4.157	0.799
	PA5：外观	3.577	0.630
	PA6：产地	3.622	0.797
	PA7：种类	3.986	0.721
	PA8：购物便利性	4.221	0.648
系统质量（SQ）	SQ1：生鲜网站界面设计美观，风格适宜	3.406	0.679
	SQ2：生鲜网站访问方便、操作简单、支付便捷	4.163	0.676
	SQ3：生鲜网站能提供容易理解的产品或服务信息	3.891	0.680
信息质量（IQ）	IQ1：生鲜网站提供的信息真实可靠	4.087	0.727
	IQ2：生鲜网站的产品或服务的信息详细完整、准确可靠	4.076	0.826
	IQ3：生鲜网站的信息能够及时更新	3.695	0.753
物流服务质量（LS）	LS1：送货及时、高效，从下单到收货时间短	3.916	0.902
	LS2：产品包装完好、无损坏	4.269	0.852
网站服务质量（ESQ）	ESQ1：生鲜能与客服人员即时在线交流，商家能及时有效解答问题	3.754	0.641
	ESQ2：生鲜网站商家及时发货	3.790	0.759
	ESQ3：生鲜网站商家有信用保证	4.092	0.723
	ESQ4：生鲜网站通过记录顾客偏好提供个性化推荐或定制服务	3.891	0.724
	ESQ5：生鲜网站提供良好售后服务（商品退换，意见反馈等）	4.283	0.641

（续表）

变量	测量指标	均值	标准差
感知有用性（PU）	PU1：网购可以节约时间和精力，提高购物效率	4.163	0.762
	PU2：网购可以帮助我做出更好的购物选择	4.182	0.713
感知易用性（PE）	PE1：很容易通过网上商店获取我想要的产品或服务信息	4.275	0.693
	PE2：网购过程的各项操作便捷（如订购、订单查询、付款、退货等）	4.384	0.650
网购意愿（PI）	PI1：我对网购生鲜农产品很感兴趣	4.342	0.637
	PI2：我愿意尝试网购生鲜农产品	4.090	0.578
	PI3：我认为通过网络购买生鲜农产品完全可以实现	3.656	0.642
	PI4：购买生鲜农产品时，我会优先考虑网购	4.045	0.833
	PI5：我将会长期网购生鲜农产品	3.597	0.893

5.3 信度和效度分析

5.3.1 信度分析

信度分析即可靠性分析，是一种测度综合评价体系是否具有一定稳定性和可靠性的有效分析方法，通常被用作检验问卷可信性和可靠性的一种衡量尺度。本书拟采用克伦巴赫一致性系数（Cronbach's）α 对量表内在信度进行研究。Cronbach's α 系数计算方法：

$$\alpha = \frac{K}{K-1}\left(1 - \frac{\sum S_i^2}{S_\chi^2}\right) \qquad （2—1）$$

式中：

K——测验的题目数

S_i^2——某一道题目分数的变异数

S_x^2——测验总分的变异数

Cronbach's α 法通过度量一组同义或平行测验总和的信度，Cronbach's α 系数的具体信度标准如表2-6所示。

表2-6 Cronbach's α 系数信度标准

α 值	标准
α ≤ 0.3	不可信
0.3 < α ≤ 0.4	勉强可信
0.4 < α ≤ 0.5	稍微可信
0.5 < α ≤ 0.7	可信
0.7 < α ≤ 0.9	很可信
α > 0.9	十分可信

通过利用SPSS软件对问卷的进行信度分析，输出Cronbach's α值，问卷总体的信度分析结果如表2-7所示，问卷的自变量和因变量测量指标信度分析结果如表2-8所示。

表2-7 量表总体信度分析结果

Cronbach's Alpha	基于标准化项的 Cronbachs Alpha	项数
0.753	0.758	30

表2-8 测量题项的信度分析结果

		项已删除的刻度均值	项已删除的刻度方差	校正的项总计相关性	项已删除的Cronbach's Alpha 值	Cronbach's Alpha	基于标准化项的 Cronbachs Alpha
产品属性	PA1	28.3249	13.254	0.584	0.860	0.871	0.873
	PA2	28.2941	12.787	0.630	0.855		
	PA3	28.5518	12.703	0.634	0.854		
	PA4	28.6471	11.830	0.674	0.850		
	PA5	29.2269	13.204	0.563	0.862		
	PA6	29.1821	12.177	0.605	0.859		
	PA7	28.8179	12.430	0.635	0.854		
	PA8	28.5826	12.514	0.707	0.847		
系统质量	SQ1	8.0532	1.376	0.682	0.664	0.792	0.792
	SQ2	7.2969	1.423	0.647	0.702		
	SQ3	7.5686	1.504	0.573	0.780		
信息质量	IQ1	7.7703	2.093	0.686	0.806	0.844	0.845
	IQ2	7.7815	1.795	0.718	0.779		
	IQ3	8.1625	1.957	0.733	0.762		

（续表）

		项已删除的刻度均值	项已删除的刻度方差	校正的项总计相关性	项已删除的Cronbach's Alpha值	Cronbach's Alpha	基于标准化项的Cronbachs Alpha
网站服务质量	LS1	4.2689	0.725	0.666		0.799	0.800
	LS2	3.9160	0.813	0.666			
物流服务质量	ESQ1	16.0560	4.823	0.674	0.771	0.821	0.824
	ESQ2	16.0196	4.575	0.610	0.789		
	ESQ3	15.7171	4.715	0.604	0.789		
	ESQ4	15.9188	4.704	0.606	0.789		
	ESQ5	15.5266	5.025	0.590	0.794		
感知有用性	PU1	4.1821	0.509	0.643		0.782	0.783
	PU2	4.1625	0.580	0.643			
感知易用性	PE1	4.3838	0.423	0.576		0.730	0.731
	PE2	4.2745	0.481	0.576			
购买意愿	PI1	15.3866	5.800	0.542	0.819	0.830	0.834
	PI2	15.6387	5.799	0.622	0.802		
	PI3	16.0728	5.596	0.612	0.801		
	PI4	15.6835	4.700	0.684	0.780		
	PI5	16.1317	4.351	0.730	0.767		

从分析结果数据可以看出，本问卷量表中的产品属性（PA）、系统质量（SQ）、信息质量（IQ）、物流服务质量（LS）、网站服务质量（ESQ）、感知有用性（PU）、感知易用性（PE）和网购意愿（PI）这8个变量的Cronbach's α值分别为：0.871、0.792、0.844、0.799、0.821、0.782、0.730、0.830，各个变量的Cronbach's α值均大于0.7，最高的为0.871，问卷总体信度为0.753。对比表2-6可知，问卷总体及各变量的Cronbach's α值达到"很可信"标准，说明量表提出的各测量指标能够描述潜在标量，具有较高的可信度，且问卷总体设计规范，内部一致性较好，问卷是可靠可信的。

5.3.2　效度分析

本书的结构效度的测量采用的是因子分析法。因子分析能够有效降低变量维数，采用因子分析以最少的信息丢失为前提将30个测量项综合成较少几个具有一定命名解释性的因子。

在因子分析之前先需要通过KMO检验和Bartlett球形度检验来判断变量之间的相关性，从而确定各变量是否适合进行因子分析。KMO统计量的取值在0和1之间，一般采用0.7作为KMO的度量标准，KMO<0.7则不适合做因子分析，KMO>0.7时则可进行因子分析，KMO值越接近于1，表示变量间的相关性越强，原有变量越适合做因子分析。Kaiser给出了常用的KMO度量标准，如表2-9所示。Bartlett球形度检验用于检验相关阵是否是单位阵，即各变量是否独立，如果巴特利球形检验的统计计量数值较大，且对应的相伴概率值小于用户给定的显著性水平（本章给定的显著性水平为1%），则应拒绝零假设，认为相关系数矩阵不太可能是单位矩阵，原有变量适合作因子分析。

表2-9　KMO度量标准

KMO 统计量	因子分析适合程度
0.9 以上	很适合
0.8—0.9	适合
0.7—0.8	一般
0.6—0.7	不太适合
0.5 以下	很不适合

对量表总体进行KMO和Bartlett的检验，检测结果如表2-10所示，KMO值为0.726，表明可以进行因子分析；Bartlett检验中显著性概率是0.000，小于给定的显著性水平1%，表明数据是相关系数矩阵而不是单位矩阵，具有相关性，也说明统计数据适合做因子分析。从整体上看，本章的量表能够有效地测量各题项，量表比较有效。

表2-10　KMO和Bartlett的检验

取样足够度的 Kaiser—Meyer—Olkin 度量		0.726
Bartlett 的球形度检验	近似卡方	4857.808
	df	435
	Sig.	0.000

本论文选用主成分分析法进行因子分析，采用最大方差法进行正交旋转，简化了对因子的解释。在因子抽取上，本书主要根据学者Kaiser所提的准则标准：选取特征值大于1的因素，Kaiser准则判断应用时，因数分析的题项数最好不要超过30题，题项平均共同性最好在0.70以上，如果受试样本数大于250位，则平均共同性应在0.60以上（Stevens，1992）。

本书研究使用的量表题项数30题，有效样本总数为357，从表2-10、表2-11可知，按指定提取条件（特征值大于1）提取特征值时的变量共同度大多在0.60以上，8个因子的累积方差贡献率为68%，大部分信息可被因子解释，因此本次因子提取的总体效果还算理想。

表2-11 解释的总方差

成份	初始特征值			提取平方和载入			旋转平方和载入		
	合计	方差的 %	累积 %	合计	方差的 %	累积 %	合计	方差的 %	累积 %
1	4.477	14.924	14.924	4.477	14.924	14.924	4.273	14.244	14.244
2	3.978	13.259	28.184	3.978	13.259	28.184	3.174	10.580	24.824
3	2.926	9.753	37.937	2.926	9.753	37.937	3.009	10.031	34.855
4	2.563	8.545	46.481	2.563	8.545	46.481	2.355	7.851	42.706
5	1.914	6.378	52.860	1.914	6.378	52.860	2.263	7.544	50.249
6	1.762	5.872	58.732	1.762	5.872	58.732	1.881	6.271	56.521
7	1.618	5.393	64.125	1.618	5.393	64.125	1.759	5.863	62.384
8	1.209	4.029	68.154	1.209	4.029	68.154	1.731	5.770	68.154
9	0.915	3.049	71.203						
10	0.894	2.979	74.183						
11	0.663	2.210	76.393						
12	0.628	2.092	78.485						
13	0.603	2.012	80.497						
14	0.528	1.760	82.256						
15	0.525	1.749	84.006						
16	0.500	1.666	85.672						
17	0.474	1.580	87.252						
18	0.442	1.472	88.724						

（续表）

成份	初始特征值			提取平方和载入			旋转平方和载入		
	合计	方差的 %	累积 %	合计	方差的 %	累积 %	合计	方差的 %	累积 %
20	0.388	1.292	91.425						
21	0.372	1.240	92.665						
22	0.352	1.172	93.838						
23	0.294	0.979	94.816						
24	0.278	0.926	95.743						
25	0.263	0.877	96.619						
26	0.248	0.828	97.448						
27	0.233	0.777	98.225						
28	0.198	0.659	98.884						
29	0.176	0.586	99.470						
30	0.159	0.530	100.000						
提取方法：主成份分析									

　　为了使各个测量项在具体因子维度的归属更加明确，采用方差最大法对因子荷载矩阵实施正交旋转以使因子具有命名解释性，最大收敛迭代次数使用默认的25次，同时将各测量题项按照因子维度归属及相应因子载荷由大到小进行排序并压缩了小于0.4的负荷值，结果如表2-12所示。

表2-12　旋转后的因子荷载矩阵、旋转成份矩阵α

	成份							
	1	2	3	4	5	6	7	8
PA8	0.780							
PA2	0.768							
PA3	0.762							
PA4	0.757							
PA1	0.734							
PA7	0.706							
PA6	0.658							
PA5	0.613							

（续表）

| | \multicolumn{8}{c}{成份} |
	1	2	3	4	5	6	7	8
PI4		0.811						
PI3		0.738						
PI2		0.724						
PI1		0.701						
ESQ1			0.806					
ESQ2			0.790					
ESQ3			0.747					
ESQ4			0.732					
ESQ5			0.719					
IQ3				0.889				
IQ2				0.851				
IQ1				0.849				
SQ1					0.836			
SQ2					0.821			
SQ3					0.793			
LS1						0.890		
LS2						0.880		
PU1							0.779	
PU2							0.702	
PE1								0.852
PE2								0.751

提取方法：主成份。

旋转法：具有Kaiser标准化的正交旋转法。　　　a.旋转在6次迭代后收敛。

从表2-13可以看出，第一类因子归结为产品属性（PA），第二类因子归结为购买意愿（PI），第三类因子归结为网站服务质量（ESQ），第四类因子归结为信息质量（IQ），第五类因子归结为系统质量（SQ），第六类因子归结为物流服务质量（LS），第七类因子归结为感知有用性（PU），第八类因子归结为感知易用性（PE）。通过分析发现，生鲜农产品电子商务消费者购买意愿各维度所包含测量项的内容与前文拟定的维度和测量项一致。

对因子分析中提取的8个因子进行KMO和Bartlett的检验，检测结果如表2-13所示，可知量表各变量的KMO值都在0.7以上，各变量的Bartlett检验的P值为0.000，均小于给定的显著性水平1%。

表2-13　各变量的KMO和Bartlett的检验

研究变量	KMO 值	Bartlett 值	Bartlett P 值
产品属性	0.855	1239.827	0.000
系统质量	0.726	328.429	0.000
信息质量	0.727	445.150	0.000
网站服务质量	0.712	307.841	0.000
物流服务质量	0.827	581.919	0.000
感知有用性	0.719	389.320	0.000
感知易用性	0.706	312.853	0.000
购买意愿	0.737	756.954	0.000

综上所述，本书的量表能够有效地测量各题项，量表比较有效。

5.4 结构方程模型

为了从不同的角度对模型进行验证分析，在完成上述统计分析后，结合结构方程模型方法对模型进行分析。结构方程模型有效地整合了路径分析、验证性因子分析以及一般统计检验方法，弥补了因子分析、回归分析、相关分析等传统的多变量分析方法在同一时间内检验单一的自变量和因变量直接的关系。

5.4.1 结构方程模型建立

参照5.3节中的信度和效度分析结果可知，本书设定的假设变量都经过了信度检验和效度检验，由此可以看出，本书设定的变量以及测量问项都具有较好的可靠性和有效性。因此，可以对提出生鲜农产品电子商务消费者购买意愿模型进行结构方程模型分析。结构方程模型分析的首要步骤就是确定研究的潜变量以及各个变量之间的路径关系图，构建结构方程模型。本书构建的结构方程模型如图2-2所示。

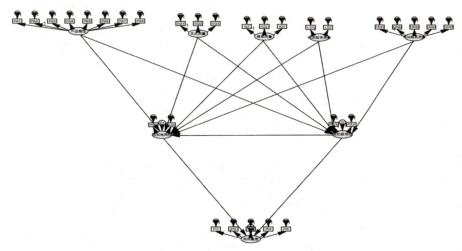

图2-2　生鲜消费者购买意愿初始结构方程模型

5.4.2　结构方程模型识别与估计

进行结构方程模型分析的第二个步骤是构建的结构方程模型进行识别和估计。为了实现这一步骤需要运用AMOS来确定假设模型中参数是否可以被估计，辨别参数的估计值是否是唯一确定的。辨别结构方程模型是否可以被识别的方法主要是通过在识别过程可能出现的情况来确定的。这些情况在一般状况下包含如下特点：某一个或者多个系数存在较大的误差，有些估计值存在不合理或者不可能出现；内部系数之间存在相关程度较高。根据上述分析，本书对上节中的结构方程模型进行回归分析，将样本中收集到的有效数据导入模型中进行参数估算，估算方法为最大似然估算法，其分析结果如表2-15所示。

从表2-14可知，产品质量（PA）到感知有用性（PU）的和信息质量（IQ）到感知有用性（PU）的回归系数估计值分别为0.145和0.157，大于0.01，在0.01的水平下不显著，其他路径的回归系数估计值均小于0.01，在0.01的水平下显著。

表2-14　标准差以及标准差回归系数的估计值

	回归		Estimate	S.E.	C.R.	P	Label
PE	<——	SQ	0.123	0.033	3.753	***	par_25
PE	<——	IQ	0.149	0.029	5.085	***	par_26
PE	<——	LS	0.102	0.026	3.862	***	par_29
PE	<——	ESQ	0.337	0.034	10.068	***	par_30
PE	<——	PA	0.203	0.054	3.769	***	par_34
PU	<——	PA	− 0.073	0.050	− 1.459	0.145	par_23
PU	<——	SQ	0.117	0.031	3.770	***	par_24
PU	<——	LS	0.128	0.025	5.033	***	par_27
PU	<——	ESQ	0.161	0.034	4.729	***	par_28
PU	<——	PE	0.549	0.050	10.978	***	par_31
PU	<——	IQ	− 0.040	0.028	− 1.414	0.157	par_35
PI	<——	PE	0.328	0.052	6.260	***	par_32
PI	<——	PU	0.231	0.049	4.705	***	par_33

注："***"表示0.01水平上显著。

5.4.3　结构方程模型拟合

拟合指数是对结构方程模型构建效果进行评价的参照标准，拟合指数指的是用来反映样本数据与构建的结构方程模型之间拟合程度的统计量。结构方程模型（SEM）通常采用x^2/df、GFI、AGFI、、NFI、CFI和RMSEA来评价模型的拟合效果，评价标准如表2-15。

表2-15　模型拟合指标可接受程度

拟合指数	非常好	可以接受	不可接受
卡方自由度比（X^2/df）	x^2/df < 2	3 < x^2/df < 5	x^2/df > 5
拟合优度指数（GFI）	接近于1	GFI > 0.9	GFI < 0.9
调整的拟合优度指数（AGIF）	接近于1	AGIF > 0.8	AGIF < 0.8
规范拟合指数（NFI）	近似0.9	NFI > 0.8	NFI < 0.8
比较拟合指数（CFI）	接近于1	0 < CFI < 1	其他
近似误差均方根（RMSEA）	接近于0	其他	其他
P		< 0.05	

本书样本数据以及研究假设模型之间的拟合结果如表2–16所示，x^2/df=5.201，GFI=0.882，两项拟合指数在不可接受范围，其他拟合指数尚可，说明模型拟合程度有些不佳，因此需要对结构方程模型加以修正。

表2–16　常用拟合指数计算结果

拟合指数	x^2/df	GFI	AGIF	NFI	CFI	RMSEA	P
结果	5.201	0.882	0.829	0.808	0.744	0.091	0.000
可接受程度	不可接受	不可接受	可以接受	可以接受	可以接受	可以接受	可以接受

5.4.4 结构方程模型评价与修正

模型拟合指数和系数显著性检验固然重要，但对于数据分析更重要的是模型结论一定要具有相应的理论依据，即模型结果要可以被相关领域知识所解释。因而在进行模型修正时应当主要考虑修正后的模型结果是否具有理论价值或现实意义，当模型效果较差时可以参考模型修正指标对模型进行修正。

从前面的分析可知，本书构建的结构方程模型的x2/df和GFI两项拟合指数不达标，其他拟合指数尚可，产品质量（PA）到感知有用性（PU）和信息质量（IQ）到感知有用性（PU）两个路径的回归系数估计值在0.05的水平下不显著，考虑对模型进行修正。

除上面表2–14中的产品质量（PA）到感知有用性（PU）和信息质量（IQ）到感知有用性（PU）两个路径系数在0.05的水平下不显著外，该模型其他各个参数在0.05水平下都是显著的，首先考虑去除p值较大的路径，即信息质量（IQ）到感知有用性（PU）的路径，重新估计模型。经重新估算，卡方值减小了一些，各拟合指数虽与理想的拟合指数值仍有差距，但也都得到了改善。该模型的各个参数在0.05的水平下都是显著的，并且从实际角度考虑，8个因子的各个路径也是合理存在的。

下面考虑通过修正指数对模型修正，e1与e2（同一个潜变量因子）的MI值最大，为244.759，表明如果增加PA1与PA2之间的残差相关的路径，则模型的卡方值会减小较多。从实际考虑，产品安全与产品质量实际上也确实存在相关，产品安全是产品质量的基础性内容，也是消费者的根本利益所在，是政府产品质量监管的重点。产品质量和产品安全之间存在自身内在的联系，因此考虑增加PA1与PA2的相关性路径。

重新估计模型，重新寻找MI值较大的，e1与e3的MI值较大，为144.708，表明如果增加PA1与PA3之间的残差相关的路径，则模型的卡方值会减小较多。农产品的新鲜度与安全存在密切关系，特别是对于生鲜农产品而言，因此考虑增加PA1与PA3的相关性路径。以此类推，形成图2-3所示的修正模型。

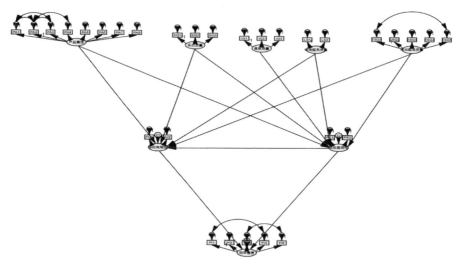

图2-3　修正后的模型

表2-17　修正后的常用拟合指数计算结果

拟合指数	χ 2/df	GFI	AGIF	NFI	CFI	RMSEA	P
结果	3.112	0.921	0.875	0.834	0.791	0.083	0.000
可接受程度	可以接受	可以接受	可以接受	可以接受	可以接受	可以接受	非常好

由表2-17所示，生鲜农产品电子商务消费者购买意愿模型的整体拟合度高，拟合指数分别为：x2/df=3.112，GFI=0.921，AGIF=0.875，NFI=0.834，CFI=0.791，RMSEA=0.083，由此可见，这些指标都达到了规定值，说明经修正后的模型与样本数据拟合度较好，可以用来对研究假设进行验证。

结构方程模型（SEM）进行实证的好处是可以清晰明了的看到研究变量

之间的路径系数，路径系数呈现出的是所研究维度之间影响结果的显著性和正负相关的线性关系进而确定研究假设是否成立。表2-18和图2-4所示的为图2-2修正后结构方程模型的路径系数。

表2-18　修正后的路径系数

			Estimate	S.E.	C.R.	P	Label
PE	←——	PA	0.423	0.090	4.687	***	par_24
PE	←——	SQ	0.113	0.030	3.723	***	par_26
PE	←——	IQ	0.135	0.026	5.183	***	par_27
PE	←——	LS	0.095	0.024	3.945	***	par_30
PE	←——	ESQ	0.363	0.030	12.178	***	par_31
PU	←——	PA	0.179	0.015	12.256	***	par_23
PU	←——	SQ	0.097	0.029	3.343	***	par_25
PU	←——	LS	0.117	0.023	5.059	***	par_28
PU	←——	ESQ	0.105	0.031	3.399	***	par_29
PU	←——	PE	0.602	0.049	12.323	***	par_32
PI	←——	PE	0.343	0.054	6.338	***	par_33
PI	←——	PU	0.230	0.053	4.384	***	par_34

注："***"表示0.01水平上显著。

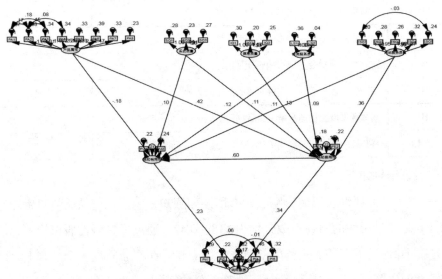

图2-4　修正后的路径系数图

5.4.5 研究结果分析

本章假设关系成立的检验标准P值小于0.01为显著，假设成立，其他情况则认为不显著，假设关系不成立。根据以上标准及表2—19、图2-4可以看出，通过修正后，该模型其他各个参数在0.01水平下都是显著的，各项常用拟合指数符合拟合标准并得到了进一步改善，除假设H5（信息质量会正向影响消费者感知网站有用性）检验结果不显著外，其他12个研究假设均通过了显著性假设检验，假设得到支持。各变量间的假设检验结果如表2-19所示。

表2-19　各变量间的假设检验结果

序号	假设	检验结果
H1	产品属性会正向影响感知有用性	支持
H2	产品属性会正向影响感知易用性	支持
H3	系统质量会正向影响感知有用性	支持
H4	系统质量会正向影响感知易用性	支持
H5	信息质量会正向影响感知有用性	不显著
H6	信息质量会正向影响感知易用性	支持
H7	网站服务质量会正向影响感知有用性	支持
H8	网站服务质量会正向影响感知易用性	支持
H9	物流服务质量会正向影响感知有用性	支持
H10	物流服务质量会正向影响感知易用性	支持
H11	感知易用性对感知有用性有显著的正向影响	支持
H12	感知有用性会正向影响消费者网购意愿	支持
H13	感知易用性会正向影响消费者网购意愿	支持

验证结果如下：

（1）产品属性会正向影响感知有用性和感知易用性。产品质量对感知有用性和感知易用性的路径系数分别为0.18、0.42，通过了显著性假设检验，假设H1和H2得到了支持。生鲜电子商务发展需建立在产品质量安全基础上，网站销售的生鲜农产品质量越高，消费者的购买意愿也会相对较高。

（2）系统质量会正向影响感知有用性和感知易用性。产品质量对感知有用性和感知易用性的路径系数分别为0.1、0.11，通过了显著性假设检验，假设H3和H4得到了支持。

（3）信息质量会正向影响感知易用性，但对消费者感知网站有用性的正向影响不显著。通过文献综述和研究假设分析可知，生鲜网站的产品或服务的信息详细完整、准确可靠、及时更新等信息质量指标对于帮助网购消费者节约时间和精力、提高购物效率以及做出更好的购物选择具有正向影响作用，但在本章中未能得到显著性的验证。这与目前出现越来越多食品安全问题、越来越多期待值大于实际体验值等情况来看，说明网购消费者对于生鲜网站上的信息信任度是持有怀疑态度的，消费者不再盲目相信网站上提供的信息，而只是作为一种参考。

（4）网站服务质量会正向影响感知有用性和感知易用性。产品质量对感知有用性和感知易用性的路径系数分别为0.1、0.36，通过了显著性假设检验，假设H7和H8得到了支持。如果生鲜电商在售前、售中和售后都能够提供较好的服务，那么消费者的感知有用性和感知易用性就能有效地被提高。

（5）物流服务质量会正向影响感知有用性感知易用性。产品质量对感知有用性和感知易用性的路径系数分别为0.12、0.1，通过了显著性假设检验。同时，物流服务质量的观测变量LS1（送货及时、高效，从下单到收货时间短）和LS2（产品包装完好、无损坏）的影响系数分别为0.36、0.04，表明物流配送的及时高效便捷对于物业服务质量影响很大。在电子商务条件下，买方通过网络可以较快的实现商品货物的商流活动，但电子商务活动并没有结束，只有商品或服务真正到达买方手中，商品货物的交易活动才算真正结束，因此物流配送系统的效率高低是电子商务成功与否的关键。

（6）感知易用性对感知有用性的路径系数为0.60，影响显著，感知有用性、易用性与购买意愿也成正相关关系。这一结论满足TAM模型关于感知易用性和感知有用性的假设，感知有用性和感知易用性均对消费者的态度产生影响，感知易用性也会影响感知有用性，而感知有用性对行为意愿产生作用，验证了TAM在生鲜电子商务情境下的适用性。由于不用花费太多精力，消费者就可以完成网络购物，从而感到网络购物是有用的。倘若消费者感知网购易用性太低，可能在没有发现网购有用时就放弃了网络购物。

（7）产品属性和网站服务质量对感知易用性的路径系数分别为0.423和0.363，较为理想，各个质量要素和产品属性对感知有用性和感知易用性的影响程度不一样，物流服务质量对感知易用性的影响相对较弱。这些外部变量通过作用于感知有用性和感知易用性间接影响生鲜消费者的购买意愿。

6 研究结论与展望

6.1 研究结论

通过上章节的调查样本数据的实例分析验证，本章针对影响生鲜农产品电子商务消费者购买意愿提出的13个研究假设中有12个得到实例验证，所得研究结论如下：

网购生鲜农产品尚未得到普及，但生鲜农产品需求稳定，发展潜力大。研究结果显示，生鲜农产品作为日常生活的刚性需求产品，在被调查的消费者中，三天内至少购买一次生鲜农产品的比例为77%。而经常性网购的消费者仅占18.8%，生鲜农产品的购买方式仍以超市、农贸市场等传统购买方式为主，网购方式尚未得到普及。虽然生鲜农产品电子商务在漳州市的发展尚在起步阶段，但漳州市生鲜农产品资源优势明显，市场需求稳定，随着电子商务的发展，生鲜农产品销售渠道由线下向线上拓展的趋势不可避免，发展潜力巨大。

生鲜农产品消费者在网购过程中的舒适体验更容易使他们认为网上购物是有用的，从而产生网购意愿。根据实证研究，感知易用性正向影响感知有用性，且影响程度显著。感知易用性体现了网购过程中的获取有用信息的容易程度和网购过程中的操作便捷程度。一旦觉得在网站平台上搜索、比较想购买的生鲜农产品价格、种类等很容易，下单、网上支付操作很便捷，就会产生一种愉悦舒适的体验，从而认为网购方式相较于到超市、农贸市场购买的传统方式更加便捷，既省时又省力时，消费者的生鲜农产品购买意愿就会越强烈，进而愿意选择购买。如果在网购过程中不能获得很好的体验，那即使对产品有需求，也可能放弃购买。

生鲜农产品消费者对生鲜网站上的信息内容判断较为理性。实证结果中假设H5信息质量会正向影响感知有用性没得到支持。一是通过人们以往的网购经验中，出现卖家秀与买家秀、期待值与实际价值之间的巨大落差，可知人们对网站上出现的信息真实性已逐渐产生怀疑。二是人们在实际超市、市场、流动摊贩等实地购买生鲜农产品时，出现水果不甜、水产不新鲜、蔬菜残存农药等情况也是屡见不鲜。两者相结合，可能就导致人们在网购生鲜农产品时，对生鲜网站上的信息做出更多的判断和解读，更趋于理性，而不是盲目相信网站上的信息。

生鲜农产品属性、生鲜网站质量和物流服务质量等外部变量通过正向影响消费者的感知有用性和感知易用性，进而间接正向影响消费者网购生鲜农产品的意愿。通过结构方程模型检验发现，除信息质量会正向影响消费者感知有用性检验结果不显著外，其他影响因素均直接或间接地对购买意愿有显著正向影响，即消费者对产品属性、网站质量、物流服务质量、感知有用性和易用性的认知和认可程度越高，则购买生鲜农产品的意愿便越强烈，进而做出购买行动。

6.2　促进生鲜农产品电子商务发展的建议

基于前文实证研究的结论，本书从生鲜电商企业如何增强消费者购买意愿的角度提出以下几点促进生鲜农产品电子商务发展的建议：

6.2.1　加大网络购物宣传力度，增强消费者网络消费观念

由于消费习惯制约，使得大部分中老年人较难接受网购生鲜农产品的方式。因此生鲜商应该充分利用各种大众媒体宣传网购生鲜农产品的概念，塑造并巩固网上购买生鲜农产品的相对优势，增强对消费者的吸引力，通过引导人们改变消费习惯来壮大市场。消费者选择网上购买生鲜农产品，是对不同购物渠道综合比较的结果。网购经营商只有为消费者提供比传统购物更多

的购物优势，消费者才会接受和使用它。同时消费者作为网上购物行为的主体，可以通过各种渠道了解网络购买生鲜农产品的益处，克服对虚拟购物环境的恐惧心理，扭转传统消费观念，培育网络消费时尚，逐步认识接纳网购生鲜农产品这一新兴消费方式。一方面，生鲜电商企业可在微博、微信、QQ等大众媒体上建立在售生鲜产品的交流平台，通过加强与消费者的沟通，改变消费者对生鲜电商的认识误区。另一方面，生鲜企业可通过社区营销、概念营销、社区团购等方式，让消费者感受到网购生鲜农产品的便捷与快乐，以加强对消费者的引导。另外，由于生鲜电商不同于实体门店，生鲜电商必须兼顾线上购买、线下服务的协同体验，未来生鲜电商企业间的竞争不仅是产品和服务的竞争，更是用户体验的竞争。

6.2.2 增加生鲜消费者感知有用性，充分发挥生鲜网购优势

本书实证研究表明感知有用性对网购意愿的影响显著，因此生鲜电商需要加强顾客感知有用性，从满足消费者的需求角度进行考虑，为消费者提供舒适、愉悦的购物体验，促进消费者的购物欲望。一是确保系统操作简单、支付便捷。生鲜农产品网购的消费者涉及各个社会阶层，素质参差不齐，对生鲜农产品电商网站平台的易操作性的要求也存在显著差异，生鲜电商在设计网站平台应考虑不同阶层、不同群体的消费者，使其对老年人、底层劳动人民等都具有易操作性，吸引网购经验不足或存在使用困难的潜在消费者。二是提高网页设计和信息量。提供清晰易懂，视觉良好的页面，提高消费者感官舒适度。增加一些生活常识、食疗保健等对消费者饮食生活有帮助的信息。三是保证良好的售后服务和后续跟踪。关注生鲜农产品的收藏量、买家评价等对销售量存在正向影响的几个因素，注重与消费者之间的双向沟通，提供24小时在线咨询服务，并对消费者购买后的满意程度进行后续跟踪，更好地了解消费者的需求，提高消费者的购买力。

6.2.3 加强网络监管，提高网站信息透明度

食品安全事件的频发，导致了人们对食品行业的高度不信任，由此催生

了人们对绿色生鲜市场、有机无添加的天然产品的青睐。但是在互联网不能手摸口尝的背景下，任何一家企业都能打着绿色营养有机的产品旗号。消费者很难通过网络上的信息对这些所谓的"绿色产品"进行有效辨别。因此，需要有关部门的介入，对各生鲜网站产品信息进行抽检核实。对严重存在虚假信息的网站，应给予撤除、罚款等必要处理与警戒，约束各电商的不良行为，提高他们的法律意识和道德觉悟，从而促进产品信息透明化，尽可能地向消费者提供可靠可信的科学数据。有关机构部门也可通过一些权威平台对优质电商进行有效认证，从客观上防止同行业假冒伪劣产品对本品牌的负面影响，促进生鲜农产品电子商务的良性发展。消费者还可以在权威平台或正规网站上通过扫描二维码了解有关电商或产品信息，进一步促进消费者对网络信息的正确判断，并做出选择。

6.2.4 提高物流配送水平，完善网购生鲜农产品"最后一公里"服务

物流配送作为连接生鲜电商企业与消费者之间的桥梁，是实现非虚拟化产品转移的必要途径，是网络购物得以实现并成为当前时尚购物方式不可或缺的环节。生鲜农产品的配送，有时效性强、质检要求高、运输损耗大等问题，传统的物流配送方式已经渐渐无法满足市场需要，急需更加专业有效的物流模式。冷链配合上快速安全的运送，将是农产品电子商务未来的必备条件。生鲜电商应通过采用先进冷链物流技术、优化配送路径等方式减少生鲜农产品配送过程中的损耗，降低成本，合理建设冷库和配送中心，提高物流配送水平。当企业规模较小，配送能力不足的时候，与优秀的第三方物流配送公司合作，能够有效降低成本，专注发展企业自身优势。当企业规模足够，可以选择自营物流的方式来降低成本，方便随时掌握信息，及时做出反应，有条件的可以引进发达国家先进冷链运输技术，冷链运输车改造升级，使用环保无害的包装，确保及时准确无损地将生鲜农产品送到消费者手中，完成"最后一公里"服务。

6.2.5 注重商品质量，提升商家信用

消费者对生鲜农产品安全、新鲜度等属性的要求随着经济生活水平的提升而越来越高，优良的质量永远是赢得消费者青睐的关键因素，消费者发现生鲜农产品存在质量安全问题，如外表不新鲜、口感不佳或有农药残留等原因，就可能放弃购买。保证生鲜农产品的质量，充分满足消费者对安全性、新鲜度等方面的需求，方能更好地获得消费者的认可与信任。要把好生鲜农产品的安全质量关：一是需要农户及生鲜农产品网络商户的意识提高，自觉严守，认识到只有确保产品质量，才能保证客源的持续不断，实现长远利益；二是需要政府提供相关的政策管理，由有关职能部门定期对网络平台上的生鲜农产品进行抽检督查，有问题的商家应严格进行查处，确保生鲜农产品质量安全管理落到实处。

6.3 研究局限与展望

（1）因时间和可利用资源较少，本书研究在实地问卷调查时仅在漳州市区范围内进行，未包含县城区域和其他偏远乡村地区，问卷调查样本广度还有待进一步扩大，可能存在样本代表性不足问题，从而影响到研究结论的可靠性。后续研究需更加科学地选取调查对象，使样本更具代表性，确保研究成果更趋向准确性和有效性。

（2）由于目前网购生鲜农产品尚未被广大消费者所熟识和接受，本次问卷调查对象虽然大多数已有网购生鲜农产品的经验的，但次数不多，经常网购生鲜的人数比没有网购生鲜的人还少，大多问卷调查的对象多是根据传统网购其他已较为成熟的商品的经验总结进行问卷填写，因此针对生鲜农产品电子商务的特殊消费影响因素与其他网购的影响因素仍需进一步研究对比。

（3）由于本人能力所限，在研究中所采用的量表主要是通过借鉴其他学者分析各类产品的消费者购买意愿进行归纳，而提炼出的生鲜农产品电子商务消费者购买意愿影响因素方面仍需进一步推敲补充完善。虽然通过样本数据分析，得出较好的信度和效度，但能否全面地反映真实情况，还需深入探讨。

第三章
生鲜农产品电商视角的冲动性购买意愿
影响因素研究

1 背景

随着我国供给侧结构性改革步伐的不断推进，各行业的改革已经拉开序幕。农业是我国的基础产业，在我国三大产业中仍占重要地位，但农业的弱质性决定了农业必须不断得进行结构调整和转型升级，农业供给侧结构性改革同样需要加快推进的步伐。在农业中，农产品的生产、加工、销售等一系列流程，需要加强管理，不仅在生产环节需要加强源头管理，实现绿色生产，避免生产出有毒有害的农产品，危及消费者的健康，在加工和销售环节，也需要对农产品进行仓储、物流、防损等管理，保证农产品的质量。特别是生鲜农产品，更需要加强源头管理和过程管理，保证生鲜农产品的新鲜、不变质，使每一个消费者都能获得新鲜、健康的农产品，进而获得生鲜农产品的消费体验价值。

近年来，电子商务的发展有目共睹，已经成为拉动我国经济发展、促进消费者获取消费体验价值的重要动力之一。电子商务的快速发展，使得零售业面临巨大的挑战和威胁。过去适用于生鲜农产品销售的途径和方式，随着电商的出现，已经愈发的不适用现今的消费者的消费观念，生鲜农产品的销售模式需要变革。发展生鲜农产品电商是生鲜农产品实现价值的有效方式，已经成为各大电商争夺的战略高地。生鲜农产品电商的出现，将消费者的需求放在第一位，为消费者提供各式各样的新鲜农产品的同时，改变了消费者以往的线下消费方式，缩短了消费者购买生鲜农产品的时间。生鲜农产品电商的出现，可以追溯到2010年，沱沱工社第一次进军生鲜农产品电商领域。随后，顺丰优选、天猫商城等电商品牌开始在全国设置试点城市，标志着电商行业正式踏足生鲜农产品行业。此后，各大电商品牌加速建设冷链物流系统，加快逐利步伐。

随着网购的兴起，越来越多的消费者选择在网络上进行购物，致使零售商获利的机会减少，而电商企业的利润逐年增加。消费者在网购的过程中，有两种购买意愿，一种是冲动性购买意愿，在没有制定购买计划或者目标时，随时进行消费，具有突然性和不可预测性等特征；另一种是非冲动性购买意愿，消费者事先有计划、有目的制定需要购买的商品，然后再进行网购，具有目的性和计划性等特点。而在生鲜农产品方面，消费者的购买意愿同样如此。本书正是建立在网购心理基础上，以生鲜农产品电商为研究视角，从消费者的冲动性购买意愿这一心理出发，探讨影响消费者冲动性购买意愿的因素，建立相关的假设模型，为生鲜农产品电商、消费者等利益相关者提供销售、消费等建议，同时进一步丰富生鲜农产品电商这一研究领域。

2 国内外文献综述

2.1 生鲜农产品电商研究综述

2.1.1 生鲜农产品电商的概念

吴传淑（2015）[①]认为，生鲜农产品电商是电子商务在生鲜农产品领域的应用，是指利用电子商务平台，通过网络方式，在网上直接销售生鲜农产品，例如，通过电子商务平台，消费者可以在网上购买新鲜果蔬、生鲜肉产品、海产品等农产品。

---

① 吴传淑：《国外生鲜电商发展模式探析》，《世界农业》，2015年第5期，第136–150页。

罗芳茜、王明宇（2015）[1]则将生鲜农产品电商定义为：以互联网电子商务平台为基础，直接向消费者销售新鲜的蔬菜水果、肉类等农副产品，并且通过企业自建物流通道或者凭借第三方物流体系，将消费者所购买的生鲜农产品配送至消费者手中。学者还指出由于生鲜农产品的特殊性，必须要尽快将生鲜农产品送达顾客手中，因此，生鲜农产品电商在服务成本以及现代物流信息技术等方面都具有较高的要求。

张传杰、李圆颖（2015）[2]通过研究，认为生鲜电商这一概念是由从事生鲜农产品销售行业的电商企业发展而来的，生鲜电商就是指从事生鲜农产品销售的电子商务企业或者销售生鲜农产品的网络平台，广义生鲜农产品电商包括B2C、B2B等模式。

郭俐（2016）[3]认为生鲜农产品电商是指利用电子商务手段，通过网络消费方式，购买并实施配送生鲜农产品。该定义进一步对生鲜农产品进行了规定，即生鲜农产品是指那些未经深加工和烹饪的、简单处理和包装的、随时可以出售的初级农产品，该种产品需要通过冷链物流输送至消费者。

聂昌腾、何志英（2017）[4]则认为生鲜农产品是一种特殊的种类，如新鲜水果蔬菜、生鲜肉、海鲜等均属于生鲜农产品，其具有较强的季节性、时效性等特点，而生鲜农产品电商是指采用电子商务模式，通过互联网渠道，向顾客提供生鲜农产品，其具有很高的商业价值。

根据学者的研究成果，结合本书研究内容，笔者将生鲜农产品电商定义为：生鲜农产品电商是指运用电子商务平台，综合考虑生鲜农产品质量、数量、供给、需求，在电子商务平台上销售生鲜农产品，以获取利润为目的新型生鲜农产品销售模式。

2.1.2 生鲜农产品电商的特点

方建生、刘佳妮、刘玉权（2014）[5]对福建省生鲜电商发展现状进行概

① 罗芳茜、王明宇：《我国生鲜电商发展现状及行业前景分析》，《电子商务》，2015年第6期，第63-65页。
② 张传杰、李圆颖：《我国B2C生鲜电商供应链模式比较研究》，《当代经济》，2015年第3期，第6-8页。
③ 郭俐：《基于电子商务的生鲜物流发展探析》，《教育发展纵横》，2016年第12期，第225-227页。
④ 聂昌腾、何志英：《基于在线评论文本的消费者网购生鲜农产品影响因素研究》，《电子商务》，2017年第2期，第48-50页。
⑤ 方建生、刘佳妮、刘玉权：《福建省生鲜电商现状与发展研究》，《农业展望》，2014年第12期，第75-77页。

述，认为生鲜农产品电商的特点主要包括：生鲜农产品电商市场未饱和，竞争越来越激烈；生鲜农产品电商物流模式主要包括自建物流、第三方物流等；生鲜农产品电商运用多种模式进行精细化运营；生鲜农产品电商规模参差不齐，大型电商企业涉足生鲜农产品领域，发展迅速，而中小型生鲜电商则遭遇困境。

储萌、张宝明（2015）[1]认为，目前中国生鲜农产品电商的特点主要有以下几个方面：一是在生鲜农产品电商行业没有绝对的霸主，该市场还处于发展阶段；二是大部分属于垂直电商，比全产业链形式更加便捷；三是生鲜农产品电商模式多样，包括B2C、O2O等；四是生鲜农产品物流配送较难，订单较少，成本较高。因此，生鲜农产品电商之路还需进一步探索。

刘建鑫、王可山、张春林（2016）[2]认为，受消费者消费观念的转变以及网购的蓬勃发展，生鲜农产品电商呈现出以下几个特点：第一，传统的农业与现代信息技术的联系越来越紧密；第二，生鲜农产品的交易规模不断扩大；第三，生鲜农产品电商的交易更加便捷和快速，其运行的商业模式也不断创新；第四，农民专业合作社在其中扮演着重要作用。

徐广姝、宋子龙（2016）[3]研究了生鲜电商的配送模式，认为当前我国生鲜农产品电商主要特点之一是数量多但营利不足。学者指出，全国从事生鲜电商的平台企业共有4000多家，但能够获取利润的生鲜电商企业仅有40多家，占比非常低。为此，学者提出了建立有效的物流配送体系，提高配送效率，提升其竞争能力和利润率。

宗雨昕（2016）[4]则认为，当前生鲜电商还处于发展的初级阶段，呈现市场渗透率较低、市场拓展速度较快的发展特征，在未来存在着相当可观的提升空间。同时还指出，应当构建完备的冷链物流系统，保障生鲜农产品的质量和安全，因地制宜发展生鲜农产品电商。

---

① 储萌、张宝明：《我国生鲜电商发展现状以及趋势》，《电子商务》，2015年第12期，第13-14页。
② 刘建鑫、王可山、张春林：《生鲜农产品电子商务发展面临的主要问题及对策》，《中国流通经济》，2016年第12期，第57-64页。
③ 徐广姝、宋子龙：《生鲜电商配送模式创新探究》，《商业经济研究》，2016年第23期，第72-73页。
④ 宗雨昕：《基于SWOT法的生鲜O2O电商模式分析——以京东到家为例》，《现代商业》，2016年第18期，第36-37页。

2.1.3　生鲜农产品电商的模式

吴勇、马良（2014）[①]认为我国生鲜电商的发展模式可以分为三类：第一类是平台电商，该模式主要是吸引各个商家入驻电商平台，由电商负责监管，由商家自行负责销售和配送生鲜农产品，该模式实际上是一种C2C模式。第二类是垂直电商，该模式也称为B2C模式，该模式主要以产地直供或直采的方式，并通过自建的冷链物流平台，将生鲜农产品配送给顾客。第三类是线下门店模式，也称为O2O模式，该模式通过线上下单购买，线下提货的方式，既能让顾客体验到线上购买带来的便捷，也能够让顾客获得线下体验，减少了配送成本。

宫谈飞、张良、毕建平、班慧（2014）[②]主要分析了当前国内生鲜农产品电商模式的特点：第一，平台营销，通过线上、线下和事件营销，将生鲜农产品推向市场和消费者。第二，物流类型多样，包括自建物流、第三方物流以及两者的结合，为生鲜农产品顺利配送奠定坚实的基础。第三，电商企业与供应商良好的合作关系，促使供应商提供更加优质的生鲜农产品，为顾客的食品安全提供保障。

王丹（2016）[③]对我国生鲜农产品电商的发展模式进行了对比和分析，总结了当前我国生鲜电商的四种模式：一是垂直电商发展模式，该模式主要集中于生鲜农产品的销售和营销方面；二是平台式电商发展模式，该模式主要利用市场上已经发展得比较完善的大型电商企业进行销售，如阿里巴巴、京东等平台；三是原产地直接供应的电商发展模式，该模式缩短了生鲜农产品从原产地到消费者之间的距离和时间，更加电商化；四是实体超市线上销售的电商发展模式，该模式还处于发展的初级阶段，但其区域化销售、物流配送便捷、线上线下一体化等优点，正成为我国生鲜农产品电商发展的重要模式之一。

---

① 吴勇、马良：《当前我国生鲜电商的发展模式与定价研究》，《武汉轻工大学学报》，2014年第3期，第101~103页。
② 宫谈飞、张良、毕建平、班慧：《国内外生鲜电商运营模式分析与启示》，《商业研究》，2014年第27期，第27~30页。
③ 王丹：《国内生鲜电商发展模式的对比与选择分析》，《电子商务》，2016年第11期，第8~10页。

薛宸哲（2016）[①]将生鲜农产品电商模式划分为具体的两类：其一，顺丰优选模式，该模式借用顺丰自身强大的物流平台，减少了电商服务成本，反而扩大了服务的半径。其二，虫妈邻里团模式，该模式打开了中小生鲜电商发展之路，围绕社区概念，缩短物流成本，以订单的方式将地理位置接近的消费者联系在一起，构成了一个个微小的社群，为消费者提供了便捷的购买通道。

周明（2017）[②]则把生鲜农产品电商的发展模式分为两类：一类是综合性电商发展模式，如天猫、京东等常见的电商平台，这类电商平台虽然涉足生鲜农产品领域的时间不长，但基于自身资金、人员、物流等实力的强大，在生鲜农产品电商领域开拓市场较为容易；另一类是生鲜农产品垂直型电商发展模式，该模式是把电商企业看作是生鲜农产品供应商，提供一种或者几种生鲜农产品品类进行销售。

2.1.4 生鲜农产品电商存在的问题

Zeimpekis（2005）[③]等认为在生鲜农产品配送的过程中，如果出现物流中止或者其他不利因素，就会造成电商企业成本的增加，也会因为配送不能及时到达目的地而导致服务水平的下降以及消费者对该企业的信任度降低，为此，该学者提出，建立即时监测系统处理物流中止等问题，以最快的速度规划到达顾客的最佳路线，减少顾客的等待时间和提升顾客的满意度。

Gevaers（2011）[④]对生鲜农产品电商物流"最后一公里"的问题进行了阐述，他认为如果电商企业在配送商品的过程中，运输途中出现道路堵塞，商品投递错误导致客户未能及时收到商品，以及装货率并未达到最优的状态，这些问题都会导致生鲜农产品电商的"最后一公里"的成本增加，同时

---

① 薛宸哲：《试探生鲜电商经营模式及未来发展趋势》，《经济与社会科学研究》，2016年第11期，第465页。
② 周明：《电子商务破解生鲜农产品流通困局的内在机理——以天猫生鲜与沱沱工社双案为例》，《商业经济研究》，2017年第2期，第72-74页。
③ Zeimpekis V, Giaglis G.M, Minis I.A dynamic real-time fleet management system for incident handling in city logistics [C] .*Vehicular Technology Conference*, 2005, （05）: 2900-2904.
④ Gevaers, R., Voorde, E.V.de, Vanelslander, T. "Chapter 3: Characteristics and typology of last mile logistics from an innovation perspective in an urban context", City distribution and urban freight transport: Multiples perspectives [M] .Northanpton: Edward Elgar Publishing, 2011.

导致物流配送效率下降。

张菊香、朱泳（2016）[1]以厦门市生鲜农产品电商为研究对象，认为厦门市生鲜农产品电商存在以下问题：生鲜农产品需要经过产出、物流运输、配送上门等三个环节，当冷链系统不完善时，容易出现变质、损耗等问题；生鲜农产品配送比一般食品配送的成本要高得多；生鲜农产品未标准化，电商平台所提供的照片与实物存在差距，导致客户不满意度增加。

张旭、胡坚堃（2016）[2]从冷链物流体系出发，探讨了生鲜农产品电商存在的问题。一是需求点比较分散，冷链物流发挥作用有限；二是冷链物流企业规模较小，服务质量和能力有限；三是冷链物流出现断链现象，致使生鲜产品质量不能达到要求；四是由于需求点的分散而导致生鲜产品配送成本较高；五是，消费者与企业之间存在取货和送货上的时间差；六是"最后一公里"的问题依然存在。

李茹（2016）[3]则从生鲜农产品电商的品类管理角度论述存在的问题：首先，生鲜农产品电商依靠多品类吸引顾客，但在供应链环节上存在诸多的挑战，使企业的运营成本不降反升；其次，品类产品同质化问题严重，致使产品价格竞争非常激烈；最后，生鲜农产品电商企业并未制定合理有效的品类管理。

郑婕妤（2016）[4]认为由于生鲜农产品不易保存，而且在运输过程中往往容易导致损坏。因此，在运输生鲜农产品过程中，常常会出现暴力运输等现象，这反映出了我国在生鲜农产品电商物流运输方面存在的问题，即物流发展不完善、物流体系不健全。

王林、赵宇、符晓洁（2016）[5]认为生鲜电商"最后一公里"的物流存在以下几个问题：冷链物流体系不完善，"假冷链"体系存在致使生鲜农产品发生变质、毁损等不良后果；配送的基础设施不完备，冷链物流行业的标准

---

① 张菊香、朱泳：《厦门生鲜电商发展现状与对策》，《农业展望》，2015年第11期，第93-96页。
② 张旭、胡坚堃：《生鲜电子商务配送现状的研究与建议》，《管理探索》，2016年第10期，第40-42页。
③ 李茹：《基于品类管理的生鲜农产品电商发展策略》，《电子商务》，2016年第11期，第16-18页。
④ 郑婕妤：《电子商务对我国生鲜行业物流发展影响》，《物流平台》，2016年第29期，第52-54页。
⑤ 王林、赵宇、符晓洁：《生鲜电商"最后一公里"配送研究》，《物流技术》，2016年第6期，第12-15页。

尚未确定；消费者自行收取生鲜农产品的方式与直接送货上门的方式相比，消费者的接受程度不高；冷链物流自建的成本较高；社区范围内的生鲜超市较多，消费者更愿意选择社区生鲜超市购买生鲜农产品。

2.2 冲动性购买意愿研究综述

2.2.1 冲动性购买的概念

早期的研究学者，如杜邦，将冲动性购买视为非计划性购买，认为消费者在进入店内时并没有事前列好商品计划单，是临时做出的决定。但也有学者并不完全认同这一观点。如Nesbitt（1959）[1]就认为消费者的一些非计划性购买，有可能是消费者在商店内闲逛的过程中，通过无意识的搜索以及考虑当时商家所进行的促销活动，然后做出的购买决定，从这一角度而言，其实这是一种计划性购买。将冲动性购买等同于非计划性购买，仅仅考虑的是计划这一行为。而weinberg、Gottwald（1982）[2]对冲动性购买的概念则延伸到了消费者的情感体验，他们认为消费者如果是不经意的发现了某种商品，就会在心里产生一种非常想要拥有该商品的意愿和心态，导致消费者做出购买该商品的决定。

随着心理学的发展，研究冲动性购买的学者将心理学引入到了该领域。Rook（1987）[3]就试图从心理学视角对冲动性购买进行分析，他认为冲动性购买是消费者在看到商品后，突然产生一种强烈的、具有一定力量驱动的购买意向，同时伴随着希望马上得到该商品的心态，并做出立即购买的决定。此外，Rook还认为，在看到意外的商品时，消费者会进行强烈的思想斗争，一方面消费者很想购买该商品，另一方面消费者又会控制自己进行购买，当情感意愿的力量大于控制力时，就产生了冲动性购买。Beatty（2002）[4]将冲动性购买定义为一种突发性的、未作计划的购买行为，消费者在进入商店之

---

① Nesbitt, S.Today's Housewives Plan Meus as They Shop［J］.*Nesbitt Associates Release*，1959，（04）：2-3.

② Weinberg, Gottwald.Impulsive Consumer Buying as a Result of Emotions［J］.*Journal of Business Research*.1982，（07）：43-57.

③ Rook D W.The buying impulse［J］.*The Journal of Consumer Research*.1987，14（02）：189-199.

④ Beatty.Impulse Buying： Modeling its Precursors［J］.*Journal of Retailing*.2002，74（02）：169-191.

前，毫无购买商品的想法和意愿，但进入商店看到某种商品后，突然感受到了一种难以抵制的力量驱使着消费者立刻将该商品买下来，在这个过程中，消费者完全没有详细周密的思考和计划，几乎是一瞬间就完成了购买行为。Vohs K D、Faber R J（2007）[①]认为每一个消费者都可能被某种商品激发出突然的购买冲动，他们认为，在购买这些事先没有计划购买的商品时，消费者并没有过多的考虑，不关心该商品是否满足自己的真正需求，冲动性购买实际上是一种暂时失去理性的行为。

李慧、郭东海（2015）[②]在研究网购经验的分享与消费者冲动性购买行为的关系中，指出了冲动性购买的概念：消费者在网购过程中，受到来自外部的、不可抗拒的因素影响，使得消费者产生事先并无计划的购买行为，这种行为就是冲动性购买行为。该行为包含着各种情绪色彩，消费者甚至可以不考虑所购商品优劣与否。

李蓉（2015）[③]则认为冲动性购买是指消费者预先没有进行足够的准备和评估，同时还交织着较为强烈的情绪变化和情感释放，并且能够立刻做出购买决定的一种心理活动和行为，消费者在购买商品的过程中能够体验到认知变化以及情感反射，这是冲动性购买行为的精髓所在。

王小利、罗锦宏（2015）[④]认为，冲动性购买是一种突发性的、无法抑制的、带有享乐性的、较为复杂的购买过程，消费者在实施这一行为的过程中，通常能够迅速做出决策，不需要精心准备、深入思考所有与商品相关的信息和其他可替代品的选择。

马兴泉、陈伟（2016）[⑤]认为，冲动性购买是一种一时冲动而做出购买商品的决定，是立刻完成的、没有事前思考而购买计划之外的商品的行为，冲动性购买需要消费者迅速做出决定，对所购买的商品的信息并未进行充分的

①　Vohs K D，Faber R J.Spent resources：Self-regulatory resource availability affects impulse buying［J］.*Journal of Consumer Research*.2007，33（04）：537-547.

②　李慧、郭东海：《网购经验共享与冲动性购买行为关系研究——基于知识共享的视角》，《河北经贸大学学报》，2015年第3期，第77-80页。

③　李蓉：《在线冲动性购买行为的研究综述》，《经济管理研究》，2015年第8期，第39-40页。

④　王小利、罗锦宏：《面子双维度对冲动性购买影响的实证研究——以自我建构为中介变量》，《商业经济研究》，2015年第1期，第19-21页。

⑤　马兴泉、陈伟：《网购中冲动性消费的动因分析》，《经贸实践》，2016年第3期，第59页。

了解，常常忽略了商品信息的处理，同时在购买过程中带有较高的兴奋度。

林靖（2016）[①]则指出，冲动性购买是指消费者事先本无购买想法或者计划，但因为商品的外观、营销激励、购物环境等原因而被商品所吸引，从而渴望马上能够获得商品，是一种突如其来的、一定要获得的、不需要经过思索的购物行为，致使消费者难以拒绝而购买商品。

结合本书研究对象和内容，笔者对冲动性购买进行以下定义：冲动性购买是消费者一种临时的、没有计划的对某一种产品或服务做出购买决定的行为，而所购买的产品或服务并非能够给消费者带来利用价值，仅是消费者因产品或服务的表面特征而临时决定购买，与计划性购买相对应。

2.2.2 冲动性购买的特点

Rook、Hoch（1985）[②]提出了冲动性购买包含五个基本的特征：一是冲动性购买是一种暂时性的失控行为，没有理性因素的参与；二是购买的意图不是事先就存在的，而是临时产生的；三是控制冲动性与购买意愿相互对抗，最终购买意愿占了上风；四是降低了对商品相应的认知和评价，消费者并不知道该商品是否满足自身要求；五是，消费者不考虑购买该商品的后果，以及不考虑效用最大化的要求。

Jeffrey、Hodge（2007）[③]则认为冲动性购买通常具有4个显著的特点，首先，在购买环境中，具有能够刺激消费者产生购买意愿和行为的因素；其次，冲动性购买不是事前计划行为，而是临时非计划行为；再次，消费者在看到商品之后能够立即做出购买决定；最后，在冲动性购买过程中，消费者的认知与情感变化将会同时产生并相互交融。

王求真、姚倩、叶盈（2014）[④]以网络团购为研究视角，分析价格折扣与顾客人数对消费者冲动性购买意愿的影响，他们将冲动性购买定义为消费者

---

① 林靖：《冲动性购买研究之智识建构》，《宁德师范学院学报》（哲学社会科学版），2016年第1期，第39—42页。

② Rook, Hoch.Consuming impulses［J］.*Advances in Consumer Research*，1985，12（0l）：23—27.

③ Jeffrey, Hodge.Factors Influencing Impulse Buying During an Online Purchase［J］.*Electron Commerce Research*，2007，（10）：367—379.

④ 王求真、姚倩、叶盈：《网络团购情景下价格折扣与购买人数对消费者冲动购买意愿的影响机制研究》，《管理工程学报》，2014年第4期，第37—47页。

最初并没有购买的想法，但在特定的购物环境下，消费者产生了快速反应的情感体验，导致消费者不计后果的购买商品。从定义中可知，冲动性购买具有以下特征：无购买意图；受外部环境影响较大；反应较快；不担心商品的满足感；情绪体验。

牛琛、刘金平（2015）[①]通过分析早期学者对冲动性购买的研究后，总结了冲动性购买的主要特点：一是非计划性，消费者在购买商品之前并没有提前做好预估工作，没有进行必要的安排；二是消费者做出冲动性购买的行为，通常是由突发性的力量所驱动；三是消费者在购买商品时并未进行深入的思考，没有对所购商品是否符合自身标准、质量优劣与否等进行详细的考究；四是消费者在冲动性购买过程中，往往是缺乏理智的。

白建磊、陈立平（2016）[②]认为，冲动性购买具有以下几个明显的特征：首先，突发性。对于消费者而言，冲动性购买并无过多的前期预估，是消费者在看到商品之后临时做出的决定，具有较强的突然性。其次，难以克制。商品的外观陈列、营销刺激、消费者自身的特性等都会导致消费者产生难以克制购买欲望的冲动，最终做出冲动性购买的决定。最后，享乐性。消费者对于所购商品并无明确的要求，也不是从自己是否需要的角度出发，而是一种情感上的体验，带有满足感和享乐主义色彩。

韩颖、孙鑫（2017）[③]以食品行业为研究对象，从体验营销的角度研究了消费者的冲动性购买，认为冲动性购买具有以下特点：第一，突然发生，没有事前准备和计划；第二，难以控制，消费者较难控制自己不进行购买商品的行为；第三，愉悦性，购买商品过程中消费者的情感反应是愉悦的；第四，复杂性，冲动性购买的产生是心理、情感、行为、意志等方面的共同参与；第五，驱使消费者购买的力量较为强烈而顽固。

---

① 牛琛、刘金平：《冲动特性与金钱态度对冲动性购买行为的影响》，《心理研究》，2015年第4期，第57—62页。

② 白建磊、陈立平：《终端陈列对顾客冲动性购买行为的诱发机制》，《经济与管理研究》，2016年第6期，第130—136页。

③ 韩颖、孙鑫：《体验营销与冲动性购买行为的关系分析——以食品行业为研究样本》，《中国管理信息化》，2017年第2期，第84—85页。

张源、李启庚（2017）[①]则从限时营销视角出发，探究价格折扣与时间压力对消费者在线冲动性购买的影响，指出冲动性购买具有四个公认的特征。其一，消费者购买的行为并非事前计划周密，而是临时决定；其二，消费者所处的购买环境被商家进行了刻意的包装，具有较强的刺激性；其三，消费者在做出购买决定时是随即发生的，没有时间的间隔，不需要过多的考虑；其四，在这一过程中，消费者同时产生认知的变化与情感的体验。

2.2.3 冲动性购买理论模型

第一，S—O—R模型。S—O—R模型是在环境心理学的基础上提出的，由Mehrabian、Russell（1974）[②]两位学者研究得出。S—O—R模型也就是刺激—机体—反应模型，Donovan、Rossiter（1982）[③]两位学者则将此模型运用于零售环境下消费者冲动性购买的研究。他们认为在零售环境下，影响因子——刺激这个变量，通常表现为各类情境要素，而机体这一中间变量则更多得表现为消费者的情绪和认知状态，反应这一结果变量则表达了消费者的靠近或避开的行为。靠近行为表现为购买的意愿、停留时间的增加、深入了解的想法等，避开行为则与靠近行为相反。

第二，力量模型。力量模型是研究个体自我控制的重要理论之一，较好的解释了消费者产生冲动性购买的原因。Vohs、Faber（2007）[④]认为自我控制是一种个体对自身内部的控制能力，这种能力包括控制自身情感的变化、思想的更新、控制冲动行为的能力。由此提出的力量模型很好的解释了自我控制。Baumeister、Vohs（2007）[⑤]力量模型指出，自我控制通常与一种可再生的心理资源有关，也就是个体的自我控制，这种资源是通用的，同时也

---

① 张源、李启庚：《价格折扣方式与时间压力对消费者在线冲动性购买的影响研究》，《价格月刊》，2017年第2期，第75-80页。

② Mehrabian, Russel.*An approach to environmental psychology* ［M］.Cambridge: the MIT Press, 1974: 34-46.

③ Donovan, Rossiter.Store atmosphere: an environmental psychology approach ［J］.Journal of Retailing, 1982, 58（01）: 34-57.

④ Vohs K D, Faber R J.Spent resources: Self-regulatory resource availability affects impulse buying ［J］.*Journal of Consumer Research*.2007, 33（04）: 537-547.

⑤ Baumeister, Vohs.Self-Regulation, ego depletion, and motivation ［J］. *Social and Personality Psychology Compass*, 2007, （01）: 115-128.

是多种多样的。同时，力量模型还指出，当个体面对一些需要自我控制的事件时，前后两件事件的自我控制资源是不一样的，前事件消耗了自我控制资源，会使后事件的控制水平下降，这种自控力下降的现象被称为"自我耗竭效应"。

第三，社会建构理论。该理论是由Dittmar（1995）[1]提出的，主要从个体对物质的占有欲望为基础对个体的冲动性购买进行解释。他认为个体在购买商品时，不仅是购买该商品的功能和效用，同时也是购买该商品所代表的社会地位、阶层和财富。该理论认为，个体购买行为是一种自我认同感的实现，具有象征意义的商品更容易使消费者产生冲动性购买。此外，Dittmar（1996）[2]还对这种自我认同感作了进一步的解释，认为当个体现实中的自我与理想中的自我存在差距时，个体就会倾向于借用购买象征性的产品来弥补这种差距，并从中获得必要的满足感。

2.2.4 冲动性购买意愿的影响因素

最早对冲动性购买意愿的影响因素进行研究的学者是Stern（1962）[3]，他认为商品价格、消费者体能、消费者精力、消费者购物时间4个因素会影响其冲动性购买意愿，在之后的研究中，Stern又将消费者情感意志、冲动性购买特质、自我一致性等作为影响消费者冲动性购买意愿的重要因素。

Weun、Jones（1998）[4]从消费者个人的特征出发，对冲动性购买意愿进行了解释，研究表明，在对待商家的营销刺激时，不同个性的消费者，会产生不同的冲动性购买意愿，并做出不同的购买决策。

Dholakia（2000）[5]通过研究冲动性购买模型，认为营销手段的不同将会影响消费者冲动性购买意愿，如商品的促销活动、商品的摆放位置及其方式

---

①　Dittmar.Dimensions of brand personality [J]. *Journal of marketing research*，1995，（03）：347-356.

②　Dittmar.The effect of new product features on brand choice [J]. *Journal of marketing research*.1996，（06）：36-46.

③　Stern.The significance of impulse buying today [J]. *Journal of Marketing*.1962，26（4）：59-62.

④　Weun，Jones.The development and validation of impulse buying tendency scale [J]. *Psychological Report*.1998，82（02）：1123-1133.

⑤　Dholakia.Temptation and resistance：an integrated model of consumption impulse formation and enactment [J]. *Psychology and Marketing*.2000，17（02）：955-982.

等；同时，消费者个人的特质以及购物环境变量也会对消费者冲动性购买意愿产生重要影响，如消费者在购买过程中的心情状态、消费者购买商品的时间花费、消费者的财务压力等。

Baumeister（2002）[①]则更为全面的阐述了导致消费者产生冲动性购买意愿的原因：首先，购买目标与购买标准发生了对抗，进而导致控制力的下降；其次，监控自己的行为宣告失败；第三，消费者的自我控制能力的发挥，需要较多的能量，然而正是因为资源能量的损耗，导致自我控制变得更加困难。

Sengupta、Zhou（2007）[②]从外部因素研究了消费者的冲动性购买意愿，认为商品的价格、商品的品类、商品的象征意义等因素能够影响消费者的冲动性购买意愿，由此可以推出，消费者更易对享乐品产生冲动性购买意愿，而对实用商品却很难产生冲动性购买的意愿。

Park、Kim、Venessa（2012）[③]对大学生购买服装类商品的冲动性购买进行了相关的调查和访谈，通过分析表明，服装类商品的品类以及视觉冲击这两个因素对消费者的冲动性购买意愿产生较为重大的影响，在网络购买时，浏览实用型网站对冲动性购买产生负向作用，而享受型网站则刚好相反。

Muruganantham、Bhakat（2013）[④]在其研究成果中，提出了影响消费者冲动性购买意愿的因素，一是外部刺激，包括商品的外观、质量等因素；二是内部刺激，包括消费者的消费观念、认知能力、情感状态等因素；三是情景因素，也就是消费者购买商品所处的时间、地点、条件等因素；四是文化传统与风俗习惯，在购买商品时，不同文化和习俗的消费者，会购买不同的商品，同时也会产生冲动性购买。

① Baumeister, R.F.Yielding to temptation: Self-control failure, impulsive purchasing, and consumer behavior [J]. *Journal of Consumer Research*, 2002, 28（04）: 670 - 676.

② Sengupta, J., Zhou, R.R.Understanding impulsive eaters' choice behaviors: The motivational influences of regulatory focus [J]. *Journal of Marketing Research*.2007, 44（02）: 297 - 308.

③ Park, Kim, Venessa, William.Apparel product attributes, web browsing, and e-impulse buying on shopping websites [J]. *Journal of Business Research*.2012, （11）: 1583–1589.

④ Muruganantham, Bhakat.A review of impulse buying behavior [J]. *Journal of Consumer Research*.2013, （05）: 149–160.

国内方面，侯丽敏、杨敏炎、鲁婷（2015）[1]采用关键事件技术模型，对消费者冲动性购买的影响因素进行分析，认为影响消费者冲动性购买的因素包含四个方面，即产品的特征、消费者个性特征、营销手段、消费情境因素。其中，产品特征主要包括产品的外观、包装、名称、品牌、广告宣传等方面；消费者个性特征主要是从消费者个性及其购物取向、消费者支付能力及其购物次数、消费者自我控制能力、消费者购物心态及其情绪体验等方面进行评价；营销手段主要是指企业从客户价值出发，推出符合客户要求的产品，主要通过营造良好的购物环境、给予消费者商品折扣、向消费者宣传产品、商品使用体验等手段影响消费者的冲动性购买意愿；消费情境因素，主要是从意见领袖的角度进行分析，意见领袖包括朋友推荐和导购员推荐，此外，还包括购物的时间等影响因素。

王寒、杜夏阳（2015）[2]研究了闪购环境中的消费者冲动性购买意愿的心理机制，认为营销刺激以及消费者个人特点是影响其冲动性购买意愿的重要因素。通过实证分析得出：消费者个人特征中，冲动性购买特质包括五个方面，即计划性、享乐主义、心态调控、购买体验、占有欲望，其中除计划性这一特质以外，其他四个特质均正向影响消费者冲动性购买意愿；而消费者另一个特征——自我控制，反向影响冲动性购买意愿；在不同的营销策略刺激下，不同个性的消费者，其冲动性购买意愿差异较大。

高雪姣（2015）[3]则从生活方式角度对冲动性购买的影响因素进行分析，将生活方式进一步划分为个性潮流因素、家庭事业因素、价格敏感因素、守旧安逸因素。其中，个性潮流型消费者在看到新款或者自己缺乏的产品时，会产生冲动性购买；家庭事业型消费者注重家庭和事业，对实惠的产品会产生冲动性的购买；价格敏感型消费者对促销产品情有独钟，一旦发现有促销产品，便会产生冲动性购买行为；守旧安逸型消费者喜欢追求自我价值但又

---

① 侯丽敏、杨敏炎、鲁婷：《基于关键事件技术的消费者冲动购买行为影响因素研究》，《华东理工大学学报》（社会科学版），2015年第6期，第63~72页。

② 王寒、杜夏阳：《闪购中消费者冲动购买意愿的心理机制分析》，《大连海事大学学报》（社会科学版），2015年第1期，第41~45页。

③ 高雪姣：《生活方式对冲动性购买行为的影响》，《中国市场》，2015年第36期，第38~39页。

不付出行动，对于此类消费者，与冲动性购买行为的产生无显著关系。

王亚萍、向元芳、邓召慧（2015）[1]以员工为研究对象，从情绪感染理论和情绪劳动出发，对消费者冲动性购买影响因素进行研究，最终得出以下结论：员工的语言表达能力、肢体语言的表现能力、姿态和心态的展示能力三个方面的情绪劳动将显著的影响消费者的冲动性购买行为，同时指出了顾客对员工所表现出来的态度和行为的反馈情绪，在情绪劳动和冲动性购买之间起到了桥梁作用。

徐锐、刘伟、徐叶子（2015）[2]则研究了网店刺激对消费者冲动性购买的影响，并将网店刺激划分成四个影响因子，分别是网上商品的价格、商品区域图文展现、消费者购后反馈、商品成交数量，通过实证分析，最终得出以上四个影响因子对消费者冲动性购买意愿起到了积极的作用，即网店的营销刺激正向影响消费者冲动性购买意愿。

张倩倩（2015）[3]从感知价值角度对网购消费者的冲动性购买意愿的影响因素进行了分析，该学者将感知价值分为三类，即感知社会价值、感知功能价值、感知情感价值，并引进一个调节变量，即下行的预期后悔，该变量的含义是指如果消费者现在不购买，以后一定会后悔。研究表明，消费者的三类感知价值对其下行的预期后悔具有显著的正相关关系，而消费者下行的预期后悔对消费者的冲动性购买具有直接的影响作用，因此，消费者的感知价值对其冲动性购买具有正向促进作用。

赵建彬、景奉杰、陶建蓉（2016）[4]则从金钱概念出发，研究启动金钱概念这一行为对消费者冲动性购买意愿的影响。金钱概念是指个体对于金钱的整体认知，可以是对金钱本身的认知，更多的是对资源、物质等的认知，启

---

① 王亚萍、向元芳、邓召慧：《员工情绪劳动对顾客冲动性购买行为的影响机理分析》，《商业经济研究》，2015年第23期，第61~62页。

② 徐锐、刘伟、徐叶子：《网店刺激对在线冲动购买意愿的影响》，《商业经济》，2015年第4期，第73~75页。

③ 张倩倩：《感知价值对网络消费者冲动购买意的内部影响机制研究——基于下行预期后悔的中介作用》，《市场营销与技术》，2015年第12期，第60~62页。

④ 赵建彬、景奉杰、陶建蓉：《金钱概念对冲动购买意愿的影响机制研究》，《东华理工大学学报》（社会科学版），2016年第1期，第36~43页。

动金钱概念就是指通过运用金钱启动技术，让个体产生金钱概念。研究结果发现，启动金钱概念会降低消费者的冲动性购买意愿。

靳菲、朱华伟（2016）[①]通过三个对照实验，研究了消费者的权力感与冲动性购买意愿的关系，研究结果发现，消费者的权力感能够影响其对不同产品的冲动性购买意愿，这是因为在这一影响过程中，具有高权力感的消费者在面对实用产品时具有较高的、顺畅的信息加工能力，具有低权力感的消费者在面对享乐品时同样具有较高的、顺畅的信息加工能力。通过进一步实验，发现具有高权力感的消费者如果以享乐为目标，他们在享乐品上往往会表现出较高的冲动性购买意愿。

樊一阳、张艳、李奔（2016）[②]通过实证研究，分析了网络第三方评论对消费者冲动性购买意愿的影响，发现评论者的信用、评论的数量、评论的质量、好评的数量、评论的及时性等正向作用于消费者的冲动性购买意愿，而消费者的专业技能水平，能够辨析所购买的商品的质量、规格、价值等，其对冲动性购买意愿具有负向的作用。

3 研究模型与研究假设

3.1 研究模型的构建

随着电子商务与网络的快速发展，越来越多的消费者倾向于网络购买，而网络购买的方便性和不受时间空间的限制，使得消费者更容易产生冲动性购买意愿。关于冲动性购买，学者集中研究的是冲动性购买意愿和冲动性购买行为，但许多研究表明，冲动性购买意愿的产生，会正向刺激消费者冲动性购买行为的出现，因此，本书将从冲动性购买意愿出发，研究其主要影响因素，以此测量冲动性购买行为。

电子商务的发展给消费者带来了更多的便利，对于生鲜农产品的生产者

[①] 靳菲、朱华伟：《消费者的权力感与冲动购买》，《心理学报》，2016年第7期，第880—890页。

[②] 樊一阳、张艳、李奔：《网络环境下第三方评论对冲动购买意愿的实证研究》，《技术与创新管理》，2016年第2期，第167—171页。

而言，同样如此。生鲜农产品生产者借助电子商务的便捷通道，将生鲜农产品推送给消费者，不仅节约了不必要的成本，而且有助于生鲜农产品的保鲜，大大减少了毁损、变质等风险。因此，本书将从生鲜农产品电商视角出发，分析生鲜农产品消费者的冲动性购买意愿产生的原因。本书以冲动性购买意愿为因变量，主要选取三个影响因素作为自变量，这三个因素分别是生鲜农产品特征、电商平台特征、消费者自我特性，由此构建本书的研究模型，研究每一个变量对冲动性购买意愿的影响关系。具体的研究模型如下图所示：

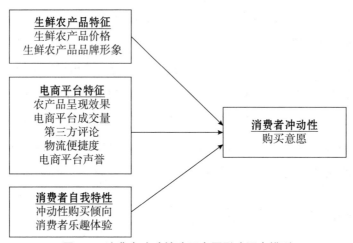

图3-1　消费者冲动性购买意愿影响因素模型

3.2 研究假设

3.2.1 生鲜农产品特征对消费者冲动性购买意愿的影响

根据相关的研究表明，大部分研究者对认为影响消费者冲动性购买意愿的重要因素之一是产品的特征。王求真、姚倩、叶盈（2014）[1]从价格折扣的角度分析了产品特征对消费者冲动性购买意愿的影响，认为价格折扣能够引起消费者冲动性购买意愿。相反，价格的上升会降低消费者的冲动性购买

---

[1]　王求真、姚倩、叶盈：《网络团购情景下价格折扣与购买人数对消费者冲动购买意愿的影响机制研究》，《管理工程学报》，2014年第4期，第37-47页。

意愿。侯丽敏、杨敏炎、鲁婷（2015）[1]采用关键事件技术模型，对消费者冲动性购买的影响因素进行分析，认为影响消费者冲动性购买意愿的因素之一就是产品的特征，主要包括产品的外观、包装、名称、品牌、广告宣传等方面。而Sengupta、Zhou（2007）[2]对产品的特征进一步研究，认为产品的价格、品类、象征意义等因素能够影响消费者的冲动性购买意愿。同时，产品的品牌或质量也是影响消费者冲动性购买意愿的重要因素之一，黄翀、杨秀刚（2016）[3]以绝味产品为调查对象，对该品牌的形象进行了分析，研究表明，绝味产品的品牌能够正向的影响消费者的冲动性购买意愿，消费者也更愿意购买质量好、品牌形象佳的产品。因此，根据学者对产品特征与消费者冲动性购买意愿的研究，本书提出以下假设：

H1：生鲜农产品特征对消费者冲动性购买意愿具有正向促进作用；

H1a：生鲜农产品的价格对消费者冲动性购买意愿具有正向促进作用；

H1b：生鲜农产品品牌形象对消费者冲动性购买意愿具有正向促进作用。

3.2.2　电商平台特征对消费者冲动性购买意愿的影响

电商平台的特征主要包括电商平台对生鲜农产品的展示效果、成交量、第三方评论、物流速度、声誉等方面。因此，电商平台包含了影响消费者在线冲动性购买意愿的大部分因素，能够很好的体现电商平台的运用对消费者冲动性购买意愿的影响。

白建磊、陈立平（2016）[4]分析了产品的终端陈列对消费者冲动性购买意愿的影响机制，认为产品的展示方式、摆放位置会诱发消费者冲动性购买意愿。

---

①　侯丽敏、杨敏炎、鲁婷：《基于关键事件技术的消费者冲动购买行为影响因素研究》，《华东理工大学学报》（社会科学版），2015年第6期，第63-72页。

②　Sengupta, J., Zhou, R.R.Understanding impulsive eaters' choice behaviors: The motivational influences of regulatory focus [J]. *Journal of Marketing Research*.2007, 44（02）: 297-308.

③　黄翀、杨秀刚：《品牌形象对促销活动与冲动性购买间的调节作用研究——以绝味产品为例》，《全国商情》，2016年第11期，第13-16页。

④　白建磊、陈立平：《终端陈列对顾客冲动性购买行为的诱发机制》，《经济与管理研究》，2016年第6期，第130-136页。

Youn、Faber（1998）[1]认为，如果在线下购买商品，消费者的陪同人员越多，越容易激发消费者的冲动性购买意愿；而在电子商务平台上，由于消费者没有陪同人员的建议，因此，唯一能够为消费者提供参考的就是该产品的成交量，所以，该产品的成交量如果越多，消费者越倾向于产生冲动性购买意愿。

樊一阳、张艳、李奔（2016）[2]认为在网络环境下购买商品，第三方评论能够对消费者冲动性购买意愿产生正向影响，并且指出了评论的数量和质量、好评的数量、评论的及时性会影响消费者冲动性购买意愿。

白雪玘（2014）[3]通过研究网店的形象发现，网店的形象会正向的激发消费者冲动性购买意愿。网店的形象是消费者对网店的所有行为表现出来的总体性、抽象性的评价，因此，网店形象包含了消费者的评价，显然会影响消费者的冲动性购买意愿。

此外，物流的便捷度也是影响消费者冲动性购买的重要因素之一，如果消费者认识到该电商平台所提供的物流能够及时、保质保量的将所选购的商品送达自己手中，那么消费者就会产生对商品的冲动性购买意愿。

根据相关学者对电商平台的特征与消费者冲动性购买的关系研究，本书提出以下假设：

H2：电商平台特征对消费者冲动性购买意愿具有正向促进作用；

H2a：农产品呈现效果对消费者冲动性购买意愿具有正向促进作用；

H2b：电商平台成交量对消费者冲动性购买意愿具有正向促进作用；

H2c：第三方评论对消费者冲动性购买意愿具有正向促进作用；

H2d：物流便捷度对消费者冲动性购买意愿具有正向促进作用；

H2e：电商平台声誉对消费者冲动性购买意愿具有正向促进作用。

---

① Weun，Jones.The development and validation of impulse buying tendency scale［J］.Psychological Report.1998，82（02）：1123–1133.

② 樊一阳、张艳、李奔：《网络环境下第三方评论对冲动购买意愿的实证研究》，《技术与创新管理》，2016年第2期，第167–171页。

③ 白雪玘：《淘宝网店形象与冲动性购买意愿的关系研究》，《电子商务》，2014年第10期，第73–74页。

3.2.3 消费者自我特性对消费者冲动性购买意愿的影响

消费者行为学的发展已经非常成熟，其主要的研究对象是消费者的个性特征。随着电子商务的发展，研究人员也更多的将对消费者行为的研究转移到网络上，而网购时产生的冲动性购买意愿正是受到消费者的自我特性所影响。因此，研究消费者的自我特性对消费者冲动性购买意愿有着重要的意义。

消费者自我特性也就是消费者的个人特征，包括消费者冲动性购买的倾向和消费者的购买乐趣体验，这两个特征对消费者冲动性购买意愿的产生有重要作用。消费者冲动性购买倾向可以用自我控制模型来解释，自我控制模型是由Vohs、Faber（2007）①提出的，他们认为自我控制是一种个体对自身内部的控制能力，这种能力包括控制自身情感的变化、思想的更新、控制冲动行为的能力。消费者如果不能很好的进行自我控制，就容易产生冲动性购买的倾向，进而刺激消费者冲动性购买意愿的产生。

Hye—Young Kim、Youn—Kyung Kim（2007）②则指出了消费者在购买商品过程中，能够影响消费者购买方式和行为的一个重要原因就是消费者从购买商品过程中所获得的乐趣的程度，也就是本书所指的乐趣体验。

唐国帏（2016）③通过对体验营销的研究发现，体验营销所采取的各种方法，如视觉、听觉、情感、思维等方面的冲击，能够为消费者带来一种乐趣体验，从而正向影响消费者的冲动性购买意愿。

根据相关学者对消费者自我特性与消费者冲动性购买的关系研究，本书提出以下假设：

H3：消费者自我特性对消费者冲动性购买意愿具有正向促进作用；

H3a：冲动性购买倾向对消费者冲动性购买意愿具有正向促进作用；

H3b：消费者乐趣体验对消费者冲动性购买意愿具有正向促进作用。

---

① Vohs K D，Faber R J.Spent resources: Self-regulatory resource availability affects impulse buying［J］. *Journal of Consumer Research*.2007，33（04）：537-547.

② Hye-Young Kim，Youn-Kyung Kim.Consumer perceptions of frontline service employee personality traits, interaction quality, and consumer satisfaction［J］. *The Service Industries Journal*.2007，29（04）：503-521.

③ 唐国帏：《体验营销与冲动性购买行为的关系分析》，《市场营销》，2016年第4期，第94-95页。

表3-1　研究假设综合表

影响因素	研究假设
生鲜农产品特征	H1：生鲜农产品特征对消费者冲动性购买意愿具有正向促进作用
	H1a：生鲜农产品的价格对消费者冲动性购买意愿具有正向促进作用
	H1b：生鲜农产品品牌形象对消费者冲动性购买意愿具有正向促进作用
电商平台特征	H2：电商平台特征对消费者冲动性购买意愿具有正向促进作用
	H2a：农产品呈现效果对消费者冲动性购买意愿具有正向促进作用
	H2b：电商平台成交量对消费者冲动性购买意愿具有正向促进作用
	H2c：第三方评论对消费者冲动性购买意愿具有正向促进作用
	H2d：物流便捷度对消费者冲动性购买意愿具有正向促进作用
	H2e：电商平台声誉对消费者冲动性购买意愿具有正向促进作用
消费者自我特性	H3：消费者自我特性对消费者冲动性购买意愿具有正向促进作用
	H3a：冲动性购买倾向对消费者冲动性购买意愿具有正向促进作用
	H3b：消费者乐趣体验对消费者冲动性购买意愿具有正向促进作用

4 生鲜农产品电商视角的冲动性购买意愿影响因素实证分析

4.1 问卷设计与发放

4.1.1 问卷设计

本章的调查对象选择在网上至少有一次购买过生鲜农产品的消费者，通过消费者冲动性购买意愿影响因素模型可知，本书的变量主要是生鲜农产品特征、电商平台特征、消费者自我特性，因变量为消费者冲动性购买意愿。本书采用问卷的方式对生鲜农产品消费者进行调查，采用Likert五点法进行问卷的设计，选项分别为"完全同意""同意""一般""不同意""完全不同意"，分别对应的分数为5分、4分、3分、2分和1分。

问卷分为两个部分，第一部分是被调查者的基本情况，如性别、年龄、学历等基本信息。问卷的主体部分主要是对四个自变量和一个因变量进行调查。第一，生鲜农产品特征，包含两个变量，即生鲜农产品的价格和生鲜农产品品牌形象，分别设置三个问题，其中在生鲜农产品价格方面设置一个反向问题，起对比的作用。第二，电商平台特征，包括五个变量，即农产品呈现效果（3个问题）、电商平台成交量（3个问题）、第三方评论（3个问题）、物流便捷度（3个问题）、电商平台声誉（3个问题），其中，在"物流便捷度"设置一个反向问题。第三，消费者自我特性，包括消费者冲动性购买倾向和消费者乐趣体验，分别设置3个问题。第四，消费者冲动性购买意愿，设置3个问题。最终的问卷如下表3-2所示。

表3-2　生鲜农产品电商视角的消费者冲动性购买意愿影响因素研究量表

维度		题项
生鲜农产品特征	生鲜农产品价格	1. 该电商的生鲜农产品价格具有竞争优势
		2. 该电商的生鲜农产品的价格和质量比例较为合理
		3. 该电商的生鲜农产品价格不具有竞争优势（反向）
	生鲜农产品品牌形象	1. 该电商的生鲜农产品品质较好
		2. 不担心在该电商购买到质量有问题的生鲜农产品
		3. 在该电商上看不到没有质量保障的生鲜农产品
电商平台特征	农产品呈现效果	1. 该电商展现的生鲜农产品图片清晰整洁
		2. 该电商介绍生鲜农产品的文字能够吸引我
		3. 该电商的图文并茂的生鲜农产品呈现让我感到惊讶
	电商平台成交量	1. 有很多消费者者在该电商上购买生鲜农产品
		2. 该电商的生鲜农产品交易成功率较高
		3. 很少有消费者在该电商平台上购买生鲜农产品（反向）
	第三方评论	1. 常常在该电商上看到消费者强烈推荐购买生鲜农产品
		2. 在该电商上购买过生鲜品的消费者会给予积极评价
		3. 该电商平台上值得购买生鲜农产品的评论很多
	物流便捷度	1. 该电商能够及时将生鲜农产品送达
		2. 该电商物流便捷度高，能够让我感到满意
		3. 该电商物流便捷度低，不能让我感到满意（反向）
	电商平台声誉	1. 该电商是可以信赖的
		2. 该电商平台是我购买生鲜农产品的首要选择
		3. 该电商的社会认可度较高

维度		题项
消费者 自我特性	冲动性购买 倾向	1. 看到很感兴趣的生鲜农产品，我会不计后果的想购买
		2. 购买生鲜农产品之前我并没有做好计划
		3. 购买时，我会买一些事先并不想购买的生鲜农产品
	消费者 乐趣体验	1. 我很喜欢网购
		2. 我喜欢通过购物获取新的产品信息
		3. 购物是我生活消遣的方式
消费者冲动性购买意愿		1. 在网购时，对于计划外的生鲜品突然有强烈购买意愿
		2. 在网购时，我常发现一些不在计划之内的生鲜农产品
		3. 在网购时，我感觉到突然想购买某种生鲜品的意愿

4.1.2 问卷发放与回收

本次问卷的发放渠道有两种，一是在线下随机调查，二是在线上发放问卷。线下调查的对象主要通过笔者的社会关系进行调查。线上调查主要是依托微信、腾讯QQ等即时聊天平台进行，调查的群体各异，具有较高的可靠性。由于在实践中冲动性购买行为并不容易测量，因此，为了测量消费者是否为冲动性购买行为，笔者在调查之前做出了如下假设：

假设一：消费者购买行为可以分为计划性购买和冲动性购买；

假设二：消费者计划性购买意愿和行为可以通过消费者自身进行判断，如消费者事先罗列了计划购买清单，对产品或服务的特征进行了主观想象，在实际购买时恰好有想要购买的产品或服务；如果消费者没有上述行为，即可认为消费者是冲动性购买。

假设三：消费者在购买商品或服务这一过程结束之后，可以通过自我判断是否为冲动性购买。

根据这三个假设，如果消费者在购买结束之后，能够根据自身感受判断出这次购买行为是冲动性购买，那就可以认为消费者进行了冲动性购买行为；否则，可以认为这次购买行为是有计划的。

2017年1月至2月，笔者开始向社会发放问卷。最终，问卷共发放400份，回收392份，回收率为98%，其中有效问卷为324份，有效率为82.65%。无效问卷出现的原因有以下几种：一是基本信息不完善，有漏填的信息；二是填写不规范，没有按照要求进行选择；三是正向问题与反向问题的答案一样。

4.2 描述性统计分析

通过前期的问卷调查，获得相关的信息，并通过描述性统计分析方法对调查对象的基本信息进行了统计，统计结果如下表3-3所示。

表3-3　样本描述性统计分析结果

信息类型	信息特征	样本数	占比（%）
性别	男	134	41.36
	女	190	58.64
年龄	20 岁以下	24	7.41
	20—25 岁	41	12.65
	25–30 岁	132	40.74
	30—35 岁	63	19.44
	35–40 岁	37	11.42
	40—45 岁	16	4.94
	45–50 岁	9	2.78
	50 岁以上	2	0.62
职业	学生	64	19.75
	企事业单位人员	146	45.06
	自由职业者	54	16.67
	个体工商户	32	9.88
	其他	28	8.64
学历	初中及以下学历	14	4.32
	高中学历	32	9.88
	大专学历	56	17.28
	本科学历	184	56.79
	硕士及以上学历	38	11.73

（续表）

信息类型	信息特征	样本数	占比（%）
月收入	1000 元以下	14	4.32
	1000—3000 元	68	20.99
	3000—6000 元	147	45.37
	6000—10000 元	83	25.62
	10000 元以上	12	3.70
第一次网购生鲜农产品间隔时间	1 个月内	62	19.14
	1—6 个月	73	22.53
	7—12 个月	83	25.62
	1-2 年	58	17.90
	2 年以上	48	14.81
每月网购生鲜农产品次数	3 次以下	88	27.16
	3—6 次	92	28.40
	6—10 次	123	37.96
	10 次以上	21	6.48

由上表3-3可知，从性别上看，被调查对象主要以女性居多，占到了58.64%；从年龄上看，25-30岁的被调查对象人数最多，占总人数的40.74%，而50岁以上的被调查对象仅为2人，占0.62%；从职业方面看，企事业单位人员最多，占45.06%，其次是学生和自由职业者，分别占了19.75%、16.67%；从学历来看，在电商平台上购买生鲜农产品的消费者，大多数是本科学历，人数达到了184人，占56.79%；从月收入看，3000—6000元的人数居多，占总人数的45.37%，而月收入最少和月收入最多的被调查者，仅占少数部分，分别为4.32%、3.70%；而第一次网购生鲜农产品的间隔时间没有明显的不同，总体上较为平均，距离时间为7—12个月的被访者，人数为83人，占比25.62%；最后，从每月网购生鲜农产品的次数来看，6—10次的被访者最多，占到了37.96%，其次是网购次数在3—6次的消费者，占比为28.40%，而网购10次以上的消费者，只有21人，占总人数的6.48%。

总体而言，本次问卷调查对象分布较为广泛，具有各行各业以及不同学历、不同阶层的被调查者，样本分布比较均匀，具有较好的代表性。本书将采用SPSS21.0软件进行分析。

4.3 问卷信度与效度检验

4.3.1 信度检验

信度检验就是所设计的问卷是否能够真实的反映调查情况，所得的数据是否具有可靠性。一般而言，信度值在0.7以上，说明可靠性较强；0.5—0.7之间，说明可靠性一般；0.5以下则说明可信度较差，不宜采用该问卷。本书采用Cronbach's α系数对问卷进行信度检验。分析的结果如下表3-4所示。

表3-4　影响因素Cronbach's α系数值

变量名称	具体因子	Cronbach's α
生鲜农产品特征	生鲜农产品价格	0.745
	生鲜农产品品牌形象	0.702
电商平台特征	农产品呈现效果	0.778
	电商平台成交量	0.729
	第三方评论	0.734
	物流便捷度	0.746
	电商平台声誉	0.752
消费者自我特征	冲动性购买倾向	0.789
	消费者乐趣体验	0.741
消费者冲动性购买意愿		0.715

由上表3-4可知，所有的变量因子的Cronbach's α系数值均大于0.7，说明调查数据有较强的可靠性，该问卷可以被采纳。

4.3.2 效度检验

效度检验是衡量问卷题目是否设置得有效的工具，效度检验主要着重分析问卷的内容、问卷的结构以及问卷的规则三个方面。效度检验的第一步就是采用因子分析中的主成分分析方法对数据进行分析，根据KMO值以及Bartlett球形检验的结果，可以判断能否进行因子分析。一般而言，Bartlett球形检验的显著性水平小于0.05，可以作为进行因子分析的标准。同时还需考虑KMO的值，如果KMO值在0.9以上，则说明很适合做因子分析；KMO值在0.7—0.9之间，说明适合做因子分析；KMO值在0.6—0.7之间，说明不太适合做因子分析；KMO值在0.6以下，则不适合做因子分析。

（1）对生鲜农产品特征进行效度检验，结果如下表3-5所示。

表3-5　生鲜农产品特征的KMO值和Bartlett球形检验

KMO 值		0.774
Bartlett 球形检验	近似卡方	453.642
	df	16
	Sig.	0.000

由表3-5数据可知，KMO值为0.774，大于0.7，说明适合做因子分析；而Bartlett球形检验的显著性水平Sig为0.000，小于显著性水平标准值0.05，且近似卡方值为453.642，因此，该问卷对于生鲜农产品特征这一因素适合进行因子分析，问卷的效度较好。

（2）对电商平台特征进行效度检验，结果如下表3-6所示。

表3-6　电商平台特征的KMO值和Bartlett球形检验

KMO 值		0.805
Bartlett 球形检验	近似卡方	1508.887
	df	112
	Sig.	0.000

由表3-6数据可知，KMO值为0.805，大于0.7，说明适合做因子分析；而Bartlett球形检验的显著性水平Sig为0.000，小于显著性水平标准值0.05，且近似卡方值为1508.887，因此，该问卷对于电商平台特征这一因素适合进行因子分析，问卷的效度较好。

（3）对消费者自我特性进行效度检验，结果如下表3-7所示。

表3-7　消费者自我特性的KMO值和Bartlett球形检验

KMO 值		0.736
Bartlett 球形检验	近似卡方	373.562
	df	14
	Sig.	0.000

由表3-7数据可知，KMO值为0.736，大于0.7，说明适合做因子分析；而Bartlett球形检验的显著性水平Sig为0.000，小于显著性水平标准值0.05，且近似卡方值为373.562，因此，该问卷对于电商平台特征这一因素适合进行因子分析，问卷的效度较好。

（4）对消费者冲动性购买意愿进行效度检验，结果如下表3-8所示。

表3-8　消费者冲动性购买意愿的KMO值和Bartlett球形检验

KMO 值		0.727
Bartlett 球形检验	近似卡方	184.643
	df	6
	Sig.	0.000

由表3-8数据可知，KMO值为0.727，大于0.7，说明适合做因子分析；而Bartlett球形检验的显著性水平Sig为0.000，小于显著性水平标准值0.05，且近似卡方值为184.643，因此，该问卷对于电商平台特征这一因素适合进行因子分析，问卷的效度较好。

总体而言，通过对生鲜农产品特征、电商平台特征、消费者自我特性以及消费者冲动性购买意愿的效度检验，其KMO值均大于0.7，且Bartlett球形检验的显著性水平均为0.000，说明该问卷的结构效度较好，可以进行因子分析。

4.4 冲动性购买意愿影响因素的相关性分析

相关性分析所要解决的问题是衡量变量之间的相关关系，通常，在对变量进行相关性分析时所选用的方法是Pearson系数，一般而言，当Pearson

系数中的显著性水平Sig值小于0.05时，说明变量之间具有相关性。本书采用Pearson系数对消费者冲动性购买意愿影响因素进行相关性分析，探讨各个影响因素对消费者冲动性购买意愿是否具有显著的相关关系。Pearson系数具体取值与数值意义如表3-9所示。

表3-9　Pearson系数取值标准

Pearson 系数值	0	0—0.3	0.3—0.5	0.5—0.8	0.8—1	1
相关程度	不相关	低度相关	中度相关	显著相关	高度相关	完全相关

4.4.1　生鲜农产品特征对消费者冲动性购买意愿的相关性分析

采用Pearson系数分析生鲜农产品特征对消费者冲动性购买意愿的影响，分析的结果如下表3-10所示。

表3-10　生鲜农产品特征对消费者冲动性购买意愿的相关性分析

各因素与冲动性购买意愿	Pearson 相关性	显著性
生鲜农产品价格——冲动性购买意愿	−0.393**	0.000
生鲜农产品品牌形象——冲动性购买意愿	0.347**	0.000

注：0.01水平（双侧）上显著相关。

由表3-10结果可知，生鲜农产品价格因素与冲动性购买意愿的Pearson系数值为-0.393，说明两者为中度负相关，而且显著性水平为0.000，小于0.05，因此生鲜农产品价格因素与冲动性购买意愿具有显著的负相关关系，即生鲜农产品的价格越高，消费者冲动性购买意愿越低，该结论与原假设H1a相反，因此，应当拒绝原假设；同理，生鲜农产品品牌形象与冲动性购买意愿的Pearson系数值为0.347，且显著性水平为0.000，小于0.05，说明两者具有显著的正向关系，也就是说，生鲜农产品品牌形象越高，消费者冲动性购买意愿越高。

4.4.2　电商平台特征对消费者冲动性购买意愿的相关性分析

采用Pearson系数分析电商平台特征对消费者冲动性购买意愿的影响，分析的结果如下表3-11所示。

表3-11　电商平台特征对消费者冲动性购买意愿的相关性分析

各因素与冲动性购买意愿	Pearson 相关性	显著性
农产品呈现效果——冲动性购买意愿	0.463**	0.000
电商平台成交量——冲动性购买意愿	0.459**	0.000
第三方评论——冲动性购买意愿	0.426**	0.000
物流便捷度——冲动性购买意愿	0.358**	0.000
电商平台声誉——冲动性购买意愿	0.424**	0.000

注：0.01水平（双侧）上显著相关。

由上表3-11结果可知，电商平台特征因素中，农产品呈现效果、电商平台成交量、第三方评论、物流便捷度、电商平台声誉五个因素与冲动性购买意愿的Pearson系数值分别为0.463、0.459、0.426、0.358、0.424，且显著性水平均为0.000，小于0.05，说明五个因素与冲动性购买意愿呈显著的正相关关系，也就是说，农产品呈现效果越好、电商平台成交量越大、第三方评论越高、物流便捷度越强、电商平台声誉越好，消费者越能产生冲动性购买意愿。

4.4.3　消费者自我特性对消费者冲动性购买意愿的相关性分析

采用Pearson系数分析消费者自我特性对消费者冲动性购买意愿的影响，分析的结果如下表3-12所示。

表3-12　消费者自我特性对消费者冲动性购买意愿的相关性分析

各因素与冲动性购买意愿	Pearson 相关性	显著性
消费者冲动性购买倾向——冲动性购买意愿	0.624**	0.000
消费者乐趣体验——冲动性购买意愿	0.613**	0.000

注：0.01水平（双侧）上显著相关。

由表3-12结果可知，消费者冲动性购买倾向与冲动性购买意愿的Pearson系数值为0.624，说明两者为中度正相关，而且显著性水平为0.000，小于0.05，因此消费者冲动性购买倾向与冲动性购买意愿具有显著的正相关关系，即消费者越表现出冲动性购买倾向，消费者冲动性购买意愿就越高；同理，消费者乐趣体验与冲动性购买意愿的Pearson系数值为0.613，且显著性水平为0.000，小于0.05，说明两者具有显著的正向关系，也就是说，消费者乐趣体验越好，消费者冲动性购买意愿越强。

4.5 冲动性购买意愿影响因素的回归分析

前述的相关性分析得出了冲动性购买意愿影响因素与冲动性购买意愿之间存在显著的相关性。在该基础上，本书将借助回归分析，进一步分析各影响因素对消费者冲动性购买意愿的影响强度。本书以冲动性购买意愿为因变量，各影响因素为自变量，对两者进行回归分析。根据相关性分析结果，本书假设冲动性购买意愿影响因素模型的表达式为：

Y=a+b1·X1+b2·X2+b3·X3+⋯+bn·Xn

其中，Y表示因变量"冲动性购买意愿"；X表示自变量，即"生鲜农产品特征""电商平台特征""消费者自我特性"；a表示随机误差，也就是结构方程的截距；b表示自变量的系数，也就是结构方程的斜率。

4.5.1 生鲜农产品特征与消费者冲动性购买意愿的回归分析

将生鲜农产品价格、生鲜农产品品牌形象作为自变量，消费者冲动性购买意愿作为因变量，进行回归分析，分析结果如下表3-13所示。

表3-13 生鲜农产品特征（X₁）与消费者冲动性购买意愿（Y）的回归分析结果

变量	非标准化系数		标准系数	t	Sig.
	B	标准误差			
（常量）	2.462	0.263		8.368	0.000
生鲜农产品价格（X₁₁）	−0.174	−0.064	−0.158	3.464	0.005
生鲜农产品品牌形象（X₁₂）	0.216	0.049	0.231	3.912	0.000
R²	0.538				
调整的 R²	0.536				

从表3-13可知，判定系数R²=0.538，修正的R²=0.536，表明方程的拟合度较高；生鲜农产品价格的回归系数P值为0.005，小于0.05，说明该因素与

消费者冲动性购买意愿有显著关系；而生鲜农产品品牌形象的回归系数P值为0.000，也小于0.05，说明该因素与消费者购买意愿具有显著性。因此，在生鲜农产品特征这一自变量内部，生鲜农产品价格（X_{11}）和生鲜农产品品牌形象（X_{12}）对消费者冲动性购买意愿（Y）产生重要影响，将其带入结构方程，可以得到：

$$Y=2.462-0.174 \cdot X_{11}+0.216 \cdot X_{12}$$

在这两个因素中，生鲜农产品价格相对而言对消费者冲动性购买意愿的影响力较大。因此，生鲜农产品价格对消费者冲动性购买意愿具有显著的负相关关系，即生鲜农产品价格越高，消费者冲动性购买意愿越低，所以，应当拒绝原假设H1a；生鲜农产品品牌对消费者冲动性购买意愿具有显著的正相关关系，即生鲜农产品品牌形象越高，消费者冲动性购买意愿越高，应当接受原假设H1b。

4.5.2 电商平台特征与消费者冲动性购买意愿的回归分析

将生鲜农产品呈现效果、电商平台成交量、第三方评论、物流便捷度、电商平台声誉五个因素作为自变量，消费者冲动性购买意愿作为因变量，进行回归分析，分析结果如下表3-14所示。

表3-14　电商平台特征（X_2）与消费者冲动性购买意愿（Y）的回归分析结果

变量	非标准化系数		标准系数	t	Sig.
	B	标准误差			
（常量）	1.528	0.287		5.380	0.000
农产品呈现效果（X_{21}）	0.346	0.083	0.241	3.895	0.010
电商平台成交量（X_{22}）	−0.058	0.062	−0.065	−1.114	0.301
第三方评论（X_{23}）	0.216	0.063	0.147	2.618	0.013
物流便捷度（X_{24}）	0.351	0.077	0.317	4.384	0.000
电商平台声誉（X_{25}）	0.125	0.073	0.084	2.526	0.011
R^2	0.493				
调整的 R^2	0.482				

从表3-14可知，判定系数$R^2=0.493$，修正的$R^2=0.482$，表明方程的拟合度较高；农产品呈现效果、第三方评论、物流便捷度、电商平台声誉四个因素的回归系数P值分别为0.010、0.013、0.000、0.011，均小于0.05，说明这四个因素与消费者冲动性购买意愿有显著的正向关系。也就是说，当农产品呈现效果越好、第三方评论越好、物流便捷度越强、电商平台声誉越好，消费者冲动性购买意愿越高，所以原假设成立；而电商平台成交量的回归系数P值为0.301，大于0.05，说明该因素与消费者购买意愿相关度不强，应当拒绝原假设。最终得到以下结构方程：

$$Y=1.528+0.346 \cdot X_{21}+0.216 \cdot X_{23}+0.351 \cdot X_{24}+0.125 \cdot X_{25}$$

4.5.3 消费者自我特性与消费者冲动性购买意愿的回归分析

将消费者冲动性购买倾向、消费者乐趣体验两个因素作为自变量，消费者冲动性购买意愿作为因变量，进行回归分析，分析结果如下表3-15所示。

表3-15　消费者自我特性（X_3）与消费者冲动性购买意愿（Y）的回归分析结果

变量	非标准化系数		标准系数	t	Sig.
	B	标准误差			
（常量）	0.573	0.194		2.883	0.006
冲动性购买倾向（X_{31}）	0.462	0.045	0.418	9.472	0.001
消费者乐趣体验（X_{32}）	0.395	0.058	0.403	9.003	0.000
R^2	0.359				
调整的 R^2	0.356				

从表3-15可知，判定系数$R^2=0.359$，修正的$R^2=0.356$，表明方程的拟合度较高；冲动性购买倾向和消费者乐趣体验的回归系数P值分别为0.001、0.000，均小于0.05，说明这两个因素与消费者冲动性购买意愿有正向显著关系，即冲动性购买倾向越强、消费者乐趣体验越高，消费者的冲动性购买意愿越高，所以，应当接受原假设。最终得到以下结构方程：

$$Y=0.573+0.462 \cdot X_{31}+0.395 \cdot X_{32}$$

4.6 实证分析结果

通过问卷调查方式,对相关数据进行实证分析,分别从生鲜农产品特征、电商平台特征和消费者自我特性三个因素探究其对消费者冲动性购买意愿的影响,最终得出以下实证分析结果,如表3-16所示:

表3-16 实证分析结果

研究假设	是否成立
H1:生鲜农产品特征对消费者冲动性购买意愿具有正向促进作用	部分成立
H1a:生鲜农产品的价格对消费者冲动性购买意愿具有正向促进作用	不成立
H1b:生鲜农产品品牌形象对消费者冲动性购买意愿具有正向促进作用	成立
H2:电商平台特征对消费者冲动性购买意愿具有正向促进作用	部分成立
H2a:农产品呈现效果对消费者冲动性购买意愿具有正向促进作用	成立
H2b:电商平台成交量对消费者冲动性购买意愿具有正向促进作用	不成立
H2c:第三方评论对消费者冲动性购买意愿具有正向促进作用	成立
H2d:物流便捷度对消费者冲动性购买意愿具有正向促进作用	成立
H2e:电商平台声誉对消费者冲动性购买意愿具有正向促进作用	成立
H3:消费者自我特性对消费者冲动性购买意愿具有正向促进作用	成立
H3a:冲动性购买倾向对消费者冲动性购买意愿具有正向促进作用	成立
H3b:消费者乐趣体验对消费者冲动性购买意愿具有正向促进作用	成立

5 生鲜农产品市场营销建议

通过前文的实证分析可知,在生鲜农产品市场领域,采用电商模式已经成为了当前越来越流行的营销手段之一,为生鲜农产品生产者提供了广阔的发展空间。而在未来,生鲜农产品电商模式依然是该领域发展的趋势。因此,本书就生鲜农产品市场营销方面提出相关建议,为生鲜农产品电商的销售增值提供参考。

5.1 自建物流体系，完善供应链管理

对于生鲜农产品电商而言，与第三方物流进行合作，并不能降低企业的运营成本，反而随着规模的扩大，会使物流成本不断增加。因此，从企业长期的运营来看，自建冷链物流体系是一个较为可行的方法。在当前，能够销售生鲜农产品的电商往往是较为大型的企业，它们拥有大量的资金，可以根据生鲜农产品销售情况，决定是否自建冷链物流体系。自建冷链物流体系，一方面，可以提高自己的讨价还价的能力，同时阻止相关竞争者进入该领域，有利于自身优势的建立，增强竞争实力；另一方面，生鲜农产品走向电商发展轨道已经不可阻挡，企业的规模也将因此不断扩大，自建冷链物流体系，有利于企业主动适应趋势，自主控制冷链物流，避免了与第三方物流发生不必要的冲突，增加企业物流成本。

同时，对于生鲜农产品电商而言，生鲜农产品的质量和数量必须要严格把关，避免食品安全问题的产生，导致企业品牌形象的散失。因此，必须加强供应链各环节的监督与管理。在生鲜农产品的生产者环节，要监督生产者是否使用违规的农药等有害物质，与此同时，必须建立产品追溯体系，对每一种生鲜农产品进行溯源管理，一旦发生生鲜农产品安全问题，可以做到追根溯源，及时处理。在运输环节，通过自建冷链物流体系保障生鲜农产品的新鲜、不腐烂，保证生鲜农产品保质保量的输送给消费者，同时也要保证运输的及时性和便捷度，确保消费者及时取得自己所购买的生鲜农产品。

5.2 加强线下线上融合发展

近年来，传统的生鲜农产品零售商收到电子商务的不断冲击，纷纷陷入困境，生鲜农产品领域的零售转型创新势在必行。而对于已经进入生鲜农产品的电商企业，不仅要发展线上购买，同时也要推进电商走下网络，发展线下体验服务，线上线下融合发展才是生鲜农产品电商的发展之路。因此，对于生鲜农产品电商而言，一方面，既要完善线上的交易方式，让消费者切实的感受到来自线上服务的便捷和舒适；另一方面，生鲜农产品电商也要大力

发展线下体验服务，让消费者既能感受到生鲜农产品的实惠，也能让其体验到不同于线上的购物体验，这是生鲜农产品电商应当追求的价值目标。

线上线下融合发展，对于生鲜农产品电商而言，可以缩小物流配送的半径，减少物流运输的成本。由于生鲜农产品的利润相对较低，因此，降低不必要的成本，有利于整个生鲜农产品电商利润的提高，能够促进生鲜农产品电商规模的扩大，以及有更多的闲置资金投入到满足消费者需求方面上，对于生鲜农产品电商而言，这种方式的益处显而易见。同时，对于消费者而言，仅仅在线上购买生鲜农产品，并未感受到购物带来的乐趣体验，而根据前文研究表明，消费者购物的乐趣体验越强，消费者冲动性购买意愿越高。通过线上线下的融合模式，在线上，消费者购买自己想要的生鲜农产品，而在线下，消费者能够体验到购物的乐趣，线上线下的融合，让消费者更具有冲动性消费意愿。

5.3 完善电子商务平台建设

通过前文的研究可知，一个建设完备的电子商务平台，能够对消费者冲动性购买意愿产生重大影响。因此，作为生鲜农产品电商，必须建立和完善电子商务平台，为消费者提供更好的、更舒适的购物体验。首先，电商企业应当在网站上展示生鲜农产品的图片和文字，做到图文并茂，通过影响消费者的视觉感官，促使消费者产生冲动性购买意愿。其次，虽然电商平台的生鲜农产品成交量并不能引起消费者冲动性购买意愿，但必要的成交量的展现还是不可缺少的，消费者在无法判断自身是否要购买某种生鲜农产品时，成交量的数据会起到一定的作用。再次，第三方评论的重要性不言而喻，消费者通过查看第三方评论，了解某种生鲜农产品的售后评价，有助于消费者自身对该生鲜农产品的认识，最终做出是否购买该产品的决定。然后，生鲜农产品电商要加强自身信誉的建设。如果生鲜农产品电商声誉较好，消费者就会选择在该平台进行购物，同时也能让消费者产生对该生鲜农产品电商好感，更加放心的在该电商平台购买生鲜农产品。最后，生鲜农产品最重要的特征之一是新鲜，因此，一个便捷的物流体系，决定了消费者是否愿意在该平台上购买某种生鲜农产品。所以，在电商平台上，需要向消费者说明企业的物流体系，告知消费者不必为物流而放弃购买意愿，真正解决消费者的后顾之忧，让消费者购买到新鲜的生鲜农产品。

5.4 合理制定生鲜农产品价格，培育生鲜农产品品牌形象

消费者愿意在网上购买生鲜农产品的一个重要影响因素是生鲜农产品的价格比线下的更低，但质量好，即网上的生鲜农产品的性价比较高。因此，作为生鲜农产品电商，需要综合各方面的因素，分析生鲜农产品所耗费的各种成本，以及能够创造的利润，合理制定生鲜农产品的价格，让消费者感受到网上购买生鲜农产品的优势所在。

同时，消费者愿意在该电商平台上购买生鲜农产品，不仅因为该电商平台的自身声誉较高，而且还因为该平台所提供的生鲜农产品的品牌形象较好，消费者愿意花费更多的钱购买质量和品质更好的生鲜农产品。因此，对于生鲜农产品电商而言，培育生鲜农产品的品牌形象十分重要。一方面，生鲜农产品电商要与生产者合作，加强源头管理，培育优质、健康、绿色的生鲜农产品；另一方面，需要建立品牌意识，对生鲜农产品种植基地进行宣传和包装，提高生鲜农产品的品牌形象，建立独特的生鲜农产品品牌文化，让消费者感受到品牌的魅力。

5.5 创新生鲜农产品销售模式

在电子商务不断发展的今天，生鲜农产品电商企业要想获得更多的利润，必须要牢牢地把握和结合电子商务平台，创新生鲜农产品销售模式。首先，生鲜农产品电商应当根据消费者的购买需求，引导消费者产生冲动性购买倾向，进而让消费者产生冲动性购买意愿，提高生鲜农产品的销售量。其次，以需求为导向，构建消费者需求网络，将供给端与需求端相互连接起来，消费者不仅可以看到网站上所展示的生鲜农产品图片和文字，同时也能看到每一种生鲜农产品的来源地，让消费者更加放心的购买生鲜农产品。最后，定制化的销售模式已经成为当前生鲜农产品领域的潮流，生鲜农产品电

商在平台上建立相关的定制系统，消费者可以通过该系统，定制自己想要购买的生鲜农产品，电商企业通过消费者的定制要求，与生鲜农产品生产者进行合作种植，同时定期向消费者提供定制农产品的种植和成长情况，也可以邀请消费者到生产基地参观，带动基地发展生态农产品旅游，为电商企业和生鲜农产品生产者提供新的增收渠道。该定制化模式虽然尚未成熟，适用条件也比较苛刻，但对于生鲜农产品电商的发展而言，不失为一种扩大自身影响力的模式。

6 研究结论与展望

6.1 研究结论

本书运用问卷调查的方式，从生鲜农产品电商视角出发，对消费者购买生鲜农产品时产生的冲动性购买意愿的影响因素进行实证分析，最终得出以下结论：

6.1.1 生鲜农产品特征对消费者冲动性购买意愿具有显著的相关关系

具体而言，生鲜农产品的价格常常与消费者的购买意愿呈负向相关关系，根据研究表明，生鲜农产品价格越高，消费者产生冲动性购买意愿就越低。因此，制定一个合理的价格，使改价格具有良好的竞争优势，有助于促使消费者产生冲动性购买意愿。生鲜农产品品牌形象能够促进消费者产生冲动性购买意愿。因此，为消费者提供品质优良、健康绿色的生鲜农产品，有助于带动生鲜农产品的销量，增加生鲜农产品的利润。

6.1.2 电商平台特征对消费者冲动性购买意愿具有显著的相关关系

具体而言，生鲜农产品展示效果、第三方评论、电商平台声誉、物流便捷度四个影响因素正向影响消费者冲动性购买意愿，而电商平台成交量对消费者冲动性购买意愿并没有显著的影响。因此，生鲜农产品展示效果越好、第三方评价越高、电商平台声誉越高、物流便捷度越高，越有助于消费者产生冲动性购买意愿。

6.1.3 消费者自我特性对消费者冲动性购买意愿产生正向促进作用

具体而言，消费者冲动性购买倾向越强，消费者在网站上购买生鲜农产品的乐趣体验感越好，消费者越容易产生冲动性购买意愿。因此，根据实证分析结果，提出了针对生鲜农产品电商企业的市场营销建议：一是自建物流体系，完善供应链管理；二是加强线下线上融合发展；三是完善电子商务平台建设；四是合理制定生鲜农产品价格，培育生鲜农产品品牌形象；五是创新生鲜农产品销售模式。

6.2 研究不足与展望

一方面，本书采用问卷调查的形式进行，但问卷的发放量比较有限，不能很好的调查各行各业的消费者对于生鲜农产品的购买情况。因此，在以后的研究中，笔者将会对调查对象的范围进行更深入的分析，扩大调查范围。

另一方面，本书采用了描述性统计分析、相关分析和回归分析三种统计学分析方法，构建的模型较为简单，仅仅从生鲜农产品特征、电商平台特征以及消费者自我特性三个方面进行研究，但消费者行为学的内容是十分丰富的，影响消费者冲动性购买意愿的因素还有其他方面。因此在以后的研究中，笔者将进一步探讨影响消费者冲动性购买意愿的因素，补充本章的不足。

第四章
基于B2C电子商务的水产品消费者购买意愿研究

1 背景

1.1 研究背景

电子商务时代的到来，毋庸置疑的给中国这个农业大国带来革命性的变化，它使传统的农产品经济销售模式发生了改变。通过对艾瑞咨询最新数据的观察，发现中国线上市场交易规模在2016年达到了20.2万亿元，与去年相比增加了23.6%，其中生鲜电商市场呈现出飞速发展的态势，近年来的年均增长率保持80%以上。在渗透率方面，生鲜农产品仅占农产品零售总额的3.4%，比例之小可以看出其未来还有较大的增长空间。从艾瑞的预计来看，其认为到2018年的我国生鲜电商的市场交易规模将极大可能的超过两千亿元大关，同时渗透率达7%[①]。

生鲜电商市场所拥有的潜力不容小觑，根据阿里大数据来看，2015年线上交易额规模最大的三个农产品品类是零食坚果特产、水产肉类蔬果和茶叶冲饮[②]，水产品在线上的销售与坚果类的农产品的销量相比，水产品电商面临

---

① 阿里研究院：《2016年中国生鲜消费趋势报告》，http://www.aliresearch.com/blog/article/detail/id/21081.html.

② 阿里研究院：《阿里农产品电子商务白皮书（2015）》，http://www.aliresearch.com/blog/article/detail/id/20897.html.

着一个大难题，那就是冷链物流，虽然存在大难题，可是对于水产品电商来说，他们这些年来的生意却做得蓬勃兴旺，这主要是因为水产品电商找到了能"规避"冷链大难题的场地[①]。从阿里研究院2015年农产品的销售额矩阵图看出，水产品具有商业化潜力较高和电商难度较大的特点。

总之，随着人们收入水平持续上升，城乡居民的家庭食物开支在全部开支中所占的比例也在不断地下降，居民们不停地提高对生活水准的要求，与此同时对购买来的食品在安全、健康、便捷等方面，居民们的需求也越来越高，生鲜电商的出现与发展刚好可以有效地解决居民们的这些需求。截至2016年6月，国内网民规模和移动网民规模分别达到7.10亿和6.56亿，持续升高的网民渗透率为生鲜电商的发展提供了技术支持。而且在政策方面，政府也为农产品的发展不断创造良好的环境，国家和地方发改委不断出台了关于农产品冷链物流发展的规划，这给农副产品流通发展提供了良好的基础服务设施[②]。于是，通过研究分析出哪些因素是主要影响水产品网购意愿的，这显得十分必要。

1.2 研究目的及意义

1.2.1 研究目的

据速途研究院关于《2016第一季度B2C市场分析报告》指出2016年第一季度的国内B2C市场规模为10945亿元，同比增长38%[③]。数据表明国内的B2C市场早已成熟，天猫、京东、苏宁等大型平台在不断地开疆拓土，新的小型优质平台也在不停地出现，伴随着移动化进程的不断发展，手机时代的到来，网络购物这种方式也变得越来越普遍，许许多多的消费者也逐渐接受和使用这方便快捷的网络购物方式，因此国内B2C市场潜力仍然不可小觑。与此同

---

① 刘华楠、刘敏：《基于Logistic回归分析的消费者网购水产品购买意向研究》，《现代管理科学》，2015年第2期，第109–111页。

② 周斌、费汉华等：《农产品冷链物流背景下的果蔬气调保鲜技术应用》，《价值工程》，2016年第26期，第238–239页。

③ 速途研究院：《2016第一季度B2C市场分析报告—速途数据研—电商速途研究院网络数据—速途网》，http://news.cnfol.com/it/20160422/22626305.shtml#。

时，网络消费的如火如荼也吸引着越来越多的新兴领域入驻电商平台，水产品作为中国这个农业大国的农产品类别之一，也被许多商家相中，近年来水产品电商生意也是风生水起，但由于水产品性质的特殊以及对物流运作的高要求，很多商户虽涉足水产品电商行业，但其消费主流仍是传统的线下市场选购水产品，真正利用电商平台购买日常水产品的依然较少，其发展仍需要多方面的探索与改善。本书通过探讨消费者从B2C电商平台购买水产品的消费意愿，分析个体实际行为发生与否的关键因素，从而为水产品电商行业的发展出谋献策。

1.2.2　研究意义

"鼠标+快递"这种崭新的购物方式正伴随着全球零售业商品销售与购买方式的改变，已然被越来越多的人所接受。特别是在"互联网+"的强大影响下，在家也能吃喝玩乐已然成为一大消费潮流，从2010年到2015年，生鲜电商市场规模在这五年间从4亿飞速增长到540亿，其更是依附其千亿规模的市场潜力以及不足2%的电商渗透率[①]，成为炙手可热的新星。

如果仅从外在表现上看生鲜电商，不管是从资本面还是从消费面上去看，它的飞速发展时期仿佛都来临了。可是在市场的繁荣和鼎沸之后，生鲜电商所呈现的盈利情况却给了人们迎头一棍子。通过对一组源自中国农业生鲜电商发展论坛的数据观察可以看出，全中国的四千多家生鲜电商企业当中，实现盈利的仅有1%，持平的有4%，亏损的有88%，而剩下的7%竟是巨额亏损[②]，这也表现出了许许多多的生鲜电商都是在折本赚吆喝。

网购水产品作为不被熟知的刚刚兴起的市场，我想可以给其他学者们在研究水产品领域时提供一些参考。本书研究的是对水产品的网络卖家提供指导。经过本书实证检验假设、分析结果，希望让卖家们知道哪些是影响顾客网络购买网购水产品的关键因素，以及知道这些影响因素与顾客对网购水产品购买意愿关系的同时，能够更好得针对的进行自身经营策略的改进，做出

---

① 易观智库：《2016年生鲜电商市场预测分析》，http://mt.sohu.com/20160524/n451149297.shtml.
② 《案例大家谈：盘点国内生鲜电商行业发展现状（2016）》，http://analyse.tbshops.com/Html/news/395/197233.html.

更好的营销战略规划，让更多的潜在顾客来购买水产品，从而扩大水产品市场的占有率，促进国内水产品消费市场的发展。

2 理论基础及相关文献回顾

2.1 相关概念界定

2.1.1 水产品的内涵

水产品是指海洋和淡水渔业生产的动植物及其加工产品的统称[①]。本书中所指的水产品除了鲜活水产品外，还包括了经过加工保藏等方法来延长其保质期，以便进行长途运输和网上交易，如经过冻结处理、干制保藏法以及腌制保藏法的水产品。而本书所研究的水产品网购意愿指的是消费者基于B2C电子商务平台下购买水产品的可能性。

2.1.2 水产品的特征

我们中国拥有十分丰富的水产生物资源，人们的饮食结构因为高产量的渔获物改善了，这使人均摄入的水产动物蛋白质占总动物蛋白质的28.3%。与此同时，水产生物资源也在一定程度上解决了人口不断增长、耕地逐渐减少等这些社会问题，更为新的生产食品、药品、工农业用品等提供了资源。而水产品与一般的动植物的差异之处在于它自己的特点：

（1）不稳定性和多样性给保鲜带来了难度。这是因为渔获的总量（捕捞与养殖）受到外来因素很大的影响，例如风力、海流、赤潮、水温、季节等因素，乃至这些年来人为因素的影响也很大，例如过渡捕捞等[②]。人们养殖或者捕捞的渔获物品种呈现多种多样，如海水常见的种类有：大小黄鱼牡蛎、鲍鱼等；淡水常见的种类有：罗非鱼、虹鳟、鲢鱼、鲤鱼、甲鱼、牛蛙等。尽管养殖业的发展在一定程度上缓解了渔业收获的季节集中性，也相对减轻了在短期内对大量渔获物的保鲜压力，然而因为产量的增加，尤其是淡水鱼

---

① 陈宾：《福建省水产品冷链物流发展现状及对策》，《物流技术》，2015年第5期，第48-50页。
② 《水产品的营养成分与特征》，http://wenku.baidu.com/view/4d93467ae2bd960590c677d3.html.

的保鲜依旧是一个难题。

（2）营养性与功能性。水产品不单拥有很高的蛋白质营养价值，而且其容易被人体所消化和吸收；同时科学家还研究发现水产品体内还拥有一些特殊的营养成分或生理活性物质，这些是对人体健康非常有利的。例如科学家发现并从鲨鱼软骨中提取的酸性粘多糖的混合物，其含有硫酸主要软骨素A和硫酸软骨素C粘多糖和其他成分的神经性疼痛，关节痛，以及一些辅助性治疗血管的疾病等，其也可作为一种食品添加剂添加到保健品里；如目前已成功分离出沙蚕毒素，并制成沙蚕毒素类杀虫剂；如从鱼的肝脏中提炼出鱼肝油可治疗夜盲症、缺钙等。

（3）易腐败性。水产品中也有属于容易保鲜的品种例如海藻类，但是鱼贝类就属于非常容易腐败变质的品种。新鲜的鱼体内富含蛋白质与较多的水分，所以在常温下鲜鱼体内的酶类活性相对较强，以至于其变得容易滋生细菌之后腐败和变质。

（4）非标准化。受渔获总量、品质、外来因素等的影响，水产品很难做到标准化。

2.2 理论基础

2.2.1 消费者行为理论

顾名思义，这一理论的目的即为对他们的行为模式和规律进行探究[1]。消费者行为学是探究他们行为的理论，包含他们怎样选择、怎样运用和怎样处理服务以及消费品等的过程，包含他们初期网购的准备和决策行为[2]。霍金斯在《消费者行为学》中对这一理论进行了界定，他认为：它是探究群体、个体为符合自身需要而展开的一系列行为的理论，包含产生需要、搜寻产品、选取信息、对比、支付、运用、反馈等过程。

顾客购物活动的发生是因为其有了购买的念头，这同样为他们存在需求

---

[1]　王斌、聂元昆：《移动互联网环境下的消费者行为模式探析》，《电子商务》，2015年第8期，第42–44页。

[2]　朱爱武、程中海：《新疆城镇居民购物决策风格差异及营销策略研究》，《新疆社会科学》（汉文版），2014年第6期，第133–139页。

的一类体现，他们形成购买动机却不一定会出现真实的购买活动，然而若缺乏购买动机，则肯定不会出现购买活动[①]。购买动机形成后，将出现信息查找、购物途径选取以及购买决策等行为。对顾客而言，购买活动的产生会被大量的因素所干扰，此类因素会在各个环节中对他们购买活动产生不一样的干扰[②]。从之前的探究能够了解到，大多数对消费者行为的探究主要存在这两类：其一，是将干扰因素分成三种，即商家因素、顾客自身因素以及环境因素。其二，是将干扰因素分成这三类，即风险性、易用性以及有用性。本篇论文是使用第二类方式对他们网购活动的干扰因素进行探究的。

2.2.2 技术接受模型

这一模型的英文全称为Technology Acceptance Model，是对行为意图和信息技术的运用关系进行探究的，用以解释外部因素对顾客的内在想法、情感以及意愿的干扰，继而干扰技术运用的情况[③]。此模型是大多数研究者所认可的探究模型。此模型给出了2种确定的认知信念，其一为感知有用性干扰运用态度，其二为感知易用性干扰运用态度，而干扰运态度就会干扰运用技术的行为意图[④]。对这两个信念的解释为：（1）前者的含义是客户发现某一操作可以给自身提供帮助与实惠。当然，客户发现一个技术有用是各个方面的，客户希望这 技术可以提升自身的效率，提供实惠以及别的方面的功能。（2）后者的含义是客户发现一项技术的易学易用情况。客户感觉到利用此项技术可以提升自身工作效率，感知易用即为他在运用技术时期望的感知[⑤]。总而言之，使用某个信息技术的人觉得这个技术会对他日后的工作有所帮助，他就对产生再次使用该技术的想法。

该模型是对使用者接受信息技术的决定因素进行了推测与解释，戴维

---

① 赵伊娜：《基于感知风险理论的消费者网络购买行为分析》，《商业时代》，2013年第13期，第21–23页。
② 王建荣：《网络购物中影响消费者信任的因素探析》，《现代妇女》（理论版），2013年第12期，第1–2页。
③ 胡安安、姜江、黄丽华：《基于信息技术用户接受理论的ERP系统实施模型研究》，《科学学与科学技术管理》，2007年第8期，第20–26页。
④ 宁连举、张爱欢，《虚拟社区网络团购消费者使用意向影响因素研究》，《北京邮电大学学报》（社会科学版），2014年第1期，第43–50页。
⑤ 李丽：《消费者对移动应用商城使用意向和使用行为研究》，南京邮电大学硕士论文，2011年。

斯（Davis）等认为：（1）我们能从用户的行为反应倾向来推定其他采用技术的举止活动。（2）使用者主要因为存在感知有用性因此有了采用某个技术的倾向。（3）使用者还有一部分是因为感知易用性而有了使用某个技术的意向[①]。所以我们能先从技术接受模型来解释和推测使用者，随后采用一些途径对使用者的认知信息进行影响，减少网购的拒绝程度，从而提升接受程度。

2.2.3　感知风险理论

Perceived Risk，即感知风险，这一概念最早是哈佛学者鲍尔（Bauer，1960）在心理学中提取出的。他提出消费者所有的购买活动，均存在不能准确掌握他们期望的结果是不是合理的可能性，部分结果可能会使他们不愉快[②]。而风险最初的概念就来源于我们发现顾客在其决定是否购买的过程中潜藏着对购买结果的这种不确定性。

关于产品会给顾客自身带来什么样的风险，国外一些学者已然有对顾客的担忧做出了相关研究。Jacoby、Kaplan（1972）将风险细分成功能、财务、心理、身体以及社会这5个方面的风险[③]。Peter Tarpey（1975）在这一前提下又增加了一个时间风险[④]。Stone Gronhaung（1993）经过探究得知：88.8%的总风险就是Jacoby、Kaplan所提的五种风险，加上Peter Tarpey提出的时间风险[⑤]。到此为止，绝大部分的学者主要都从以下几个方面：财务、身体、功能、时间、社会与心理这六种风险来研究消费者的感知风险，其中，Featherman和帕夫洛（Pavlou）（2003）在关于消费者对电子服务的接受程度的研究中发现风险、隐私风险对总体风险的影响最为明显，相比之下时间风险与心理风险对于消费者接受网上购物产生的影响并不明显[⑥]。

---

① 魏婷：《青少年网络游戏行为意向影响因素概念模型构建》，《南京晓庄学院学报》，2015年第4期，第79-84页。

② 吕诗芸：《风险感知对消费者网上购物行为的影响》，《学理论》，2010年第30期，第45-47页。

③ 华迎：《网络购物顾客参与驱动因素及对顾客忠诚的影响研究》，对外经济贸易大学博士论文，2011年。

④ 赵伊娜：《基于感知风险理论的消费者网络购买行为分析》，《商业时代》，2013年第13期，第21-23页。

⑤ 李文元、向雅丽、梅强：《感知对中小企业科技服务购买意愿的影响研究——以吸收能力为调节变量》，《科学学研究》，2014年第6期，第852-859页。

⑥ 赵伊娜：《基于感知风险理论的消费者网络购买行为分析》，《商业时代》，2013年第13期，第21-23页。

2.2.4 感知风险和购买意愿的相关研究

Dowling和帕夫洛（Pavlou）（2003）等学者认为网上购物虽然为消费者提供了一种方便、快捷的购物方式，但与传统的网下购物相比，也蕴含了更多的新的购物风险。如网上黑客会盗用银行卡卡号和密码、网上商家不能或者没能很好保护个人信息导致个人信息及隐私泄漏、物流支付体系不完善导致付款后不送货或者拖延、不能亲自体验产品，以及网上监管体系、监督机制的缺失，都将导致产品的质量无法得到保障等。而上述风险的存在在很大程度上降低了顾客购买的想法[1]。井森和周颖（2005）的观点表示消费者选择网上购物时，既不会单一的追求感知利益的最大化，也不会总是以感知风险最小化为条件，然而他们却是在感知利益和感知风险之间进行衡量[2]。因此，学者们在把感知风险加入到TAM模型里去，原因在于其了解到感知利益与风险是一起干扰顾客购物意愿的，继而使购买活动确定。

水产品目前存在信息不对称，价格不一、质量非标准化等弊端，在虚拟网络中，买卖双方的时空分离，这让这些缺陷被不断放大，使得消费者在网上购买水产品的时候感知到的风险也将变得更大[3]。本书中的感知风险是指消费者在网上购买水产品的时候，因为购物习惯与方式的转变以及互联网的安全性使消费者在选择网购水产品时可能会出现个人信息的泄漏和财产金钱方面的损失。因此，本书主要从消费者感知经济风险与感知隐私风险两个角度来研究其网上购买水产品意愿的影响。

2.3 相关文献回顾

2.3.1 网上购买意愿相关研究

菲什拜因（Fishbein）（1963）认为某个体或行为的态度是由以下两个因

---

① 崔林：《基于感知价值的B2C电子商务消费者购买意向研究》，江苏科技大学硕士论文，2011年。
② 周瑜、杨韶刚、邢俊等：《电子商务下消费行为倾向模型的构建》，《心理研究》，2010年第1期，第59—64页。
③ 于丹、董大海、刘瑞明等：《网上购物风险来源、类型及其影响因素研究》，《大连理工大学学报》（社会科学版），2007年第2期，第13—19页。

素组成：一是自我认知（消费者对于购买某种产品的态度）[1]；二是从众心理（消费者认为其他人关于某种产品可能有的态度）。这告诉我们一个道理：如果没有情感的存在，那么就没有人的消费行为。而意愿就是个人从事特定行为的主观概率。通过对观念的相同延伸，消费者选择特定购买行为的可能性大小就是购买意愿[2]。我国学者韩睿、田志龙（2005）认为消费者的购买意愿是指其购买该产品的几率；朱志贤（1989）则认为消费者的购买意愿是指其买到让自己心满意足的东西是一种消费心理表现[3]。虽然关于购买意愿的定义国内外学者的界定都不相同，但他们有个共同的观点，就是都认为购买意愿就是属于消费者心理活动的范畴，是指购买行为发生的可能性。所以综合上述以往学者的观点，在本书研究中本人将消费者网购意愿解释为顾客在网络上购买一类产品和服务的发生几率。

现如今，在探究网购意愿的种类划分上，共存在两种：一般性和个别的网购意愿干扰要素探究，就像感知信任、风险等[4]。有学者对网络支付安全及方式进行研究（杨继莲，2012），也有运用实证的方法对网络消费者购物的信任构成因素如李沁芳（2007）、刘国丰（2008）等。其他还有很少数的研究是针对某项具体产品的，例如网络游戏的消费意愿。以当前的研究来看，对于消费者会不会选择网购这种方式与会选择哪一个网站进行购物，学者们对它们的影响因素进行了探讨，主要包括：顾客的个人体特征、顾客对于在网络买东西的态度、顾客的满意度与其的网购经验、消费者对网购的信任度与其的感知风险、购物网站的购物导向、购物网站的服务质量、商品的特质等[5]。同时前人们也在研究中，发现了每个顾客的个体会有不同，而这个不同导致他们对购物有不一样的感知体验，如谢凤华（2005）对消费者的基本情况（如性别、年龄、收入、学历、职业等）将会对网购意愿产生不同的影响

---

①　陈洁、王方华：《感知价值对不同商品类别消费者购买意愿影响的差异》，《系统管理学报》，2012年第6期，第802–810页。

②　安玉杰：《网上购买意愿评价的结构方程模型》，《经济研究导刊》，2012年第35期，第86–87页。

③　李珊、李蔚、杨洋：《基于尝试购买期的新产品沟通安全研究》，《现代管理科学》，2009年第7期，第23–25页。

④　许逸坚：《居民生鲜农产品网购意愿影响因素研》，《江苏科技信息》，2014年第21期，第97–98页。

⑤　邹俊：《消费者网购生鲜农产品意愿影响因素实证研究》，华中农业大学硕士论文，2011年。

进行了探究[①]。

2.3.2 水产品的网购意愿研究

刘华楠和刘敏（2015）通过实证分析得出有无网购水产品经历、年龄、收入等对消费者网购水产品有影响[②]。莫景文、陈志斌、陈华谱、李广丽（2015）通过对湛江市消费者的问卷调查，分析总结出在水产品上，该市居民的消费习惯、对水产品网络卖家的了解情况以及居民对水产品的网购消费意愿情况，由此提出可以通过加大宣传和推广水产品电子商务，来影响和改变消费者的消费习惯，以及搭建优良的网购平台、对冷链物流进行完善等措施来促进水产业的发展[③]。而韩笑、周桂娴、李怡芳（2015）则以江浙沪为例，分析了水产品生鲜电商的消费特点，进而通过研究发现在生鲜水产品电商的这些消费特点的消费者影响因素中，消费者的基本情况（包括性别、年龄、收入、职业、学历等）和网购生鲜水产品的购买行为（包括购买水产品的频次、对生鲜电商的偏好情况、获取购物信息的途径、对生鲜电商好坏的认识等）均会产生影响[④]。

目前水产品电商还是新兴事物，只有少数学者对消费者网购水产品意愿的影响因素进行探究，其他大部分的学者都是对一般商品的网购消费者行为进行研究，只有刘华楠和刘敏（2015）应用实证的方法对消费者网购水产品意愿进行研究，他们认为鉴于鲜活水产品具有的独特性（对冷链物流的要求很高），鉴于在当前我国的网购发展与冷链物流发展呈现良好的趋势下，对消费者网购水产品的意愿以及其意愿的影响因素进行了分析，着重对顾客网购水产品意愿的概况、对消费者网购水产品的相关影响因素的重要性评价进

---

① 邓子鹃、林仲华：《网络效能感、网购信任与网购意愿的关系——基于594名大学生数据的实证分析》，《江苏商论》，2015年第1期，第28–32页。

② 刘华楠、刘敏：《基于Logistic回归分析的消费者网购水产品购买意向研究》，《现代管理科学》，2015年第2期，第109–111页。

③ 莫景文、陈志斌、陈华谱等：《水产品电子商务消费调查及优化策略——基于湛江市消费者的问卷调查》，《广东海洋大学学报》，2015年第5期，第13–18页。

④ 韩笑、周桂娴、李怡芳：《水产品生鲜电商的消费特点分析——以江浙沪为例》，《电子商务》，2015年第8期，第65–41页。

行了分析，消费者网购水产品风险认识方面的评价进行了分析[①]。

水产品作为网购的一个新兴品种类，国内外的研究还是很少，且大多侧重理论研究，实证研究不足，通过实证的方法研究网购水产品意愿的不理因素及存在缺陷的方面提供解决途径和措施的文献少之又少。水产品网购方面的研究不能仅仅局限于国内，还需要研究分析国外水产品网购的经营模式，吸收国外水产品网购积极、先进的方法，根据现实的具体情况，探讨出适合我国水产品电商发展的中国化策略。我们发现电商这种消费模式越来越普及。虽然直至今日整个水产品电商行业发展情况依旧呈现十分低的水平，可是在网络时代的大背景下，它的兴盛我们会看到的，可能就在不远的将来它会像一匹黑马一样，引爆整个市场[②]。

2.3.3　水产品电商市场特征

作为中国最大消费指数的阿里电商数据，它拥有每年超过三万亿的消费量以及超过一千万家的商户在这个平台上[③]，因此通过结合这个规模庞大的数据库，能从多个方面来分析归纳水产品电商的市场特征：

（1）线上进口水产品市场迅速扩大。整个水产品市场呈现良好的趋势，虽然在2013年有出现过震荡，之后的2014年市场成交金额仍是持续增长的情况。到了2015年受到产业结构与消费结构的调整影响，大量的高档路线的水产品销量开始出现下降趋势，使得水产品的价格亲民化，消费更加的大众化了[④]。通过一系列的数据看出，水产品电商市场在快速发展，尽管从实际数据看生鲜电商市场总体渗透率依旧没有达到1%，但是由于网上购物具有方便快捷、多种多样的商品可供选择以及地区渗透力强等特色，使得水产品的线上销售渠道的优势越来越突出。

（2）水产品进口市场走低。从2015年的数据看来，由于高档水产品的消费需求量减少，且进口的水产品价格整体高于国产的水产品以及受到人民

---

① 刘华楠、刘敏：《基于Logistic回归分析的消费者网购水产品购买意向研究》，《现代管理科学》，2015年第2期，第109—111页。

② 《水产物电商将来》，http://www.cjxzz.org/news/show-78017.html，2016-7-18.

③ 《水产品电商未来会引爆整个市场》，http://business.sohu.com/20160414/n444133549.shtml.2016-4-14.

④ 同上。

币汇率震荡等因素的影响，因此，水产品进口额呈现下降的态势，其价格也开始呈现下滑的态势。但与此同时线上进口水产品市场正呈现快速发展的趋势，2015年的数据显示增速高出去年的70%①，因此线上市场功不可没，对促进水产品市场的增长处于至关重要的地位。

（3）消费习惯尚未真正养成。从数据显示的情况可以看出在线上水产品的销售量中，销售量最高的两个类别是海参与大闸蟹，但这两种品类的高网络销售量占比和其在实际生活中的水产品消费习惯不尽相同。从对销售量数据的观察，发现2015年九月与十月，金秋时节的大闸蟹销售额就占了当月水产品大类销售额近百分之五十，由此可以看出在线上销售大闸蟹具有更好的优势，也可以从中发现消费者尚未形成线上购买水产品的消费习惯，对于线上购买水产品，显然还处于仅满足消费者在某个方面的需求②。

（4）线上售卖以干货为主。通过数据可以看出，消费者在线上购买海参这种品类的水产品时，基本为以干货的形态出现，与冷冻处理过的水产品以及鲜活的水产品相比之下具有很大的优势，干货因对冷链物流以及对商品配送的时间基本上没有过高要求，因此干货上线销售相比之下更容易、更有优势。

（5）线上售卖具有季节性。以大闸蟹为例，它是具有季节性的水产品，主要集中上市的时间段从6-10月份，其中，销售最火爆的是九月份与十月份③。它所具有的季节性使得消费者购买大闸蟹的时间相对集中，全国产大闸蟹的地方较为单一，因此卖家们在线下开设实体店较为不经济，进而促使其走线上销售的途径。

（6）物流配送尚未真正完善。物流配送是线上水产品发展的关键限制性因素，而物流配送的不足在很大程度上对导致消费者流失。消费者经常会依据物流配送是否及时来选择网购水产品。物流配送存在的许多问题，不只在很大程度上会降低某地区线上水产品的销售量，并且也会对消费者的满意度

---

① 《水产品电商未来会引爆整个市场》，http：//business.sohu.com/20160414/n444133549.shtml.2016-4-14.
② 同上。
③ 同上。

产生不好的影响。因为全国各地的物流发展情况不平衡，一二级城市的送货效率明显快于三四级城市，而对于水产品来说，送货时间的长短不但影响消费者的等待时间，同时水产品的质量也会受到影响。通过观察销售规模的数据，一二级城市的水产品网络销售额明显高于三四级城市；同时从购买的消费者评价上看，一二级城市网购水产品的满意程度也高于三四级城市，因为三四级城市的消费对线上购买到的水产品的负面评价在整体评价中所占的比例更高①。

（7）产品突围的方向将向品牌化与专业化前进。有数据统计，在销售排名板中的前三十名商家，它们的品牌市场占有率每年都在上升，这也说明了消费者对线上水产品品牌意识在逐年的提高。拥有一个消费者认同的品牌，对于商品将会拥有更高的提价水平。对于消费者来说，品牌伴随着的是它拥有更好的质量与服务，因此品牌对消费者选择商品时会产生重要的影响。特别是对于高端的水产品来说，因为价格高，消费者在购买挑选时会加倍的谨慎，此时拥有品牌商品，它就更具优势，更容易被消费者选中。商家的专业度与信誉度对其销售的产品给消费者带来的安全与保障起着直接的决定性作用。

（8）消费大众化、生活化是线上水产品消费呈现出来的明显趋势。从2013年至2015年逐渐形成这个趋势，一部分，是因为水产品线上平台的建设、水产品品质的提高以及物流配送水平的提高；另一部分，是因为居民是收入水平的增加以及其对生活水平的要求也在不断提高等，这就促使了线上水产市场逐渐融入人们的生活里。

（9）年龄层分布趋向平均。从网购水产品的消费者年龄数据来看，不同年龄的消费者购买生鲜产品的消费习惯有所不同，年龄偏高的消费者是线上购买水产品的主要客户群，且从消费者的情况上看，基本上偏向家庭型中高端消费。但是近期通过对2013年到2015年网购水产品的消费年龄走势进行观察后，发现最初年龄偏低的消费者较少，年龄偏高的消费者占绝大部分的情况在2014年后开始发生变化，年轻的消费者在快速增加，网购水产品是年龄

---

① 《水产品电商未来会引爆整个市场》，http://business.sohu.com/20160414/n444133549.shtml.2016-4-14.

分布也在趋向平衡，这也说明线上水产品市场更加大众化了。通过观察2013年到2015年线上水产品市场的淡旺季销售比例看，已然由先前的季节性、节日性型集中消费阶段逐渐发展而转入到与自然生活习惯相符合的平均化消费阶段。之前的九月大闸蟹、双十一以及过年等节点式集中消费也在逐渐趋向平均化消费。礼包类型的水产品在经历过2014年出现猛增的态势后，从2015年数据看出其明显趋于下降的趋势，而这也说明消费者在线上购买水产品的目的更加生活化。

2.3.4 B2C电子商务模式下水产品消费行为特征

在阅读了大量文献后总结出人们购买水产品重点一般包含两种话题：购买愿意和通过什么形式进行购买。消费者不论是在实体店购买亦或是在网上购买，目的都是一样的，基本就是自己用和把水产品作为礼品送人，只不过顾客们购买的方式途径存在不同。在基于B2C电商模式下，我认为顾客在网络购买水产品具有的特征表现为以下几点：

（1）消费者选择农产品电商时具有倾向性。顺丰优选、天猫（喵生鲜）、1号店生鲜等消费者对其使用频率较高[①]。农产品电商的知名度、形象、品牌个性、品牌溢价、满意度或忠诚度、市场价格和分销区域都会影响消费者选择电商企业的偏好。

（2）从消费者对象上看，消费人群相对稳定。就好像有些消费者对烟、酒、茶这些产品具有偏爱性以及类似于有些人群对肉菜这些每餐必备的食物具有偏爱性一样，人们如果产生习惯或喜欢的状态，就将变为热衷某种商品的粉丝。因此，顾客对水产品的选择是建立在其对水产品的效用的了解和认可程度的基础上的[②]，如果消费者对水产品的味道不认可，认为水产品的营养价值可以由其他替代品替代，那么要将顾客吃水产品的习惯慢慢培养起来是在十分不容易的。但是如果顾客产生这种习惯他就将成为固定的购买者。所

---

① 韩笑、周桂娴、李怡芳：《水产品生鲜电商的消费特点分析——以江浙沪为例》，《电子商务》，2015年第8期，第41–65页。

② 莫景文、陈志斌、陈华谱等：《水产品电子商务消费调查及优化策略——基于湛江市消费者的问卷调查》，《广东海洋大学学报》，2015年第5期，第13–18页。

以，就是因为顾客对水产品的选择具有偏好性，所以购买水产品的消费人群相对固定。

（3）消费购买更主动化，许多消费者买东西时都会细心挑选，多对比参考不同商家的货物的价格与质量[①]。随着B2C网络购物平台的日渐成熟，顾客可以在网站上获取商品的信息，较之其他方式，顾客在网站上获取到的信息更为全面，而且网络传播的速度是其他方式无法比的，顾客可以通过各式各样的途径去获得商品的信息，因此消费者可以更好地对商品进行对比选择[②]。

（4）网店的形象对消费者的购买意愿也会产生一定的影响。消费者对网店的商品、服务、安全等主观印象和产生的心理感受，会对消费者关于网店的整体认识和评价产生影响[③]。

（5）物流配送效率影响消费者回购。水产品是属于容易腐坏变烂的品类，而且水产品的保存时间短，需要极高的物流配送水平，它既要求保鲜、冷藏或冷冻，又要求保证配送的速度[④]，顾客购买体验的感受这个效率的高低的影响，这也将会影响顾客的二次回购。

2.3.5　网站专业性和购买意愿的相关研究

2.3.5.1　网站专业性的界定

赵鹏（2007）就网站专业性给出了定义，他提出它是针对某一种目标人群，根据一定的准则就工具、资源以及服务展开搜索、处理且整合在一起，之后能够向浏览者给予搜索、浏览、导航等服务的网站。其最终的目标是解决网络资源泛滥的问题，从而开始对网络资源实行统一管理，从而实现快速整理，到目前为止，其已经发展成为能够符合目标群体要求的网站。本书中的水产品网站的专业化是相对于综合性来说的，专业化不单单表现在网页设

---

① 郑澄宁、李青因：《B2C中的消费者心理行为探究》，《中外企业家》，2014年第5期，第246–246页。
② 庞晶晶、冼素雯：《基于电子商务平台的消费者行为研究——以B2C模式为例》，《赤峰学院学报》（自然科学版），2015年第20期，第124–126页。
③ 杨璐：《网上商店氛围对消费者购买意愿的影响》，重庆大学硕士论文，2009页。
④ 刘华楠、刘敏：《美国B2C模式下水产品冷链物流质量安全监管经验》，《世界农业》，2015年第3期，第54–58页。

计等表面内容上，而且也表现在网站服务功能和网页中的水产品详情等内容上。

2.3.5.2 网站专业性和购买意愿的相关研究

Mitchell and Boustani（1998）在经过仔细探究后了解到，顾客觉得从专业知识丰富的网页以及网上商家得到产品的相关知识更加容易[1]，获得的商品信息也十分准确，而顾客在考虑是否进行购买过程中会很大程度上受到此类商品信息的干扰而形成网购意愿[2]。在众多的水产品品类中，每个品类每个水产品自身所拥有的营养价值以及食用方法并不是人人所知的，因此，在网站上详细专业的呈现这些知识，会使消费者受这些产品知识的影响而产生购买意愿。Janda（2002）经过相关探究后了解到：消费者进行网购的感受会在一定程度上被网站特征所干扰[3]。特别是对一些从未进行过网上购物亦或是第一次进行网购的消费者而言，如果网站十分有设计感，就会让这些消费者对网站有一个十分深刻的形象，且会进行再次访问。消费者浏览网页的时间和次数增多，将会对网页总体氛围产生十分良好的感知，从而提高了他们的购买意愿以及产生更多的购买举动。鲍尔（Bauer）（2002）在经过仔细探究后了解到，如果网站能有存储汇集数量足够多的有效信息、互动性等功能，这在保持网站和客户间的关系上有着很大的影响，将使得顾客感知的价值发生变化，最终能够提升他们的满意与信任程度。单国栋（2011）经过仔细的探究得知，中华老字号企业网络传播过程中的精准化、专业化、国货意识，是利用逐渐渗透的形式对客户的品牌情感以及品牌认知进行干扰的，最终间接的在他们的购买意愿与行为上产生了一定影响[4]。

在B2C电商模式下，消费者直接面对的是企业网站，其在消费者选择购物

---

[1] 程华：《个体差异与消费者接受网上购物——基于杭州样本的实证研究》，浙江大学博士论文，2003年。

[2] 叶展：《城市居民对"多宝鱼事件"的认知及购买意愿研究——以青岛市为例》，中国海洋大学硕士论文，2013年。

[3] 郭锦塘、汪兴东、王荣庆等：《女性消费者网上购物意向影响因素分析》，《江西农业大学学报》（社会科学版），2012年第3期，第67-74页。

[4] 余可发：《消费者品牌广告共鸣的内容、结构及其影响研究》，《上海管理科学》，2012年第3期，第67-71页。

与否的过程中扮演者着重要的角色[1]。尤其在水产品行业，品类食用价值的多样性使得顾客对水产品了解得很少。而且在水产品市场中交易里的每个人所持有的信息不同、没有固定的定价标准、质量非标准化以好充斥等现象以及冷链物流系统不够成熟使得水产品很难在网络上售卖。所以，更多的顾客网民都较为信赖在行业里有权威的网站。

3 理论模型构建与研究设计

3.1　理论模型构建

根据第二部分对消费者网购水产品意愿因素的相关文献回顾分析，本书对消费者网购水产品意愿的研究是基于B2C电子商务平台的基础上的。将自变量设为：消费者的感知有用性、消费者的感知易用性、消费者的感知风险；因变量设为：消费者网购水产品意愿；调节变量设为：网站专业性。本书具体的理论框架详见图4-1所示：

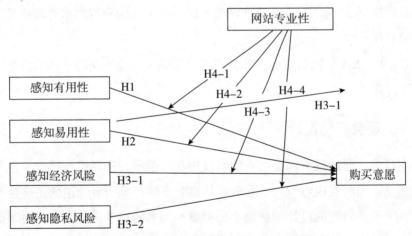

图4-1　消费者网购水产品影响因素模型

3.2　研究假设的提出

在本书第二章的理论基本上，以及相关水产品消费行为、B2C电商下

---

① 罗汉洋：《B2C电子商务中消费者信任演化的实证研究》，哈尔滨工业大学博士论文，2013年。

顾客消费特点等的梳理、分析，结合图4-1影响因素模型，对此提出本书的假设：

（1）感知有用性：

H1：消费者感知有用性正向影响消费者网购水产品意愿。

（2）感知易用性：

H2：消费者感知易用性正向影响消费者网购水产品意愿。

（3）感知风险性：

H3-1：消费者感知经济风险负向影响消费者网购水产品意愿。

H3-2：消费者感知隐私风险负向影响消费者网购水产品意愿。

（4）水产品网站的专业性：

H4-1：水产品网站专业性在消费者感知有用性和网购水产品意愿之间起调节作用。

H4-2：水产品网站专业性在消费者感知易用性和网购水产品意愿之间起调节作用。

H4-3：水产品网站专业性在消费者感知经济风险和网购水产品意愿之间起调节作用。

H4-4：水产品网站专业性在消费者感知隐私风险和网购水产品意愿之间起调节作用。

3.3 研究问卷设计

本篇论文通过发放调查问卷的形式来获得信息，从而进行概念模型与假设的建立，而问卷内容设计质量的好坏将会直接影响研究结论的正确性和有效性。因此，问卷的设计就显得十分重要，本书的问卷设计主要经过下面三个步骤：

（1）专家讨论。在对之前研究者的问卷进行分析后，再综合本章进行改进，制做出需要的问卷。在分发问卷之前，和导师以及一些学员教授展开了讨论，就量表里的内容与措辞如含糊不清、问句意思重复等的问卷设置提出了建议，经过修改之后，再与该领域的专家进行问卷所有内容的逐一探讨，并在此基础上进行进一步的整理综合、修改，形成问卷内容雏形。

（2）实施预调查。即使专家谈论能够有效地确保问卷的准确性与合理性，但是这并不意味着就能够进行发放，因为被调查样本的理解能力不高，问卷问句设计能否被理解还有待考量。本人选取了有网购经验的20位好友并加上好友的朋友们，共40个调查对象，这些具有较长时间的网购经验的人作为预调查的对象，向他们发放问卷。通过预调研对问卷的提问方式、模糊题项、进行反复修改的推敲，以方便被调查者可以快速真实的回答，然后形成了本书的问卷。

（3）正式问卷。经过上述两个步骤后，制做出了最后的问卷。本篇论文的问卷总共涵盖了三个方面：第一部分，给调查对象解释问卷调查的目的和表示郑重的承诺以及感谢。第二部分，运用Likter的5级量表进行题项的设置，其中1到5分别表示：1：非常不同意；2：不同意；3：一般；4：同意；5：非常同意，代表消费者对网上购买水产品的感知有用性、感知易用性以及感知风险性、网站的专业性问题的描述，分数越高代表越同意。第三部分，被调查者的基本资料，内容涉及被调查者的性别、年龄、收入、被调查者购买水产品的方便与否、购买地点、频次等的基本情况。

3.4 研究变量的操作化设计

基于对消费者网购水产品影响因素的相关分析，本章在技术接受模型和感知风险的理论基础上构建模型。将自变量设为：消费者感知有用性、感知易用性、感知经济风险、感知隐私风险；调节变量：网站的专业性；而购买意愿则是因变量，进行它们之间的关系探究。在查阅、利用前人研究中较为成熟的研究量表，根据本人的研究内容，加上网络购买水产品的特点，经过一些的修整。对变量进行操作化设计，详见下表4-1所示：

表4-1 变量的操作化设计

变量	代码	测量指标	测量来源
感知有用性	A1	在网上购买水产品可以节省时间和金钱等	戴维斯（Davis）（1989）Riksson and Nilsson（2007）
	A2	在网页上进行水产品的购买，可以有效地提升信息搜索与购物的效率（就像可以了解到丰富的有用信息）	
感知易用性	A3	我认为在网络上和卖家交流沟通不难	Gefen and Straub（2000）帕夫洛（Pavlou）（2003）
	A4	我认为学习与使用线上购买水产品的步骤不难	
	A5	我认为在线上买水产品没有大家想的那么复杂	
	A6	总而言之，我认为网购水产品不难	
感知经济风险	A7	因为此类商品价格不透明，网站中的商品定价或许较高	Anthony（2001）帕夫洛（Pavlou）（2003）
	A8	收到的商品与网页中的描述不不一样，网上商铺售卖假货，引起了经济损失	
	A9	有关网购的律法还不够完善，黑客能够盗取信用卡等相关信息，引发一定的经济损失	
感知隐私风险	A10	部分商铺与个人得到您相关资料后，可能会在将来的某个时间段和您联系，对您生活产生影响	Anthony（2001）帕夫洛（Pavlou）（2003）
	A11	网购经历与提交的某类个人资料可能会被少数网站追踪与分析亦或是随意使用	
	A12	我担心个人信息因为用网购方式买水产品而出现安全问题	
购买水产品网站的专业性	A13	我比较看重水产品网站能否为自己提供完整准确的水产品或服务信息	Stephen J.Newell（1993）王洪江（2010）单国栋（2010）
	A14	我更加倾向于从经过权威机构认证的网站购买水产品	
	A15	我更加倾向于在水产品行业中有权威性的网站购买水产品	

3.5 样本选取、发放及调查

本章通过问卷星、邮件、电话、实地采访等方式发放问卷选取样本和调查。为了研究的切实可行性，选取的目标人群都是有B2C网站购物经历的。问卷发放主要采用滚雪球的方式，选取的样本主要是城市白领，再通过他们发放给其的亲朋好友，以及发链接等的方式，也通过一些著名教授，企业家和亲戚朋友转发链接。

在2016年8月15号至9月1号进行分发问卷，为期两个星期。问卷总数达到了350份，被回收的共有322份，这之中共有306份为有效问卷，对这些问卷展开了仔细的选择，选择的准则包含三类：其一为问卷有没有存在漏填；其二为填写人的详细资料；其三为问卷填写的够不够认真，答案是否存在相同情况。

4 网站专业性与购买意愿关系实证分析

本部分是利用SPSS17.0进行频数分析、可靠性分析、探索性因子分析、描述统计分析、相关分析、有序多分类逻辑回归分析，处理问卷收集的数据，来对模型和假设进行验证。

4.1 问卷发放与调查对象描述

问卷总共发放350份，问卷回收了322份，其中有效问卷为306份（剔除问卷信息填写不完整、问卷填写人基本信息不完整、问卷答案一样的问卷）。具体调查问卷发放及回收情况如下表4-2所示：

表4-2 调查问卷发放及回收情况

发放出去的问卷数（份）	回收回来的问卷数（份）	问卷的回收率（%）	有效的问卷数（份）	问卷的有效率（%）
350	322	92	306	95.03

以下是根据有效问卷的样本基本情况整理成的样本基本信息统计表，具体如下表4-3所示：

表4-3 样本基本信息统计表

	类别	人数	百分比 %
性别	男	144	47.059
	女	162	52.941
年龄	20 岁以下	62	20.261
	21—30 岁	97	31.699
	31—40 岁	88	28.758
	40 岁以上	59	19.281
教育程度	高中及以下	35	11.438
	大专或中专	88	28.758
	本科	135	44.118
	硕士及以上	48	15.686
职业	学生	48	15.686
	企业单位工作人员	75	24.510
	政府职员	83	27.124
	医疗、教育机构职员	73	23.856
	其他自由职业	27	8.824
家庭月收入	2000 元以下	10	3.268
	2000—4000 元	103	33.660
	4001—6000 元	127	41.503
	6001 元及以上	66	21.569
购买方便性	非常不方便	19	6.209
	不方便	57	18.627
	一般	151	49.346
	较方便	55	17.973
	非常方便	24	7.843
购买地点	大型超市	49	16.013
	社区便利店	34	11.111
	农贸市场	140	45.751
	流动小摊	62	20.261
	其他	21	6.863

（续表）

	类别	人数	百分比 %
购买频次	一天一次	18	5.882
	两三天一次	49	16.013
	四五天一次	179	58.497
	一周一次	43	14.052
	一周以上	17	5.556
家庭人口数	1 人	6	1.961
	2 人	107	34.967
	3 人	152	49.673
	4 人及以上	41	13.399
网购频次	每天 1 次以上	96	31.373
	每周 1 次以上	158	51.634
	少于每周 1 次	52	16.993
网购水产品经验	有，经常	28	9.150
	有，很少	97	31.699
	没有	181	59.150

从2016年8月中国互联网络信息中心公布的《2016年第38次中国互联网络发展状况统计报告》，截止到6月，国内网民的男女比例为53∶47。青年这个网民群体依旧占中国互联网的网民群体的大部分，54.6%的网民年纪处在20—39岁之间；从职业层次上分析，最多的是学生，共有25.1%。其次是个体户与职业者，共有21.1%；第三是占13.1%企业公司职员。党政机关事业单位职员占总体的4.1%。潜在的顾客群即来自于广大的网民中，通过数据看出网民中月收入在2001-3000元以及3001—5000元的群体所占的比例相对较高，分别为16.2%和22.7%。

1. 性别分布结构。从样本数据看，有144名男性，有162名女性，男与女约为47.1∶52.9，与中国互联网络信息中心调查的男女人数相差不大，这表明本篇论文的调查对象可以十分准确的反映出真实情况。

2. 年龄分布情况。人数最多的是21-30岁，在总体样本数中所占比例为31.699%；接下来是31—40岁，占28.758%；20岁以下和40岁以上的分别占全部样本的20.261%和19.281%。

3. 教育程度。从收集到的样本来看，比例最高的是本科，在样本总体中所占的比例为44.118%，其次是大专、中专学历，占总体的28.758%，15.686%是属于硕士以上的，总体的11.438%的是高中及以下的。从数据上可看出，在本次问卷调查中，占比最大的是白领和企事业单位工作人员，被调查人员的整体教育水平偏高，主要分布在本科、大专和中专。

4. 职业分布情况。从职业角度进行分，此次调查的对象大多是国家官员、企业在职职工以及医疗、教育部门员工，依次占27.124%，24.51%以及23.856%，学生占15.686%，其他自由职业的最低，占总体的8.824%。

5. 家庭月收入。从被调查的人来看，收入在4001—6000元最多，占总体的41.503%。其次是2000—4000元，占33.66%，6001元以上的占21.569%，2000元以下是最少的，占3.268%。

6. 购买水产品的方便性。占49.346%的调查者表示购买水产品的方便性一般，其中有18.627%的人认为不方便，有17.973%的人认为较方便，而认为非常不方便的占6.209%和非常方便的有7.843%。

7. 购买水产品的地点分布情况。多数人喜欢到农贸市场去购买，占45.751%，排在第二的是流动小摊占20.261%，接下来是去大型超市购买的有16.013%，到社区便利店比较少，占11.111%，其他的购买地点约6.863%。

8. 购买水产品的频次。就购买水产品的频次来看，占58.497%的调查者四五天购买一次水产品；其次是两三天一次和一周一次，分别为16.013%和14.052%；一天一次和一周以上一次的最少，分别为5.882%和5.556%。

9. 家庭人口数。从样本人员的家庭人口数来看，接近一半（占总体的49.673%）的被调查者属于一家三口的情况，其次的夫妻两个人情况，占总体的34.967%，一家四口及以上的为13.399%，单身一人的最少，仅占1.961%。

10. 网购频次。从网购频次来看，每周一次以上的人数最多，占总体的51.634%，其次的每天一次以上的占31.373%，少于每周一次的占16.993%，根据现场采访询问得知，少于每周一次的人属于不是每周都网购或者一个月才网购一次的情况。

11. 是否有网络购买水产品的经验。在调查中发现，拥有网购水产品经验的人有125人，其中经常网购水产品的仅有28人，占总体的9.150%，有网购水产品经验但购买频次相对少的有97人，占总体的31.699%，而有59.150%的绝大多数人是没有网购水产品经验的。这也说明，全民对于网购水产品这个消费习惯还未形成。

统计分析了本次问卷收集来的样本信息数据，比较收集来的数据与中国互联网络信息中心发布的报告中的网民人口信息，通过对比发现，整体看来较没有什么分歧，只存在很小的差距，本篇论文的探究几乎没有任何干扰。从问卷中得到的信息和现实状况比起来，是十分靠近的，所以，笔者提出本篇论文的样本能够较为准确的体现出网民的整体水平。

4.2　网站专业性与购买意愿关系量表的信度分析

信度是用来体现检验工具得出结果的相同性以及平稳性的指标，它为被测变量准确程度的体现[①]。由于要确保测量的质量，本章首先要考量网站专业性与购买意愿关系量表的可靠性，然后再进行问卷的数据分析。测试信度的标准通常采用Cronbach α系数，一般认为，当Cronbach α大于或者等于0.70时，属于高信度；当0.35小于或者等于Cronbach α小于0.70时，属于尚可；Cronbach α小于0.35则为低信度。因此，在现实研究中，当信度可以接受时，Cronbach α大于0.7。

以下是对本章中使用的量表进行的各量表信度系数分析，具体如下表4-4所示：

表4-4　各量表信度系数

变量	α系数	题数
感知有用性	0.778	2
感知易用性	0.871	4
感知经济风险	0.848	3
感知隐私风险	0.804	3
网站专业性	0.790	3

---

① 张虎、田茂峰：《信度分析在调查问卷设计中的应用》，《统计与决策》，2007年第21期，第25-27页。

从上表可以看出，各量表的Cronbach α系数均在0.7以上，因此本章使用的量表具有良好的信度水平。

4.3 网站专业性与购买意愿关系量表的效度分析

通过构建效度来测量量表的研究结构与理论模型的契合度，量表的建构效度的检验通常采用探索性因子分析。在此之前，需要通过KMO和Bartlett（巴特利）球形检验，进而判断数据是否适合做这个分析。根据KMO值来判断是否适合进行因子分子，其值在0到1之间，其值越接近1越适合。对于是否适合进行因子分析的一般标准是KMO值在0.6以上，Bartlett球形检验统计量中的显著性概率sig值（即p值）小于0.05时，属于显著性水平时，才表示适合进行因子分析①。

4.3.1 网站专业性与购买意愿关系KMO测量和Bartlett球形检验

在对本书的网站专业性与购买意愿关系量表进行探索性因子分析之前，需先进行KMO和Bartlett球形检验。具体如表4-5所示：

表4-5 KMO测量和Bartlett球形检验

KMO 样本测度		0.712
Bartlett 球形检验	近似卡方值	1870.375
	自由度 df	105
	显著性概率 sig	0.000

从上表可知，量表KMO值为0.712，高于0.6，Bartlett球形检验的显著性概率为0，属于显著性概率，表明数据能够进行因素分析。

4.3.2 探索因子分析

本书运用探索因子分析来测量网站专业性与购买意愿关系量表的研究结构与理论模型的契合程度，在进行探索因子分析前，先进行Bartlett球体检验及KMO样本测度。通过对表4-5的数据分析，确定了本书量表适合探索因子分

---

① 樊钱涛、韩英华：《研发团队中知识创新效率影响机制研究》，《科学学研究》，2008年第6期，第1316-1324页。

析。下表4-6所示是对变量的题项进行的探索性因子分析：

表4-6 探索性因子分析

条目	因子1	因子2	因子3	因子4	因子5
A1					0.892
A2					0.901
B1	0.821				
B2	0.796				
B3	0.857				
B4	0.918				
C1		0.886			
C2		0.856			
C3		0.877			
D1			0.885		
D2			0.820		
D3			0.818		
E1				0.840	
E2				0.811	
E3				0.852	
方差解释率%	19.424	15.453	14.471	14.217	11.124
累计方差解释率%	19.424	34.878	49.348	63.566	74.690

由上表可知，本章采用主成分分析法，从中抽取出5个特征根大于1的因子，然后采用极大方差法进行因子旋转，得出5个因子的累计方差解释率达到74.690%，高出50%，而且所有的因子负荷都大于0.5，与此同时，因子旋转后的题项分配和本章各量表的维度结构相一致。综上看出，本章中所使用的量表具有良好的建构效度。

4.4 网站专业性与购买意愿关系变量的描述性统计分析

通过了解每个变量的均值和标准差之后，为了反映本次问卷调查数据的基本情况，采用SPSS17.0统计软件，描述性统计分析了网站的专业性与购买意愿关系变量。

SPSS17.0软件就测评机制所有要素展开一系列分析，使用标准与平均值进行分析。所有均值是通过因子评测指标的打分进行估算，对探究体系里变量指标的问卷信息展开了归纳与分析，包括所有子变量的标准差和加总平均值。

表4-7　各变量的描述统计分析

变量	均值	均分标准差	总分	总分标准差
感知有用性	3.4902	0.97421	6.9804	1.94842
感知易用性	3.5008	0.89843	14.0033	3.59371
感知经济风险	3.4662	0.89267	10.3987	2.67800
感知隐私风险	3.4314	0.89799	10.2941	2.69397
网站专业性	3.2233	0.84880	9.6699	2.54640

注：表格中的均值为条目均分

由上表4-7统计结果所示，可以看出各变量的均值从3.2233—3.5008不等，均分标准差分布于0.84880—0.97421，统计结果无偏高偏低的数值，相对较好地满足了数据分析的要求。

4.5 网站专业性与购买意愿各维度相关分析

为了研究网站的专业性与购买意愿的关系，在本小节中首先对各个变量与因变量即网购意愿的相关性进行检验，通过检验后再做下一步的回归分析。

相关分析是对研究变量间相互关系进行分析，经过相关探究能够对假设展开简单的验证。统计的变量需要彼此间拥有很强的相关性。

表4-8　各变量的相关矩阵

	感知有用性	感知易用性	感知经济风险	感知隐私风险	网站专业性	网购意愿
感知有用性	1					
感知易用性	0.043	1				
感知经济风险	0.061	0.049	1			
感知隐私风险	0.167**	0.090	0.141*	1		
网站专业性	0.082	0.146*	0.021	0.030	1	
网购意愿	0.040	0.147**	−0.140*	−0.138*	0.073	1

注：**表示$p < 0.01$

由上表4-8可以看出，感知易用性对网购意愿呈显著关系，且是正相关，r=0.147，p<0.05；而感知经济风险对网购意愿呈现显著负相关，r=-0.140，p<0.05；感知隐私风险对网购意愿之间呈现显著负相关，r=-0.138，p<0.05。这表明感知易用性、感知经济风险和感知隐私风险都对网购意愿产生显著的影响。

4.6　网站专业性与购买意愿各维度回归分析

本节为探索网站的专业性与购买意愿各维度间的关系，而做的相关回归分析。由于本章的因变量即网购意愿，是多种分类，且因变量是有序的，因此本节主要是利用SPSS17.0软件采用有序逻辑回归分析，进行的关于消费者网购水产品影响因素的相关假设的检验与分析。

4.6.1　水产品网购意愿影响因素的回归分析

为了对水产品网购意愿的影响因素进行进一步的分析，需要通过对模型的拟合度进行检验，只有模型的拟合度好才能说明样本数据推断的参数估计较为准确。其中主要涉及的有以下几个概念：

似然值是指：由似然函数所得到的值。

P值（P value）是指：当原假设成立，得出的结果亦或是极端结果产生的几率[①]。若P值较小，则表明原假设状况的出现几率很低，但是一旦状况产生，利用小概率事件原理，就能够将原假设拒绝，这一数值越小，就拥有更多的理由将原假设拒绝[②]。总而言之，这一数值越小，则说明结果越明显。

卡方值：它为非参数检验里的一类统计量，一般用在非参数统计归纳范围[③]。这一数值的目的就是数据的相关性进行检验。若此数值比0.05小很多，就说明两个变量是显著相关的。

以下是模型的拟合情况，具体所下表4-9所示：

---

① 郭秀丽：《假设检验中的P值及其应用》，《学周刊A版》，2010年第1期，第46-47页。
② 郭秀丽：《假设检验中的P值及其应用》，《学周刊A版》，2010年第1期，第46-47页。
③ 牛向阳：《关于传统统计算法的比较研究》，《统计与管理》，2014年第10期，第13-15页。

表4-9　模型拟合情况

模型	似然比	卡方	自由度	p
仅截距	831.756			
最终	809.692	22.064	4	0.000

由上表4-9可以看出，在该回归模型中的似然比卡方检验的P值小于0.05，这说明了在加入各自变量后，卡方的减少达到了显著的水平，证明在加入自变量后的模型比仅包含常数项的模型拟合显著好，因此模型的拟合状况良好。以下是对消费者网购水产品各个影响因素的参数估计的结果，具体如下表4-10所示：

表4-10　相关影响因素的参数估计

	点估计	沃尔德	p
［网购意愿=1］	−2.441	11.006	0.001
［网购意愿=2］	−1.449	4.031	0.045
［网购意愿=3］	0.169	0.055	0.814
［网购意愿=4］	2.465	11.296	0.001
感知有用性	0.226	4.229	0.040
感知易用性	0.390	10.800	0.001
感知经济风险	−0.345	8.116	0.004
感知隐私风险	−0.254	4.389	0.036

由上表参数估计的结果显示，感知有用性对网购意愿具有显著的正向影响，$p<0.05$；感知易用性对网购意愿具有显著的正向影响，$p<0.05$；感知经济风险对网购意愿具有显著的负向影响，$p<0.05$；感知隐私风险对网购意愿具有显著的负向影响，$p<0.05$。

综上所述，感知有用性和易用性越高，消费者的网购意愿越强，相反，感知经济风险和隐私风险越大，则会引起购买行为的减少。假设H1、H2、H3-1、H3-2得到验证。

4.7 网站专业性的调节效应分析

在基于B2C电子商务平下，在阅读、参考、总结前人的文献之后，提出了将网站专业性作为自变量与因变量网购水产品意愿之间的调节因素。通过对网站专业性的调节效应进行分析，得出其是否真的存在调节作用。而在本书中的自变量是：消费者感知有用性、感知易用性、感知经济风险、感知隐私风险分别；调节变量是网站专业性；而因变量是消费者网购水产品意愿。因此本节采用有序逻辑回归来分析、检验调节变量在自变量与因变量之间是否存在调节作用。

4.7.1 网站专业性在感知有用性和网购意愿之间的调节作用

为了研究网站专业性在感知有用性和网购意愿之间是否存在调节作用，本人首先对模型的拟合度进行检验，只有模型的拟合度好才有意义继续下一步参数估计。一般情况下，如果回归模型似然卡方比检验的P值小于0.05的话，将表明了，在加入各自变量后，卡方的减少达到了显著的水平，从而证明了模型的拟合状况好。以下是模型的拟合情况，具体数据如下表4-11所示：

表4-11 模型拟合情况

模型	似然比	卡方	自由度	p
仅截距	506.347			
最终	494.138	12.210	3	0.007

由上表可知，该回归模型的似然比卡方检验的P值=0.007小于0.05，这说明了在加入各个自变量后，卡方的减少达到了显著的水平，加入自变量后的模型拟合显著好于仅包含常数项的模型，因此模型的拟合状况良好。

以下是对感知有用性与网站专业性的交互项系数的参数估计的结果，具体如下表4-12所示：

表4-12 参数估计

		点估计	沃尔德	p
阈值	［网购意愿 =1］	−5.816	19.594	0.000
	［网购意愿 =2］	−4.856	13.959	0.000
	［网购意愿 =3］	−3.296	6.589	0.010
	［网购意愿 =4］	−1.032	0.653	0.419
自变量	感知有用性	−1.079	9.513	0.002
	网站专业性	−1.239	9.337	0.002
	感知有用性 * 网站专业性	0.391	12.661	0.000

由上表参数估计的结果显示，感知有用性与网站专业性的交互项系数达到显著水平，$p<0.05$，且交互项的系数为正，故正向调节作用显著，即网站专业性越高，感知有用性与网购意愿间的关系越强。假设H4-1得到验证。

4.7.2 网站专业性在感知易用性和网购意愿之间的调节作用

为了研究网站专业性在感知易用性和网购意愿之间是否存在调节作用，本人对模型的拟合度进行检验，只有模型的拟合度好才有意义继续下一步参数估计。一般情况下，如果回归模型似然卡方比检验的P值小于0.05的话，将表明了，在加入各自变量后，卡方的减少达到了显著的水平，从而证明了模型的拟合状况好。以下是模型的拟合情况，具体所下表4-13所示：

表4-13 模型拟合情况

模型	似然比	卡方	自由度	p.
仅截距	574.070			
最终	557.590	16.480	3	0.001

由上表可知，该回归模型的似然比卡方检验的P值小于0.05，说明在加入各自变量后，卡方的减少达到了显著水平，即加入自变量后的模型拟合显著好于仅包含截距项的模型，模型的拟合状况良好。

以下是对感知易用性与网站专业性的交互项系数的参数估计的结果，具体如下表4-14所示：

表4-14　参数估计

		点估计	沃尔德	p
阈值	［网购意愿=1］	-6.121	19.289	0.000
	［网购意愿=2］	-5.149	13.929	0.000
	［网购意愿=3］	-3.562	6.820	0.009
	［网购意愿=4］	-1.292	0.909	0.340
自变量	感知有用性	-1.172	8.756	0.003
	网站专业性	-1.403	11.223	0.001
	感知有用性＊网站专业性	0.441	13.532	0.000

由上表参数估计的结果显示，感知易用性与网站专业性的交互项系数达到显著水平，$p<0.05$，且交互项的系数为正，故正向调节作用显著，即网站专业性越高，感知易用性与网购意愿间的关系越强。假设H4-2得到验证。

4.7.3　网站专业性在感知经济风险和网购意愿之间的调节作用

为了研究网站专业性在感知经济风险和网购意愿之间是否存在调节作用，本人对模型的拟合度进行检验，只有模型的拟合度好才有意义继续下一步参数估计。一般情况下，如果回归模型似然卡方比检验的P值小于0.05的话，将表明了，在加入各自变量后，卡方的减少达到了显著的水平，从而证明了模型的拟合状况好。以下是模型的拟合情况，具体所下表4-15所示：

表4-15　模型拟合情况

模型	似然比	卡方	自由度	p.
仅截距	533.175			
最终	519.408	13.767	3	0.003

从上表可以看出，该回归模型的似然比卡方检验的P值小于0.05，说明在加入各自变量后，卡方的减少达到了显著水平，即加入自变量后的模型拟合显著好于仅包含截距项的模型，表明模型拟合程度较好。

以下是对感知经济风险与网站专业性的交互项系数的参数估计的结果，具体如下表4-16所示：

表4-16 参数估计

		点估计	沃尔德	p
阈值	［网购意愿 =1］	0.389	0.075	0.784
	［网购意愿 =2］	1.347	0.907	0.341
	［网购意愿 =3］	2.891	4.149	0.042
	［网购意愿 =4］	5.169	12.787	0.000
自变量	感知经济风险	0.683	2.989	0.084
	网站专业性	1.272	8.445	0.004
	交互项 3	−0.322	7.052	0.008

由上表参数估计的结果显示，感知经济风险与网站专业性的交互项系数达到显著水平，$p<0.05$，且交互项的系数为负，故存在显著调节作用，即网站专业性作为一个缓冲器，网站专业性的提高会减弱感知经济风险对网购意愿的负向影响。假设H4-3得到验证。

4.7.4 网站专业性在感知隐私风险和网购意愿之间的调节作用

为了研究网站专业性在感知隐私风险和网购意愿之间是否存在调节作用，本人对模型的拟合度进行检验，只有模型的拟合度好才有意义继续下一步参数估计。一般情况下，如果回归模型似然卡方比检验的P值小于0.05的话，将表明在加入各自变量后，卡方的减少达到了显著的水平，从而证明了模型的拟合状况好。以下是模型的拟合情况，具体所下表4-17所示：

表4-17 模型拟合情况

模型	似然比	卡方	自由度	p
仅截距	531.598			
最终	525.666	5.931	3	0.115

从上表可以看出，该回归模型的似然比卡方检验的P值大于0.05，这说明加入各自变量后的模型拟合与仅常数项模型相比，拟合情况并没有得到显著的改善，模型拟合欠佳。

以下是对感知隐私风险与网站专业性的交互项系数的参数估计的结果，

具体如下表4-18所示：

表4-18 参数估计

		点估计	沃尔德	p
阈值	［网购意愿=1］	−4.538	8.117	0.004
	［网购意愿=2］	−3.577	5.103	0.024
	［网购意愿=3］	−2.036	1.674	0.196
	［网购意愿=4］	0.183	0.014	0.907
自变量	感知隐私风险	−0.739	2.867	0.090
	网站专业性	−0.414	0.705	0.401
	交互项4	0.160	1.368	0.242

由上表参数估计的结果显示，感知隐私风险与网站专业性的交互项系数未达到显著水平，p>0.05，故网站专业性在感知隐私风险与水产品网购意愿间起的调节作用不显著，网站专业性无法缓解感知隐私风险所带来的购买意愿的减弱。假设H4-4不成立。

4.8 网站专业性的调节效应检验汇总

得出的检验结论汇总如下表4-19所示：

表4-19 网站专业性的调节效应检验汇总

自变量	因变量	购买水产品网站专业性调节作用
消费者感知有用性		存在
消费者感知易用性	消费者网购水产品意愿	存在
消费者感知经济风险		存在
消费者感知隐私风险		不存在

4.8.1 网站专业性的调节效应结果分析与讨论

本章是基于B2C平台下，对消费者网购水产品意愿的研究。其中，本章以消费者感知有用性、感知易用性、感知经济风险、感知隐私风险这四个作为自变量，在自变量与因变量之间添加一个调节变量——网站专业性，研究自变量与因变量消费者网购水产品意愿之间的关系。

（1）实证分析结果支持了假设H4-1，即水产品网站专业性在消费者感知有用性与网购水产品意愿之间存在显著的调节作用。根据消费者行为理论，网站的专业性，使用户能与自己想获取的商品信息更为相近，而得到的产品信息可靠与否，能否更容易获得，也将会影响消费者的情感状态，进而来影响消费者的购买行为。网站的专业性，能通过为消费者提供更为专业的检索、导航、浏览等功能，来满足消费者的需求，让其感知到网站提供的信息的有用性，进而影响消费者的购买意愿。与实体店面不同的是，网站的专业性会通过电脑屏幕给消费者带来更为直观的感受。因此，水产品网站专业性在消费者感知有用性和网购水产品意愿之间存在调节作用这个实证检验结果具有良好的合理性。

（2）实证分析结果支持了假设H4-2，即水产品网站专业性在消费者感知易用性和网购水产品意愿之间存在显著调节作用。本章结果结果表明，水产品网站专业性在消费者感知易用性和网购水产品意愿之间存在着重要的调节作用。从技术接受模型可知，客户掌握了一类操作的易学易用程度，这将让使用者在使用系统的过程所期待的感知。而网站的专业性，体现在他能够提供更为适合目标群体的界面，使消费者在浏览水产品网站时，能够更容易得搜索、获得他想要了解的信息。网站拥有一定的个性化设计与维护，会让顾客对它的第一印象较好，而且会进行再次访问。网页被浏览时间以及访问次数的提升，将让顾客形成十分积极的网页氛围感知，从而提升了顾客的网购意愿以及网购次数。因此，水产品网站专业性在消费者感知易用性和网购水产品意愿之间存在调节作用这个实证检验结果具有良好的合理性。

（3）实证分析结果支持了假设H4-3，即水产品网站专业性在消费者感知经济风险和网购水产品意愿之间存在显著调节作用。从感知风险理论可知，网上购物不同于实体店面一手交钱一手交货的购买方式，网上购物对消费者来说，存在着更加无法确知其预期购物的结果，而在其中经济风险最为明显，消费者通过网络的形式购买商品，在还没收到货前，付出去的钱对消费者来说存在着不确定性，他们无法确定买来的商品是否值他们所花的钱。而且，面对大信息背景下，许多网络购物金钱被盗案件层出不穷，因此，网站的专业性给消费者提供更为安全的支付渠道和保障，消除其心理的不好感知，只有这样才能使消费者更加放心的购买。因此，水产品网站专业性在消费者感知经济风险和网购水产品意愿之间存在调节作用这个实证检验结果具有良好的合理性。

（4）实证分析结果拒绝了假设H4-4，即水产品网站专业性在消费者感知隐私风险和网购水产品意愿之间存在调节作用。此假设并没有得到支持，通过对网购水产品网站的专业性进行相关分析，笔者得知调节变量的功能与本篇论文的假设大致一样，专业性在顾客感知隐私风险与购买意愿二者间的调节效果不够明显，有时会没有任何效果。探讨它的原因可能是消费者长久对网购形式的信任，是来自顾客亲身的体验和知识的累积，在接触某一新事物时，大多数顾客一般会依据自我经验与情感方面的认知做出反应，而不会受某些外部因素的影响而改变。不过随着顾客自身的知识与经验在累积，我相信他们的态度将会在未来的实际操作中发生变化的。

4.9 检验结果总结

本书在模型构建和假设的基础上通过实证研究发现：

（1）消费者感知有用性对其网购水产品意愿有正向显著影响作用；

（2）消费者感知易用性对其网购水产品意愿有正向显著影响作用；

（3）消费者感知经济风险对其网购水产品意愿有负向显著影响作用；

（4）消费者感知隐私风险对其网购水产品意愿有负向显著影响作用。

（1）-（4）：从顾客购买意愿干扰要素对因变量购买意愿的回归结果中，能够得知最后的4种自变量均在回归方程之中。所以，一些电商在大力进行互联网营销以提高商品的销售金额，借助互联网途径的优势占据更大的市场，需要给顾客带来大量的信息，制定更加亲民的价格，让顾客了解到其比线下购买具有更多的优势。

（5）水产品网站专业性在消费者感知有用性和网购水产品意愿之间存在

调节作用；

（6）水产品网站专业性在消费者感知易用性和网购水产品意愿之间存在调节作用；

（7）水产品网站专业性在消费者感知经济风险和网购水产品意愿之间存在调节作用；

（8）水产品网站专业性在消费者感知隐私风险和网购水产品意愿之间不存在调节作用。

（5）-（8）：通过对网购水产品网站的专业性调节作用回归检验分析，本人发现：调节变量的功能与本篇论文的假设大致一样，专业性在顾客感知隐私风险与购买意愿二者间的调节效果不够明显，探讨它的原因可能是消费者长久对网购形式的信任，是来自顾客亲身的体验和知识的累积，在接触某一新事物时，顾客常常从自己的经验以及情感等方面对它展开评估且进行相应的活动，不会由于部分外部特性而产生或变化。然而笔者坚信随着顾客购买经验与掌握的知识越来越多，他们的态度同样会在将来出现改变

5 研究结论、营销建议及研究不足

研究是通过对文献的阅读、梳理基础上，通过结合前人的研究，提出本章的研究模型和研究假设，然后通过问卷调查搜集数据，应用SPSS17.0对收集来的数据进行频数分析、可靠性分析、探索性因子分析、描述统计分析、相关分析、有序多分类逻辑回归分析来对模型和假设进行验证，通过本章节对研究结论进行汇总，然后在此基础上为水产品网络商家提出一些营销启示，希望对他们有所帮助。最后提出本书的不足之处，同时对学者们在该领域的未来研究方向进行了展望。

5.1 研究结论

对本章的假设检验结果进行了汇总，详见下表：

表4-20　研究假设汇总表

假设	验证结果
H1：消费者感知有用正向影响消费者网购水产品意愿	成立
H2：消费者感知易用性正向影响消费者网购水产品意愿	成立
H3-1：消费者感知经济风险负向影响消费者网购水产品意愿	成立
H3-2：消费者感知隐私风险负向影响消费者网购水产品意愿	成立
H4-1：水产品网站专业性在消费者感知有用性和网购水产品意愿之间起调节作用	成立
H4-2：水产品网站专业性在消费者感知易用性和网购水产品意愿之间起调节作用	成立
H4-3：水产品网站专业性在消费者感知经济风险和网购水产品意愿之间起调节作用	成立
H4-4：水产品网站专业性在消费者感知隐私风险和网购水产品意愿之间起调节作用	不成立

5.2 营销建议

当前在B2C平台下关于水产品方面的研究仍不够多，相关方面的资料文献存在数量不足的状况，因此，本书的研究一定会有许多不成熟的地方，在提升对策部分主要是针对第四部分的实证分析得到的相关结论对水产品电商企业提出几点营销建议：

5.2.1 通过不同的途径来提升其感知易用以及感知有用

就本篇论文总结的感知有用在客户购买水产品意愿上的关系而言，若想让消费者去实体店购买水产品的形式转变，则需要让他们了解到网上购买水产品较实体店购买的形式能够获得更高的价值与更大的效用，如此他们才会接受、参与网购水产品这种方式。网页的设计要简单、方便、快捷，使消费者更改简学易用，同时网站专业性对感知有用和感知易用有明显的调控作用，因此此类网站能够基于伦理与道德的前提下使用相关的网络技术对消费者的资料与信息展开跟踪与处理，予以十分专业与完善的服务，尽快将水产品的相关信息告知给消费者。

5.2.2 通过不同的途径来降低顾客对网购水产品安全性方面的感知

根据本书的结论，即顾客在网购水产品时，感知经济风险和隐私风险都会对消费者的网购意愿产生显著负向影响。线上购物不同于传统购买方式的"一手交钱，一手交货"，而且买家的信息经常要与网站共享，这样使得消费者在线上交易的风险明显大于传统的购买方式。因此，在线上购物中的各种不确定因素下，消费者一般选择风险性小的商品与服务。所以，卖家可以通过提供安全的支付环境来降低消费者的感知风险性，如使用第三方支付平台（支付宝、财付通等）等。

5.2.3 提升水产品销售网页的专业性

按照本篇论文的结论，专业性对消费感知卖家专业性是最直接的。因此通过网站专业性的设计、服务，来降低客户对网购商品质量的担忧，使得感知风险减小，提升他们的购买意愿。因此，网站的导航设计应简洁易查询、商品信息应清晰明懂、物流配送应及时可追踪、与消费者互动应耐心专业。

5.3 研究不足

（1）本书的研究范围具有局限性。由于个体行为的复杂性加上本人的研究能力和精力受限，对于众多影响消费者网购水产品意愿的相关因素没能分析全面，可能忽视掉一些重要的相关因素，在本章中没能全方面探讨。

（2）笔者的研究只是从水产品购买网站的专业性方面进行研究，很多关键因素极大可能地被笔者遗漏，这有待日后进一步的探讨和研究。

（3）对于现实中多种多样的水产品消费群体，难以进行范围较大的抽样调查，笔者只对附近人群展开了调查，将会存在调查的样本数不高和缺乏典型代表的缺陷。使用线上和线下的方式进行问卷的发放，尤其在网上问卷的调查形式里，被调查样本的态度与自主性的区别在问卷答题的准确性上起决定性作用。

第五章
外来工移动支付使用意愿及其影响因素分析

1 背景

1.1 研究背景

移动支付业务日益盛行，渗透到千万平民百姓的生活中。根据我国互联网络信息中心发布的研究报告：截止到2016年1月1日，全国移动支付用户达3.58亿人。根据央行公布的2016年4—6月份的移动支付成交业务量数据显示，该季度我国一共发生移动支付笔数61.37亿笔，是去年同时期的1.68倍，涉及金额29.32万亿元。总体来说，目前我国移动支付体系运行平稳、涉及交易资金规模庞大且呈现逐步增长趋势。

自1978年改革开放以来，我国的工业化、城市化进程逐渐加快，经济得到长足发展，城乡间的人口流动也愈发频繁。出现大量农民放弃土地，进城务工的现象。2010年第六次全国人口普查结果显示，我国（除港澳台地区）居住地与户口所在地不一致，且不在户口所在地居住6个月以上的人口达到2.6亿人，同比增长81.02%。该调查结果反映出我国人口流动规模庞大、流动的现象已十分普遍。福建省的情况也不例外。根据福建省第六次人口普查结果显示，截止到2010年，福建省拥有外省户籍迁入人口431万余人，同比几近翻了一番。虽"外来人口"与"外来工"群体定义上略有差别，但外来人口大部分由外来工构成，因此第六次全国人口普查的外来人口基本情况可以视为外来工的基本情况。

国家经济发展必然带来全国范围内的劳动人口流动，劳动力流动和转移对于市场经济发展具有十分重要的影响。综合以上，笔者将移动商务与劳动力迁移结合研究，探究影响外来工移动支付使用意愿的因素，旨在促进移动支付进一步发展及提高外来工群体的生活便利。

1.2 研究对象

1.2.1 "外来工"特征

1.2.1.1 外来工年龄分布特征

许多学者对当地外来工年龄进行调查：广东某地的外来工年龄分布中，26—30岁的人群最多，占比七成；其次是31-36岁年龄段的人群，占比24.00%（聂盼盼，2016）[①]。祁明德（2011）对珠海地区的2千多名外来工调查中发现，20—30岁人数最多，占比47.00%，其次是30—40岁阶段，占比约为22.00%[②]。左斌营（2012）2010年对福州市全市外来工调查发现，20—35岁人口占总人口的53.42%，是福州市外来工人口的主要构成群体[③]。从以上学者对各地外来工的年龄调查可以发现，目前国内多地外来工在年龄分布上以年轻群体居多，呈现出新生代外来工群体规模逐渐庞大的趋势。

1.2.1.2 外来工受教育情况

钟甫宁（2014）、左斌营（2012）、祁明德（2011）、李明华（2007）通过调查发现拥有大学学历（大专及以上）的外来工，分别占所调查人数的14.10%、12.46%、15.10%和12.00%[④]。其他学历分布上，以中专学历者最

---

① 聂盼盼：《城市认同对新生代农民工地位消费意愿的影响机理研究》，吉林大学硕士论文，2016年。
② 祁明德、熊科：《外来农民工劳动就业状况调查分析》，《人民论坛》，2011年第183卷第9期，第4-6页。
③ 左斌营：《福州市外来农民工继续教育现状与对策研究》，福建师范大学硕士论文，2012年版。
④ 祁明德、熊科：《外来农民工劳动就业状况调查分析》，《人民论坛》，2011年第183卷第9期，第4-6页；左斌营：《福州市外来农民工继续教育现状与对策研究》，福建师范大学硕士论文，2012年版；钟甫宁、陈奕山：《务农经历、受教育程度与初次外出务工的职业选择》，《中国农村观察》，2014年第35卷第3期，第18-19页；李明华：《关于开发外来务工人员开放教育市场的调研报告》，《开放教育学院》，2007年第4期，第33-45页。

多，占比42.50%，高中和职高学历群体占比20.00%，初中及小学学历人群各占18.60%（聂盼盼，2016）[1]。另外，左斌营（2012）通过对各行业外来工的学历进行调查发现，从事建筑业的外来工学历层次偏低，小学及初中文化水平占其绝大部分；制造业中，约有六成的外来工具有小学及初中文化水平，大学学历者占比不足一成；从事服务业的外来工学历分布情况与制造业相似。综上发现，外来工群体中具有初中、中专学历的人数最多，大学学历人数仍偏少[2]。

1.2.1.3 外来工收入情况

随着经济发展、商品的通货膨胀和物价水平不断提高，外来工薪酬水平有一定上升，但不同地区、职业、岗位的外来工收入差距较明显，从总体上来看仍处于中下水平。据2010年统计，珠海市部分外来工的薪酬水平较低，月收入低于1000元的外来工占被调查者的39.60%，1000—1500元的外来工占21.80%，1500元以上的外来工占28.90%。在调查的外来工中，单位没有为其购买社保的人数近半成，也只有近一半的外来工得到单位的工作餐补贴（祁明德，2011）[3]。2011年，郑小诺（2012）对广东部分外来工收入调查中发现，年收入在3万元以下的外来工人数占总调查人数的85.00%，年收入在1万元以下的外来工占23.00%左右[4]。薪酬水平与当地经济发展程度有关，到2015年后，特别是处于大城市的外来工工资有较大幅度的上涨：北京市部分外来工的月平均收入水平达到4523元，月工资不足3000元的外来工占总数的25.30%，6000元以上占15.70%。相对于老一代外来工，新生代外来工的月工资收入有明显的提高（谢东虹，2015）[5]；上海部分外来工月平均收入达到3248.5元，小时平均工资达到14.96元（李汉超，2014）[6]。杨思思（2015）调

---

① 聂盼盼：《城市认同对新生代农民工地位消费意愿的影响机理研究》，吉林大学硕士论文，2016年。
② 左斌营：《福州市外来农民工继续教育现状与对策研究》，福建师范大学硕士论文，2012年版。
③ 祁明德、熊科：《外来农民工劳动就业状况调查分析》，《人民论坛》，2011年第183卷第9期，第4—6页。
④ 郑小诺：《教育对农民工社会融合的影响分析》，浙江大学硕士论文，2012年。
⑤ 谢东虹：《工作时间与收入水平对新生代农民工市民化意愿的影响》，《调研报告》，2016年第12卷第4期，第5—6页。
⑥ 李汉超：《农民工性别工资差异实证分析》，《农村经济与科技》，2016年第27卷第1期，第2—3页。

查发现宁波市外围城区的外来工平均月收入达到了3583.8元，甚至高于中心城区和县市外来工工资水平（分别为2901元和3434元）[1]。对广东外来工进行抽样调查发现，月工资介于1001-3000元的外来工人数占总人数的59.80%；月平均收入介于3001—5000元和5001元以上的外来工占比分别为27.20%和11.90%（李俊伟，2015）[2]。综上文献阅读发现，外来工的工资水平近几年来有所上升，并根据从事职业、所在城市的不同而出现差异性。但总体而言外来务工人员的工资水平仍较低，从各地区的调查情况看，平均月收入低于5000元者占调查人数的一半以上。

1.2.1.4 外来工的消费特征

消费范围十分宽泛，本节仅对外来工的日常生活消费、住房消费和娱乐性消费进行了解。熊科（2011）对外来工的日常花销调查中发现他们主要收入用于满足生活的基本需求，收入主要支付"吃喝住行"的外来工占调查人数的一半以上，另外有近三成的外来工将每月大部分收入寄往家里，作为家庭基本生活补贴[3]。在住房花销上，曾学龙（2016）对广东某地外来工调查发现，55.70%外来工能接受年价位在5000元以下的住房，能接受6千元和7千元价位的外来工人数仅占调查总人数的18.70%和13.00%[4]。熊科（2011）对珠海某地外来工调查发现，近四成的外来工目前还处于租房阶段，仅不到一成的外来工已在当地购房[5]；随着生活水平的提高，除了用于日常开支和住房消费，娱乐性消费也成了新生代外来工的开支内容之一。高梦媛（2013）对长三角地区一千多名外来工调查发现，在新一代外来工中，近两成人数每月用于娱乐性支出费用超过500元，达到该消费水平的老一代外来工仅占3.00%。老一代外来工群体中，有八成的人每个月的娱乐支出不高于50元，达到同样水平的新生代外来工只占24.90%。由此可见，在娱乐性消费中，新生代外

---

① 杨思思、张展新：《城市区位视角下的农民工收入分布》，《城市与环境研究》，2015年第15卷第2期，第11-14页。

② 李俊伟：《社会排斥对新生代农民工炫耀性消费意愿的影响机理研究》，吉林大学硕士论文，2015年版。

③ 祁明德、熊科：《外来农民工劳动就业状况调查分析》，《人民论坛》，2011年第183卷第9期，第4-6页。

④ 曾学龙：《广州外来工的层次构成及其对市民化的期盼调查》，《城市与环境研究》，2015年第15卷第2期，第11-14页。

⑤ 祁明德、熊科：《外来农民工劳动就业状况调查分析》，《人民论坛》，2011年第183卷第9期，第4-6页。

来工的消费水平已经呈现出城市现代化特征，老一代外来工的娱乐性支出偏低[①]。除了以上讨论的日常开支、住房花销和娱乐性消费外，李俊伟（2015）提出不一样观点：部分外来工群体存在炫耀性消费现象。由于身份和处境的特殊性，也由于社会保障缺失、公共服务不足、工作环境较差等原因享受不公平待遇，对外来工心理产生极大的冲击和震撼，导致他们可能产生炫耀性消费，期待以此方式融入城市生活，得到社会的尊重和认可[②]。

1.2.1.5　外来工工作强度情况

通过文献阅读发现，外来工群体从事的工作普遍呈现强度较大、工作时间较长特征。熊科（2011）通过调查发现珠海市某地外来工平均每周工作时间超过6天，每天平均需要工作近9个小时[③]。北京市部分外来工也存在类似问题，其中55.00%调查者每天工作时间超过国家法定工作时间（8小时），22.00%的调查者每天工作时长超过9小时，超过一半的外来工每周连续工作7天（谢东虹，2015）[④]。李明华（2007）对上海某地外来工走访调查发现，87.10%外来工表示上班时间过于长，严重挤压个人休闲娱乐时间[⑤]。但工作时间和强度在各行业中具有差异性表现。左斌营（2012）调查发现，建筑业、制造业和服务业的工作强度情况较相似，其中制造行业的工作时间略长：每天需要工作9.5–11小时的外来工占一半人数。三个行业中，平均工作时间均在7–9小时的人数占样本总数的60.00%，9.5–11小时的人数占33.00%。就每天的空闲时间而言，拥有2–3小时空闲时间的外来工占比四成，3–4小时空闲时间则占比三成[⑥]。可见外来工工作时间已普遍超过国家法定工作时间，存在劳动时间过长、劳动强度过大、个人可支配时间少等问题。

---

①　高梦媛、郑欣：《文化自觉：从娱乐消费看新生代农民工的城市适应》，《新疆社会科学》，2013年第9卷第3期，第3–4页。
②　李俊伟：《社会排斥对新生代农民工炫耀性消费意愿的影响机理研究》，吉林大学硕士论文，2015年版。
③　祁世德、熊科：《外来农民工劳动就业状况调查分析》，《人民论坛》，2011年第183卷第9期，第4–6页。
④　谢东虹：《工作时间与收入水平对新生代农民工市民化意愿的影响》，《调研报告》，2016年第12卷第4期，第5–6页。
⑤　李明华：《关于开发外来务工人员开放教育市场的调研报告》，《开放教育学院》，2007年第4期，第33–45页。
⑥　左斌营：《福州市外来农民工继续教育现状与对策研究》，福建师范大学硕士论文，2012年版。

1.2.1.6 外来工社会融入情况

外来工的社会融入感影响其"幸福感"，社会融入包括城市和身份归属感。钟甫宁（2014）对中国10个省份外来工进行抽样调查发现，外来工常被标记"外来"的标签，很难融入流入地社群中。其中浙江省大部分外来工都有留在城市里的意愿（85.55%），但这部人中有85.85%外来工表示没有融入城市生活，只有14.15%的外来工认为已融入[1]。熊科（2011）对珠海某地外来工调查得到不同观点：六成的外来工对当下的城市生活已经比较适应，三成外来工认为"一般适应"，只有不到10%的外来工认为"不太适应"和"不适应"[2]。也有学者认为，外来工的社会融入情况与年龄存在密切关系：新一代外来工与当地社会融合速度较快，在这个群体中，教育对他们的社会融合过程起到了重要作用（郑小诺，2012）[3]。由此可见，外来工的社会融入情况根据个人主观原因、融入城市的包容性、当地社会经济发展情况等不同条件呈现出差异性。

1.2.1.7 泉州外来工的基本情况

泉州市位于中国东南沿海地区，与宝岛台湾隔海相望，是闽南三角洲重要成员之一，凭借其优越的地理优势，泉州的商业贸易流通速度较快，经济得到持续发展。泉州与台湾有着深厚的亲缘关系，从改革开放开始，许多泉州籍台胞携带大量资金和技术回家乡参与投资，众多中小民办企业在这个时期诞生。经过30多年发展，目前泉州已拥有四万余家民办、中外合资等类型的企业。泉州市政府发展研究中心副主任郭成宗曾说，劳动力丰富以及成本相对较低，是泉州贸易流通发达的原因之一。笔者在参考官方统计数据和现实环境情况的观察上，认为外来工队伍的加入，是使泉州市具有劳动成本和劳动数量优势的重要力量。福建第六次人口普查结果显示，2009年泉州市拥有180万外来务工人员；《价值线》数据中心发布一组数据：国内财力50强城

① 钟甫宁、陈奕山：《务农经历、受教育程度与初次外出务工的职业选择》，《中国农村观察》，2014年第35卷第3期，第18—19页。
② 祁明德、熊科：《外来农民工劳动就业状况调查分析》，《人民论坛》，2011年第183卷第9期，第4—6页。
③ 郑小诺：《教育对农民工社会融合的影响分析》，浙江大学硕士论文，2012年。

市人口吸引力排行榜中，泉州市位居50强中的第17名—仅2014年，泉州市便流入135.84万外来工作者。泉州市外来务工人员从事的工作大致可以归为三大类：第一，具有技术优势的传统产业，例如晋江市的鞋服加工业、南安市的水暖及消防器具产业等；第二，具有成本比较优势的特色产业，以陶瓷工艺品为主要代表；第三，具有高科技含量的新型产业，如泉港地区的石油加工业。上述三大产业，也是泉州发展最快、最具地方特色的产业。鞋服制造业总生产量占全省的80.00%、占全国鞋服产量的10.00%，单就运动鞋产量便占全国生产的80.00%、世界总产量的20.00%；从年龄分布上观察，泉州外来工以青壮年为主，其中16–35岁年龄段占78.00%，35–45岁年龄段占18.00%。目前他们的受教育程度仍不太理想，小学以下文化程度占8.40%，初中与高中文化程度占74.70%，具有大专以上文化程度仅占16.90%。

综合以上，泉州地区以中小民营企业数量多、就业机会大等特点不断吸引外来务工者的加入，而外来务工人员的加入又决定了这一群体的管理和发展对城市的服务能力、经济发展等都将发挥重要影响。故本书将对"外来工"的调查范围明确于此。

1.2.2 选择"外来工"为研究对象原因

改革开放以来，数以万计的外来务工人员涌向我国东南沿海城市，用血汗和青春为流入地的经济和社会发展做出卓绩。他们"输出劳动力，带回生产力"，外来工作为新生代大众关注的群体，它的特殊性在于该群体人口在城市人口的比重不断上升、从事职业以经营性和临时性为主、体力劳动强度较大、劳动时间较长、劳动收入较低、社会保障不够完善等等。外来工群体的本质属性具体可以体现在两个方面：一是外来工身份特点。外来工具有农民的身份属性，他们实现了职业上由"农"到"非农"的转变，但尚未实现市民化身份，处于农民与市民的过渡状态，经常徘徊于农村与城市之间，因此其就业稳定性较差，并缺少对自身的职业生涯规划。造就这些现象的原因，除了外来工自身问题也包括社会制度的不完善问题：外来工由于户籍问题仍然无法享受与当地居民相同的福利待遇，医疗和养老体制不健全、子女的教育资源分配不公平现象依然存在。但有学者推测，随着我国城市化进程不断加快，经济结构将面临转型和升级，外来工身份的过渡属性也将随之消失，这个群体将退出历史的舞台；二是外来工的职业特点。外来工从事的一般是"非农"属性职业，工资收入是其主要的生活收入来源。外来工就业过程中容易遭到歧视和侵权——由于其不具有本地户口，一定程度上无法与当地劳动力平等享受福利待遇，且在行业的选择上由于"户口屏障"作用，选择余地小。因此外来工群体的工作往往是处于职业队列的末端、本地劳动力供给不足的行业，导致该群体具有较明显的职业分层。

综上所述，外来工群体面临身份、社会地位和职业选择上的不公平对待，是相对弱势群体。外来工群体收入水平和消费能力较低的特点，也往往不被企业所重视。移动支付商家若关注到外来工群体，利用企业本身较成熟的服务和业务优势，推出一系列惠及该群体工作、生活的业务，对企业来说不仅可以降本增效、拓展市场，对外来工群体而言，可以提高工作效率、提升生活质量。

1.2.3 "外来工"界定

外来工群体是我国二元经济体制下的产物，也是城乡分割户籍制度下非常态的现象。"外来工"称谓容易联想到"农民工"，理清二者关系是界定本章对象前的工作之一。学者寿朋（2004）对此作出比较明晰的叙述：20世纪60年代初期我国许多农村地区出现自然灾害，颗粒无收导致农民经济日益窘困，部分农民开始脱离农业，实现"农转非"，进城从事非农产业因此被称为"农民工"。但他们不论从户籍或是生活上始终与农村有千丝万缕的关系，为了突出该特点，也为了与城市当地的合同工加以区分，便形成"外来工"称呼[①]。唐土红、林楠（2006）认为外来工群体主要来自农村，仅有一小部分来自小城镇或城市。并提供当年的全国流动人口数据，指出外来工中农民工占80.00%的比例；在部分官方研究文献中，也将两者关系划上

[①] 寿朋：《"农民工""合同工""外来工"》，《中国建设报》，2004年第5期。

等号[①]。

综上所述，为了方便资料的收集和问卷工作的开展，在本章中，将外来工视等同于农民工。界定完"外来工"与"农民工"的关系，便可以对该群体特征作出进一步的描述。根据《新中国60年新词新语词典》的定义，"外来工"即从外地来务工的人。与"本地工"相对，也叫"外来务工人员"；根据1995年《人民日报》的定义："外来工"即从外地来的打工者，同时建立外来工档案制度，量才使用；根据"百度百科"的定义：外来工群体是我国流动人口中的一部分，该群体中大多数出身农村。从工作性质上来看，他们多从事于工业企业的基层（包括一线员工和底层管理者），从身份特点看，该群体经常奔波于家乡与工作地之间，导致其工作变动和流动性大；根据《科学发展观百科辞典》中对该群体的定义：外来工群体可归为两类，一类具有较高学历或者掌握较高的技能，有能力在城里收获一份稳定且收入较高的工作；另一类则相反，其受教育水平不高，且没有具备基本的专业技能，从事的工作往往变动性大且收入较低。第二类外来工占比较大。

综合以上各方对外来工群体的定义，结合本书研究目的，笔者对"外来工"群体做出进一步明确的界定：本书的"外来工"特指外地务工人员且受雇于各种工业或零售业的一线工人或低层管理者，这一群体有着工作性质不稳定、区域流动性大、个人受教育程度较低、收入水平普遍不高、消费能力较低等特征。

2 文献综述及理论分析

2.1 "移动支付"文献综述

2.1.1 移动支付定义

根据"移动支付论坛"的定义："移动支付"指个体通过手机（或其他终端设备，如PAD等）对商品或服务采取线上支付的交易方式。王宝辉

[①] 唐土红、林楠：《边缘化与城市化——外来工的现代境遇与现代性进路》，《改革与发展》，2006年第10期，第7–8页。

（2014）认为移动支付在本质上属于互联网支付，只是支付的载体不同，互联网支付主要经由PC端完成线上支付，移动支付则利用移动终端作为支付的载体[①]。周浩（2015）认为移动支付即用户通过移动终端向金融机构发送支付指令，完成资金转移的过程，整个过程参与者包括个体（用户）、终端设备、互联网、金融企业以及移动应用商[②]。

目前国内移动支付有两种基本支付方式：一种是近场支付，利用移动终端传感功能与商家面对面发生资金转移：如中国电信推出的翼支付，可直接使用手机坐公交、地铁；另一种远场支付，即通过互联网向金融或非金融机构发送支付请求后发生资金的转移，完成支付过程。远场支付需要通过实现各方相融合才能为个体提供资金支付或其他金融服务。具体如图5-1所示：

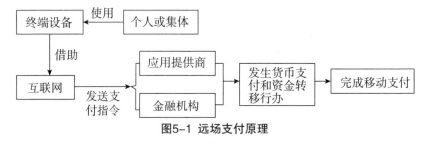

图5-1 远场支付原理

2.1.2 移动支付特点

移动支付业务特点如下：（1）便捷性。百度百科认为移动支付最大的特点即便捷性，可在任何时间、任何地方完成支付行为；（2）集成性。吕金秋（2014）认为集成性是移动支付主要特点之一，移动支付将网络、银行等多方平台资源集中在一起。与银行金融机构相比，移动支付具有相对优势——它可实现将各家银行卡集于一体[③]；（3）安全性。移动支付的资金安全和信息安全在技术发展过程中不断改进和完善，目前为止，移动支付的安全性能已达到较高水平；（4）可定制化。用户可根据个人需求及习惯个性安排手机操作界面，使之符合个人使用方式，让交易过程更为简单、更有效率。

---

① 王宝辉：《基于互联网支付视角的移动支付研究》，兰州大学硕士论文，2014年。

② 周浩、高晓娟：《我国移动支付发展现状与对策分析》，《金融经济》，2015年第22卷第27期，第7-8页。

③ 吕金秋：《移动支付的价值网络及其特点分析》，《观察》，2014年第32卷第7期，第10-11页。

移动支付产业的特点：（1）支付场景逐渐成熟。中国支付清算协会亢林（2013）表示，移动支付目前最大的特点之一即可应用的场景越来越丰富，网络购物、外卖、打车等更多应用场景都在不断完善。但远程支付和进场支付业务量差距较悬殊，两者业务量占比大概是9：1[①]；（2）客户群庞大。冯欣（2015）认为移动支付的特点之一即拥有雄厚的用户基础[②]。根据CNNIC（2016）第38届中国互联网发展状况统计报告，国内目前移动支付使用群体已经达到4.54亿。随着80、90后年轻群体的消费能力逐渐提高、中产阶级人群规模不断壮大，中国人的消费能力还将继续增长，用户规模还将继续扩大；（3）竞争与合作的格局是目前移动支付产业的特点之一。刘俊坚（2016）认为由于移动支付的功能越来越丰富，覆盖面也愈发广阔，其业务很大一部分与传统的银行等金融系统交叉，为竞争奠定基础。但从另一个角度来说，传统金融机构仍经营着移动支付所不具备的其他业务，移动支付不能取代银行，银行也需要移动支付来延长其产业链。两个主体若能实现合作将有利于促进我国金融行业和移动支付行业的发展[③]。2017年3月28日，建设银行董事长王洪章等人与阿里巴巴董事长马云共同宣布：中国建设银行和阿里巴巴、蚂蚁金服达成战略合作。建设银行将通过蚂蚁金服的技术能力向用户提供个性化产品定制与服务，也即将实现通过支付宝直接购买建设银行理财产品。这是传统银行打破僵局，与互联网金融强强联手的历史性合作。

2.1.3　移动支付发展现状

2.1.3.1　移动支付业务规模现状

根据央行统计的最新数据显示，移动支付产业自2012年至2016年，业务量年均复合增长率约260%，2016年的业务发生笔数是2015年的两倍，发生金额也相对增长。根据《中国支付清算行业运行报告（2016）》发布的商业银行和第三方支付机构关于全国移动支付产业相关数据显示：在移动支付业

[①] 亢林：《国内移动支付三大特点、四大问题及解决方法》，《专家观点》，2013年第12卷第11期，第9—10页。
[②] 冯欣：《我国移动支付发展存在的问题及建议》，《河北金融》，2015年第11卷第1期，第3—4页。
[③] 刘俊坚：《浅析第三方移动支付现状及发展》，《科技创新导报》，2016年第24卷第89期，第3—9页。

务发生笔数统计中，第三方支付机构处理约398.6亿笔，是商业银行的2.8倍（商业银行处理约138.4笔）；根据发生金额统计，商业银行经手金额高于第三方支付机构，达到108.2万亿元，第三方支付机构经手金额约21.9万亿元；央行发布的2016年4—6月份关于移动支付业务量显示：该季度移动支付发生笔数达61.4亿笔，涉及金额29.3万元，相比去年同时期同比增长168.46%和10.20%。综合以上信息可以了解，我国移动支付业务交易量十分庞大，且呈现逐步稳定增长趋势。

2.1.3.2 移动支付用户规模现状

根据CNNIC（2016）第38届中国互联网发展状况统计报告显示，2016年我国移动支付用户对比2015年有较明显的增长，截止至2016年1月1日，移动支付用户已达到3.58亿人，至2016年6月份，该数字上升到4.54亿，相比2015年增长26.81%。

2.1.3.3 移动支付平台发展现状

目前，移动支付领域呈现三个主流平台"霸占"市场：分别是支付宝、财付通和云闪付。其中，支付宝在行业内占有最大市场。根据支付宝2016年的年度账单显示：通过支付宝平台完成支付的业务笔数占全国移动支付总笔数的71.00%，相比去年提升了6个百分点。目前三大平台基于各自优势和特点推出不同产品——支付宝平台主要产品为支付宝钱包和余额宝.同时，支付宝致力于建立大量的应用场景，通过打车、理财、外卖等培养用户使用习惯；财付通平台主要推出微信支付与QQ钱包，它们的功能除了常用的支付结算、理财投资，还通过红包、AA收款等社交功能吸引不少用户群体；云闪付拥有银联广泛的线下平台，与Apple、华为等手机厂商合作，具有成熟的线下收账系统。但由于起步较晚（于2015年12月，由中国银联与多方银行共同创建），其拥有的客户群体和用户粘性与支付宝、财付通还存在一定差距。

综合以上，通过移动支付发生的业务量和业务金额、用户群体规模、移动支付领域平台发展情况对移动支付现状进行初步了解：目前移动支付在中国已有较大的业务市场规模和较稳定的用户群体，移动支付平台发展呈现多元化发展趋势。整体产业处于稳定上升阶段，未来仍有较大的市场开拓空间。

2.2 理论分析

2.2.1 理性行为理论

美国学者菲什拜因（Fishbein）和阿耶兹（Ajzen）于1975年提出理性行为理论（Theory of Re—asoned Action，TRA），主要用于分析个体对发生行为的态度以及探讨如何通过态度影响实际行为。模型分析中，学者将个体假设为拥有完全理性的性格，其发生的行为活动都由行为意向决定。行为意向决定因素有两个：个体对行为发生的态度以及个人主观意识。TRA模型中的"行为意向"指的是个体对采取某行动的考量及意愿；"态度"指的是对行为的积极或者消极的情感表现，由对实施该行为可能产生的结果决定；"主观规范"指个人受到的社会影响（主要指具有重要性人物的影响），在影响中个体结合各方面因素的作用重新做出判断。以上变量之间产生一系列作用，最终使个体产生某方面行为。简言之，该理论最重要的两个变量即"行为意向"和"行为态度"，由它们共同作用于个体的"实际行为"。具体如图5-2所示：

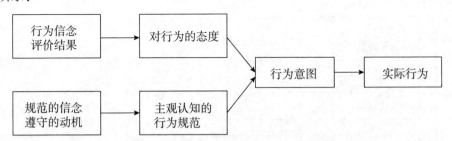

图5-2 理性行为理论原理（Theory of Reasoned Action，TRA）

TRA 理论的优点是应用领域非常丰富，具有普遍适用性。但同时也带来局限性：由于应用范围过于广泛，导致对这些领域的分析针对性不足，分析效果欠佳。因此，在研究特定行为时，TRA模型仍存有不足之处。

2.2.2 计划行为理论

计划行为理论（Theory of Planned Behavior，TRB）是基于"个体对执行行为具有完全的决定权"的假设而提出的。但现实情况中，个体行为并不完全由个人决定，还包括一些非动机的因素，如机会、时间等。学者阿耶兹（Ajzen）针对TRA模型的不足继续完善和延伸，于1985年提出新的理论——计划行为理论（TRB），学者认为原本的行为态度和主观规范因素不能完美地对行为意图的影响因素进行解释，因此，在原有模型中加入"认知行为控制"变量，即人的行为还受到对行为认知程度的限制。TRB理论认为对行为产生的外部影响因素，会受到计划行为模式中三个因素的中介调节作用。

计划行为理论中，主观规范与态度两个因素概念与上述TRA模型中相同，不再重复赘述。认知行为控制指的是个体行动前，对其行动所要求的资源以及机会的控制能力，资源和机会是它的主要考量因素，通过认知行为控制对行为意愿产生作用，即当资源与机会越丰富时，个体预估阻力会随之减小，从而导致行为意图相应增加。Ajze与菲什拜因（Fishbein）将主观规范、行为态度以及认知行为控制称为内部因素，除了这三大因素，其他影响因素都统称为外部变量。阿耶兹（Ajzen）认为外部变量通过内部因素对个体行为产生影响，内部因素在外部变量影响行为的过程中起到了搭桥作用。具体如图5-3所示：

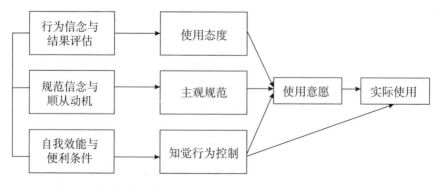

图5-3 计划行为理论原理（Theory of Planned Behavior，TRB）

2.2.3 技术接受模型

对理性行为理论和计划行为理论进行总结基础上，学者戴维斯（Davis）于1989年率先提出技术接受模型（Technology Acceptance Model）概念，主要用于解释信息系统低使用率的问题。在TAM模型中，两个最核心因素是感知有用性和感知易用性，分别指消费者对系统容易使用程度以及可以为个人带来生活和工作上的效率提升程度的感知。使用态度指个人对应用系统所具有的正向或负向的情感；使用行为意愿指个体对应用系统做出使用行动之前所具备的态度和看法，是一个可被测量的变量。模型原理如图5-4所示。

为了进一步了解感知有用性与感知易用性在实践调查中的运用情况，笔者通过阅读文献，发现多位学者曾运用这两个因素对使用意愿展开研究。Luarn&Lin（2005）基于技术接受模型（TAM），调查台湾部分群众对手机银行的使用意愿，经过实证分析证实感知有用性和易用性与台湾群众使用意愿之间存在正相关影响[1]；林家宝（2011）基于TAM模型，探究消费者对手机银行的满意度和忠诚度，研究结果发现感知有用性与易用性对消费者使用手机银行行为起到十分重要的正向作用[2]；施华康（2007）以技术接受模型为基础，认为当用户感知到使用该系统不仅满足日常支付需求，还可以进一步提高工作效率（即感知有用性（r=0.489）和感知易用性（r=0.287）越明显）时，对移动支付的使用态度将越积极[3]；Nicole Koenig—Lewis（2015）认为技术采纳模型，特别是技术接受模型对消费者的使用意愿研究提供了良好的理论基础[4]，随着信息技术的进步和研究的不断深入，多位学者也先后基于该模型提出新的补充理论，创新扩散理论（IDT）、用户满意理论（U&G）由此诞生。

---

① Luran, P.& Lin, H.H.Toward an understanding of the behavioral intentionto use mobile banking［J］.*Computers in Human Behavior*, 2005, 21（6）: 873-891.

② 林家宝、鲁耀斌、卢云帆：《移动商务环境下消费者信任动态演变研究》，《管理科学》，2011年第24卷第6期，第4-8页。

③ 施华康：《消费者对移动支付业务使用意愿的影响因素研究》，浙江大学硕士论文，2007年。

④ Nicole Koenig-Lewis, Morgan Marquet, Adrian Palmer, Anita Lifen Zhao.Enjoyment and social influence: predicting mobile payment adoption［J］.*The Service Industries Journal*.2015, Vol.35（10）: 537-554.

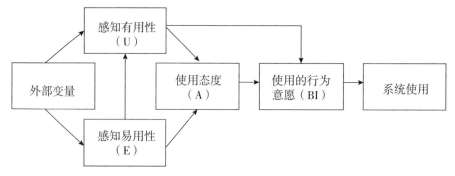

图5-4 技术接受模型（Technology Acceptance Model）

2.2.4 整合型科技接受模式

戴维斯（Davis）在技术接受模型中并未将主观规范纳入研究范围，戴维斯（Davis）认为主观规范主要受到个体所处的社会环境影响，对技术接受度影响有限，且不容易测量。Venkatesh Morris等（2003）在对TAM相关研究总结的基础上，提出了号称"权威模式"的整合型科技接受模式（Unified Theory of Acceptance and Use of Technology，简称UTAUT）[①]。UTAUT模式中包含有四个核心维度，包括社群影响（SI）、绩效期望（PE）、付出期望（EE）、配合情况（FC）。社群影响指的是个体被周围群体影响的程度；绩效期望指个体认为使用新产品后对提升个人效率的作用程度；付出期望指个体对使用新产品付出努力后期待回报的心理；配合情况指的是个人感觉组织在技术、设备方面对新产品的支持程度。UTAUT理论还认为性别、年龄、经验、自愿这四个控制变量对以上四个核心维度有显著的影响，并且四个控制变量中的任意两个都能使得控制变量的复合作用更为显著，如图5-5所示：

---

① Venkatesh Morris Dead or Alive? The development Trajectory and Future of Technology ［J］. *Journal of the Association for Information Systems.*2003，26(31)：37–45.

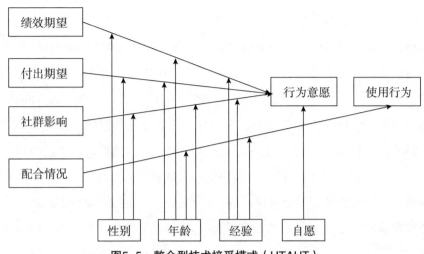

图5-5 整合型技术接受模式（UTAUT）

　　由于UTAUT理论模型已经趋于完善，不少学者以此为基础进行了实证研究。刘泓里（2013）基于UTAUT模型，加入"支付场景"变量，再结合感知风险理论对用户的使用行为进行深入研究，表明了绩效期望、付出努力、认知风险、使用情景等因子都对用户的使用意愿有正向的影响作用[1]；陈华平、唐军（2006）提出"用户期望效用对移动支付使用意愿有正面影响"的假设，对消费者的移动支付使用意愿进行调查后发现期望效用不仅对移动支付使用意愿存在影响且影响作用较大[2]；学者Peng和Runhua（2012）从中国游客中收集部分数据并进行分析，认为游客对移动支付知识掌握程度以及游客受到身边人际关系影响程度都对移动支付的使用意愿产生决定作用[3]；Janda Swinda（2002）在欧洲进行在线调查发现绩效期望直接和间接影响移动支付使用意愿。并提出商家应通过了解消费者心理进行产品设计，同时完善和提高服务质量，以此提高用户的使用意愿[4]。

---

① 刘泓里：《基于UTAUT的移动支付用户接受模型研究》，广东工业大学硕士论文，2014年。

② 陈华平、唐军：《移动支付的使用者与使用行为研究》，《管理科学》，2006年第19卷第6期，第5-7页。

③ Peng, Runhua, Xiong, Li, Yang, Zhenqing.Exploring Tourist Adoption of Tourism Mobile Payment：An Empirical Analysis ［J］.*EN*, 2012, 07(01)：21-33.

④ Janda Swinda.Consumer perceptions of Internet retail service quality ［J］.*International Journal of Service Industry Management*.2002（05）：412.

2.2.5　感知风险理论

感知风险理论（Perceived Risk Theory）最初由学者鲍尔（Bauer）提出，他通过调查发现顾客在进行消费活动后都可能因无法预测的结果而产生不良情绪，情绪里隐含的这种不确定因素就是感知风险的雏形。鲍尔（Bauer）认为感知风险包含两个方面的因素：对结果的不确定性和错误决策后果的严重性。继鲍尔（Bauer）的研究成果，Cox进一步对感知风险的含义进行阐释，Cox认为每位消费者的消费活动里都存在一个预期的消费对象，当无法实现这个消费对象时便会产生风险意识。Cox认为感知风险包括两个因素：其一，消费者在消费活动前会预先思考消费动作完成后是否会发生不可承担的后果；其二，当不良结果发生后，消费者对损失的承担能力；Cunningham在Cox研究的基础上作了适当的修正，他将感知风险分成"不确定性"与"后果"。前者指顾客在消费活动前无法预估结果，后者指消费者消费活动后发生的危险性结果。Cunningham认为当消费者的不确定性或对后果的严重性预估过高，感知风险程度也会上升。

鲍尔（Bauer）提出可以将感知风险划分为六大维度：（1）时间风险。指消费者在完成交易后因产品的质量或其他问题（如退货、修补等）造成个人时间浪费的风险；（2）功能风险。指购买的商品不具备预期的性能的风险；（3）身体风险。指商品可能对消费者的身体或安全带来威胁的风险；（4）财务风险。消费者所购商品售价高于市场价格而造成经济损失的风险；（5）社会风险。指消费者因做了购买某商品的错误决策而遭受他人指责或排斥的风险；（6）心理风险。指消费者由于非理性的购买决策而造成不良情绪的风险。

2.2.6　顾客感知价值

从1970年开始，企业开始为竞争顾客下功夫，从以商品为核心到以客户为导向转变的过程，"感知价值"概念应运而生。Mike在《竞争优势》中提出"竞争的过程也是企业为客户创造价值的过程"。感知价值的本质是客户与商家交流中的个人感受，是对利得和利失之间进行权衡较量的结果。感知利得指的是客户在消费商品前所感受到的商品具有的物理、服务属性和技术支撑；感知利失指的是消费者在商品购买前对需要面对的所有成本的思考与衡量，比如商品价格、成本、安装运输等。客户对于价值感知的衡量中带有很强的个人主观性，很大程度上由客户本身而非商家决。Kim，Hock Chuan chan（2007）基于移动支付用户群体出发，结合感知价值理论，提出了移动互联网感知价值模型理论（Value—based Adoption Model，VAM）[①]，如图5-6所示：

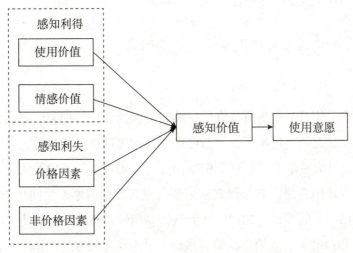

图5-6 感知价值模型（Value—based Adoption Model，VAM）

VAM模型中，感知价值指的是用户根据效用最大化原则来权衡商品得失，从而影响购买商品或服务的意愿。使用价值指的是商品所包含的技术；情感价值指的是用户在体验服务或价值的内在情感体现。VAM模型中，感知利失包括了价格与非价格两部分。价格部分指的用户对产品价格高低的感知，非价格部分则指用户的时间与经验等因素。陈荣秋、刘文波（2008）通过实证研究表明，顾客对金钱感知与对商品的使用意愿之间具有正相关关系[②]。

VAM理论模型相对于TAM模型能更好地解释用户对移动支付的使用意愿，它指出用户的感知价值决定其使用移动互联网的意图，其他影响因子

① Kim，Hock Chuan chan， and Sumeet Gupta.Value–based adoption of mobile internet: an empirical investigation［J］. *Decision Support Systems* 43.1，2007.111–126.

② 刘文波、陈荣秋：《顾客感知价值研究的理论评述》，《营销导师》，2008年第36卷第9期，第12–13页。

都是经由感知价值对客户的使用行为产生影响。它认为用户对移动互联网的感知价值比互联网本身所具备的使用价值更能作用于客户的使用意愿。如百度公司利用优惠政策向消费者推广其名下的理财或购物APP，"百度外卖""糯米团购"的成功推行一定程度上证明用户的感知优惠对使用意愿的正向影响作用；学者陈启全（2015）也通过研究证明支付宝和微信使用补贴优惠策略抢占移动支付市场是正确且有效的举措[①]。

2.3 移动支付使用意愿影响因素综述

2.3.1 个体因素对使用意愿的影响研究

2.3.1.1 使用态度

态度指个体对某事物所持有的正面或负面的看法，TAM模型认为态度对使用意愿有较大的决定作用。"态度对使用意愿具有显著相关关系"已有丰富的理论以及大量学者的实证分析案例支持。陶建杰（2013）认为态度能最直接地决定使用意愿，其他因素都需要通过态度对意愿产生间接作用[②]。李长城（2015）、盛希林（2012）认为认知易用性对移动支付的使用态度具有正向影响（0.102），当用户认识到移动支付系统比较容易操作时，有利于建立积极的使用态度，进而提升使用意愿[③]；曾球（2016）认为认知有用性对移动支付使用态度具有正相关影响（P=0.417），当移动支付系统为消费者带来实质性的便利，让消费者感受其真正价值和意义，会正向影响消费者的使用态度从而间接影响使用意愿[④]；常小龙（2016）提出认知风险和兼容性两个因素与用户的态度具有相关关系，也同样通过态度影响意愿[⑤]；但雷晶（2014）提出与李长城（2015）、常小龙（2016）不一样的观点，其在研究过程中发现感知易用性与感知风险对态度的作用不显著，并为此提出可能性解释：第一，

① 陈启权：《基于感知价值的移动支付使用意愿影响因素研究》，北京邮电大学硕士论文，2015年。
② 陶建杰：《新生代农民工信息渠道使用意愿的影响因素研究》，《南京农业大学学报》(社会科学版)，2013年第18卷第2期，第31—36页。
③ 李长城：《第三方移动支付用户接受影响因素研究》，北京邮电大学硕士论文，2015年；盛希林：《县域消费者第三方支付使用意愿影响因素实证分析》，湖南农业大学硕士论文，2012年。
④ 曾球：《第三方移动支付使用意愿影响因素研究》，中国矿业大学硕士论文，2016年。
⑤ 常小龙：《第三方支付类移动电子钱包使用意愿影响因素分析》，华东大学硕士论文，2016年。

移动支付业务的使用难度系数不高，用户大多认为可以轻松驾驭从而导致认知易用性对使用意愿影响不明显；第二，认知风险虽敏感，但由于该问题比较成熟，已经引起各方关注及改善，用户不会因此改变对移动支付的使用态度[①]。综合上述文献可得，基于不同研究主体和客体，研究结论可能具有差异性。因此我们有必要进一步探讨外来工对移动支付使用态度的影响因素。

2.3.1.2 个人创新性

个人创新性指的是个人愿意尝试从未接触过的事物或领域的倾向（Chang Cheung，2005）[②]，是个体的一种主动性行为，该行为带有渴望创新性变革的属性（兰君瑶，2012）[③]；个人创新性也指个体愿意尝试新鲜事物（技术）的意愿程度，是影响消费者使用意愿的重要因素之一。许多学者运用个人创新性因素探讨与使用意愿之间是否存在显著影响，梅森（Mason）（2003）通过实证证明个人创新性对使用意愿具有显著正相关性，即创新能力强的年轻群体对于移动支付接受程度远远高于其他群体[④]；王庆华（2013）实证结果表明个人创新性也可以通过认知易用性和认知有用性间接地影响用户的使用意愿[⑤]；范丁芳（2015）认为个人创新性在感知价值和移动支付使用意愿之间起调节作用：即使用户认为移动支付业务的价值性不高，但在该用户具有较高个人创新性条件下，同样可能对移动支付业务产生使用意[⑥]。综上述文献可知，具有高度个人创新性的群体本身已经有尝试挑战新事物的欲望和态度，如果商家对这部分人群进行深入研究，制定适合他们的营销策略：如在不同季节或者节假日推出不同的促销活动（熊洋洋，2015）[⑦]、或者从移动支付的

---

① 雷晶：《基于扩展技术接受模型的移动支付使用意愿信度及效度研究》，《统计观察》，2014年第19卷第1期，第2-10页。

② Chang Cheung，YANG WenHua.A survey on dependability improvement techniques for pervasive computing systems［J］. *Science China*（*Information Sciences*），2005，23(09): 51-56.

③ 兰君瑶：《影响年轻用户接受和使用移动支付的因素分析》，华中师范大学硕士论文，2012年。

④ 梅森（Mason）CH.An empirical study of innate consumer innovativeness［J］. *Journal of the Academy of Marketing Science*.2013，31(01): 61-37.

⑤ 王庆华：《感知价值与参照群体对新生代农民工职业培训支付意愿的影响研究》，吉林大学硕士论文，2013年。

⑥ 范丁芳：《消费者对移动支付的采纳意愿研究》，陕西师范大学硕士论文，2015年。

⑦ 熊洋洋、曹青、戈茜茜：《移动支付消费者感知风险及营销策略的研究》，《科技经济市场》，2015年第19卷第6期，第3-7页。

产品、价格角度进行分析，利用产品策略为用户提供个性化的产品定制，利用价格策略实行区别定价（朱竞，2013）[①]。总之，商家如果拓展系统功能，增加系统使用的趣味性来满足不同个性人群的需求，将会吸引更多潜在用户（郭恺强，2015）[②]。

2.3.1.3 行为习惯

Verplanken和Aarts认为习惯是个体在过去经历中形成的一种趋势，这种趋势是种不自觉行为，当个体执行一项新任务时这种趋势会做出指导。Towler经过研究发现，习惯和意愿可以同时决定使用行为。李长城（2015）通过实证研究得出使用过其他移动支付（如第三方移动支付）的群体对移动支付的使用意愿明显更强烈，该群体认为移动支付有用且有趣味[③]；陈渝（2014）提出"使用习惯"在便利条件、认知易用性、认知有用性和使用意愿关系中起中介作用，这些因素可通过"使用习惯"的培养对使用意愿产生影响[④]；赵礼强（2015）经过研究证明用户的使用习惯会对产品和服务的满意度、产品的认知度产生正向影响，从而影响用户使用意愿[⑤]；何月（2008）通过研究证明特定的市场环境、不同的风俗和文化会影响消费者的使用习惯，从而对使用意愿产生影响[⑥]。该观点与Jen—Her Wu相似，该学者曾调查台湾地区用户对移动支付的使用习惯，发现当地风俗在习惯培养过程中发挥较大作用，并不同程度的影响使用意愿[⑦]。通过以上文献综述整理，关于商家如何培养用户使用习惯，笔者概括如下：第一，提高用户对商家和产品的认知度有助于培养用户习惯；第二，构建与用户生活密切联系的场景，以此培养使用移动支付习

[①] 朱竞：《第三方移动支付营销组合策略的研究》，北京邮电大学硕士论文，2013年。

[②] 郭恺强、王洪伟：《移动支付初始使用意愿的影响因素研究》，《学术论坛》，2015年第230卷第8期，第41–53页。

[③] 李长城：《第三方移动支付用户接受影响因素研究》，北京邮电大学硕士论文，2015年。

[④] 陈渝、毛姗姗、潘晓月：《信息系统采纳后习惯对用户持续使用行为的影响》，《管理学报》，2014年第11卷第3期，第156–163页。

[⑤] 赵礼强、刘正福、徐娴英：《网络消费者重复购买意愿的实证研究》，《沈阳航空航天大学学报》，2015年第32卷第4期，第69–75页。

[⑥] 何月：《基于大学生群体的移动支付使用意向实证研究》，西南财经大学硕士论文，2008年。

[⑦] Jen–Her Wu，Tzyh–Lih Hsia.What dynamic capability are needed to implement E-Bisiness?［Z］.*Proceedings of the Ninth International Conference on Electronic Business*，2009.

惯（Francisco Jose Liebana—Cabanillas，2014）[①]；第三，考虑行业实际需求，推出个性化定制服务。如烟草行业中常发生巨额资金流动，商家可以通过降低资金流动成本、提高流动效率等措施方便烟草业的大额资金转移；保险行业向顾客推销产品时可能缺乏便捷的支付通道，商家可以针对该问题予以改善，为用户提供便利的使用环境，进一步培养用户习惯和加强使用黏性。

2.3.2 社会因素对使用意愿的影响研究

2.3.2.1　社会影响

社会影响指的是消费者对他人认为是否应该使用某新型产品做出的反映（Venkatesh and Davis）；也可以理解为个人从周围特定群体中受到特定思想和行为的影响，从而决定本身是否采取某行动（姜海龙，2010）[②]。丁辉（2014）以合肥市高校大学生和年轻上班族群体为调查研究对象，证明社群影响对促进该群体使用移动支付具有正向作用[③]；谢爱珍（2015）证明社会影响对大学生利用移动终端进行在线学习的意愿具有显著影响作用[④]；吴莹等（2016）基于UTAUT理论，以青年用户为主要研究对象，通过实证研究证实了社会影响正向影响青年消费者移动支付使用意愿[⑤]；同样对青年群体展开研究的还有刘超（2014），该学者通过实证分析证明社会影响与大学生群体有十分显著的正相关关系。由于大学生群体多以集体生活模式为主，宿舍、班级、协会部门团体的社群影响对个人的使用意愿作用比较明显[⑥]。部分学者还将社会影响因素划分为多个维度探讨与使用意愿的关系。习勤（2015）认为社会影响包括追求时尚、跟风使用、营销活动和被推荐使用，通过实证研究证明追求时尚（0.717）对使用意愿的作用最明显，其次是与风使用（0.716），营销活动（0.598）和被推荐使用（0.552）对使用意愿的影响作用

① Francisco Jose Liebana-Cabanillas, Juan Sanchez-Fernandez, Francisco Munoz-Leiva.Role of gender on acceptance of mobile payment［J］.*Industrial Management & Data Systems*，2014，Vol.114 (2)，pp.220-240.
② 姜海龙：《基于UTAUT理论的移动支付技术接受模型及实证研究》，北京邮电大学硕士论文，2010年。
③ 丁辉：《消费者第三方移动支付使用意愿影响因素研究》，安徽大学硕士论文，2014年。
④ 谢爱珍：《基于UTAUT大学生手机移动学习使用意愿影响因素研究》，浙江师范大学硕士论文，2012年。
⑤ 吴莹、李新悦、张清瑶：《影响青年用户使用第三方移动支付意愿调查研究》，《理论探讨》，2016年第18卷第1期，第5-7页。
⑥ 刘超：《微信支付的消费者持续使用意愿实证研》，东北财经大学硕士论文，2014年。

较小①。基于以上文献阅读，总结多位学者对商家的建议：郭恺强（2015）认为商家应该通过媒体进行舆论造势，给市场灌输"移动支付方式是未来大势所趋"等理念，以吸引众多潜在用户②；丁辉（2014）则认为应该要擅于借用社群的力量，通过亲朋好友的口口相传或是通过与年轻群体息息相关的偶像人物的宣传提高移动支付业务的流行程度③；谢爱珍（2015）建议可以利用一些社交平台，例如"人人网""朋友圈""微博"等，由用户构建生成自下向上的草根模式进行宣传，如果移动支付商家能在这类团体中构造良好的形象，将会吸引更多用户使用移动支付业务④。

2.3.2.2 使用情境

使用情境指用户在消费产品或服务时最能满足个人需求的场景。如果用户在情境限制情况下产生对某产品或服务的使用意愿，当用户以后遇到同样情况时也会选择继续使用该产品或服务。赵延昇（2015）认为丰富的使用情境将对使用意愿产生积极影响，建议商家要根据生活、工作的实际需要拓展应用场景⑤。王英迪（2016）认为使用情境不仅直接影响使用意愿，且通过感知风险间接影响使用意愿。在情境限制下，用户对风险的感知性会增强——例如在陌生地方使用移动网络将会增强用户担心陌生网络对账户安全造成威胁的忧患，因此建议商家在铺设场景的同时也要加大系统安全性建设⑥。

2.3.3 平台因素对使用意愿的影响研究

2.3.3.1 有用性

陶建杰（2013）将感知有用性定义为外来工可以通过多种途径获取他

---

① 习勤、张若愚、姜美芳：《基于结构方程模型的移动支付用户使用意愿影响因素分析》，《华东交通大学学报》，2015年第5期，第125—132页。

② 郭恺强、王洪伟：《移动支付初始使用意愿的影响因素研究》，《学术论坛》，2015年第230卷第8期，第41—53页。

③ 丁辉：《消费者第三方移动支付使用意愿影响因素研究》，安徽大学硕士论文，2014年。

④ 谢爱珍：《基于UTAUT大学生手机移动学习使用意愿影响因素研究》，浙江师范大学硕士论文，2012年。

⑤ 赵延昇、高佳：《移动社交支付APP用户持续使用意愿研究——主观参照的调节作用》，《大连理工大学学报》，2015年第4期，第57—61页。

⑥ 王英迪：《微信支付用户使用意愿影响因素研究》，山西财经大学硕士论文，2016年。

们所需要的有效信息[①]；戴维斯（Davis）的技术接受模型（TAM）认为，感知有用性对消费者的使用意愿具有显著的正相关关系。施华康（2007）以技术接受模型为基础，通过实证分析，证明消费者的感知有用性对使用意愿有显著正向影响。当消费者意识到移动支付不仅能满足个人支付结算的需求，且能提高生活和工作的质量，对支付业务的使用意愿将会越显著[②]；学者Luarn&Lin（2005）同样基于技术接受模型（TAM），研究台湾消费者对手机银行的使用意愿。结果表明有用性是该用户群体使用手机银行时考虑较多的因素[③]；叶云（2012）也经过实证研究证明感知有用性对移动支付使用意愿影响作用最大，该因素不仅可以直接影响使用意愿，在特定条件下还可能产生间接影响作用[④]；学者林家宝（2011）构建移动商务环境下手机银行消费者的满意度和忠诚度模型，在确认手机银行的满意度、信任和承诺对消费者忠诚度具有显著影响的基础上，引入感知有用性因素，通过实证研究表明感知有用性通过对手机银行满意度、信任和承诺的影响，间接地影响用户的使用意愿[⑤]。

2.3.3.2 易用性

戴维斯（Davis）在TAM模型中提出感知易用性是影响使用意愿的最重要因素之一。Davis将感知易用性定义为个人在使用新系统前，对系统的难易程度进行的初步判断；陶建杰（2013）将感知易用性定义为外来工可以获取相关信息的简易程度，该学者认为外来工群体多数来自农村，由于原有的较封闭的生活阻碍他们获取新信息的渠道，因此外来工天生对新技术和新科技有一定的畏难情绪[⑥]。Davis的技术接受模型（TAM）认为感知易用性正向影响

① 陶建杰：《新生代农民工信息渠道使用意愿的影响因素研究》，《南京农业大学学报》(社会科学版)，2013年第18卷第2期，第31–36页。
② 施华康：《消费者对移动支付业务使用意愿的影响因素研究》，浙江大学硕士论文，2007年。
③ Luran, P.& Lin, H.H.Toward an understanding of the behavioral intentionto use mobile banking［J］.*Computers in Human Behavior*, 2005, 21（6）：873–891.
④ 叶云：《基于感知价值的用户移动支付使用意愿影响因素研究》，浙江工商大学硕士论文，2012年。
⑤ 林家宝、鲁耀斌、卢云帆：《移动商务环境下消费者信任动态演变研究》，《管理科学》，2011年第24卷第6期，第4–8页。
⑥ 陶建杰：《新生代农民工信息渠道使用意愿的影响因素研究》，《南京农业大学学报》(社会科学版)，2013年第18卷第2期，第31–36页。

感知有用性，Nicole Koenig—Lewis（2015）和施华康（2007）参考TAM模型，皆做出"感知易用性正向影响感知有用性"的假设，并通过实证分析得到论证[1]。此后多位学者在研究影响消费者行为意愿因素中引入易用性因素，如王英迪（2016）认为感知易用性与微信支付用户的使用意愿存在显著正相关关系。如果用户在开通和学习使用移动支付过程中感知该系统的便利性，如开通的时间比较短、操作的过程较简单、可以使用的范围较广等正面感受，都会提升对该系统的满意程度，从而提高使用意愿[2]。对于商家而言，认识感知易用性对使用意愿的重要作用，为消费者创造容易学习、容易操作、容易使用的移动支付系统尤为关键。习勤（2015）认为移动支付用户是否会倾向于使用移动支付工具来替代现金，关键在于用户对移动支付的易用性是否有足够的认同和了解，学者建议商家在展开营销活动时应该要加强移动支付"便捷性"的相关宣传[3]；李子卓（2015）认为"便捷性"包括支付快捷和系统便利。支付快捷如支付页面上功能键和图案应该要清晰、容易操作；系统便利如操作应该要流畅、手续要简便等。提高移动支付便捷性会影响用户对系统易用性的感知，从而提升使用意愿[4]；Hsu C，Wang C，Lin JC（2011）则认为在感知易用性因素中，最关键的是用户拥有对支付空间和支付时间的独立性[5]。

2.3.3.3 风险性

消费者由于不能直接观察所购物品、无法了解店家诚信状况、担心个人隐私泄露等问题，不可避免对移动支付产生的焦虑、质疑情绪。《IT时代周

[1] Nicole Koenig–Lewis, Morgan Marquet, Anita Lifen Zhao.Enjoyment and social influence： predicting mobile payment adoption ［J］.*The Service Industries Journal*.2015，35（21）：38–45；施华康：《消费者对移动支付业务使用意愿的影响因素研究》，浙江大学硕士论文，2007年。

[2] 王英迪：《微信支付用户使用意愿影响因素研究》，山西财经大学硕士论文，2016年。

[3] 习勤、张若愚、姜美芳：《基于结构方程模型的移动支付用户使用意愿影响因素分析》，《华东交通大学学报》，2015年第5期，第125–132页。

[4] 李子卓：《移动支付用户支付意愿影响因素分析》，《系统实践》，2015年第30卷第12期，第10–11页。

[5] Hsu C， Wang C， Lin J C.InvestiNicole Koenig–Lewis, Morgan Marquet, Anita Lifen Zhao.Enjoyment and social influence： predicting mobile payment adoption ［J］.*The Service Industries Journal*.2015，35（21）：38–45；gating customer adoption behaviors in Mobile Financial Services ［J］. *International Journal of Mobile Communications*.2011，149（05）： 477–494.

刊》曾报道，美国人的移动支付使用意愿不高的原因是由于大多数消费者喜欢刷真实的银行卡，用智能手机替代付款没有安全感。Nicole Koenig—Lewis（2015）也认为手机支付功能不完善、安全系数不高是抑制美国消费者移动支付使用意愿的主要原因[①]。国内也有许多学者对感知风险和使用意愿关系进行探讨。杨水清（2011）实证研究表明，用户对网购的不确定性感知较强烈，一定程度抑制他们的使用意愿[②]；学者李向涛（2013）以高校学生、互联网从业者为调查对象，将移动支付使用意愿分为使用前、使用时以及使用后阶段，通过实证分析证明感知风险因素在这三个阶段中皆起到负向影响作用[③]；叶云（2012）将感知风险细分为时间、绩效、财务和隐私风险，并通过研究发现除了时间风险对意愿影响不显著，其他维度均与使用意愿呈负相关关系[④]；但学者LuH，SuPY（2009）则提出不同观点，该学者通过实证研究证实安全与财务风险是构成风险维度中最主要因素[⑤]。学者刘家乐（2011）则针对感知风险因素对移动支付有关商家提出建议：商家应该通过建立完善的移动支付系统、通信网络保障、风险防范和内控机制、法律体系来提高支付系统的安全性[⑥]；学者李子卓（2015）认为提升移动支付系统的安全性应该从三个地方入手：第一，在交易前降低用户支付的风险；第二，降低使用用户担心损失无法得到偿付的心理；第三，注重云端数据保护降低个人信息外泄的风险[⑦]。但有部分学者实证分析结果表明风险与移动支付使用意愿关系不显著。张柯岩、徐德华（2016）以在校大学生和企事业单位员工为调查对象，通过实证分析证明认知风险对移动支付不具有负向影响，学者对其进行合理的解释：由于调查群体较年轻，相对于风险而言更关注系统的便利性和快捷

---

① 　Nicole Koenig-Lewis，Morgan Marquet，Anita Lifen Zhao.Enjoyment and social influence：predicting mobile payment adoption ［J］. *The Service Industries Journal*.2015，215（09）：537-554.

② 　杨水清、鲁耀斌、曹玉枝：《基于跨渠道的消费者移动支付采纳研究》，《科研管理》，2011年第32卷第10期，第10-11页。

③ 　李向涛：《移动支付消费者使用意愿模型及其实证研究》，华南理工大学硕士论文，2013年。

④ 　赵延昇、高佳：《移动社交支付APP用户持续使用意愿研究——主观参照的调节作用》，《大连理工大学学报》，2015年第4期，第57-61页。

⑤ 　Lu H，Su PY.Factors affecting purchase intention on mobile shopping web sites ［J］. *Internet Research*.2009，19(4)：442-458.

⑥ 　刘家乐：《消费者移动支付使用意愿影响因素及其作用机制研究》，北京邮电大学硕士论文，2011年。

⑦ 　李子卓：《移动支付用户支付意愿影响因素分析》，《系统实践》，2015年第30卷第12期，第10-11页。

性①；同样的，学者吴莹（2015）对影响青年群体的移动支付使用意愿进行调查后发现感知风险与使用意愿呈不显著相关关系，学者对此做出的解释是：使用移动支付的青年群体主要购买价格较低的产品，风险相对来说较小；另外青年群体大多数有稳定的收入来源，风险承受能力较高②。

2.3.3.4 价值性

根据VAM模型可知，提升用户的感知价值，可以显著影响消费者对娱乐服务的行为意向，是驱动消费者重新购买商品和服务的重要动力之一（Tiago Oliveira，2016、李凯，2013）③。关于如何提升用户的感知价值，学者对此持有不同观点：Xin，Hua（2015）认为以不同的优惠方式增加用户满意度，可以提升用户感知价值，从而提高使用意愿④；刘宜清（2016）提出感知易用性和感知有用性的各个方面构成感知价值，当进一步提升移动支付的有用性和易用性时，用户的感知价值也会随之提升⑤；陈启权（2015）提出系统的便捷性也可以提升用户的感知价值。该学者以国内五个省份中年轻和高学历人群为调查对象，通过实证分析证明感知价值主要受到系统便捷性的影响⑥。因此，商家应抓住消费者感知价值心理对其进行针对性营销。白琳（2007）认为：第一，应该注重简化移动支付操作系统；第二，向用户提供优质服务；第三，通过折价促销来提升用户的感知利得从而提升使用意愿⑦；但李子卓（2015）认为目前以各种形式对商品进行促销折价已经很难再让消费者"倾

---

① 张柯岩、徐德华：《移动支付使用意愿影响因素及其影响路径研究》，《经营管理者》，2016年第12卷第1期，第2-3页。

② 吴莹、李新悦、张清瑶：《影响青年用户使用第三方移动支付意愿调查研究》，《理论探讨》，2016年第18卷第1期，第5-7页。

③ Tiago Oliveira，Manoj Thomas，Goncalo Baptista，Campos.Mobile Payment：Understanding the determinants of customer adoption and intention to recommend the technology［J］. *Computers in Human Behavior*，2016，128(01)：01-32；李凯、孙旭丽、严建援：《移动支付系统使用意愿影响因素分析：基于交换理论的实证研究》，《电子商务与信息管理》，2013年第10卷第3期，第9-10页。

④ Xin，Hua，Techatassanasoontorn，Angsana A，Tan，Felix B.Antecedents of consumer trust of mobile payment adoption［J］. *The Journal of Computer Information Systems*.2015，55（4）：1-10.

⑤ 刘宜清：《手机支付使用意愿及其影响因素的研究》，《科技经济导刊》，2016年第29卷第9期，第3-5页。

⑥ 陶建杰：《新生代农民工信息渠道使用意愿的影响因素研究》，《南京农业大学学报》(社会科学版)，2013年第18卷第2期，第31-36页。

⑦ 白琳：《顾客感知价值、顾客满意和行为倾向的关系研究述评》，《管理评论》，2009年第9卷第12期，第1-2页。

心"，反而类似于微信、微博等社交平台的"全民抢红包"活动更能让用户体会到快乐，得到哄抢的乐趣。[①]

3　研究设计

3.1　研究模型建立

3.1.1　研究构思

技术接受模型（Technology Acceptance Model，TAM）侧重于研究信息技术行为接受领域，主要用于讨论用户对信息系统接受程度。TAM模型提出感知有用性（perceived usefulness）和感知易用性（precede ease of use），这两个因素对于分析用户对新信息系统使用意愿具有很强的解释作用。Luarn&Lin（2005）、林家宝（2011）等都曾基于该模型研究用户对移动支付的使用意愿，进一步证实其解释力度[②]。此外，TAM模型还引入"态度"变量，感知有用性和易用性会通过影响用户的态度进而对使用意愿产生正向影响。基于此，本书结合TAM模型，将有用性、易用性以及态度作为研究外来工使用意愿的影响因素。

TAM模型研究重点在于消费者的主观意愿，缺少对社会因素的分析。整合性科技接受模式将社会影响作为研究的核心维度，认为团队或个人往往会在特定社会关系下，有意或者无意地受到周围影响。外来工群体身份的特殊性需要我们关注社会影响因素。某种程度上，外来工群体是我国二元经济社会结构背景下的特殊群体，摆脱农村和农业在城市里从事非农产业，因此外来工的城市化过程可能产生一系列社会融合问题。王兴周（2009）认为外来工转变其身份和生活方式的市民化过程中困难很多[③]，但也有学者经过调查，发现虽然社会融合困难重重，但外来工想要融入当地社群的意愿很高（周

---

①　李子卓：《移动支付用户支付意愿影响因素分析》，《系统实践》，2015年第30卷第12期，第10–11页。

②　Luran, P.& Lin, H.H.Toward an understanding of the behavioral intentionto use mobile banking［J］.Computers in Human Behavior, 2005, 21（6）：873–891；林家宝、鲁耀斌、卢云帆：《移动商务环境下消费者信任动态演变研究》，《管理科学》，2011年第24卷第6期，第4–8页。

③　王兴周：《农民工城市型及其影响因素研究》，上海大学硕士论文，2008年。

红，2010）[①]。基于以上讨论，笔者认为"社会影响"对于探究外来工使用意愿具有一定的考量作用。因此本章在整合型科技接受模式（UTAUT）的基础上，引入"社会影响"变量。

使用情境是社会因素中引入的另一个考量维度。拉维奇（Lavidge）（1996）最早提出使用情境概念，该学者认为消费者会依据当下的情境做出决策。贝尔克（1975）在此基础上进行深入研究和补充，他提出了使用情境可以划分为五个维度，包括物理情境、社会情境、时间情境、购买任务情境和购物前的状态等。到2007年R.Casadesus Masnell将此概念运用到互联网的情境研究中[②]。除此之外，曾洁（2012）在研究O2O商务模式下用户对移动支付使用意愿中也引入使用情境因素，证明用户感受到的支付情境越丰富，使用意愿越强烈[③]。

哈佛大学的鲍尔（Bauer）最早提出感知风险理论，他通过调查发现消费者在进行消费活动后可能因无法预测的结果而产生不良情绪。此外，学者Cox、Cunning ham等对该理论做出进一步的补充。李向涛（2013）以大学生群体为调查对象，通过实证研究分析得出感知风险与使用意愿具有负相关作用[④]。综合以上，笔者认为用户接受一个新技术，特别是当技术信息系统与实际资金挂钩时，可能会引发消费者的忧患意识。为进一步探究风险性对外来工移动支付使用意愿是否具有负向影响作用，本章将风险性因素纳入模型中。

Kim，Hock Chuan chan（2007）基于移动支付用户群体出发，结合感知价值理论，提出了移动互联网感知价值模型理论[⑤]。笔者认为，移动支付与现金、银行卡在某种程度上互为替代品，如果商家要进一步推广移动支付业务，就需要让外来工消费者感知它具有现金和银行卡不具备的价值性。为了

① 周红：《农民工子女城市融入与社会稳定研究》，《四川警察学院学报》，2010年第22期。

② R.Casadesus Masnell, Joan Enric Ricart.From Strategy to Business Models and onto Tactics [J]. *Long Range Planning*, 2010, 43(4): 512–532.

③ 曾洁：《O2O商务模式下移动支付使用意愿影响因素研究》，暨南大学硕士论文，2012年。

④ 李向涛：《移动支付消费者使用意愿模型及其实证研究》，华南理工大学硕士论文，2013年。

⑤ Kim, Hock Chuan chan, and Sumeet Gupta.Value-based adoption of mobile internet: an empirical investigation [J]. *Decision Support Systems* 43.1, 2007.111–126.

进一步讨论外来工对移动支付价值性的感知是否会对使用意愿产生影响，本章将价值性引入模型中。

通过文献阅读发现，外来工群体中"新生代"群体越来越多，学者祁明德（2011）、聂盼盼（2016）、左斌营（2012）通过调查发现外来工群体中20—30岁的年轻人占比最大[①]。为了探究外来工群体的创新性和对新事物的接受能力对移动支付使用意愿是否存在影响，本章将个人创新型作为个体因素的考量维度之一引入研究模型中。该变量的选择参考创新扩散理论（Innovation Diffusi on Theory，IDT）。创新扩散理论是由美国学者埃弗雷特·罗杰斯（E.M.Rogers）于1960年提出的一个关于通过媒介劝服人们接受新的观念和事务的理论，创新扩散理论的研究对象之一即创新者，指那些勇于尝试新观念、接受新挑战的群体。

先验理论认为，个体在从事一项新任务时，往往借鉴之前类似或有关联的经验，从而形成某些判断并运用到新任务中。同时根据Van der Heijden等学者的研究，当用户的网上购物行为成为习惯后，可以增加用户对该系统的信任度，从而影响使用意愿和使用行为。先验理论模型如图5-7所示：

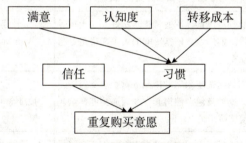

图5-7　先验理论模型图

3.1.2 外来工移动支付使用意愿的模型建立

综上讨论，根据本书研究目的，结合技术接受模型理论、整合型科技接受模式等理论提出假设：外来工自身的个体因素、外来工受到的社会影响、外来工对移动支付平台的有用性、易用性、价值性和风险性的感知程度与移

---

① 祁明德、熊科：《外来农民工劳动就业状况调查分析》，《人民论坛》，2011年第183卷第9期，第4-6页；左斌营：《福州市外来农民工继续教育现状与对策研究》，福建师范大学硕士论文，2012年版；钟甫宁、陈奕山：《务农经历、受教育程度与初次外出务工的职业选择》，《中国农村观察》，2014年第35卷第3期，第18-19页。

动支付使用意愿之间存在显著相关性。其中，社会因素、个体因素为本模型的解释变量、使用意愿为被解释变量、外来工人口基本特征作为控制变量、平台因素作为调节变量探究其对个体因素、社会因素和使用意愿之间关系是否具有调节作用。具体如图5—8所示。

3.1.3 模型涉及变量定义

本章节对3.1.2中所提出各变量予以说明，包括社会因素中的社会影响、使用情境。个体因素中的使用态度、个人创新性和使用习惯；平台因素的有用性、易用性、风险性和价值性，及各个变量所参考的文献基础。具体定义及参考文献如表5-1所示：

表5-1　研究变量定义表

变量名称	变量定义	参考文献
使用态度	外来工对移动支付持有的积极或消极的评价	阿耶兹（Ajzen）（1985）
个人创新性	外来工对新科技产品的接受程度，属于个人特征	Goldsmith，R.E（2001）
行为习惯	在个人经验中，对行为形成不自觉的导向，使在大脑未发出指令前就会依靠经验执行某一行为	Verplanken and Aarts（1999）
社会影响	外来工受到周围群体（通常指亲朋好友、上司等重要人物）的影响，根据影响的大小来决定是否使用移动支付	Venkatesh Morris（1975）
使用情境	外来工在当前情境限制的情况下对移动支付的使用意愿，这种意愿会使得其在今后遇到同样情况时继续使用该系统	拉维奇（Lavidge）（1996）
有用性	衡量移动支付平台能否为外来工带来生活和工作上的效率提升	戴维斯（Davis）（1989）
易用性	衡量移动支付平台的开通、学习、操作方面的简易程度	戴维斯（Davis）（1989）
风险性	衡量移动支付平台可能产生的各类风险	鲍尔（Bauer）&Cox（1990）
价值性	衡量移动支付系统给外来工带来的产品或服务上的价值	Zeithaml（1998）
使用意愿	外来工使用移动支付的主观意愿强度	菲什拜因（Fishbein）& 阿耶兹（Ajzen）（1975）

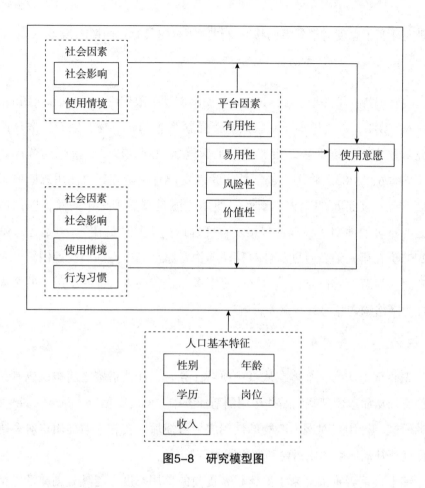

图5-8 研究模型图

3.2 研究假设

3.2.1 使用意愿的影响因素假设

3.2.1.1 使用态度

TAM模型认为使用态度指个体用户对使用新信息系统的主观感受，对使用意愿具有正向影响作用。陶建杰（2013）认为态度能最直接地决定使用意愿，其他因素都需要通过态度对意愿产生间接作用[①]。李长城（2015）通过实

---

① 陶建杰：《新生代农民工信息渠道使用意愿的影响因素研究》，《南京农业大学学报》(社会科学版)，2013年第18卷第2期，第31-36页。

证研究证实了态度对消费者的移动支付使用意愿具有正向影响[①]。

3.2.1.2 个人创新性

埃弗雷特·罗杰斯（E.M.Rogers）提出创新扩散理论（Innovation Diffusion Theory，IDT），通过媒介劝服人们接受新观念和新事物。创新扩散理论的研究对象之一即创新者，指那些勇于探索新观念、接受新挑战的群体。梅森（Mason，2003）将个人创新性作为因变量直接研究其对使用意愿的影响程度，经过实证证明个人创新性对使用意愿具有显著正相关性，即创新能力强的年轻群体对于移动支付接受程度远远高于其他群体[②]。刘遗志、刘煜（2005）在研究消费者创新性对移动购物意愿影响中得到消费者创新性对购物意愿有显著影响的结论[③]。Citrin使用多元回归的方法证明了用户的个人创新性对网络购物意愿具有显著影响[④]。

3.2.1.3 行为习惯

先验理论认为，个体在从事一项新任务时，往往借鉴之前类似或有关联的经验，从而形成某些判断并运用到新任务中。同时根据Van der Heijden等学者的研究，当用户对网上购物的使用成为习惯后，会相应增加用户对系统的信任度，从而影响使用意愿和使用行为[⑤]。

综上，笔者推测外来工群体越有正向的使用态度、越具有创新性性格、对移动支付系统的使用方式与过去习惯相符，那么对移动支付的使用意愿将越大。因此，本章提出个体因素与移动支付使用意愿之间的假设：

H1：个体因素与外来工移动支付使用意愿呈显著正相关性；

H1-1：使用态度与外来工移动支付使用意愿呈显著正相关性；

H1-2：个人创新性与外来工移动支付使用意愿呈显著正相关性；

---

① 李长城：《第三方移动支付用户接受影响因素研究》，北京邮电大学硕士论文，2015年。

② Mason CH.An empirical study of innate consumer innovativeness［J］.Journal of the Academy of Marketing Science.2013，31(01)：61-37.

③ 刘遗志、刘煜：《消费者创新性对移动购物意愿的影响》，《中国流通经济》，2015年第10卷第9期，第3-5页。

④ Citrin, A.V., Spritt, D.E., Silverman, Stem, D.E.Adoption of Internet shopping：The role of consumer innovativeness［J］. Industrial Management and Data Systems，2000，100（7）：294-300.

⑤ Van der Heijden, B.I.J.M.Pre requisites to guarantee life-long employability.Personnel Review，31（02）：33-61.

H1-3：行为习惯与外来工移动支付使用意愿呈显著正相关性。

3.2.1.4　社会影响

整合型科技接受模式（UTAUT）将社会影响作为模型研究的核心维度之一，认为社会影响对使用意愿具有显著的影响作用。丁辉（2014）以合肥市高校大学生和年轻上班族群体为调查研究对象，证明社群影响对促进该群体使用移动支付具有正向作用[①]。谢爱珍（2015）证明社会影响对大学生利用移动终端进行在线学习的意愿具有显著影响作用[②]。陈华平、唐军（2006）提出"个人受到的社会影响正向影响个人的使用意愿"的假设，并通过实证研究得到"社会影响是所有研究因素中影响最大的因素"结论[③]。

3.2.1.5　使用情境

拉维奇（Lavidge，1996）最早提出使用情境的概念，该学者认为消费者在做出决策时与当下的情境有关联。R.Casadesus Masnell（2007）第一次将使用情境作为变量运用到互联网的使用意愿研究中[④]。曾洁（2012）在研究O2O商务模式下用户对移动支付使用意愿中也引入使用情境因素，通过实证研究证明用户感受到的支付情境越丰富，越能增强其使用意愿[⑤]。

综合以上讨论，笔者推测对于外来工群体而言，受到身边的人或环境的正向影响越大，感受到的移动支付使用情境越丰富，那么对移动支付使用意愿将会越显著。因此，本章提出社会因素与外来工移动支付使用意愿之间的假设：

H2：社会因素与外来工移动支付使用意愿呈显著正相关性；

H2-1：社会影响与外来工移动支付使用意愿呈显著正相关性；

H2—2：使用情境与外来工移动支付使用意愿呈显著正相关性。

[①] 丁辉：《消费者第三方移动支付使用意愿影响因素研究》，安徽大学硕士论文，2014年。
[②] 谢爱珍：《基于UTAUT大学生手机移动学习使用意愿影响因素研究》，浙江师范大学硕士论文，2012年。
[③] 陈华平、唐军：《移动支付的使用者与使用行为研究》，《管理科学》，2006年第19卷第6期，第5–7页。
[④] R.Casadesus Masnell, Joan Enric Ricart.From Strategy to Business Models and onto Tactics［J］. *Long Range Planning*，2010，43（4）：512–532.
[⑤] 曾洁：《O2O商务模式下移动支付使用意愿影响因素研究》，暨南大学硕士论文，2012年。

3.2.1.6 有用性和易用性

戴维斯（Davis）于1986年对理性行为理论（TRA）和计划行为理论（TRB）进行完善，提出利用技术接受模型来解释计算机使用的行为。戴维斯（Davis）提出感知易用性、感知有用性对消费者的使用意愿具有正向影响。施华康（2007）、叶云（2012）都曾利用感知有用性和感知易用性因素对在校大学生的移动支付使用意愿进行研究，再次证明有用性与易用性与移动支付使用意愿之间存在显著相关性[①]。

3.2.1.7 风险性

鲍尔（Bauer，1960）认为感知风险是指消费者决策中隐含着对后果的不确定性感知。李向涛（2013）、刘家乐（2011）、李凯都曾以大学生群体为调查对象，确认感知风险与移动支付使用意愿具有负相关作用[②]。因此，笔者推测，外来工在使用移动支付过程中，由于不能直接观察所购物品、无法了解店家诚信状况、或者担心个人隐私泄露等可能引发担忧和质疑情绪，为了进一步证实该推测，本章将风险性因素纳入研究模型中。

3.2.1.8 价值性

VAM最早提出了感知价值模型，该学者认为模型中可以分为两部分，即感知利得和感知利失。Kim，Hock Chuan chan（2007）基于移动支付用户群体，结合感知价值理论提出移动互联网感知价值模型理论[③]。陈启权（2015）、李凯（2013）也曾运用感知价值模型对消费者的使用意愿进行测量研究，得出感知价值因素对移动支付使用意愿具有显著正向影响作用[④]。

综上所述，笔者推测对于外来工群体而言，移动支付使用的界面设计

① 施华康：《消费者对移动支付业务使用意愿的影响因素研究》，浙江大学硕士论文，2007年；叶云：《基于感知价值的用户移动支付使用意愿影响因素研究》，浙江工商大学硕士论文，2012年。
② 李向涛：《移动支付消费者使用意愿模型及其实证研究》，华南理工大学硕士论文，2013年；刘家乐：《消费者移动支付使用意愿影响因素及其作用机制研究》，北京邮电大学硕士论文，2011年；刘宜清：《手机支付使用意愿及其影响因素的研究》，《科技经济导刊》，2016年第29卷第9期，第3-5页。
③ Kim，Hock Chuan chan，and Sumeet Gupta.Value-based adoption of mobile internet：an empirical investigation［J］.*Decision Support Systems* 43.1，2007.111-126.
④ 陈启权：《基于感知价值的移动支付使用意愿影响因素研究》，北京邮电大学硕士论文，2015年；刘宜清：《手机支付使用意愿及其影响因素的研究》，《科技经济导刊》，2016年第29卷第9期，第3-5页。

越简洁清晰、系统越流畅、功能越便捷、越能提高对移动支付的有用性感知度；当外来工群体感受到移动支付可以为现实生活带来价值和优惠或者认为移动支付风险性越低、安全性越高，他们的使用意愿也将随之提高。因此，本章提出假设：

H3：平台因素与外来工移动支付使用意愿呈显著相关性；

H3-1：有用性与外来工移动支付使用意愿呈显著正相关性；

H3-2：易用性与外来工移动支付使用意愿呈显著正相关性；

H3-3：风险性与外来工移动支付使用意愿呈显著负相关性；

H3-4：价值性与外来工移动支付使用意愿呈显著正相关性。

3.2.2 平台因素的调节作用

3.2.2.1 平台因素对个体因素和使用意愿关系的调节作用

平台因素包括移动支付系统的有用性、易用性、风险性和价值性，这些变量相对于个体因素而言是外界属性，也可以称为环境因素。根据班杜拉（Banduran）的交互决定论的观点，个体与环境的作用是相互的，意愿本身也是由个体因素和环境因素共同决定。因此可以推断：即使用户原本没有使用移动支付的习惯、对此持消极态度，或者由于用户个人本身的创新性不高，导致对移动支付的使用意愿不高。但由于用户通过外界环境传播的积极信息当中，感知到使用移动支付平台为其带来"有用"因素：可以为个人带来效率上的提升、解决携带现金的不便；带来"易用"感：认为开通、学习和使用移动支付很容易、其支付界面很简单易操作；带来"安全"感：对移动支付系统有足够的信任，认为其对财产、个人信息安全都不会被构成威胁；带来"价值"体验，认为使用移动支付可以节省资金、可以获得更好的服务，在这些长期的积极信息反馈中，用户对移动支付使用的意愿也可能上升，反之同理。因此，本书做出以下假设：

H4：平台因素对个体因素与移动支付使用意愿的关系具有调节作用；

H4-1：有用性对个体因素与移动支付使用意愿的关系具有调节作用；

H4-2：易用性对个体因素与移动支付使用意愿的关系具有调节作用；

H4-3：风险性对个体因素与移动支付使用意愿的关系具有调节作用；

H4-4：价值性对个体因素与移动支付使用意愿的关系具有调节作用。

3.2.2.2 平台因素对社会因素和使用意愿关系的调节作用

王英迪（2016）通过实证研究证明，使用情境与感知风险存在负相关关系，即在情境限制下，用户对风险的感知性将会增强[①]；赵延昇（2015）提出主观参照在本质上等同于社会影响，对风险性和使用意愿关系具有调节作用。该学者认为，即使消费者的个人风险认知水平比较高，但由于身边的朋友经常使用，在接受长时间的积极信息的反馈之后，消费者也可能增加对移动社交支付系统的使用意愿[②]。

根据学者巴伦（Baron）和肯尼（Kenny，1986）对调节变量进行的定义：调节变量指的是影响独立变量与因变量关系的方向或强度的变量，其本质特征是与其他变量具有交互作用[③]。根据交互作用的原理，笔者推测风险性对使用情境与使用意愿关系具有显著调节作用、风险性对社会影响与使用意愿关系具有显著调节作用。为了进一步探讨平台因素中的有用性、易用性、价值性对社会因素与使用意愿关系的调节作用，本章做出假设：

H5：平台因素对社会因素与移动支付使用意愿的关系具有调节作用；

H5-1：有用性对社会因素与移动支付使用意愿的关系具有调节作用；

H5-2：易用性对社会因素与移动支付使用意愿的关系具有调节作用；

H5-3：风险性对社会因素与移动支付使用意愿的关系具有调节作用；

H5-4：价值性对社会因素与移动支付使用意愿的关系具有调节作用。

3.3 本章小结

本章基于第二章文献综述总结，以技术接受模型、整合型科技接受模型

---

① 王英迪：《微信支付用户使用意愿影响因素研究》，山西财经大学硕士论文，2016年。

② 赵延昇、高佳：《移动社交支付APP用户持续使用意愿研究——主观参照的调节作用》，《大连理工大学学报》，2015年第4期，第57–61页。

③ Baron，Kenny.The moderator-mediator variable distinction in social psychological research：Conceptual，strategic，and statistical consideration［J］. *Journal of personality and Social Psychology*.1986，51，1173–1182.

等为理论基础，提出研究模型，依据模型提出研究假设：以个体因素、平台因素和社会因素作为自变量探讨对因变量（使用意愿）是否存在显著影响；以平台因素作为调节变量探讨对个体因素、社会因素与使用意愿关系的调节作用；以外来工的人口特征作为控制变量，探讨与各变量间的关系。具体见表5-2：

表5-2　研究假设汇总表

假设编号	研究假设
H1	个人因素与外来工移动支付使用意愿呈显著正相关性
H1-1	使用态度与外来工移动支付使用意愿呈显著正相关性
H1-2	个人创新性与外来工移动支付使用意愿呈显著正相关性
H1-3	行为习惯与外来工移动支付使用意愿呈显著正相关性
H2	社会因素与外来工移动支付使用意愿呈显著正相关性
H2-1	社会影响与外来工移动支付使用意愿呈显著正相关性
H2—2	使用情境与外来工移动支付使用意愿呈显著正相关性
H3	平台因素与外来工移动支付使用意愿呈显著相关性
H3-1	有用性与外来工移动支付使用意愿呈显著正相关性
H3-2	易用性与外来工移动支付使用意愿呈显著正相关性
H3-3	风险性与外来工移动支付使用意愿呈显著负相关性
H3-4	价值性与外来工移动支付使用意愿呈显著正相关性
H4	平台因素对个体因素与移动支付使用意愿的关系具有调节作用
H4-1	有用性对个体因素与移动支付使用意愿的关系具有调节作用
H4-2	易用性对个体因素与移动支付使用意愿的关系具有调节作用
H4-3	风险性对个体因素与移动支付使用意愿的关系具有调节作用
H4-4	价值性对个体因素与移动支付使用意愿的关系具有调节作用
H5	平台因素对社会因素与移动支付使用意愿的关系具有调节作用
H5-1	有用性对社会因素与移动支付使用意愿的关系具有调节作用
H5-2	易用性对社会因素与移动支付使用意愿的关系具有调节作用
H5-3	风险性对社会因素与移动支付使用意愿的关系具有调节作用
H5-4	价值性对社会因素与移动支付使用意愿的关系具有调节作用

4 外来工移动支付使用意愿的调查问卷形成

4.1 问卷设计

4.1.1 变量测量

本节在参考了大量文献基础上，对各变量测量问题进行设计，具体如表5-3所示：

表5-3　变量测量表

变量类别	测量变量	变量测量问题
个体因素	使用意愿	A1：我有意愿使用移动支付系统。 A2：如果环境适合，我会选择移动支付业务作为交易方式。 A3：如果已经使用，我愿意继续使用移动支付系统。
	使用态度	B1：如果我有机会使用移动支付，我想我会使用它。 B2：假如我认为移动支付系统好用，我会继续使用它。 B3：假如我认为移动支付系统好用，我会推荐给身边的人使用。
	个人创新性	B4：我经常比别人更先使用新科技产品。 B5：我经常主动了解一些新产品的相关信息。 B6：我很乐意尝试新的事物。 B7：我是一个具有革新精神的人。
	行为习惯	B8：当要结算时，我第一个想到的方式是移动支付。 B9：使用移动支付已经成为我的习惯。 B10：出门购物使用移动支付是很自然的事。
社会因素	社会影响	C1：我关注到很多关于移动支付业务的宣传广告。 C2：宣传广告对我使用移动支付的影响比较大。 C3：使用移动支付符合我的工作、生活环境。 C4：对我很重要的人（家人、朋友、同事等）鼓励我使用移动支付系统。 C5：我身边的大多数人都在使用移动支付系统，我认为我也应该使用。
	使用情境	C6：假如收费现场需要排队时，我会考虑使用移动支付系统。 C7：假如收费处离我当前距离比较远时，我会考虑使用移动支付系统。 C8：没有其他选择时，我愿意使用移动支付系统。

（续表）

变量类别	测量变量	变量测量问题
平台因素	有用性	D1：使用移动支付可以避免携带现金和银行卡的不便。 D2：使用移动支付使我的消费结算更加简单便捷。 D3：使用移动支付对提升工作效率有帮助。
	易用性	D4：我认为可以轻松开通移动支付功能。 D5：我认为学习移动支付业务很容易。 D6：我认为熟练地操作移动支付软件很容易。
	风险性	D7：我认为开通移动支付功能要花费很多时间。 D8：学习移动支付系统需要花费很多时间。 D9：我担心由于系统、商家等原因造成支付过程中的财务损失。 D10：我担心由于手机丢失或支付密码外泄造成财务损失。 D11：在移动网络下使用移动支付可能会泄露隐私。 D12：我担心使用移动支付后，没有预想的好用。
	价值性	D13：我认为使用移动支付购买的商品价格较低。 D14：我认为使用移动支付系统时的优惠活动可以节省钱。 D15：使用移动支付系统可以参加线上抽奖环节，所以我愿意使用。 D16：使用移动支付系统可以获得更好的服务。

4.1.2　问卷基本结构

本章的问卷设计主要是基于阅读大量研究文献，并结合本书调查的对象——外来工的个人特征进行选择与整改。本书的问卷设计采取的是戴维斯（Davis，2000）建议的问卷设计方法，将本章的所有变量按照社会因素、个体因素和平台因素进行归类放于同一组，以减轻被调查者答题时的困惑和不耐烦。具体问卷结构见表5-4：

表5-4　问卷结构表

问卷结构	主要内容
	以下部分采用李克特（Likert）五级量表，由"非常不同意"到"非常同意"。
第一部分：外来工对移动支付使用意愿的调查	问卷序号为1-3题。

问卷结构	主要内容
第二部分：外来工个体因素调查	包括外来工对移动支付使用的态度、个人的创新性和行为习惯三个内容。问卷序号为4—13题。
第三部分：社会因素调查	包括外来工受到的社会影响和使用移动支付面临的情境。问卷序号为14—21题。
第四部分：平台因素调查	包括外来工对移动支付平台的感知有用性、易用性、风险性和价值性。问卷序号为22—37题。
以下部分为单项选择，每道题有2—5个选项不等 第五部分：外来工的个人背景资 包括性别、年龄、学历、岗位、收入、劳动强度等信息，问卷序号为38-44。	

4.2 问卷初测与正式发放

4.2.1 调查问卷初测

4.2.1.1 问卷发放

预调研通过现场和网络两种渠道共发放问卷50份，收回41份，有效回收率为82%。调查对象为泉州中小企业外来工，涉及行业包括制造业、零售业以及建筑行业。

4.2.1.2 问卷的信度和效度检验

笔者对问卷初测结果进行信度和效度分析，目的是检验问卷整体的可靠性和有效性。信度分析中，主要通过SPSS20.0软件对样本数据作Cronbach's测试。一般来说，克朗巴哈系数大于0.7即默认可接受，α值越高表明数据的一致性越高。根据Cronbach's测试结果显示α值基本在0.7以上，说明本章问卷量表达到较高信度，问卷设计整体比较可靠；效度分析中，主要运用探索性因子分析测量结构效度，从数据处理结果观察到因子载荷几乎都在0.7以上，说明预测样本整体的结构效度较好。

问卷初测问题与不足虽预测问卷体现的整体可靠性和结构性较好，但笔者通过专家咨询以及向老师请教后仍发现部分问题，具体问题与修改情况见

表5-5：

表5-5　问卷问题与修改

序号	问卷问题	修改情况
1	通过网络渠道发放的问卷数量过多，虽回收率高，但仍存在不少随意作答现象，导致有效率低现象。	正式问卷发放中降低电子问卷比例，将该数值控制在40.00%左右，提高有效回收率。
2	风险性因素测量题目过多，应适当删减。	删除"我担心遭到诈骗或黑客入侵导致财务损失"一项，因该项与问卷第30、31题均有重复之处。
3	"外来工"字眼因个人理解不同，可能会造成不必要的误会及困扰。	将问卷介绍部分"为了探索外来工关于移动支付使用意愿的影响因素"替换为"为了探索消费者关于移动支付使用意愿的影响因素"。

进行问卷调整后，通过重新分析数据，发现信度与效度效果相对之前较好，于是将第二次的调查结果认定为本章的预调研数据。

4.2.2　问卷正式发放

从上述数据处理结果可以看出，预调研的信度和效度检验结果较满意，说明问卷具有一定的可靠性和有效性，整体设计结构相对合理，具备正式发放问卷的条件。

（1）问卷发放对象。笔者在1.3节"研究对象"中已对"外来工"群体进行定义，调查的对象十分明确——特指外来务工人员且受雇于各种工业或零售业的一线工人或中低层管理者。由于泉州地区的纺织、鞋类制造业、建筑建材业、工业品制造业、石油化工业、零售业等发展较成熟，集中大量外来务工者，为了方便获取样本以及保证样本的多样性，本章选定了泉州地区三个行业：纺织制造业、建筑建材业及零售百货业的外来务工人员进行问卷发放。

（2）问卷发放方式。主要有电子问卷和现场发放两种方式。电子问卷即运用"问卷星"软件，由企业（工厂）的人力资源部经理发送到内部员工群供其填写。但为了避免预调研时出现的问题——电子问卷出现的无效问卷概率高，笔者在正式发放问卷时降低了电子问卷比例，大部分通过现场填写等方式完成调查。

（3）问卷发放数量。共发放325份问卷，其中电子问卷137份，纸质版问卷188份，实际共回收288份。未回收的37份中，有21位被访者表示没有接触过移动支付，对其一无所知，再剔除部分填写不完整、答案为同个选项以及前后矛盾的问卷38份，最终有效问卷为250份。具体情况如表5-6所示。

表5-6　问卷回收情况

	纸质问卷	电子问卷	合计
问卷发放数量	188	137	325
问卷回收数量	165	123	288
有效问卷数量	158	92	250
问卷回收率	87.77%	89.78%	88.62%
有效回收率	84.04%	67.15%	76.92%

4.3 问卷信度与效度分析

利用Epidata3.0软件对调查所得到的数据进行设计和录入，根据数据检验结果，分析外来工在使用移动支付过程中出现的问题。

4.3.1 问卷信度分析

真实、可靠的数据才能反映实际情况，在验证问卷结构与数据可靠性的过程中，数据的信度分析是一个参考价值较高的评价指标，一般通过计算Cronbach's α 值检验其内部一致性。一般来说，当 $\alpha > 0.9$ 时，可以认为量表的信度非常高；当 $0.9 > \alpha > 0.8$ 时，默认表的信度在可接受范围；而当 $0.8 > \alpha > 0.7$ 时，说明此时量表数据可能存在问题，但有一定考虑价值；当 $\alpha < 0.7$，说明量表出现很大问题，有重新设计问卷的必要性。但在社会科学研究中，默认的做法是当Cronbach $\alpha > 0.7$，量表便可采用。

根据本章的信度分析结果可以观察到，各部分Cronbach's α 值都达到0.7以上，说明所设计问卷整体可靠性较高。具体见表5-7：

表5-7　信度分析Cronbach's α系数

变量	维度	题项	Cronbach's α	
使用意愿		A1	0.732	
		A2		
		A3		
	使用态度	B1	0.708	
		B2		
		B3		
		B4		
个体因素	个人创新性	B5	0.710	0.731
		B6		
		B7		
		B8		
	行为习惯	B9	0.822	
		B10		
社会因素	社会影响	C1	0.810	0.784
		C2		
		C3		
		C4		
		C5		
	使用情境	C6	0.766	
		C7		
		C8		
平台因素	有用性	D1	0.785	0.879
		D2		
		D3		
	易用性	D4	0.897	0.897
		D5		
		D6		
		D7		

（续表）

变量	维度	题项	Cronbach's α	
平台因素	安全性	D8	0.844	
		D9		
		D10		
		D11		
		D12		
		D13		
	价值性	D14	0.736	
		D15		
		D16		

4.3.2 问卷效度分析

测量效度可以采用的是探索性因子分析方法（explorative factor analysis，简称EFA）评价。在进行分析之前，需要先运用KMO值和Bartlett球度检验值两种方法来检测数据是否适用用此方式。按照目前的标准，当KMO值大于0.5、Bartlett球度检验值大于0.05，则表示具有显著性水平，我们结合SPSS20.0软件，对样本进行KMO和Bartlett的检验。

4.3.2.1 个体因素的效度检验

本章衡量个体因素的变量有三个，分别为使用态度、个人创新性以及行为习惯，共有10个衡量问题。从表5-8可得，自变量的KMO值为0.872，Bartlett球形检验显著。根据目前的公认标准判断该样本适合做因子分析，问卷有良好的结构效度。

表5-8　个体因素表的 KMO 和 Bartlett 检验

KMO 检验		0.872
Bartlett 的球形检验	近似卡方 df	1132.20 4 125
	Sig.	0.000

从个体因素表旋转后的载荷矩阵表5-9可以看出，外来工个体因素10个测量题项共解释了方差变异的64.10%，大于50.00%。说明量表具有一定效度。

表5-9　个体因素表旋转后的载荷矩阵

变量	维度	题项	因子1	因子2	因子3
个体因素	使用态度	B1	0.777		
		B2	0.733		
		B3	0.754		
	个体创新性	B4		0.729	
		B5		0.559	
		B6		0.750	
		B7		0.654	
	行为习惯	B8			0.703
		B9			0.752
		B10			0.812
累计解释变量			0.280	0.470	0.641

4.3.2.2 社会因素的效度检验

衡量社会因素的变量有两个，分别是社会影响和使用情境，共有问项8个。从表5-10可以体现，社会因素的KMO值达到0.858，此时Bartlett球形检验结果显著，说明个体因素与使用意愿之间适合做因子分析。

表5-10　社会因素量表KMO和Bartlett球形检验

KMO 检验		0.858
Bartlett 的球形检验	近似卡方 df	2297.10 4 277
	Sig.	0.000

从社会因素量表旋转后的载荷矩阵表5-11可以看出，社会因素8个测量题项共解释了方差变异的65.79%，大于50.00%。说明量表具有一定效度。

表5-11 社会因素量表旋转后的载荷矩阵

变量	维度	题项	因子1	因子2
社会因素	社会影响	C1	0.851	
		C2	0.749	
		C3	0.841	
		C4	0.786	
		C5	0.732	
	使用情景	C6		0.708
		C7		0.744
		C8		0.716
累计解释变异量			54.100	65.793

4.3.2.3 平台因素的效度检验

衡量平台因素的变量共有4个，包括系统的有用性、易用性、风险性和价值性，涉及问项共有16个。如表5-12信息所示，平台因素的KMO值为0.831，Bartlett球形检验显著，表明问卷有良好的结构效度。

表5-12 平台因素量表的KMO和Bartlett检验

KMO 检验		0.831
Bartlett 的球形检验	近似卡方 df	1431. 102 149
	Sig.	0.001

从平台因素量表旋转后的载荷矩阵表5-13中可以看出，移动支付平台因素16个测量题项共解释了方差变异的62.10%，大于50.00%。说明量表具有一定效度。

表5-13　平台因素量表旋转后的载荷矩阵

变量	维度	题项	因子1	因子2	因子3	因子4
平台因素	有用性	D1	0.820			
		D2	0.729			
		D3	0.765			
	易用性	D4		0.676		
		D5		0.756		
		D6		0.903		
	风险性	D7			0.690	
		D8			0.710	
		D9			0.761	
		D10			0.816	
		D11			0.805	
		D12			0.707	
	价值性	D13				0.725
		D14				0.717
		D15				0.805
		D16				0.820
累计解释变量			0.240	0.317	0.484	0.621

4.3.2.4 使用意愿的效度检验

衡量使用意愿的问项有3个。如表5-14所示，使用意愿的KMO值为0.857（0.857>0.7），且Bartlett球形检验显著，经因子分析表明，存在一个因子，与问卷的预期相同，表明问卷有良好的结构效度。

表5-14 使用意愿量表的KMO和Bartlett检验

KMO 检验		0.857
Bartlett 的球形检验	近似卡方	232.305
	df.	14
	Sig.	0.001

从使用意愿量表旋转后的载荷矩阵表5-15可以看出，使用意愿因素3个测量题项中，共解释了方差变异的61.11%，大于50.00%。说明量表具有一定效度。

表5-15　使用意愿量表旋转后的载荷矩阵

变量	题项	因子1
使用意愿	A1	0.812
	A2	0.771
	A3	0.705
累计解释方差	0.611	

综合以上，由表5-9、5-11、5-13、5-15可以看出因子载荷几乎都在0.7以上，说明本样本所采用的数据有效，问卷整体的结构效度较好。

4.4　本章小结

本章共有问卷设计、问卷初测与问题修改、正式发放问卷以及对问卷结果进行信效度分析等几个环节，通过分析发现本章问卷的信度和效度结构良好：信度分析中，个体因素Cronbach's α 值0.731、社会因素Cronbach's α 值0.784、平台因素Cronbach's α 值0.879、使用意愿Cronbach's α 值0.732，各部分Cronbach's α 值达到0.7以上，说明问卷具有良好信度关系；效度分析中，个体因素旋转后的载荷矩阵解释了方差变异的64.10%、社会因素旋转后的载荷矩阵解释了方差变异的65.79%、平台因素旋转后的载荷矩阵解释了方差变异的62.10%、使用意愿量表旋转后的载荷矩阵解释了方差变异的61.11%，皆大于50.00%，说明各部分与使用意愿之间具有一定效度。因此，本章正式问卷为合格问卷，适合进行其他实证分析。

5 外来工移动支付使用意愿影响因素的实证分析

本章主要基于第四章回收的有效问卷数据，利用Epidata3.0软件对调查数据进行设计和录入，对外来工人口特征进行描述性统计分析、对影响外来工移动支付使用意愿的因素进行相关性分析和回归分析，最后对分析结果进行总结。

5.1 外来工人口特征的描述性统计分析

5.1.1 外来工人口统计基本情况

（1）性别分布上，男性占比53.60%，女性占比46.40%，男女比例相当，分布较为合理。

（2）从年龄分布上看，20岁以下和41—50的群体分布较少，21—40岁中青年外来工总数占到总样本的近8成，说明新生代外来工数量庞大。

（3）在教育水平分布上，以初中、高中学历的外来工居多，两者占总样本的71.60%，大学以上学历者相对较少，仅占18.80%，据学者钟甫宁（2014）、左斌营（2012）、祁明德等（2011）、李明华（2007）等通过对外来工群体的调查发现大学学历者分别占所调查人数的14.10%、12.46%、15.10%和12.00%，本章结果略高于上述学者调查数据，总体符合现实情况[1]。

（4）收入水平调查中，月收入3001—5000元阶段的外来工人数最多，占总样本的42.80%，其次是月收入1000—3000元者，占总人数34.00%，月收入大于5000元的外来工占比较小，不到总人数三分之一。说明所调查外来工样本中高收入者占比较小。

（5）外来工工作职业调查中，普通员工（一线员工）占比最大，达到60.80%，技术人员和各阶层管理人员各占23.20%和16.00%。说明所调查的外来工群体偏向于一线岗位，技术岗位与管理岗位人数较少。

（6）从正式样本的劳动强度（劳动时间）情况来看，低于国家法定工作时间（不高于8小时/天）仅占21.20%。说明所调查外来工的劳动时间过长，工作强度较大。笔者在现场收集问卷时向部分外来工作者了解到，他们的工作时间太长以至于个人的生活休闲和娱乐时间被严重压缩。

---

[1]　祁明德、熊科：《外来农民工劳动就业状况调查分析》，《人民论坛》，2011年第183卷第9期，第4-6页；左斌营：《福州市外来农民工继续教育现状与对策研究》，福建师范大学硕士论文，2012年版；钟甫宁、陈奕山：《务农经历、受教育程度与初次外出务工的职业选择》，《中国农村观察》，2014年第35卷第3期，第18-19页；李明华：《关于开发外来务工人员开放教育市场的调研报告》，《开放教育学院》，2007年第4期，第33-45页。

（7）调查样本仅涉及泉州市三个行业，其中制造业样本105份、建筑建材业58份、零售业87份。

具体数据汇总如表5-16所示：

表5-16 外来工人口统计情况表

人口统计变量	类型	样本数目	百分比
性别	男	134	53.60%
	女	116	46.40%
年龄	20岁以下	23	9.20%
	21—30岁	89	35.60%
	31—40岁	95	38.00%
	41—50岁	33	13.20%
	50岁以上	10	4.00%
教育水平	小学及以下	24	9.60%
	初中（含专科类）	98	39.20%
	高中（含职高类）	81	32.40%
	大学及以上（包括专科）	47	18.80%
收入	1000—3000元	85	34.00%
	3001—5000元	107	42.80%
	5001及以上	58	23.20%
工作职位	普通员工（一线员工）	152	60.80%
	技术人员	58	23.20%
	基层管理人员	24	9.60%
	中、高层管理人员（助理/部门经理等）	16	6.40%
劳动强度（工作时间）	8小时以下	53	21.20%
	8—9小时	66	26.40%
	9—10小时	85	34.00%
	10小时以上	46	18.40%
工作行业	制造业建筑建材业零售业	105 58 87	42.00% 23.20% 34.80%

5.1.2 测量题项的描述性统计

对个体因素、社会因素和平台因素的37个题项进行偏度和峰度分析，由表5-17可见：偏度绝对值最大为0.893，小于3；峰度绝对值最大为2.003，小于10。说明该样本服从正态分布，允许做下一步的数据分析。

表5-17　外来工人口描述性统计分析汇总表

变量	题项	均值		标准差	偏度		峰度	
		统计量	标准误	统计量	统计量	标准误	统计量	标准误
使用意愿	A1	3.376	0.047	0.751	−0.057	0.154	0.840	0.307
	A2	2.852	0.053	0.839	0.203	0.154	0.005	0.307
	A3	3.328	0.050	0.799	−0.376	0.154	0.093	0.307
使用态度	B1	3.220	0.069	1.091	−0.064	0.154	−0.729	0.307
	B2	3.140	0.063	0.996	−0.810	0.154	−0.579	0.307
	B3	2.990	0.056	0.880	−0.617	0.154	−0.270	0.307
个人创新性	B4	3.340	0.053	0.837	−0.222	0.154	0.392	0.307
	B5	3.430	0.051	0.810	−0.441	0.154	0.504	0.307
	B6	3.380	0.055	0.862	−0.451	0.154	0.495	0.307
	B7	3.220	0.051	0.812	−0.551	0.154	0.935	0.307
行为习惯	B8	3.500	0.046	0.729	0.142	0.154	0.079	0.307
	B9	3.068	0.061	0.977	−0.709	0.154	−0.598	0.307
	B10	3.120	0.057	0.901	−0.703	0.154	−0.437	0.307
社会影响	C1	3.132	0.057	0.902	−0.694	0.154	−0.501	0.307
	C2	3.650	0.047	0.736	−0.613	0.154	0.833	0.307
	C3	3.420	0.051	0.804	−0.298	0.154	0.108	0.307
	C4	3.440	0.047	0.744	−0.161	0.154	0.291	0.307
	C5	3.460	0.059	0.944	−0.893	0.154	0.809	0.307
使用情境	C6	3.380	0.054	0.864	−0.559	0.154	0.208	0.307
	C7	2.944	0.058	0.927	−0.039	0.154	−0.095	0.307
	C8	3.960	0.068	1.073	−0.758	0.154	−0.231	0.307
有用性	D1	3.840	0.074	1.175	−0.824	0.154	−0.310	0.307
	D2	3.898	0.067	1.064	−0.813	0.154	−0.207	0.307
	D3	1.470	0.032	0.500	0.113	0.154	−2.003	0.307
易用性	D4	2.510	0.045	0.707	0.610	0.154	0.519	0.307
	D5	2.320	0.064	1.015	0.243	0.154	−1.036	0.307
	D6	2.160	0.075	1.182	0.629	0.154	−0.823	0.307

（续表）

变量	题项	均值		标准差	偏度		峰度	
		统计量	标准误	统计量	统计量	标准误	统计量	标准误
风险性	D7	2.490	0.047	0.746	0.510	0.154	−0.269	0.307
	D8	3.185	0.040	0.646	−0.042	0.154	0.910	0.307
	D9	3.116	0.055	0.874	−0.600	0.154	−0.387	0.307
	D10	3.376	0.036	0.570	0.037	0.154	0.469	0.307
	D11	3.106	0.050	0.793	−0.617	0.154	−0.434	0.307
	D12	3.504	0.038	0.605	−0.484	0.154	1.929	0.307
价值性	D13	3.261	0.048	0.771	−0.780	0.154	1.064	0.307
	D14	2.657	0.460	0.281	−0.168	0.154	−0.006	0.307
	D15	3.541	0.789	0.489	0.077	0.154	−0.625	0.307
	D16	2.422	0.470	0.445	0.630	0.154	0.864	0.307

5.1.3 从未接触移动支付的原因调查

接受调查的325位外来工中，有21位表示从未接触过移动支付，对其几近一无所知，这部分人数占比6.46%。其中5位年龄均在50岁及以上，占比23.81%；7位年龄在41-50岁之间，占比33.33%；2位年龄在21-30岁之间，占比9.52%；1位在20岁以下，占比4.76%。

调查结果显示，21位从未接触移动支付的被调查者认为风险性原因的占比最高，其次是平台因素中的易用性。根据梅森（Mason，2003）发现创新能力强的往往是年轻人，其对于移动支付接受程度远远高于其他群体[①]，考虑到21位调查者中年龄超过41岁占一半以上人数，笔者猜测由于年龄原因导致个人创新性（接受新事物的能力）相对较弱，性格偏于保守，对风险的预估和承受能力较差，对新系统的学习欲望和学习能力较低。因此若想提升这部分群体使用移动支付的可能性，可以考虑从提升系统安全性和降低系统操作难度两部分入手。具体情况见表5-18：

---

① Mason CH.An empirical study of innate consumer innovativeness［J］. *Journal of the Academy of Marketing Science*.2013，31（01）：61-37.

表5-18 未接触移动支付原因汇总表

原因	原因属性	人数	占比
担心支付安全问题	风险性（平台因素）	8	38.10%
操作繁琐	易用性（平台因素）	5	23.81%
线下购物可以满足需求	有用性（平台因素）	2	9.52%
没有精力和兴趣学习	个人创新性（个体因素）	3	14.29%
周围人较少使用，没有机会学习	社会影响（社会因素）	3	14.29%

5.2 影响因素与使用意愿的Pearson相关分析

在采用回归方程对模型进行检验之前，首先要对模型中的研究变量进行相关性检验。相关性分析是研究变量之间的关联度和依存度的分析，常用的判定方法有Sperman系数法、Pearson系数法、和Kendall系数法。本章采用的是Pearson系数法，结合SPSS22.0软件对变量进行预测。结果见5-4表。从表中的数据可以得到如下结果：

（1）在自变量和因变量的关系中，易用性（$\rho =0.349**$）、有用性（$\rho =0.713**$）、风险性（$\rho =-0.413**$）和价值性（$\rho =0.319**$）、社会影响（$\rho =0.257**$）、使用情境（$\rho =0.226**$）、使用态度（$\rho =0.284**$）、个人创新性（$\rho =0.268*$）和行为习惯（$\rho =0.091***$）与使用意愿呈显著相关关系，从而初步支持了研究假设H1-1—H1-3、H2-1—H2-3、H3-1—H3-4。

（2）平台因素中的易用性与有用性具有正相关关系（$\rho =0.461**$）。该结论与戴维斯（Davis）的技术接受模型相符，戴维斯（Davis）认为消费者的感知易用性越高，越能正向影响其感知有用性。但根据本章数值的观察，两者虽具有相关性却不十分显著，满足作回归分析的基础。

（3）平台因素中的风险性与价值性具有负相关关系（$\rho =-0.311*$），即消费者感知系统的风险系数越高，对移动支付平台的感知价值越低；反之，消费者对系统越信任，对系统能带给自己的价值回报越有信心。同样的，根据数值表现，两者的显著性较小，不影响下文进行回归分析。

（4）社会影响与使用态度具有正相关关系（$\rho =0.389*$），表明外来工即使对移动支付持有消极态度，但在接受对周围人（对自己重要的人）的积极影响中，也将可能改变其对移动支付使用态度。学者陈华平（2007）[1]曾在其研究中论证过社会影响与态度之间的正相关关系。

具体见表5-19：

表5-19　研究变量间的Person相关性检验

	易用性	有用性	风险性	价值性	社会影响	个人创新性	使用情境	使用态度	行为习惯	支付意愿
易用性	1									
有用性	0.461**	1								
风险性	−0.483	−0.235	1							
价值性	0.414	0.376	−0.311	1						
社会影响	0.477	0.411	0.295	0.338	1					
个人创新性	0.433	0.366	0.476	0.392	0.327	1				
使用情境	0.825	0.566	0.468	0.332	0.526	0.412	1			
使用态度	0.523	0.891	0.234	0.467	0.389*	0.348	0.236	1		
行为习惯	0.188	0.364	0.712	0.237	0.251	0.340	0.209	0.399	1	
支付意愿	0.349**	0.713**	−0.413**	0.319**	0.257**	0.268*	0.226**	0.284**	0.291***	1

注：***代表 ρ 在0.001水平上显著（双尾检验），**代表 ρ 在0.01水平上显著（双尾检验），*代表在0.05水平上显著（双尾检验）。

总结以上，通过 Person 相关分析结果显示，假设H1-1—H1-3、H2-1—H2-2、

H3-1—H3-4被初步支持，具体如图表5-20所示：

---

① 施华康：《消费者对移动支付业务使用意愿的影响因素研究》，浙江大学硕士论文，2007年。

表5-20　研究假设的相关性检验结果

假设序号	假设路径	Person 相关系数 ρ	是否支持假设
H1	个体因素→使用意愿		全部支持
H1-1	使用态度→使用意愿	0.284	支持
H1-2	个人创新性→使用意愿	0.268	支持
H1-3	行为习惯→使用意愿	0.091	支持
H2	社会因素→使用意愿		全部支持
H2-1	社会影响→使用意愿	0.257	支持
H2-2	使用情境→使用意愿	0.226	支持
H3	平台因素→使用意愿		全部支持
H3-1	有用性→使用意愿	0.249	支持
H3-2	易用性→使用意愿	0.313	支持
H3-3	风险性→使用意愿	-0.213	支持
H3-4	价值性→使用意愿	0.319	支持

5.3 影响因素与使用意愿的假设检验

为了验证本章个体因素、社会因素和平台因素与使用意愿的关系，以及平台因素对个体因素、社会因素与使用意愿之间是否存在调节作用，本书将针对各变量关系建立回归模型，通过回归分析法研究上述变量间的具体影响程度，以此验证本章的假设是否成立。

5.3.1 外来工人口基本特征对使用意愿的检验

从表中数据可以得出：外来工的性别在P值为0.000显著水平上对因变量（使用意愿）产生显著影响。从外来工的年龄与使用意愿的回归结果中可以发现：（1）20岁以下、21-30岁年龄阶段的控制变量在P值为0.025、0.005显著水平上对因变量产生显著影响，年龄介于31—40岁和41—50岁阶段对因变量（使用意愿）的影响不显著。说明新生代外来工群体较老一代外来工而言，对移动支付使用意愿较高；（2）外来工的受教育水平与使用意愿的回归分析中，呈现出学历越高的群体对使用意愿的影响越显著的趋势。说明随着受教育水平的上升，外来工群体对移动支付业务的接受能力随之提升，使用意愿较高；（3）外来工的收入水平和工作性质对移动支付的使用意愿影响不显著。笔者认为，随着移动支付业务在我国市场的发展愈来愈成熟，其运用领域也愈来愈广阔。从生活必需品到奢侈享受品，几乎都可以通过移动支付方式完成支付活动。因此，外来工个人的收入水平高低、工作性质的差异不会对移动支付的使用意愿产生较大影响。

表5-21　外来工人口基本特征对使用意愿回归结果汇总表

控制变量	因变量		
	使用意愿		
	系数	统计量	显著性
性别			
男 & 女	0.526	6.258	0.000
年龄			
20 岁以下	0.057	0.138	0.025
21—30 岁	−0.024	−0.104	0.005
31—40 岁	0.175	0.491	0.624
41—50 岁	−0.003	−0.035	0.503
教育水平			
小学及以下	−0.548	−2.284	0.075
初中（含中专类）	−0.586	−2.346	0.023
高中（含职高类）	−0.379	−1.361	0.020
收入水平			
1000—3000 元	0.454	1.587	0.197
3001—5000 元	0.362	1.293	0.114
工作性质			
普通员工（一线员工）	0.376	2.669	0.369
技术人员	0.443	3.392	0.063
工作性质			
基层管理人员	0.190	1.900	0.051

注：***代表P在0.001水平上显著（双尾检验），**代表P在0.01水平上显著（双尾检验），*代表在0.05水平上显著（双尾检验）。

5.3.2 个体因素与使用意愿的回归分析

表中信息可得，在控制变量不变的基础上，加入使用态度、个人创新性、行为习惯等自变量进行分层回归分析，发现使用态度对使用意愿具有十分显著的正相关关系（P=0.209***），从而支持了假设H1-1；行为习惯对使用意愿的显著性较强（P=0.152*），从而支持了假设H1-3；而个人创新性因素与使用意愿之间相关性不显著（P=0.062），否认了假设H1-2。

表5-22 个体因素与使用意愿回归结果汇总表

类型	变量	使用意愿			
		模型			
		M1	M2	M3	M4
性别	男 & 女	0.522***	0.566**	0.518***	0.508***
年龄	20 岁及以下	0.067	0.109	0.065	0.103
	21-30 岁	0.138**	0.123**	0.138**	0.122**
	31—40 岁	0.079	0.086	0.084	0.042
	41—50 岁	0.140	0.116	0.140	0.160
教育水平	小学及以下	−0.014	−0.042	−0.014	−0.020
	初中（含中专类）	0.271	0.258	0.271	0.247
	高中（含职高类）	0.058*	0.034*	0.055*	0.067*
收入水平	1000—3000	0.142	0.160	0.143	0.147
	3001—5000	0.164*	0.124*	0.162*	0.156*
工作性质	普通员工（一线员工）	0.376**	0.377**	0.363**	0.378**
	技术人员	0.460***	0.449**	0.433**	0.394**
	基层管理人员	0.117	0.064	0.069	0.070
自变量	使用态度		0.209***		
	个人创新性			0.062	
	行为习惯				0.152*

注：***代表P在0.001水平上显著（双尾检验），**代表P在0.01水平上显著（双尾检验），*代表在0.05水平上显著（双尾检验）。

5.3.3 社会因素与使用意愿的回归分析

由表5-23得出，在控制变量不变的基础上，加入自变量（社会影响、使用情境）进行分层回归分析，发现两者皆与使用意愿呈显著相关关系（P值分别为0.067*和0.166***），从而支持了假设H2-1、H2—2。

表5-23　社会因素与使用意愿的回归结果汇总表

类型	变量	使用意愿		
		模型		
		M1	M2	M3
性别	男 & 女	0.522**	0.400**	0.526***
年龄	20 岁及以下	0.067	0.067	0.044
	21–30 岁	0.138**	0.128**	0.127*
	31—40 岁	0.079	0.069	0.095
	41—50 岁	0.140	0.131	0.113
教育水平	小学及以下	−0.014	−0.213	−0.248
	初中（含中专类）	0.271	0.071	0.039
	高中（含职高类）	0.058*	0.020	0.013
收入水平	1000—3000	0.142	0.164	0.143
	3001—5000	0.164*	0.054*	0.158*
工作性质	技术人员	0.376**	0.306*	0.370**
	基层管理人员	0.460***	0.339**	0.464***
	普通员工（一线员工）	0.117	0.048	0.095
自变量	社会影响		0.067*	
	使用情境			0.166***

注：***代表P在0.001水平上显著（双尾检验），**代表P在0.01水平上显著（双尾检验），*代表在0.05水平上显著（双尾检验）。

5.3.4 平台因素与使用意愿的回归分析

从表中可以看出，在控制变量不变的基础上，加入平台因素中的有用性、易用性、风险性和价值性进行分层回归分析，发现有用性、易用性、价值性与使用意愿具有显著正相关关系，风险性与因变量使用意愿呈显著负相关关系，支持假设H3-1—H3-4。具体见表5-24：

表5-24 平台因素与使用意愿回归结果汇总表（续）

类型	变量	使用意愿				
		模型				
		M1	M2	M3	M4	M5
性别	男 & 女	0.522**	0.491***	0.500**	0.533**	0.513**
年龄	20 岁及以下	0.067	0.085	0.020	0.067	0.255
	21—30 岁	0.138**	0.099**	0.140**	0.138**	0.030**
	31—40 岁	0.079*	0.085	0.089	0.079*	0.110*
	41—50 岁	0.140	0.122	0.123	0.140	0.313
教育水平	小学及以下	−0.014	−0.253	−0.222	−0.271	−0.247
	初中（含中专类）	0.271	0.003	0.040	0.058	0.067
	高中（含职高类）	0.058*	0.019*	0.005*	0.014*	0.020*
收入水平	1000—3000	0.142	0.162	0.138	0.022	0.147
	3001—5000	0.164*	0.131*	0.158*	0.088	0.156*
工作性质	技术人员	0.376**	0.395*	0.379*	0.381*	0.353*
	基层管理人员	0.460***	0.441**	0.480**	0.465**	0.430**
	普通员工（一线员工）	0.117	0.023	0.200	0.080	0.108
自变量	有用性		0.285**			
	易用性			0.244**		
	风险性				−0.761**	
	价值性					0.067***

注：***代表P在0.001水平上显著（双尾检验），**代表P在0.01水平上显著（双尾检验），*代表在0.05水平上显著（双尾检验）。

5.3.5 平台因素对个体因素与使用意愿关系调节作用的回归分析

5.3.5.1 有用性对个体因素与使用意愿关系调节作用的回归分析

在控制变量不变的基础上，引入自变量（使用态度、个人创新性和行为习惯），分层加入一个调节变量（有用性）进行回归分析。利用SPSS19.0软件，将调节变量有用性和自变量个体因素同时加入模型中，进行回归检验，并于加入交互项后进行分析，得出表5-25的数据。通过表5-25可知，各模型中的调节变量和交互项的系数均显著，说明有用性在个体因素与外来务工人员的使用意愿之间具有显著正向调节作用，假设H4-1得到支持。

表5-25　有用性对个体因素与使用意愿的调节作用验证汇总表（续）

类型	变量		使用意愿					
			模型					
			M1	M1'	M2	M2'	M3	M3'
控制变量	性别	男 & 女	0.223*	0.207*	0.242*	0.221*	0.219*	0.221*
	年龄	20 岁及以下	0.354	0.419	0.294	0.315	0.318	0.321
		21-30 岁	0.180	0.144	0.162	0.121	0.185	0.128
		31—40 岁	1.039	0.986	0.952	0.871	1.014	0.950
		41—50 岁	1.511	1.448	1.328	1.149	1.507	1.421
	教育水平	小学及以下	−0.058**	−0.080**	−0.023*	−0.031*	−0.013*	−0.014
		初中（含中专类）	0.189	0.168	0.165	0.145	0.151	0.148
		高中（含职高类）	0.027	0.023	0.020	0.009	0.014	0.008
	收入水平	1000—3000	1.280	1.278	1.112	1.029	1.290	1.227
		3001—5000	0.887	0.860	0.783	0.743	0.860	0.832
工作性质		技术人员	0.696	0.678	0.686	0.679	0.726	0.720
		基层管理人员	0.372**	0.362**	0.377**	0.361**	0.393**	0.386**
		普通员工	0.016	0.009	0.034	0.011	0.055	0.056

（续表）

类型	变量	使用意愿					
		模型					
		M1	M1'	M2	M2'	M3	M3'
自变量	使用态度	0.026**	0.327**				
	个人创新性			0.220	0.586		
	行为习惯					0.138**	0.374**
调节变量	有用性	0.257*	0.432*	0.283**	0.683**	0.291**	0.030**
	有用性 * 使用态度		0.082*				
	有用性 * 个人创新性				0.123*		
	有用性 * 行为习惯						0.078*
N		250	250	250	250	250	250
Nagelkerke R2		0.327	0.332	0.349	0.357	0.338	0.341

注：***代表P在0.001水平上显著（双尾检验），**代表P在0.01水平上显著（双尾检验），*代表在0.05水平上显著（双尾检验）。

5.3.5.2 易用性对个体因素与使用意愿关系调节作用的回归分析

在控制变量不变的基础上，加入自变量（使用态度、个人创新性和行为习惯），分层加入一个调节变量（易用性）进行回归分析。利用SPSS19.0软件，将调节变量易用性和自变量个体因素同时加入模型中，进行回归检验，并于加入交互项后进行分析，得出表5-26的数据。通过表5-26可知，各模型中的调节变量和交互项的系数均显著，说明易用性在个体因素与外来务工人员的使用意愿之间具有显著正向调节作用，假设H4-2得到支持。

表5-26　易用性对个体因素与使用意愿的调节作用验证汇总表

类型	变量	使用意愿					
		模型					
		M1	M1'	M2	M2'	M3	M3'
控制变量	性别						
	男 & 女	0.219**	0.218**	0.268**	0.266**	0.245**	0.250**
	年龄						
	20 岁及以下	0.402	0.435	0.470	0.487	0.503	0.498
	21—30 岁	0.115	0.095	0.036	0.003	0.041	0.052
	31—40 岁	0.942	0.880	0.902	0.869	0.912	0.914
	41—50 岁	1.492	1.445	1.489	1.431	1.619	1.624
	教育水平						
	小学及以下初中（含中专类）高中（含职高类）	−0.112*	−0.127*	−0.024*	−0.027*	−0.031*	−0.043*
		0.258	0.239	0.146	0.138	0.139	0.145
		0.082	0.104	0.013	0.024	0.029	0.031
	收入水平						
	1000—3000	1.172	1.112	1.207	1.179	1.316	1.325
	3001—5000	0.834	0.803	0.899	0.899	0.932	0.937
	工作性质						
	技术人员	0.621	0.623	0.705	0.700	0.713	0.743
	基层管理人员	0.354**	0.362**	0.488**	0.483**	0.490**	0.512**
	普通员工	0.013	0.019	0.105	0.100	0.000	0.015
自变量	使用态度	0.199*	0.553*				
	个人创新性			0.195	0.403		
	行为习惯					0.162*	0.341*
调节变量	易用性	0.180**	0.553**	0.163**	0.380**	0.249**	0.237**
	易用性 * 使用态度		0.113**				
	易用性 * 个人创新性				0.066**		
	易用性 * 行为习惯						0.036**
	N	250	250	250	250	250	250
	Nagelkerke R2	0.329	0.335	0.309	0.310	0.306	0.309

　　注：***代表P在0.001水平上显著（双尾检验），**代表P在0.01水平上显著（双尾检验），*代表在0.05水平上显著（双尾检验）。

5.3.5.3 风险性对个体因素与使用意愿关系调节作用的回归分析

在控制变量不变的基础上，加入自变量（使用态度、个人创新性和行为习惯），分层加入一个调节变量（风险性）进行回归分析。利用SPSS19.0软件，将调节变量风险性和自变量个体因素同时加入模型中，进行回归检验，并于加入交互项后进行分析，得出表5-27数据。通过表5-27可知，各模型中的调节变量和交互项的系数均不显著，说明风险性在个体因素与外来务工人员的使用意愿之间不具有显著调节作用，反对假设H4-3。

表5-27 风险性对个体因素与使用意愿的调节作用验证汇总表

类型	变量	使用意愿					
		模型					
		M1	M1'	M2	M2'	M3	M3'
控制变量	性别						
	男 & 女	0.221**	0.210**	0.270**	0.258**	0.258**	0.258**
	年龄						
	20 岁及以下	0.350	0.357	0.381	0.386	0.489	0.489
	21—30 岁	0.155	0.127	0.100	0.104	0.014	0.013
	31—40 岁	1.024	0.991	0.991	0.986	0.932	0.931
	41—50 岁	1.565	1.530	1.563	1.568	1.619	1.618
	教育水平						
	小学及以下初中（含中专类）高中（含职高类）	−0.082** 0.224 0.053	−0.065** 0.188 0.020	−0.073** 0.085 0.062	−0.055** 0.094 0.049	−0.077** 0.118 0.000	−0.077** 0.118 0.000
	收入水平						
	1000—3000	1.288	1.287	1.308	1.303	1.416	1.415
	3001—5000	0.891	0.880	0.921	0.916	1.026	1.026
	工作性质						
	技术人员	0.698	0.712	0.776	0.786	0.839	0.838
	基层管理人员	0.395**	0.418**	0.531**	0.538**	0.564**	0.563**
	普通员工	0.021	0.048	0.138	0.152	0.066	0.066

（续表）

类型	变量	使用意愿					
		模型					
		M1	M1'	M2	M2'	M3	M3'
自变量	使用态度	0.208**	0.253**				
	个人创新性			0.252	0.077		
	行为习惯					0.231**	0.229**
调节变量	风险性	−0.020**	−0.443*	−0.122*	−0.425*	−0.208*	−0.210*
	风险性 * 使用态度		−0.133				
	风险性 * 个人创新性				−0.092		
	风险性 * 行为习惯						−0.001
N		250	250	250	250	250	250
Nagelkerke R2		0.318	0.326	0.304	0.306	0.239	0.235

注：***代表P在0.001水平上显著（双尾检验），**代表P在0.01水平上显著（双尾检验），*代表在0.05水平上显著（双尾检验）。

5.3.5.4 价值性对个体因素与使用意愿关系调节作用的回归分析

在控制变量不变的基础上，加入自变量（使用态度、个人创新性和行为习惯），分层加入一个调节变量（价值性）进行回归分析。利用SPSS19.0软件，将调节变量价值性和自变量个体因素同时加入模型中，进行回归检验，并于加入交互项后进行分析，得出表5-28数据。通过表5-28可知，各模型中的调节变量和交互项的系数均显著，说明价值性在个体因素与外来务工人员的使用意愿之间具有显著正向调节作用，假设H4-4得到支持。

表5-28 价值性对个体因素与使用意愿的调节作用验证汇总表

类型	变量	使用意愿					
		模型					
		M1	M1'	M2	M2'	M3	M3'
控制变量	性别						
	男 & 女	0.179**	0.189**	0.223**	0.190**	0.202**	0.192**
	年龄						
	20 岁及以下	0.441	0.507	0.512	0.580	0.537	0.526
	21—30 岁	0.269	0.258	0.193	0.058	0.218	0.150
	31—40 岁	1.081	1.028	1.043	0.923	1.094	1.013
	41—50 岁	1.519	1.434	1.523	1.291	1.660	1.582
	教育水平						
	小学及以下初中（含中专类）	−0.114**	−0.132**	−0.009**	−0.040**	−0.015	−0.033**
	高中（含职高类）	0.207	0.210	0.106	0.057	0.093	0.086
		0.014	0.013	0.069	0.040	0.046	0.053
	收入水平						
	1000—3000	1.345	1.283	1.379	1.288	1.522	1.442
	3001—5000	0.802	0.765	0.866	0.841	0.920	0.899
	工作性质						
	技术人员	0.718	0.696	0.791	0.790	0.824	0.814
	基层管理人员	0.428**	0.418**	0.548**	0.555**	0.565**	0.563**
	普通员工（一线员工）	0.059	0.056	0.162	0.134	0.097	0.084
自变量	使用态度	0.186**	0.582**				
	个人创新性			0.168	0.939		
	行为习惯					0.108**	0.362**
调节变量	价值性	0.305*	0.705**	0.302*	1.133**	0.323**	0.029**
	价值性 * 使用态度		0.130**				
	价值性 * 个人创新性				0.259**		
	价值性 * 行为习惯						0.085**
	N	250	250	250	250	250	250
	Nagelkerke R2	0.365	0.376	0.345	0.369	0.339	0.342

注：***代表P在0.001水平上显著（双尾检验），**代表P在0.01水平上显著（双尾检验），*代表在0.05水平上显著（双尾检验）。

5.3.6 平台因素对社会因素与使用意愿关系调节作用的回归分析

5.3.6.1 有用性对社会因素与使用意愿关系调节作用的回归分析

在控制变量不变的基础上，加入自变量（社会影响和使用情境），分层加入一个调节变量（有用性）进行回归分析。利用SPSS19.0软件，将调节变量有用性和自变量社会因素同时加入模型中，进行回归检验，并于加入交互项后进行分析，得出表5-29数据。通过表5-29可知，各模型中的调节变量和交互项的系数均显著，说明有用性在社会因素与外来务工人员的使用意愿之间具有显著正向调节作用，假设H5-1得到支持。

表5-29 有用性对社会因素与使用意愿的调节作用验证汇总表

类型	变量	使用意愿			
		模型			
		M1	M1'	M2	M2'
控制变量	性别				
	男 & 女	0.223**	0.212**	0.212**	0.210**
	年龄				
	20 岁及以下	0.398	0.432	0.349	0.408
	21—30 岁	0.124	0.064	0.096	0.053
	31—40 岁	0.918	0.805	0.935	0.869
	41—50 岁	1.334	1.163	1.425	1.384
	教育水平				
	小学及以下初中（含中专类）	−0.099**	−0.091**	−0.063**	−0.055**
		0.202	0.160	0.207	0.194
	高中（含职高类）	0.013	0.001	0.046	0.060
	收入水平				
	1000—3000	1.219	1.143	1.141	1.080

（续表）

类型	变量	使用意愿			
		模型			
		M1	M1'	M2	M2'
	3001—5000	0.808	0.755	0.867	0.874
	工作性质				
	技术人员	0.650	0.661	0.647	0.663
	基层管理人员	0.366**	0.373**	0.362**	0.399**
	普通员工（一线员工）	0.019	0.010	0.039	0.039
自变量	社会影响	0.233**	0.582**		
	使用情境			0.126**	0.550**
调节变量	有用性	0.258**	0.681**	0.269**	0.736**
	有用性 * 社会影响		0.125**		
	有用性 * 使用情境				0.143**
	N	250	250	250	250
	Nagelkerke R^2	0.343	0.349	0.333	0.342

注：***代表P在0.001水平上显著（双尾检验），**代表P在0.01水平上显著（双尾检验），*代表在0.05水平上显著（双尾检验）。

5.3.6.2　易用性对社会因素与使用意愿关系调节作用的回归分析

在控制变量不变的基础上，加入自变量（社会影响和使用情境），分层加入一个调节变量（易用性）进行回归分析。利用SPSS19.0软件，将调节变量易用性和自变量社会因素同时加入模型中，进行回归检验，并于加入交互项后进行分析，得出表5-30数据。通过表5-30可知，各模型中的调节变量和交互项的系数均显著，说明易用性在社会因素与外来务工人员的使用意愿之间具有显著正向调节作用，假设H5-2得到支持。

表5-30　易用性对社会因素与使用意愿的调节作用验证汇总表

类型	变量	使用意愿			
		模型			
		M1	M1'	M2	M2'
控制变量	性别				
	男 & 女	0.248**	0.247**	0.245**	0.232**
	年龄				
	20 岁及以下	0.555	0.526	0.514	0.572
	21—30 岁	0.002	0.042	0.012	0.084
	31—40 岁	0.848	0.921	0.931	0.836
	41—50 岁	1.441	1.516	1.607	1.536
	教育水平				
	小学及以下初中（含中专类）	−0.059 0.187	−0.079 0.208	−0.006 0.173	−0.003 0.169
	高中（含职高类）	0.015	0.000	0.036	0.029
	收入水平				
	1000—3000	1.276	1.343	1.290	1.243
	3001—5000	0.891	0.927	0.984	0.999
	工作性质				
	技术人员	0.659	0.657	0.694	0.692
	基层管理人员	0.464**	0.470**	0.478**	0.501**
	普通员工（一线员工）	0.049	0.076	0.049	0.051
自变量	社会影响	0.256**	0.315**		
	使用情境			0.069**	0.432**
调节变量	易用性	0.154**	0.510**	0.146**	0.518**
	易用性 * 社会影响		0.184**		
	易用性 * 使用情境				0.112**
	N	250	250	250	250
	Nagelkerke R^2	0.310	0.316	0.292	0.298

注：***代表P在0.001水平上显著（双尾检验），**代表P在0.01水平上显著（双尾检验），*代表在0.05水平上显著（双尾检验）。

5.3.6.3 风险性对社会因素与使用意愿关系调节作用的回归分析

在控制变量不变的基础上，加入自变量（社会影响和使用情境），分层加入一个调节变量（风险性）进行回归分析。利用SPSS19.0软件，将调节变量风险性和自变量社会因素同时加入模型中，进行回归检验，并于加入交互项后进行分析，得出表5-31数据。通过表5-31可知，各模型中的调节变量和交互项的系数均不显著，说明风险性在社会因素与外来务工人员的使用意愿之间不具有显著调节作用，反对假设H5-3。

表5-31 风险性对社会因素与使用意愿的调节作用验证汇总表

		模型			
		M1	M1'	M2	M2'
控制变量	性别				
	男 & 女	0.246**	0.246**	0.231**	0.236**
	年龄				
	20 岁及以下	0.503	0.471	0.444	0.417
	21-30 岁	0.046	0.002	0.012	0.006
	31—40 岁	0.915	0.861	0.918	0.934
	41—50 岁	1.496	1.419	1.607	1.638
	教育水平				
	小学及以下	−0.036**	−0.037**	−0.013**	−0.021**
	初中（含中专类）	0.145	0.149	0.155	0.141
	高中（含职高类）	0.020	0.017	0.028	0.024
	收入水平				
	1000—3000	1.385	1.317	1.263	1.273
	3001—5000	0.918	0.920	1.000	0.997
	工作性质				
	技术人员	0.716	0.717	0.707	0.714
	基层管理人员	0.499**	0.504**	0.498**	0.504**
	普通员工（一线员工）	0.069	0.084	0.046	0.054
自变量	社会影响	0.310*	0.435**		
	使用情境			0.189*	0.040**

（续表）

		模型			
		M1	M1'	M2	M2'
调节变量	风险性	−0.086*	−0.852*	−0.077*	−0.293*
	风险性 * 社会影响		−0.213		
	风险性 * 使用情境				−0.066
	N	250	250	250	250
	Nagelkerke R²	0.305	0.311	0.292	0.293

注：***代表P在0.001水平上显著（双尾检验），**代表P在0.01水平上显著（双尾检验），*代表在0.05水平上显著（双尾检验）。

5.3.6.4 价值性对社会因素与使用意愿关系调节作用的回归分析

在控制变量不变的基础上，加入自变量（社会影响和使用情境），分层加入一个调节变量（价值性）进行回归分析。利用SPSS19.0软件，将调节变量价值性和自变量社会因素同时加入模型中，进行回归检验，并于加入交互项后进行分析，得出表5-32的数据。通过表5-32可知，各模型中的调节变量和交互项的系数均显著，说明价值性在社会因素与外来务工人员的使用意愿之间具有显著正向调节作用，假设H5-4得到支持。

表5-32 价值性对社会因素与使用意愿的调节作用验证汇总表

		模型			
		M1	M1'	M2	M2'
	性别				
	男 & 女	0.204**	0.191**	0.193**	0.209**
	年龄				
控制变量	20 岁及以下	0.593	0.533	0.547	0.568
	21—30 岁	0.159	0.044	0.130	0.030
	31—40 岁	0.977	0.786	1.002	0.889
	41—50 岁	1.449	1.240	1.561	1.482
	教育水平				
	小学及以下初中	−0.074**	−0.049**	−0.031**	−0.060**
	（含中专类）	0.146	0.115	0.147	0.149

（续表）

		模型			
		M1	M1'	M2	M2'
	高中（含职高类）	0.046	0.058	0.012	0.004
	收入水平				
	1000—3000	1.422	1.244	1.354	1.244
	3001—5000	0.839	0.757	0.910	0.894
	工作性质				
	技术人员	0.739	0.729	0.743	0.733
	基层管理人员	0.523**	0.527**	0.526**	0.527**
	普通员工（一线员工）	0.111	0.111	0.096	0.077
自变量	社会影响	0.254**	0.827**		
	使用情境			0.131**	0.644**
调节变量	价值性	0.310**	0.991**	0.314**	0.884**
	价值性 * 社会影响		0.199**		
	价值性 * 使用情境				0.172**
	N	250	250	250	250
	Nagelkerke R^2	0.352	0.363	0.234	0.248

注：***代表P在0.001水平上显著（双尾检验），**代表P在0.01水平上显著（双尾检验），*代表在0.05水平上显著（双尾检验）。

5.4　本章小结

5.4.1　影响使用意愿的因素与使用意愿的关系总结

从表5-33中可以看出，使用态度、行为习惯、社会影响、使用情境、有用性、易用性、价值性均与使用意愿之间存在显著正相关性，风险性与使用意愿之间存在显著负相关性，且均进入回归模型，说明以上变量对使用意愿具有十分重要的影响作用；个人创新性与使用意愿之间虽存在显著相关性但不进入模型，其对使用意愿之间的影响值得进一步商榷和探讨。

表5-33　各变量与使用意愿的相关性分析与回归分析汇总表

自变量		因变量	
		使用意愿	
		相关性分析	回归分析
个体因素	使用态度个人创新性	++	Y
		+	N
	行为习惯	+++	Y
社会因素	社会影响使用情境	++	Y
		++	Y
平台因素	有用性易用性	++	Y
		++	Y
	风险性	–	Y
	价值性	++	Y

注："+"表示在0.1水平上显著正相关，"++"表示在0.05水平上显著正相关，"+++"表示在0.01水平上显著正相关，"–"表示在0.1水平上显著负相关。"Y"表示进入回归模型，"N"表示未进入回归模型。

5.4.2　调节变量对自变量与因变量关系的调节作用总结

从表5-34中可以看出，有用性、易用性、价值性对个体因素和社会因素与使用意愿关系均存在显著调节作用，风险性对个人因素和社会因素与使用意愿关系均不存在显著调节作用。

表5-34　调节变量对各变量和使用意愿的调节作用汇总表

调节变量	自变量		因变量
			使用意愿
			调节作用
有用性	个体因素	使用态度 个人创新性 行为习惯	显著调节
	社会因素	社会影响 使用情境	显著调节

（续表）

调节变量	自变量		因变量
			使用意愿
			调节作用
易用性	个体因素	使用态度 个人创新性行为习惯	显著调节
	社会因素	社会影响 使用情境	显著调节
风险性	个体因素	使用态度 个人创新性 行为习惯 使用情境	不显著调节
价值性	个体因素	使用态度 个人创新性 行为习惯	显著调节
	社会因素	社会影响使用情境	显著调节

5.4.3 假设结果验证

表5-35　本章假设结果验证表

	研究假设	验证结果
个体因素与使用意愿关系的假设	H1：个体因素与外来工移动支付使用意愿呈显著相关性。 H1-1：使用态度与外来工移动支付使用意愿呈显著正相关性。	部分成立
	H1-2：个人创新性与外来工移动支付使用意愿呈显著正相关性。	不成立
	H1-3：行为习惯与外来工移动支付使用意愿呈显著正相关性。	成立
社会因素与使用愿意关系的假设	H2：社会因素与外来工移动支付使用意愿呈显著正相关性。	全部成立
	H2-1 社会影响与外来工移动支付使用意愿呈显著正相关性。	成立
	H2-2：使用情境与外来工移动支付使用意愿呈显著正相关性。	成立

（续表）

	研究假设	验证结果
平台因素与使用意愿关系的假设	H3：平台因素与外来工移动支付使用意愿呈显著相关性。 H3-1：有用性与外来工移动支付使用意愿呈显著正相关性。	全部成立
	H3-2：易用性与外来工移动支付使用意愿呈显著正相关性。	成立
	H3-3：风险性与外来工移动支付使用意愿呈显著负相关性。	成立
	H3-4：价值性与外来工移动支付使用意愿呈显著正相关性。	成立
平台因素对个体因素与使用意愿关系的调节作用假设	H4：平台因素在个体因素与移动支付使用意愿的关系中具有调节作用。 H4-1：有用性在个体因素与使用意愿的关系中起调节作用。 H4-2：易用性在个体因素与使用意愿的关系中起调节作用。	部分成立 成立 成立
	H4-3：风险性在个体因素与使用意愿的关系中起调节作用。	不成立
	H4-4：价值性在个体因素与使用意愿的关系中起调节作用	成立
平台因素对社会因素与使用意愿关系的调节作用假设	H5：平台因素在社会因素与移动支付使用意愿的关系中具有调节作用。 H5-1：有用性在社会因素与使用意愿的关系中起调节作用。	部分成立 成立
	H5-2：易用性在社会因素与使用意愿的关系中起调节作用。	成立
	H5-3：风险性在社会因素与使用意愿的关系中起调节作用。	不成立
	H5-4：价值性在社会因素与使用意愿的关系中起调节作用。	成立

5.4.4 修正模型

基于上一小结的结论分析后，我们对3.1.2节的模型进行修正，修正后的模型如图5-9所示：

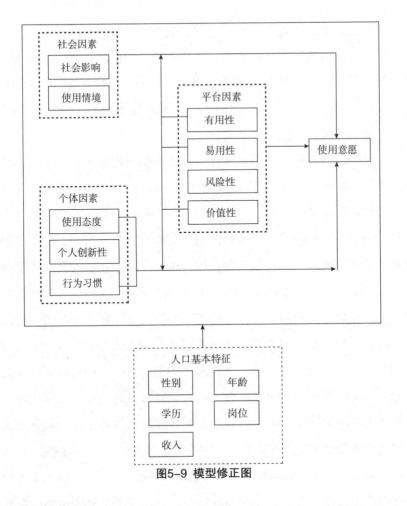

图5-9 模型修正图

6 结论与展望

6.1 实证分析结果讨论

6.1.1 影响外来工使用意愿因子的讨论

6.1.1.1 个体因素对外来工移动支付使用意愿的影响

个体因素包括使用态度、个人创新性和行为习惯。其中使用态度
（ρ=0.284**）和行为习惯（ρ=0.291***）与外来工移动支付使用意愿具有

显著的正相关关系，且均进入回归模型。表明当外来工对移动支付使用态度越积极、与以往的使用习惯越相近，对移动支付的使用意愿可能越大。该结论符合戴维斯（Davis）的技术接受模型（TAM），同时也与陈渝（2014）、FranciscoJoseLiebana—Cabanillas（2014）、Vander Heijden（2015）等多位学者的研究结果相符[①]。

个人创新性因素虽与使用意愿存在相关性却不能进入回归模型，表明其对使用意愿的影响不显著。该结论与梅森（Mason，2003）、王庆华（2013）多位学者的研究结果不一致[②]。笔者结合1.3节中外来工特征相关文献和5.1节对泉州外来工的实际情况，对该结论做出可能性解释：第一，外来工群体受教育水平有限从而限制个人创新性发挥。研究样本中初中及高中学历外来务工者占总调查总数的71.60%，大学以上学历者仅占18.80%。根据学者钟甫宁（2014）、左斌营（2012）、祁明德等（2011）、李明华（2007）等通过对外来工群体的调查都发现大学学历者其仅占所调查人数的14.1%、12.46%、15.1%和12%[③]。因此笔者猜测，教育水平的限制对个人创新性有一定负向影响，导致对使用意愿的影响不显著；第二，外来工高强度的工作环境导致个人休闲娱乐时间被压缩，缺少培养个人创新性的条件和环境。从外来工的工作岗位和劳动强度来看，普通员工（一线员工）占总样本的60.8%，且工作时间高于国家法定时间（8小时/天）的人数占78.8%，说明调查的外来工群体中普遍存在工作强度较大、工作时间较长的现象，以至于缺少足够的业余时间培养个人兴趣和爱好，抑制个人创新性的培养。

---

① 陈渝、毛姗姗、潘晓月：《信息系统采纳后习惯对用户持续使用行为的影响》，《管理学报》，2014年第11卷第3期，第156-163页；Francisco Jose Liebana-Cabanillas, Juan Sanchez-Fernandez, Francisco Munoz-Leiva.Role of gender on acceptance of mobile payment［J］.*Industrial Management & Data Systems*，2014，Vol.114（2），pp.220-240；周大鸣、周建新：《"自由的都市边缘人"——东南沿海散工研究（一）》，《西南民族大学学报》，2006年第8期。

② 梅森（Mason）CH.An empirical study of innate consumer innovativeness［J］.Journal of the Academy of Marketing Science.2013, 31（01）：61-37；王庆华：《感知价值与参照群体对新生代农民工职业培训支付意愿的影响研究》，吉林大学硕士论文，2013年。

③ 祁明德、熊科：《外来农民工劳动就业状况调查分析》，《人民论坛》，2011年第183卷第9期，第4-6页；左斌营：《福州市外来农民工继续教育现状与对策研究》，福建师范大学硕士论文，2012年版；钟甫宁、陈奕山：《务农经历、受教育程度与初次外出务工的职业选择》，《中国农村观察》，2014年第35卷第3期，第18-19页；李明华：《关于开发外来务工人员开放教育市场的调研报告》，《开放教育学院》，2007年第4期，第33-45页。

6.1.1.2 社会因素对外来工移动支付使用意愿的影响

本章中的社会因素包括社会影响（ρ=0.257**）和使用情境（ρ=0.226**）。在Person相关分析中证明两个变量皆与使用意愿呈正相关关系，且顺利进入回归模型。该结论符合整合型科技接受模型（UTAUT）和拉维奇（Lavidge，1996）的情境理论，与学者姜海龙（2010）、丁辉（2014）、王英迪（2016）、赵延昇（2015）等的研究结论相符合[①]。说明当外来工受到的重要人物、周围环境氛围的积极影响越大、外来工使用移动支付时的场景越丰富多样，越能提高他们移动支付使用意愿。

6.1.1.3 平台因素对为外来工移动支付使用意愿的影响

平台因素包括移动支付系统的有用性、易用性、风险性和价值性，本章主要通过消费者的使用感知作为因素的衡量标准。在相关性分析中，四个因素皆与使用意愿具有显著性关系（ρ值分别为0.713**、0.349**、–0.413**和0.319**），且均顺利进入回归模型。该结论与众多学者的研究结果相符：第一，"有用性、易用性与移动支付使用意愿具有正相关性"结论符合戴维斯（Davis）的技术接受模型（TAM），该模型将感知有用性和感知易用性作为影响使用意愿的两个核心变量；且与陶建杰（2013）、施华康（2007）、Luarn&Lin（2005）、李子卓（2015）等多位学者的论证结果一致[②]。因此，当外来工意识到移动支付系统使用简单、容易操作且可以为个人生活和工作带来便利时，越可能提升使用移动支付的意愿；第二，"风险性对移动支付

---

① 姜海龙：《基于UTAUT理论的移动支付技术接受模型及实证研究》，北京邮电大学硕士论文，2010年；丁辉：《消费者第三方移动支付使用意愿影响因素研究》，安徽大学硕士论文，2014年；谢爱珍：《基于UTAUT大学生手机移动学习使用意愿影响因素研究》，浙江师范大学硕士论文，2012年；吴莹、李新悦、张清瑶：《影响青年用户使用第三方移动支付意愿调查研究》，《理论探讨》，2016年第18卷第1期，第5–7页；刘超：《微信支付的消费者持续使用意愿实证研》，东北财经大学硕士论文，2014年；习勤、张若愚、姜美芳：《基于结构方程模型的移动支付用户使用意愿影响因素分析》，《华东交通大学学报》，2015年第5期，第125–132页；王英迪：《微信支付用户使用意愿影响因素研究》，山西财经大学硕士论文，2016年；赵延昇、高佳：《移动社交支付APP用户持续使用意愿研究——主观参照的调节作用》，《大连理工大学学报》，2015年第4期，第57–61页。

② 陶建杰：《新生代农民工信息渠道使用意愿的影响因素研究》，《南京农业大学学报》（社会科学版），2013年第18卷第2期，第31–36页；施华康：《消费者对移动支付业务使用意愿的影响因素研究》，浙江大学硕士论文，2007年；Luran，P.& Lin，H.H.Toward an understanding of the behavioral intentionto use mobile banking [J]. *Computers in Human Behavior*，2005，21（6）：873–891；李子卓：《移动支付用户支付意愿影响因素分析》，《系统实践》，2015年第30卷第12期，第10–11页；

使用意愿具有负向影响"的结论符合学者鲍尔（Bauer）、Cox和Cunningham的感知风险理论，与杨水清（2011）通过实证研究证明消费者对互联网支付的感知风险对其使用意愿具有显著负向影响的观点一致[①]。叶云（2012）、李向涛（2013）、刘家乐（2011）等多位学者也曾经用感知风险作为自变量探究对使用意愿的影响，通过实证研究论证两者存在负相关性[②]。因此，当外来工意识到使用移动支付的风险较低、信任度较高，不会对个人财务、隐私信息造成威胁时，可能会提高移动支付的使用意愿；第三，"价值性对移动支付使用意愿具有正向影响"的结论符合顾客感知价值理论和感知价值模型（VAM），该模型认为感知利得和感知利失之间的权衡构成感知价值，并对消费者的使用意愿产生影响。陈启权2015年曾通过实证研究证实：当苹果公司推出的ApplePay进一步满足移动支付用户的使用需求，该群体的感知价值将会显著增加，从而进一步提升用户的使用意愿。学者李凯（2013）、白琳（2007）等均通过实证研究证实了该结论[③]。因此，当外来工群体认为使用移动支付可以为其带来价值（如优惠活动、高质量的服务等），其使用移动支付的意愿可能会相应提升。

6.1.2 调节变量的讨论

6.1.2.1 平台因素对个体因素和使用意愿关系的调节作用

由分层回归结果可得，平台因素中的有用性、易用性和价值性对个体因素和使用意愿之间的关系具有显著调节作用。三者的调节力度略有差别，其中有用性（0.015）>易用性（0.012）>价值性（0.011）。说明即使外来工原本对移动支付的使用态度较消极、个人创新性较低，或者与过去的使用习惯不兼容从而导致使用意愿低，但通过某途径感受到移动支付系统具有有用

[①] 杨水清、鲁耀斌、曹玉枝：《基于跨渠道的消费者移动支付采纳研究》，《科研管理》，2011年第32卷第10期，第10—11页。

[②] 叶云：《基于感知价值的用户移动支付使用意愿影响因素研究》，浙江工商大学硕士论文，2012年；李向涛：《移动支付消费者使用意愿模型及其实证研究》，华南理工大学硕士论文，2013年；刘家乐：《消费者移动支付使用意愿影响因素及其作用机制研究》，北京邮电大学硕士论文，2011年。

[③] 刘宜清：《手机支付使用意愿及其影响因素的研究》，《科技经济导刊》，2016年第29卷第9期，第3—5页；白琳：《顾客感知价值、顾客满意和行为倾向的关系研究述评》，《管理评论》，2009年第9卷第12期，第1—2页。

性、易用性和价值性，经过一段时间的积极影响，可能会改变原来对移动支付系统的态度、接受度和使用习惯，提高对移动支付的使用意愿，反之同理。

风险性对个体因素和使用意愿的调节作用不显著（M4'－M4=0.001），说明外来工原本对移动支付接受度较高、符合过去的使用习惯并持有积极态度，即使感知移动支付系统有较高的风险性，也不会因此降低使用意愿，反之亦成立。

但综合上文的回归结果发现，风险性负向影响消费者的使用意愿，却不具有调节作用。针对该现象笔者做出可能性解释：第一，风险性因素虽对使用意愿产生负向影响，但未达到可调节其他变量关系的力度。移动支付的风险性问题较早就开始引起社会关注，商家将该因素列为拓展市场的最大阻碍之一，长期内不断对系统进行整改和完善——虽然移动支付的发展历史不长，但安全性却得到很大程度的提升和保障，从最基本的手机绑定、短信验证到指纹锁、声波锁、人脸识别等保密技术的推行，以及2016年12月中国人民银行推行的防诈骗举措——通过ATM机转账的款项可在24小时内撤销操作以确保资金安全，都从技术层面和制度层面进一步保障了消费者的财产安全，让外来工群体放松警惕。2017年1月10日，中国银联发布2016年移动支付的安全性调查报告显示：消费者对移动支付的安全性信心增强，担忧系统安全问题的人数相较去年下降了17%，调查者中认为目前的主流支付方式既安全又便捷的人数相较提升了5%；第二，笔者根据样本调查结果推测：外来工群体由于文化教育水平有限，对移动支付风险性认知不足。因此，当他们对移动支付的使用态度较积极并且培养起移动支付使用习惯，风险性作为未发生的、模棱两可的不确定性因素，较难对个人因素和使用意愿关系产生调节作用。

6.1.2.2　平台因素对社会因素和使用意愿关系的调节作用

根据分层回归分析结果显示，平台因素中的有用性、易用性和价值性分别对社会因素和使用意愿关系起到调节作用，三者的调节力度略有区分：有用性（0.098）>易用性（0.014）>价值性（0.011）。说明即使外来工原本感知的社会影响较小，或者认为移动支付的使用情境不够丰富和完善，但通过某种途径感知到移动支付系统的有用性、易用性和价值性，仍然可能提升自身对移动支付系统的使用意愿；风险性在社会因素和使用意愿关系中不具备调节作用，笔者认为可能性原因与本节"平台因素对个体因素和使用意愿关系的调节作用"中做出的解释相似。

6.2 对策及建议

本节将从社会因素和平台因素两个角度出发对移动支付有关商家提出合理性建议，以期在进一步拓展移动支付市场份额和提升外来工移动支付使用率方面发挥一定作用。但本节不再单独对个体因素（包括外来工使用态度、个人创新性和行为习惯）展开论述，原因如下：第一，戴维斯（Davis）的技术接受模型中提出感知有用性和易用性对用户的态度具有显著正向作用，且本章5.2节Person相关性分析结果显示社会影响与使用态度具有正相关关系。为避免重复，本节不再单独对使用态度因素展开论述；第二，5.3节假设检验中证明外来工的个人创新性因素与使用意愿之间不具有显著相关性（P=0.062），对此，笔者也将不再赘述；第三，赵礼强（2015）经过研究证明用户对产品和服务的满意度、对产品的认知程度会正向影响使用习惯[1]，陈渝（2014）提出认知易用性、认知有用性与用户的行为习惯具有正向影响[2]。为避免与社会因素、平台因素展开的对策建议有重复，本节将不再单独针对个体因素提出建议。

6.2.1 基于社会因素的对策建议

6.2.1.1 利用社群力量提高外来工移动支付使用意愿

由于外来工群体经常形成以地域或以工作岗位为划分依据的小团

---

[1] 赵礼强、刘正福、徐娴英：《网络消费者重复购买意愿的实证研究》，《沈阳航空航天大学学报》，2015年第32卷第4期，第69–75页。

[2] 陈渝、毛姗姗、潘晓月：《信息系统采纳后习惯对用户持续使用行为的影响》，《管理学报》，2014年第11卷第3期，第156–163页。

体，且通过实证研究证明社会影响与外来工使用意愿存在显著正相关关系
（P=0.067*），因此，笔者提出以下建议：第一，利用微信朋友圈、老乡会
等线上和线下社交平台，培养个人创新性较高的外来务工人员，构建生成自
下向上的草根模式进行宣传；第二，根据实际情况适当进行舆论造势，在外
来工的生活圈里灌输"移动支付方式是未来大势所趋"等理念，吸引更多潜
在用户；第三，通过上司或年轻群体热爱的偶像人物的宣传提高移动支付业
务的流行程度以及形象。

6.2.1.2 丰富移动支付情境

随着移动支付业务的普及，情境建设尤为重要。第一，建议移动支付商
家与外来工生活圈密切联系的网点合作。如支持自动售货机扫码取件的线下
支付方式，既避免进行零钱兑换，又可以提高购物效率；第二，与城市"一
卡通"合作。公交、地铁、火车等是外来务工人员的主要交通工具，通过与
"一卡通"合作可以大大增加用户的产品粘性。建议可以在火车站的购票中
心进行线上购票的宣传，在春运或其他节假日的人流量密集期安排工作人员
指导回乡外来工开通购票APP等。

6.2.2 基于平台因素的对策建议

6.2.2.1 提升外来工对移动支付的有用性认知

进一步深入了解移动支付的有用性，可以提高外来工的使用意愿。第
一，加大广告宣传。大多数外来工可能只体验过移动支付的一般功能，如缴
费、扫码付款、红包等，对于移动支付的理财、信用卡定期还款、查询快递
物流等其他功能还不甚了解。商家可以通过各个渠道，如线上广告推送、短
信提醒，线下的报纸、宣传册、广告牌等向外来工灌输移动支付强大的功能
系统的有用性认知；第二，条件允许情况下，为外来工"量体裁衣"，开发
与外来工生活相关的移动支付功能，如外来工餐卡线上充值或与厂家合作，
通过移动支付发放福利补贴（例如线上购物卡）。

6.2.2.2 提升外来工对移动支付的易用性认知

第一，从技术上简化移动支付开通步骤，降低使用"门槛"；第二，保持移动支付APP界面的简单与清晰，将常用的基本的功能置顶于首页，其他功能根据个人需求进行自定义个性添加；第三，保持移动支付APP界面布局稳定性。部分第三方支付软件的支付菜单界面经常发生升级、变更，消费者在使用过程中要频繁适应这种变化，导致支付时无法及时找到功能键显得"手足无措"。建议商家将系统升级频率控制在一定范围；第四，保持移动支付系统操作过程的流畅性，及时修复软件出现的问题、减少广告的弹出和推送；第五，加大现场指导力度。在外来工人流密集网点进行现场指导和答疑，加快他们的上手速度。

6.2.2.3 提升移动支付的安全性能

第一，从技术层面提高移动支付的安全性，如建立完善的移动支付系统、通信网络保障系统、注重云端数据保护降低用户隐私被泄露的风险；第二，从制度层面上建立风险防范和内控机制、建立法律体系保证移动支付系统安全性；第三，降低移动支付系统的时间风险。提高合作商家的服务质量，对顾客使用过程中出现的问题给予解惑和指导。

6.2.2.4 提升外来工对移动支付的感知价值

商品和服务的价值性是驱动顾客对产品进行了解和使用的重要动力之一。第一，提升服务质量。对于晦涩难懂的问题尽量借助通俗的语言简化之，避免过多专业性用语，考虑这部分群体远离家乡，运用家乡语言沟通更能产生亲切感，达到事半功倍的效果；第二，提升用户感知利得，开展促销式营销活动，使其真正感受到移动支付带来的价值。考虑传统的促销折价很难让外来工群体倾心，可以在营销活动中加入一些趣味成分，比如"哄抢"红包、"运气"随机抽奖和随机折价等方式来提升外来工群体的兴趣和产品粘性。

6.3 研究局限性

6.3.1 研究样本的局限性

本章对外来工从事的行业调查具有一定局限性。学者周大鸣、周建新（2006）对广东外来工身份的界定：多数外来工在私企或中外合资企业中当工人，干的是脏、重、累、苦、差的活[①]；丁金宏（1995）对珠海外来工调查发现，他们主要的工作大多是本地劳动力不愿从事的苦、脏、累、重、险、高温等工种[②]。可见对不同地域外来工群体的界定不尽相同。同样的，本书调查的工种带有明显的地域特色。由于泉州是中国三大鞋业制工基地之一、全国童装和纺织机械中心、全国最大的工艺瓷生产出口地区，因此，本次调查仅涉及制造业、零售业和建筑业，对于研究全国外来工移动支付使用意愿可能欠缺普遍适用性。

6.3.2 研究内容的局限性

影响外来工消费者对移动支付使用意愿的因素不止于此，除了本书引入的因素外，还可以参考如创新扩散理论中的兼容性因素、整合型信息接受模型中的文化因素、计划行为理论中的主观规范因素等。由于研究精力有限，本书无法一一顾及，只选取较典型的几个因素加以研究探讨。

6.4 研究创新之处

（1）研究对象创新。本书基于移动支付日益普及和庞大劳动力跨地域迁移的大背景下，从外来工视角出发，研究该群体关于移动支付使用意愿的影响因素。笔者通过文献阅读发现，戴维斯（Davis）提出的技术接受模型（TAM）研究对象普遍为文化水平较高的知识群体，目前为止，还未有学者从外来工群体视角研究使用移动支付的意愿问题。外来工群体是我国二元经

[①] 周大鸣、周建新：《"自由的都市边缘人"——东南沿海散工研究（一）》，《西南民族大学学报》，2006年第8期。

[②] 丁金宏、吴绍中、孙小铭：《外来民工对上海市职工再就业的影响及对策研究》，《人口学刊》，1995年第18卷第7期，第2—3页。

济发展中产生的特有现象，对我国的经济发展及解决我国三农问题起到关键作用，笔者认为无论从提高外来工的生活和工作效率或是拓展移动支付的市场规模角度考虑，该研究都有其必要性，也是本书最大的创新点。

（2）分析思路创新。以平台因素作为调节变量，分析平台因素对个体因素、社会因素与使用意愿关系的调节作用，发现平台因素中的风险性因素不具有调节作用，有用性、易用性和价值性因素对个体因素、社会因素与使用意愿关系起调节作用。

（3）研究结论发现与创新。根据埃弗雷特·罗杰斯（E.M.Rogers）的创新扩散理论将外来工个人创新性变量引入模型中，发现外来工的个人创新性与移动支付使用意愿关系不显著，在6.1.1节中已对可能性原因进行解释。

6.5 研究展望

（1）扩大研究对象的范围。本书的研究对象仅局限于泉州市的外来工群体，由于样本地域范围狭隘、所调查的行业较单一、样本容量不够等问题使得研究结果不具有普遍适用性。未来研究可以将外来工的调查范围扩大到珠江三角洲、长江三角洲等地区，将调查的行业从制造业和建筑行业拓展到服务性行业，从多个行业的角度了解外来工，使研究更具代表性和实际意义。

（2）扩大研究变量范围。在现有研究基础上，适当增加具有实际考核意义的变量，如结合创新扩散理论、社会研究理论、整合型技术接受模型理论、交易成本理论引入对外来工的移动支付使用意愿具有衡量意义的维度指标；此外还应更积极探讨各个变量之间的关系和作用，进一步丰富文章的理论和实践意义。

第六章
农民工网络购买行为影响因素研究

1 背景

　　电子商务自20世纪90年代初在中国起步，到目前大众创业、万众创新的盛况，其发展可谓日新月异。这种进步不仅带来了沟通方式和商业模式的变革，也改变了消费者的购物渠道和消费方式。网络购物以其方便快捷、简单易操作且价格相对透明的优势，日渐成为消费者购物的首选。2013年，中国超越美国荣登全球网络销售榜的榜首之位。《中国互联网络发展状况统计报告》显示，截至2015年6月，我国网民人数达6.68亿，互联网普及率为48.8%[①]。据《中国互联网络发展状况统计报告》预测，到2020年，私人网上消费将以每年21%的速度增长，并占私人消费总额的24%[②]。这意味着，网络购物在国民消费方式中，越来越占据着重要地位。据不完全统计，仅2015年"双11"当天，包括淘宝、天猫、京东在内的网络消费平台总销售额高达1229.4亿元，产生包裹数6.8亿个[③]。即当天内，所有电子商务平台每秒总成交额高达142万元，每个中国人人均网络消费88元。与此同时，中国网络消费者的年龄分布、职业分布和地区分布等越来越多样化和复杂化，目前主要以企

---

　　① 魏辉：《电子商务诚信危机探析与对策》，《现代企业》，2016年第1期，第56~57页。

　　② Muulet.The roles of attitudinal and personality variables in the prediction of environmental behavior and knowledge［J］. *Environment and Behavior*，1977，9：217~232.

　　③ 佚名：《双十一全网总销售额1229.4亿元包裹数达6.8亿个!》，网易新闻，http://news.163.com/15/1112/10/B87CP6A700014JB5.html，2015-11-12.

业白领和学生为主，显示出多领域、多行业、多文化层次的结构特征。而这其中，作为我国目前现实社会中存在着的一个庞大的特殊群体——农民工，更是网购消费者大军中越来越难以让人忽略的存在。

所谓农民工，主要指居住在农村，为了生计到城市里打工发展的劳动者，他们是我国当代流动人口的主体之一。他们对经济发展做出了巨大贡献。据国家统计局发布的2015年国民经济和社会发展统计公报显示，2015年，全国农民工总量为27747万人，比上年增长1.3%。其中，外出农民工16884万人，增长0.4%；本地农民工10863万人，增长2.7%[①]。有调查显示，2009年新生代农民工占外出农民工的比例已达58.4%，并且呈不断扩大的趋势，到2015年，这个数据已高达1亿之多，在流动劳动力总数中占了近六成，并成为城市农民工群体的主体。城市中的生活使得农民工的生活方式和消费习惯越来越多的受到影响，包括通讯和购物等方面。农民工这个跨区生存的庞大群体，不仅连接城乡两部，更成为城镇化中的特有群体。农民工的消费行为及变化趋势，对深化我国经济改革、促进经济结构转型具有重要意义。甚至可以说，作为除城市和农村这两个消费元之外的新生消费力量，农民工群体俨然已成为能否顺利实现中国社会经济结构转型的关键。从网上媒体的报道来看，目前，越来越多的农民工，特别是新生代农民工，他们的消费观已经发生了巨大的转变，大部分都热衷于网购方式。因此，"互联网+"时代下的农民工的网购行为对传统企业的发展提出了挑战，相关的研究为现代企业的进步和适应市场发展指明了方向。

目前，国内外学者主要以风险、成本和服务几方面为研究内容，对大学生、企业白领等主流消费群体进行网络购买的行为研究。但是，在现实生活中，对农民工的研究还处于盲区。农民工群体作为网络购物的又一大主要消费群体，他们不仅关注产品本身能够带来的体验和价值，还受到网购平台提供的服务、优惠力度，以及购买过程中所要承受的风险等诸多因素的影响。在整个购买过程中，他们会先对诸多因素综合衡量，衡量是否值得购买，然后再根据衡量结果决定是否进行购买。

---

① 中华人民共和国国家统计局：《中华人民共和国2015年国民经济和社会发展统计公报》，2016-2-29.

综合以上诸多因素的考虑，本书将在当前网络经济时代的背景下，以农民工为研究视角，对影响农民工的网络购买行为的主要因素进行探讨。

2 理论分析与文献综述

2.1 相关概念的界定

2.1.1 农民工概念的界定

一直以来，"农民工"这个词都饱含争议性，它具有特殊的身份，是我国社会转型时期出现的特有现象和专有名词，历来都是社会学学者研究的重点，但是迄今为止，学术界仍没有对"农民工"这一概念给出明确的、公认的定义。

农民工是我国发展市场经济的产物。在詹玲（2008）看来，农民工主要指的是户籍仍留在农村，并且仍保留所承包的土地，但没有从事农业生产，而是到城镇谋生，以工资所得为主要收入来源的农民[①]。对农民工加以定义可以从以下视角出发：职业、身份、劳动关系和地区[②]。从职业上看，农民工从事的是农业以外的其他产业的生产经营工作，以工业和服务员为主；从身份上看，他们仍未改变农民户籍身份；在劳动关系方面，他们属于没有劳动资料的被雇佣者，与个体经营商、农民企业家等有明显差别；从地域上来看，他们生活地是在城镇，但是转出地均为农村，仍属农村人口。

邓保国和傅晓（2006）认为，农民工一词是一个演变的概念，从临时工到劳务工再到外来工最后形成的一个正式概念[③]。农民工在身份上都是农民，在职业上是工人。他们的户口仍留在农村，家也安置在农村，并且仍在农村承包土地，需要根据有关规定缴纳农业税款，履行农民的义务；但当他们到了城市，他们只能以工资收入为生，并不占有生产资料[④]。

---

① 詹玲：《农民工概念的理性思考》，《北方经济》，2008年第9期，第70-71页。
② 同上。
③ 邓保国、傅晓：《农民工的法律界定》，《中国农村经济》，2006年第3期，第70-72页、第80页。
④ 同上。

本章中的"农民工"，主要指那些户籍在农村，在农村承包有土地，但离开家乡到异地，不以农业生产为谋生手段，而受雇佣于生产资料占有者，以工资为主要收入来源的人员，特别是85后的新一代农民工。

2.1.2 网络购物概念的界定

从广义上说，电子商务同样是一种商务活动，但其介质是电子设备和互联网；从狭义上看，电子商务主要是指提供商品和服务的商家、消费者、广告等中介商借用网络途径，以技术为基础进行商务活动创造价值[①]。传统上，根据交易双方的不同，电子商务可划分为：B2B（Business to Business，企业对企业）、B2C（Business to Customer，企业对消费者）、C2C（Customer to Customer，消费者对消费者）、C2B（Consumer to Business，消费者对企业）、B2G（Business to Government，企业对政府）五种模式[②]，其中涉及消费者的有B2C、C2C和C2B三种，且B2C、C2C的终端使用者都是个人。

网络购物，则指的是利用手机、电脑等电子工具，搜寻商品信息，确定购买意愿后通过网络向商家下达订购单，并且以银行转账或第三方支付工具等方式付款，电子商务企业通过邮寄或者快递公司将商品配送到消费者手上的购物方式。

2.2 消费者行为理论

2.2.1 消费者行为概述

恩格尔（Engel，1986）等人把消费者行为定义为"为获取、使用、处置消费物品所采取的各种行动以及先于且决定这些行动的决策过程"[③]。他们认为消费者行为实际上是有做出决策和实际行动两部分构成的，并且实际行动是受购买决定的影响及对购买决策的践行[④]。

莫文（Mowen，1993）认为消费者行为是一个交换过程，其主体是个人

---

① 魏辉：《电子商务诚信危机探析与对策》，《现代企业》，2016年第1期，第56–57页。
② 刘修煌：《电子商务模式的分类、应用及其创新》，《现代经济信息》，2015年第1期，第391页。
③ 季文静：《网络消费者购买意愿影响因素研究》，山东大学硕士论文，2013年。
④ 同上。

或者团体，指商品、服务等客体在消费主体之间流通的一整个交易过程。这个过程有三个阶段："获取阶段""消费阶段"和"处置阶段"①。

本书对消费者行为的定义如下：消费者行为是指人们在交换过程中产生的情感、认知、行为等的集合②。消费者行为是感情、认知、行为和环境因素之间的多因素交互作用的过程和结果；同时是动态变化的一个过程；这个过程总涉及交换③。

2.2.2 消费者行为理论及模型

2.2.2.1 理性行为理论

理性行为理论（Theory of Reason Action），简称TRA，是阿耶兹（Ajzen）和菲什拜因（Fishbein）于1975年提出的。该理论认为，行为是由行为意向决定的。个体的态度和收益信念、感知结果有显著关系，而主观标准则与规范的信念和遵守的动机相关。其具体关系如下图6-1所示：

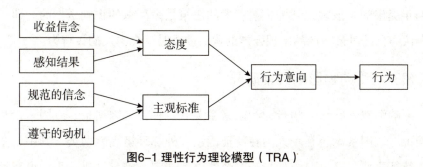

图6-1 理性行为理论模型（TRA）

2.2.2.2 计划行为理论

计划行为理论（Theory of Planned Behavior），是阿耶兹（Ajzen）于1988年提出的。该理论认为行为意向显著正向影响行为，且感知行为、行为态度、主观规范显著正向影响行为意向，同时，感知行为可直接作用于实际行动。在该理论模型中，感知行为控制作为自变量会受到资源、机会等因素的

---

① 王成慧、叶生洪：《顾客价值理论的发展分析及对实践的启示》，《价值工程》，2002年第6期，第24-28页。
② 同上。
③ 何德华、韩晓宇、李优柱：《生鲜农产品电子商务消费者购买意愿研究》，《西北农林科技大学学报》（社会科学版），2014年第14卷第4期，第85-91页。

影响，这种影响是正向的，且与主体的心理意愿和实际行动息息相关。其相互间的关系如图6-2所示：

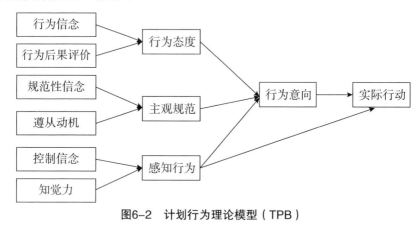

图6-2　计划行为理论模型（TPB）

2.2.2.3 Engel—Blackwell—Miniard模型

Engel—Blackwell—Miniard模型，简称EBM，是恩格尔（Engel）等人于2004年提出的。该理论认为，消费者的决策是由需求的识别诱发的，即当消费者认为自己对某一产品出现强烈的购买欲望时就会诱发购买行为。

2.3 网络购物影响因素研究

影响消费者网络购物行为的因素主要有三种：二因素论、三因素论和四层面说。二因素论包括个人内在特征因素和外部环境因素两类。其中，个人内在特征主要包括人口统计特征、个性、消费观、需求动机、生活形态等；外部环境因素则指一切个人以外的因素。三因素论是个人内在特征、外部环境因素和市场营销，市场营销影响包括产品、质量、服务、消费主体态度等。四层面学说主要是从个人个性特征、社会、文化习俗、心理四个层面进行分析[1]。

在传统的消费者行为和消费者网购行为的相关研究中，我们不难发现，性别、教育程度、收入等个人特征常作为购买行为的重要影响因素单独作为

---

① 陈慧、李远志：《电子商务条件下消费者购买决策影响因素探析》，《北京邮电大学学报》（社会科学版），2007年第9卷第2期，第1-4页、第24页。

变量[1]。然而，随着信息技术的不断推陈出新，消费者的个人特征变量在网络购买中的影响作用越来越小，没有必要再将特征影响研究作为单独的变量，因此，常将其与其他领域研究结合，作为调节变量进行研究。与普通的购物方式不同，网络消费由于其购物方式的特性，使得网络消费者不仅要对网络、计算机等知识有一定的了解，还必须能熟练运用电子技术。从购买主体上看，网络消费者是一般消费者；从技术层面上说，由于网络购物是借由网络完成的行为，因此，网络消费者充当技术的被动接受者[2]。

虚拟社区的影响。瑞格尔德（Rheingole）（1993）认为虚拟社区指一个有联系的团体，这个团体中的成员通过沟通方式分享知识和信息，并彼此关怀和依赖。网络消费者的购买意愿和购买行为受虚拟社区的影响重大，同时借由这种交互产生社会认同感，因而，它有助于快速友好地建立网络市场中信任[3]。

网络涉入程度的影响。Novka（2000）通过观察和细致地研究发现，网络涉入程度会制约消费者的网购满意评分，一般体现为个人经验的影响、技术熟练度的影响和网站利用形式的影响。Reinartz（2000）研究发现操作技术好的消费者更喜欢网购。Riats and Henrcitte（2004）的研究也表明：有网购经验的消费者更相信网上购物市场[4]。

网站方面的影响。研究网络购买中网站方面的影响，除了要关注电子商务企业的品牌、服务质量、优惠活动等传统内容之外，更应注重网站自身的特征因素。Janda、Trocchia和Gwinner（2002）指出，网站对消费者感知的影响在消费者打开网站的瞬间就会产生，并且通过影响消费者感知制约购买行为[5]。因此，网络消费者的认知、购买意愿和购买行为与不同网站特征息息

---

① 宁连举、张欣欣：《网络团购中消费者冲动购买意愿影响因素的实证研究》，《福建师范大学学报》（哲学社会科学版），2011年第6期，第13—18页。

② 张运来、侯巧云：《消费者网络购物行为的研究述评与展望》，《商业时代》，2014年第24期，第69—71页。

③ 范晓屏、马庆国：《基于虚拟社区的网络互动对网络购买意向的影响研》，《浙江大学学报》（人文社会科学版），2009年第5期，第149—157页。

④ 季文静：《网络消费者购买意愿影响因素研究》，山东大学硕士论文，2013年。

⑤ 黄文彦、温世松：《大学生网络消费意愿影响因素实证研究》，《科技管理研究》，2012年第3期，第165—169页。

相关，网站知名度、技术安全、消费者与平台的交互等因素都会影响消费者最终的购买行为。网站特征分有抽象与具体之分。抽象网站特征是指使用者的感觉特征，包括感知到的有用性、易用性、购物氛围等；而具体网站特征则主要指网站的自身建设，如页面设计、搜索引擎、内容布局、应用的技术等。与国内学者的研究视角不同，国外学者主要把视角放在研究影响购买行为的具体特征。

情境因素的影响。情境因素是一种环境因素，这种环境短期地发生于消费者实施购买过程中[①]。消费者通常会根据不同的环境而行动。但情境因素与渠道选择之间是否会产生相互作用，还有待进一步研究[②]。综合以往学者的研究，可知不同网络商店类型为背景的情景因素研究已非常之多。早期研究对网络服务场景的影响作用主要是以S-O-R范式为基础，将愉悦—唤醒—优势情绪作为顾客受到环境刺激后所做出的内部反应，并以愉悦和唤醒两种情绪作为中间变量以探讨网络服务场景对顾客在线行为的作用[③]。另一些学者引入顾客认知作为中介变量，形成另一条研究路径。Nicholson等（2002）研究认为物理条件、时间条件、任务、状态以及社会条件这五种情境因素主要影响消费者的购买渠道选择。Kim（2010）等通过实证研究表明，在网购过程中，购买行为受感知服务质量和满意度的影响，而感知服务质量和满意度则与情境因素中的各要素有显著关系。王全胜等（2009）通过研究揭示了B2C网站设计因素与在线顾客初始信任和社会存在感之间存在显著正向影响关系[④]。李慢等（2014）利用结构方程模型，将顾客流体验作为网络服务场景和在线行为意向的中介因素进行相关研究，结果表明：在网络购买过程中，服务场景积极影响顾客流体验，进而促进顾客的在线行为意向；而顾客流体验则受到顾客调节定向、审美诉求、网站功能布局、财务安全四个因素的显著影响[⑤]。

---

① 李慢、马钦海、赵晓煜：《网络服务场景对在线体验及行为意向的作用研究》，《管理科学》，2014年第4期，第86-96页。

② 同上。

③ 同上。

④ 王全胜、韩顺平、陈传明：《西方消费者渠道选择行为研究评析》，《南京社会科学》，2009年第7期，第32-36页。

⑤ 李慢、马钦海、赵晓煜：《网络服务场景对在线体验及行为意向的作用研究》，《管理科学》，2014年第4期，第86-96页。

　　消费者态度的影响。消费者态度这一影响因素对消费者的购买行为的影响是最为直接的，它会排除其他因素直接连线消费者内心的真实意愿。TAM技术接受模型认为个人的态度和感知有用对行为意向有显著正向影响关系，并通过意向影响具体行为。桑炼和许辉（2005）基于TAM技术接受模型开发了网络购物动机模型，他发现态度与感知价值会制约消费者的购买行为尤其是网购行为[①]。黎志成和刘枚莲（2006）则是在TRA、TPB、技术创新扩散理论、TAM技术接受模型等前人的研究基础上，提出了消费者态度模型，并通过研究发现，这种理论与电子商务市场的契合度很高，证实了技术模型理论与创新扩散理论在网络购物中消费者行为研究的适用性，消费者的态度显著影响购买意图，进而影响消费者网上购买行为[②]。

　　消费者信任和感知风险的影响。信任在消费者发生购买行为时起到了至关重要的作用，它会衡量感知风险的重点对象[③]。1960年，哈佛大学的鲍尔（Bauer）指出，在购买过程中，消费者会担心由于产品本身和品牌的不确定性使购买的产品无法满足自身需求或造成自身损失，而购买行为完成后消费者必须自己承担这种风险[④]。Lee和Turban（2001）通过构建消费者信任影响因素模型进行研究，结果表明，消费者对网络商家、网络购物环境的信任及环境因素这三者对消费者网上购物的信任度有显著影响关系[⑤]。桑德拉（Sandra）（2003）对"网上感觉风险"的定义是：消费者在一次网购行为中，认为这次行为可能造成的损失的预期。由于网络购物的整个过程中，消费者在拿到产品之前的其他购物体验都是虚拟的，整个购买行为借由网络发生，消费者只能通过店家所展示的图片认识产品，因此存在不可控的风险[⑥]。

---

　　① 桑炼、许辉：《消费者网上购物动机研究》，《消费经济》，2005年第21卷第3期，第82-85页、第89页。
　　② 黎志成、刘枚莲：《电子商务环境下的消费者行为研究》，《中国管理科学》，2002年第10卷第6期，第88-91页。
　　③ 方珊、吴忠：《大数据环境下C2C电子商务消费者行为实证研究》，《上海工程技术大学学报》，2015年第2期，第163-168页。
　　④ 简迎辉、聂晶晶：《网络促销环境下消费者感知风险维度研究》，《武汉理工大学学报》（信息与管理工程版），2015年第4期，第473-476页、第494页。
　　⑤ 同上。
　　⑥ 孙祥、张硕阳等：《B2C电子商务中消费者的风险来源及其影响》，《心理学报》，2006年第4期，第607-613页。

Stone和Gronhaug（1993）将感知风险应用到了风险驱动这一领域之中，他们认为感知风险是指消费者对可能的损失进行判断。桑德拉（Sandra）和Bo（2003）则认为，消费者网络购物的风险主要存在于财务、产品品质保证、个人隐私和时间四个方面[①]。钟小娜（2005）指出，认知有用会促进消费网络者购买行为的发生，认知风险会制约顾客的网络购买决策，而认知易用不直接影响消费者的购买行为，却也是一个不可或缺的考虑因素。网站特性对认知有用、认知易用产生积极影响，对认知风险产生负向影响[②]。

顾客感知价值影响。顾客感知价值能够直接清楚地解释消费者在特定情境中的偏好和购买行为[③]。在网络消费领域，顾客感知价值的地位和作用的研究还处于起步阶段。1985年波特（Porter）从提出了买方价值理论，这一理论首次从竞争优势的角度出发思考了感知价值理论。劳特伯恩（Lauteborn）是较早地认识消费者价值的学者之一，他指出，企业在评判消费者价值时必须考虑消费者、成本、便利性和沟通这些因素，从消费者的价值需求角度完善企业自身的生产[④]。格罗鲁斯（Gronroos）则从关系营销这一新视角研究消费者感知价值，并将其定义为消费者在购买中所感受到的产品核心价值之外的其他附加价值对消费者感知的调节结果[⑤]。Zeithaml认为消费者价值是在购物行为中对感知到的利益与获得这种利益所用成本综合衡量后所获得的一种总体评价[⑥]。科特勒提出了"消费者退让价值"概念，即消费者感知价值总和与所付成本之间的差额。消费者追求的是价值的最大化，通过衡量产品与自身期望值的符合度而对购买满意度产生影响，进而决定是否重复购买[⑦]。

韩冰等人（2007）从信任方面入手，研究消费者在感知的变化情况下对

① 孙祥、张硕阳等：《B2C电子商务中消费者的风险来源及其影响》，《心理学报》，2006年第4期，第607–613页。

② 钟小娜：《网络购物模式下的顾客感知价值研究》，《经济论坛》，2005年第15期，第131–133页。

③ 邓爱民、陶宝、马莹莹：《网络购物顾客忠诚度影响因素的实证研究》，《中国管理科学》，2014年第6期，第94–102页。

④ 李雪欣、钟凯：《网络消费者感知价值影响因素的实证研究》，《首都经济贸易大学学报》，2013年第15期，第77–84页。

⑤ 同上。

⑥ 王卷卷、郭思智：《顾客价值典型理论评析》，《企业研究》，2010年第24期，第88–89页。

⑦ 王成慧、叶生洪：《顾客价值理论的发展分析及对实践的启示》，《价值工程》，2002年第6期，第24–28页。

企业的能力、仁慈和正直三者的信任程度的变化以及施信过程的转变[①]。李雪欣和钟凯（2013）通过对服装鞋帽品类的消费者进行调查研究，并构建网络消费者感知价值的影响因素模型，发现正向影响消费者感知价值的因素包括产品的质量、服务态度、成本预算；负向影响因素是感知风险[②]。龙贞杰、刘遗志（2013）则通过研究发现了五个对消费者购买决策产生积极影响的因素[③]。

苏淞等人（2013）从城市化程度角度出发，比较了大都市、中小城市、县城和农村四类区域消费者购买行为的差异。他们认为，消费者的购买行为会直接或间接的受到消费者的城市化程度影响[④]。王崇等人（2007）通过网上和实地发放进行问卷调研，运用结构方程模型研究有效问卷的相关数据，结果显示感知价值与购买意愿同增同减，且这种相关关系在网络购买这一渠道中更突出。他们认为，网络的虚拟性、网购支付的风险性以及物流的滞后性都会使消费者在进行网购决策时更加注重感知价值这一因素[⑤]。

2.4　关于农民工网络购买行为影响因素的研究述评

通过上述文献的梳理，不难发现随着网络购物技术的发展、消费者的网络购买行为逐渐增多，相关数据的增加促使了理论研究的逐渐成熟与丰满。纵观国内外的研究成果，其中，研究最热的领域主要集中在消费者的满意度、感知价值、信任感与感知风险、产品和网络特征、消费者个人特征与购买行为的关系等方面。但基本上所有的研究都是放在泛消费者层面，或者站在大学生群体的视角，基本上缺乏针对农民工这一群体。

因此，在研究视角上，本书以农民工群体为研究对象，借鉴消费者行为

---

①　韩冰、大海、杨毅：《网络消费者信任研究的回顾与展望》，《软科学》，2007年第21卷第3期，第15-19页。

②　李雪欣、钟凯：《网络消费者感知价值影响因素的实证研究》，《首都经济贸易大学学报》，2013年第15期，第77-84页。

③　龙贞杰、刘遗志：《网络购物行为影响因素实证研究——基于双渠道视角》，《技术经济与管理研究》，2013年第10期，第60-65页。

④　苏淞、孙川、陈荣：《文化价值观、消费者感知价值和购买决策风格：基于中国城市化差异的比较研究》，《南开管理评论》，2013年第16期，第102-109页。

⑤　王崇、李一军、叶强：《互联网环境下基于消费者感知价值的购买决策研究》，《预测》，2007年第26期，第21-25页。

的相关理论，对农民工网络购买行为影响因素进行研究，具有一定的理论意义。另外，在研究方式上，通过定性分析与定量分析相结合，从感知价值、感知风险、感知优惠力度、从众效应四个影响因素，探讨其对农民工网络购买行为的影响因素。在此基础提出更加具有现实可行性和可操作性的对策建议。企业和政府都可以借鉴以上的结论，从而为制定相应的政策和企业策略找到坚实的理论根基。

3 研究设计

考虑到福建省电子商务行业特征和农民工的职业特征，本书将在借鉴李克特式量表的基础上，设计和优化本章的量表。

3.1 调查对象概述

本次的调查对象为工作地在福建省内的农民工。纵观来看，福建省农民工人员构成结构相对复杂，既有相对老一辈的、受教育程度低的农民工，也有受过一定正规教育的新一代农民工。本次调查，主要选取的对象为户籍在农村，在农村承包有土地，但离开家乡到福建省打工的人群，特别是出生于1985年以后、年龄在16岁以上的新生代农民工。这类群体大部分受雇于工业、服务业，以工资为主要经济来源，学历水平越来也有提高。相比白领、学生等其他人群，这类群体接触到电子商务较迟，对新科技、高科技接受度更低，使用熟练程度也更低。本书将根据此对象特征对问卷进行设计和调整。

3.2 调查问卷设计

3.2.1 问卷框架

本章的调查问卷分为四个模块，第一模块是介绍语，主要向读者介绍本次调查的目的和用途，以及希望得到支持的寄语，以打消被访者的疑虑，争取得到被访者的支持，使调查能够顺利开展。第二部分是消费者网络购物行为基本现状调查，主要了解被调查者的上网、网购情况，有助于分析被调查者的总体特征。第三部分为问卷的主体部分，即农民工网络购买行为影响因素调查问卷调查量表，着重了解调查对象网上购买产品的感受和认识。初定由5个部分构成，分别为感知利益（含感知有用和感知易用）、感知风险、感知优惠力度、从众效应（交互性）因素、购买行为。第四部分为被访者个人基本概况，包括性别、年龄、受教育程度、现工作地区、生活收入、网络消费金额及其他建议7个题目，通过此部分题目的设置有助于我们了解被访问者的个人信息，同时也为之后研究农民工群体特征提供有力数据。

3.2.2　问卷设计

在问卷设计之初，笔者首先通过文献研究法，对已有研究成果进行深入研读，在相关的理论基础和李克特式量表的基础上设计本章的调查题项。随后，通过访谈法，根据有关专家学者和部分农民工的访问意见对调查问卷进行补充修改，最后，在预调查的结果分析上对题设进行微调，确定最终的调查问卷。

首先，通过文献研究法拟定问卷初稿。在拟定问卷初稿过程中，根据对已有研究成果的仔细研读，借鉴相关研究设置题项，从感知价值（含感知有用和感知易用）、感知风险、感知优惠力度（即感知利益）、从众效应（交互性）四个影响因素设计问题探讨对消费行为的影响。再结合农民工群体特征等影响因素分解所设题项，争取每个题目都能反映农民工群体的网购行为，最终形成问卷初稿。同时，为避免同一因素题目的连续性使被访者产生思维惯性，笔者将各题项进行随机排序，以提高测量的有效性和科学性。

李克特式7点量表法在问卷的主体部分得到了应用，每个问题均设有7个选项，分别为"非常不同意""比较不同意""基本不同意""无意见""基本同意""比较同意""非常同意"，并依次从1—7分配分值表示，以分数的高低表示对题项的认同程度。主体问卷确定后，在问卷的卷首加入问卷介绍语和关于调查对象网购现状的题项，为降低被调查者的心理防线，将被访者的个人基本信息放在主体问卷之后，并在问卷最后附上对被访者的诚挚谢意，最后形成问卷初稿。

其次，根据专家访谈的意见调整问卷。为了使问卷更具有科学性，避免因为问卷设置不当导致后期工作的重复进行，笔者通过面谈和电话访问的方式，在介绍自己的设计思路和研究目的基础上，征求2名人力资源理论专家和2名电子商务专家的意见，在此基础上对问卷题项进行补充和修改，以达到充分挖掘农民工网络购买行为的可能影响因素。

最后，经预调查检验确定最终问卷。通过预调查，可以使所设的问卷得到实践检验，并在预调研过程中发现问卷的不足以及调研过程中应注意的事项。本次预调研在福州金山工业园区展开，通过发放25份问卷对金山工业区的农民工被访者进行实地采集。共回收21份问卷，其中19份为有效问卷。预调研数据的信度分析表明问卷具有良好信度，可以确定作为本章的调查问卷。

3.3 问卷发放及回收

笔者主要选择的研究对象为福建省九个地市中的工业区、商场，通过现场发放、现场填写以及在工业区、商场上班的亲友帮忙发放问卷展开调研，可信度比较高。

2015年6月，笔者通过实地调研和网络调研两种方式，针对调查对象开展正式调查。总共发放问卷200份，回收195份，回收率为97.5%，经过筛选最终有效问卷为185份，有效率为94.9%。被筛掉的10份问卷是由于填写的不完整或者明显胡乱填写而考虑剔除。

4 结果分析

本书利用统计分析工具对问卷的数据进行了实证分析。首先对样本的基本情况，包括问卷填写者的网购现状、个人基本信息进行描述性统计分析。然后运用SPSS 19.0软件对调查数据进行分析，并得出相关结论。

4.1 样本特征统计分析

表6-1　研究样本网购情况表

选项		样本数	比例	有效比例	累积比例
您有网购经历吗？	有	169	91.35	91.35	91.35
	无	16	8.65	8.65	100.0
您的网络消费主要用于（多选题）	网络购物	123	72.78	72.78	72.78
	信息获取	30	17.75	17.75	90.53
	休闲娱乐	65	38.46	38.46	128.99
	网络沟通	27	15.98	15.98	144.97
	投资理财	23	13.61	13.61	158.58
您进行网上购物的频度	每星期超过1次	38	22.48	22.48	22.48
	每星期最多1次	13	7.69	7.69	30.17
	每月超过1次	62	36.69	36.69	66.86
	每月最多1次	56	33.14	33.14	100.0
您的上网历史	不足1年	11	6.51	6.51	6.51
	1年至1年半	10	5.92	5.92	12.43
	1年半至两年	19	11.24	11.24	23.67
	两年至两年半	23	13.61	13.61	37.28
	两年半以上	106	62.72	62.72	100.0
您在网上浏览次数最多的商品	食品	21	12.42	12.42	12.42
	电子产品（电脑、手机、耳塞等）	23	13.61	13.61	26.03
	电器（电磁炉、电风扇等）	4	2.37	2.37	28.4
	书籍、报刊	17	10.06	10.06	38.46
	个人卫生用品（沐浴乳、洗发水等）	11	6.51	6.51	44.97
	旅游产品	3	1.78	1.78	46.75
	纺织、服装	72	42.6	42.6	89.35
	家居用品/工艺品	8	4.73	4.73	94.08
	影音档案	4	2.37	2.37	96.45
	其他	6	3.55	3.55	100.0

（续表）

	选项	样本数	比例	有效比例	累积比例
您参与网上购物是受何影响	亲戚	20	11.83	11.83	11.83
	好友	82	48.52	48.52	60.35
	同事	28	16.57	16.57	76.92
	电视新闻	28	16.57	16.57	93.49
	其他	11	6.51	6.51	100.0
您对网购的体验是	便捷	108	63.9	63.9	63.9
	一般	44	26.04	26.04	89.94
	不安全	10	5.92	5.92	95.86
	其他	7	4.14	4.14	100.0

从表6-1中可知，62.72%的消费者有两年半以上的网购经历，近两年来的新增比例也达到了12.43%，网购已成为农民工消费方式的一种新潮流；每月最多1次的消费者为33.14%，每星期超过1次的仅占22.48%，表明农民工网购消费的活跃度仍相对较低；在所有商品品类中，农民工的最爱仍是纺织、服装，其次是电子产品、食品等生活用品，说明农民工群体在消费习惯和层次上，还仍处较为初级阶段；在影响受访者的因素中，受周围人群，即亲朋好友和同事的影响占76.92%，说明社交环境对农民工网络购买群体具有较大影响；认为网购便捷的受访者占63.9%，说明大部分农民工网络购买者比较认可网购方式。

被调查者基本信息的具体统计结果如表6-2所示：

表6-2　研究样本情况表

	选项	样本数	比例	有效比例	累积比例
性别	男	62	36.69	36.69	36.69
	女	107	63.31	63.31	100.0
年龄	21 岁以下	5	2.96	2.96	2.96
	21 — 31 岁	118	69.82	69.82	72.78
	31 — 41 岁	40	23.67	23.67	96.45
	41 — 51 岁	3	1.775	1.775	98.225
	51 岁以上	3	1.775	1.775	100.0

（续表）

选项		样本数	比例	有效比例	累积比例
您现工作地区	福州地区	109	64.5	64.5	64.5
	厦门地区	14	8.28	8.28	72.78
	泉州地区	34	20.12	20.12	92.9
	漳州地区	7	4.14	4.14	97.04
	莆田地区	4	2.37	2.37	99.41
	宁德地区	0	0	0	99.41
	龙岩地区	1	0.59	0.59	100.0
	三明地区	0	0	0	100.0
	南平地区	0	0	0	100.0
受教育程度	小学水平	5	2.96	2.96	2.96
	初中水平	30	17.75	17.75	20.71
	高中水平	45	26.63	26.63	47.34
	大专水平	54	31.95	31.95	79.29
	本科及以上水平	35	20.71	20.71	100.0
您的每个月生活收入	1000 元以下	16	9.46	9.46	9.46
	1000—1500 元	17	10.06	10.06	19.52
	1501–2000 元	10	5.92	5.92	25.44
	2001–2500 元	21	12.42	12.43	37.87
	2501–3000 元	27	15.98	15.98	53.85
	3001–3500 元	25	14.79	14.79	68.64
	3500 元以上	53	31.36	31.36	100.0
您每个月用于网络消费金额	100 元以下	19	11.24	11.24	11.24
	101–300 元	55	32.55	32.55	43.79
	301—500 元	31	18.35	18.35	62.14
	501—800 元	20	11.83	11.83	73.97
	801–1000 元	14	8.28	8.28	82.25
	1001–1500 元	20	11.83	11.83	94.08
	1500 元以上	10	5.92	5.92	100.0

从统计中可以看出，女性样本较多，达到63.31%；年龄主要分布在21–31

岁之间，达到69.82%，可见这个年龄段的受访者在农民工网络消费的群体中占主体地位。从学历上看，主要集中在高中和大专阶段，初中及初中以下水平占比为20.71%，可以看出，相对老一代农民工而言，新生代农民工的知识水平具有较大提升。从月生活收入上来看，3600元以上的受访者较多，占31.36%，但3001-3500元、2501-3000元、2001-2500元三个收入段分布较为集中，分别占了14.79%、15.98%、12.42%，月收入2000元以下（含2000元）的受访者占25.44，通过后期交流可以发现这部分主要为打短工和零工的人群，特别是年龄较大、学历较低的妇女人群。受访者每月的网购的消费金额没有集中在某一个区间内，较分散，主要比较集的在101-300元之间，占了总样本的32.55%。总体上来看，本书的调查对象主要为21-30岁之间的新生代农民工，并且这类群体的文化水平相对较高，收入水平较为一般。这与目前我国网络消费者整体的分布特征较为吻合。通过分析可以发现，农民工网络购物普遍偏向于小额购物，活跃度较低，其中，女性整体上低于男性。

4.2 效度和信度检验

为了检验问卷设计是否严谨科学，笔者通过对问卷数据进行效度和信度检验，来判断问卷的设计质量[①]。

4.2.1 问卷效度检验

问卷效度分析即对问卷的有效性进行统计分析，本书着重抓内容效度和建构效度来分析问卷的有效性。

（1）内容效度检验。在设计问卷初稿阶段，笔者对国内外主要研究成果进行认真研读，在此基础上结合农民工群体个人特征等影响因素设计问卷初稿。并在与2名人力资源理论专家和2名电子商务专家进行准备充分的访问和探讨后，反复推敲，有针对性地修正问卷初稿。在问卷形成之后进行预调查，通过实地采集25名福州市金山工业园区的农民工网络购买行为影响因素问卷，对回收的有效问卷进行信度检验。总之，本章问卷的确定过程经历了

---

① Reinartz, W.&Kumar, V.On the profitability of long-live customers in a noncontractual setting: anempirical investigation and implications for marketing [J]. *Journal of Marketing*, 2000, 64（10）: 17-35.

设计初稿—讨论修改—预调研三个阶段，并且在理论研究、专家学者的指导、预调研分析验证三重保证下得出最终问卷，因此，本问卷具有比较良好的内容效度。

（2）架构效度检验。本书主要研究农民工网络购买过程中的影响因素，因此采用因子分析法对问卷的架构进行检验。

首先，先采用项目—总体相关系数（CITC）分析法纠正条目，如表6-3所示：

表6-3 项总计统计量

项目	均值	方差	相关性	Cronbach's Alpha 值
A1. 该网站商品价格便宜，能让福建省钱	121.71	238.625	0.554	0.951
A2. 关注客户对商品的使用评价并及时做出回应	120.71	252.976	0.337	0.953
A3. 购物网站提供的商品丰富，能满足我的需求	122.16	249.668	0.626	0.952
A4. 网购能节省我的时间和精力	121.81	244.522	0.528	0.951
A5. 网购能给生活增添乐趣	121.53	246.793	0.649	0.952
A6. 网站的页面友好，操作简单	120.89	250.608	0.633	0.951
A7. 该网站的整个设计生动活泼	121.65	244.755	0.178	0.953
A8. 我可以在网站上很快地找到想要购买的产品	120.71	252.976	0.337	0.953
A9. 与线下购买相比，我倾向于在网上购买商品	121.71	243.793	0.580	0.951
A10. 总体来说，我认为网购的方式很方便快捷	121.54	249.557	0.666	0.952
A11. 我更倾向于在那些我曾经有过成功购买经验的网站和商家购买商品	121.69	246.773	0.636	0.951
A12. 我担心网站提供的产品质量有问题，可能会买到假冒伪劣的产品	121.44	250.896	0.555	0.952
A13. 我担心网络购物商品信息与实际产品不一致或不真实	121.32	246.793	0.633	0.953
A14. 我担心网络购物的售后服务没有保障	121.36	252.211	0.624	0.952
A15. 网友的评价对我是否购买某产品影响很大	121.42	241.678	0.713	0.953
A16. 我担心网购商品不合心意或不适用，浪费金钱	121.72	245.832	0.648	0.952

（续表）

项目	均值	方差	相关性	Cronbach's Alpha 值
A17. 我担心个人信息被购物网站泄露	121.85	244.572	0.665	0.951
A18. 朋友推荐的购物网站，我一般比较信赖	121.24	248.129	0.591	0.951
A19. 我认为网络购物与其他购物方式相比，价格更低	121.52	247.538	0.672	0.952
A20. 我认为网络购物与其他购物方式相比，折扣更低	121.36	252.211	0.624	0.952
A21. 我认为网络购物与其他购物方式相比，能够获得更多优惠	121.21	251.683	0.575	0.953
A22. 我曾经听从别人的建议网购了某商品，并且感到满意	121.46	247.335	0.519	0.951
A23. 我担心网购商品在物流过程中丢失或损坏	121.49	242.432	0.681	0.952
A24. 我担心网络购物等待商品送达时间太长	121.56	251.042	0.604	0.953
A25. 我比较信赖人气旺的产品（已成交数量多）	121.53	242.940	0.670	0.951
A26. 我愿意向亲朋好友推荐我经常购买的网站和商店	121.98	245.803	0.582	0.952
A27. 我觉得与网上供应商（卖家）联系很方便	121.51	242.858	0.589	0.951
A28. 网站上太多的信息有时会让我不知所措	121.58	246.270	0.567	0.951
A29. 我认为在网上购买商品是可行的	121.47	247.997	0.655	0.950
A30. 在网上遇到适合的产品我将购买	121.46	243.082	0.778	0.953
A31. 在不远的将来，我会考虑网络购物	121.73	244.698	0.674	0.952
A32. 该网站在特定领域中的排名靠前	121.04	230.897	0.247	0.954
A33. 购物网站提供的产品信息对我是有用的	120.98	259.643	0.555	0.954
A34. 我可以随时随地在网上购买到心仪的产品	121.35	245.687	0.631	0.952
A35. 如果网上购买的产品与我期望的有差异，我受到严重损失	121.02	253.858	0.382	0.953
A36. 和网站建立买卖关系，以后可能会得到更多折扣或者特别优惠	120.56	257.758	0.307	0.954

所有选项中，大部分题项的相关系数均大于标准值0.5，因此不予考虑。而A2（0.337）、A7（0.178）、A32（0.247）、A35（0.382）、A36（0.307）

五个题项显然未达到标准，且题项删除后，可使 α 值增加或不变，因此对以上四个题项给予删除并保留了31个量表题项。

其次，采用KMO和Bartlett球体检验，结果如表6-4：

表6-4　KMO 和Bartlett球体检验

取样足够度的 KMO 度量		0.757
Bartlett 球形度检验	近似卡方	3590.21
	df	533
	Sig.	0.000

表6-5　KMO度量标准

度量值	< 0.5	0.5—0.6	0.6—0.7	0.7—0.8	0.8—0.9	>0.9
表明结果	完全不符合	不符合	一般	符合	非常符合	完全符合

通过表6-4和表6-5可知，本章样本KMO值为0.757，P=0.000，说明因子关联度较大，达到显著水平，量表适合做因子分析。

接着，对量表31个题目通过主成分分析法提取因子进行最大正交旋转，并对特征值大于1的因子来进行因子分析。其结果如表6-6所示。

表6-6　特征值大于1的因子及方差贡献率

成份	初始值			旋转前			旋转后		
	合计	方差的 %	累积 %	合计	方差的 %	累积 %	合计	方差的 %	累积 %
1	1.741	5.276	60.840	1.741	5.276	60.840	3.331	10.093	10.093
2	2.474	7.497	48.590	2.474	7.497	48.590	3.931	11.914	22.007
3	1.051	3.184	75.681	1.051	3.184	75.681	2.058	6.236	28.243
4	2.301	6.974	55.564	2.301	6.974	55.564	3.755	11.380	39.623
5	1.504	4.556	65.396	1.504	4.556	65.396	3.024	9.165	48.788
6	1.138	3.448	72.497	1.138	3.448	72.497	2.112	6.400	55.188

通常，各因子累积方差达50%以上即表明量表架构效度达到可接受水平。本章中累积方差贡献率为55.188%且所有题项的公因子方差都大于0.5，表明本章量表的建构效度符合标准。

随后，通过对量表中各因素正交旋转后的结果进行因子负荷，生成4个因子进行因子分析，如表6-7所示。

表6-7 旋转成份矩阵

题项	成份			
	1	2	3	4
A1. 该网站商品价格便宜，能让福建省钱	0.816			
A33. 购物网站提供的产品信息对我是有用的	0.711			
A3. 购物网站提供的商品丰富，能满足我的需求	0.653			
A4. 网购能节省我的时间和精力	0.858			
A5. 网购能给生活增添乐趣	0.622			
A6. 网站的页面友好，操作简单	0.771			
A34. 我可以随时随地在网上购买到心仪的产品	0.606			
A8. 我可以在网站上很快地找到想要购买的产品	0.632			
A27. 我觉得与网上供应商（卖家）联系很方便	0.748			
A10. 总体来说，我认为网购的方式很方便快捷	0.820			
A28. 网站上太多的信息有时会让我不知所措	0.811			
A12. 我担心网站提供的产品质量有问题，可能会买到假冒伪劣的产品		0.799		
A13. 我担心网络购物商品信息与实际产品不一致或不真实		0.792		
A14. 我担心网络购物的售后服务没有保障		0.699		
A23. 我担心网购商品在物流过程中丢失或损坏		0.805		
A16. 我担心网购商品不合心意或不适用，浪费金钱		0.714		
A17. 我担心个人信息被购物网站泄露		0.771		
A24. 我担心网络购物等待商品送达时间太长		0.665		
A19 我认为网购的价格更便宜			0.688	
A20 我认为网购的折扣更多			0.822	
A21 我认为网购的优惠活动更多			0.795	

（续表）

题项	成份			
	1	2	3	4
A22. 我曾经听从别人的建议网购了某商品，并且感到满意				0.732
A18. 朋友推荐的购物网站，我一般比较信赖				0.738
A15. 网友的评价对我是否购买某产品影响很大				0.795
A25. 我比较信赖人气旺的产品（已成交数量多）				0.719
A26. 我愿意向亲朋好友推荐我经常购买的网站和商店				0.609
提取方法：主成份。 旋转法：具有 Kaiser 标准化的正交旋转法。				
a. 旋转在 8 次迭代后收敛。				

检验后发现4个因子共解释了56.235%的方差，可接受。根据各个因子所包含题项的内涵，笔者将因子1命名为感知价值，其包含题项有：A1、A33、A3、A4、A5、A6、A34、A8、A27、A10、A28；因子2命名为感知风险，其包含题项有：A12、A13、A14、A23、A16、A17、A24；因子3命名为感知优惠力度，其包含题项有A19、A20、A21；因子4命名为从众效应（交互性），其包含题项有：A22、A18、A15、A25、A26。各项目的因子负荷系数较高且无接近，说明公因子具有较高的解释性。

4.2.2 问卷信度检验

问卷信度检验即验证收集到的问卷结果是否可靠、一致且稳定。由于问卷题项包含被访者网络购物现状及个人基本特征等事实性题目和感知价值、风险等态度式测量，且量表采用的是李克特式量表，因此，本书采用最常用的Cronbach's α 系数法检查量表的可靠性。研究结果如下表6-8所示：

表6-8 影响因素总计相关性及Cronbach's α

因素		题项	校正的项总计相关性	Cronbach's Alpha 值	Cronbach's Alpha 值
感知价值	感知有用性	A1. 该网站商品价格便宜，能让福建省钱	0.736	0.774	
		A33. 购物网站提供的产品信息对我是有用的	0.699		
		A3. 购物网站提供的商品丰富，能满足我的需求	0.714		
		A4. 网购能节省我的时间和精力	0.764		
		A5. 网购能给生活增添乐趣	0.836		
	感知易用性	A6. 网站的页面友好，操作简单	0.794		
		A34. 我可以随时随地在网上购买到心仪的产品			
		A8. 我可以在网站上很快地找到想要购买的产品			
		A27. 我觉得与网上供应商（卖家）联系很方便			
		A10. 总体来说，我认为网购的方式很方便快捷			
		A28. 网站上太多的信息有时会让我不知所措			
感知风险		A12. 我担心网站提供的产品质量有问题，可能会买到假冒伪劣的产品	0.817	0.847	0.956
		A13. 我担心网络购物商品信息与实际产品不一致或不真实	0.714		
		A14. 我担心网络购物的售后服务没有保障	0.689		
		A23. 我担心网购商品在物流过程中丢失或损坏	0.745		
		A16. 我担心网购商品不合心意或不适用，浪费金钱	0.683		
		A17. 我担心个人信息被购物网站泄露	0.594		
		A24. 我担心网络购物等待商品送达时间太长	0.784		
感知优惠力度		A19 我认为网购的价格更便宜	0.699	0.809	
		A20 我认为网购的优惠更多	0.738		
		A21 我认为网购的活动更多	0.794		
从众效应（交互性）		A22. 我曾经听从别人的建议网购了某商品，并且感到满意	0.757	0.814	
		A18. 朋友推荐的购物网站，我一般比较信赖	0.793		
		A15. 网友的评价对我是否购买某产品影响很大	0.638		
		A25. 我比较信赖人气旺的产品（已成交数量多）	0.677		
		A26. 我愿意向亲朋好友推荐我经常购买的网站和商店	0.803		

从表4—8可看出，各题项的相关系数均达到0.63以上，且各因素及总量表α系数都在0.77以上，均超过一般水平，表明本问卷量表信度较高，研究结果可靠。

4.3 农民工网络购物影响因素分析

4.3.1 影响因素因子分析

通过上述因子分析，将特征值大于1的4个因子根据其各自含义分别命名为感知价值、感知风险、感知优惠力度、从众效应（交互性）。4个因子共解释了56.235%的方差，其中方差解释量最大的为15.037%，其后依次为14.332%、13.871%、12.995%。由此可知，所留因素具有良好的效度，证明农民工网络购买行为受到感知价值、感知风险、感知优惠力度和从众效应的影响，如表6-9：

表6-9　购买行为因子分析与因子命名

因子	特征值	方差贡献率 %	累积方差贡献率 %	因子命名
1	3.223	15.037	15.037	感知风险
2	3.014	14.332	29.369	感知价值
3	2.985	13.871	43.24	感知优惠力度
4	2.713	12.995	56.235	从众效应（交互性）

4.3.2 购买行为影响因素与购买行为相关分析

为进一步深入了解购买行为影响因素与农民工购买行为的关系，本书将采用皮尔逊（Person）对各变量进行相关性分析。相关系数及显著性指标如下表6-10所示：

表6-10　各因素与购买行为相关分析

各因素与购买行为	Pearson 相关性	显著性
感知价值——购买行为	0.493**	0.000
感知风险——购买行为	−0.501**	0.000
感知优惠力度——购买行为	0.432**	0.000
从众效应——购买行为	0.303**	0.000
注：**.0.01 水平（双侧）上显著相关。		

表6-11　皮尔逊相关系数标准

标准值	0	<0.3	0.3—0.5	0.5—0.8	0.8—1	1
相关度	不相关	低相关	中等相关	显著相关	高度相关	完全相关

参考表6-11变量之间的相关关系和表4—11可以看出，感知价值、感知优惠力度、从众效应与购买行为呈显著的正相关，感知风险与购买行为呈显著的负相关。根据其相关系数绝对值可看出，与购买行为相关性最强的是感知风险，说明感知风险对其影响显著。

4.3.3 购买行为影响因素与购买行为回归分析

上述分析得出购买行为各影响因素与购买行为存在显著相关关系，本节借助回归分析进一步探讨各个影响因素对购买行为的影响强度。对此，本书将以购买行为为因变量，以购买行为各个影响因素作为自变量，以t值达到0.05的显著的标准筛选后进入回归方程，采用逐步回归方法，进行多元线性回归分析，并运用最小二乘法进行模型估计。

4.3.3.1 线性回归前提假设检验

首先，通过检验因变量与自变量的线性趋势、独立性和因变量的正态性、方差齐性是否满足要求来检验模型的基本假设，是否满足线性回归的条件。通过检验发现，本章中的因变量购买行为与自变量四个影响因素之间存在线性关系，符合回归分析要求。具体关系如下图6-3所示：

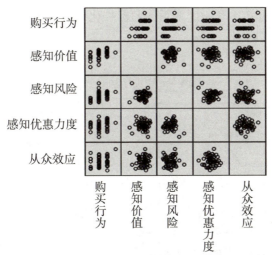

图6-3　因变量与自变量线性关系散点图

表6-12　DW检验标准

标准值	0—2	2	2—4
相关度	正相关	无相关	负相关

通过统计可得，因变量DW值为2.017，残差项间无相关，因变量具有独立性。自变量的独立性则根据多重共线性检验判断。多重共线性指解释变量之间的彼此相关性，可由容忍度、方差膨胀因子两个指标判断：容忍度与自变量和其他变量直接按的共线性呈反向变化；方差膨胀因子（VFI）值与自变量间共线性呈正向变化，当VIF小于10时则认定为自变量间不存在多重共线性。通过分析可知本章中的自变量间不存在多重共同性，具体如下表6-13所示：

表6-13　购买购买行为各因素共线性检验结果[a]

模型	共线性统计量	
	容差	VIF
（常量）		
感知价值	1.000	1.000
感知风险	1.000	1.000
感知优惠力度	1.000	1.000
从众效应（交互性）	1.000	1.000
a. 因变量：购买行为		

通过检验，可知本章中因变量回归标准化残差呈正态分布，具体如下图6-4所示：

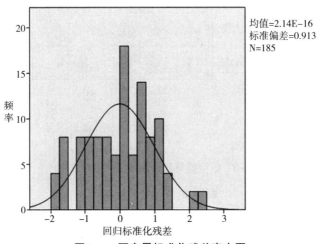

图6-4　因变量标准化残差直方图

此次研究中，因变量预测值和残差绝大部分观测量散落在0点水平线两侧，表明本章中预测值与残差之间无明显相关，回归方程满足方差齐假设。具体如下图6-5所示：

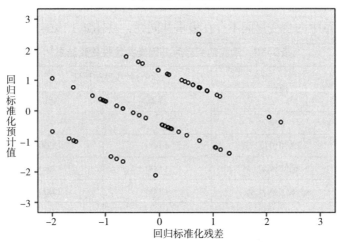

图6-5　因变量预测值与标准化残差散点图

4.3.3.2 回归模型分析

通过上述回归分析，证明本章的因变量购买行为与感知价值、感知风险、感知优惠力度、从众效应四个自变量可进行多元线性回归分析，分析结果如表6-14所示。

表6-14 购买行为各影响因素与购买行为回归分析结果

变量	非标准化系数		标准系数	t	Sig.
	B	标准误差	试用版		
（常量）	3.258	0.040		80.114	0.000
感知价值	0.308	0.040	0.421	7.371	0.000
感知风险	0.355	0.040	0.459	8.579	0.000
感知优惠力度	0.269	0.040	0.343	6.062	0.000
从众效应	0.133	0.040	0.187	3.211	0.002
R2	0.647				
调整的 R2	0.625				
F 值	39.819				
Sig.	0.000				

从表6-14可知，判定系数R^2=0.647，修正的R^2=0.625，表明方程拟合效果较好；F统计量为39.819，显著性水平为0.000，说明回归方程极显著；感知价值、感知风险、感知优惠力度、从众效应四个因素的回归系数P值均小于0.05，表明四个影响因素存在显著性，可纳入回归方程。总体来看，回归模型具有统计意义。在该模型中，感知风险标准化回归系数最高，说明其对农民工网络购买行为水平影响最大。

5 研究结论与展望

5.1 研究主要结论

本书在理论分析的基础上，采用定性分析与定量分析相结合的方法对农民工网络购买行为因素进行实证分析，得到以下结论：

（1）通过对被调查者基本特征描述性统计分析，发现福建省内工作的农民工，其网购年龄均较高，近两年新增较大比例的农民工消费者。网购在农民工群体中已经越来越受青睐，但农民工网购消费的活跃度相对较低。农民工网购消费主体为21-30岁之间的年轻人，并且这类群体的文化水平相对老一代已经有较大提高，收入水平仍较为一般。农民工主要的网购品类仍以纺织、服装为主，其次是电子产品、食品等生活用品，说明农民工群体在消费习惯和层次上，还仍处较为初级阶段。

（2）通过对被调查者变量的描述性统计分析，发现农民工群体对网购有相当水平的认可度。同时，"感知价值""感知风险"等几个变量的均值处于较高水平，说明农民工消费者比较认可网购对生活的价值，认为网购方便、简单并且性价比较高，并且受周围人群的影响也较深，但他们在网购过程中，仍较为担心网购的安全性。

（3）通过对问卷数据进行因子分析，发现购买行为与感知价值、感知风险、感知优惠力度、从众效应与购买行为之间均存在显著的相关性，说明农民工的网络购买行为与感知价值、感知风险、感知优惠力度、从众效应四个因素有关，其中，感知价值、感知优惠力度和从众心理对购买行为有正向影响关系，感知风险对购买行为有负向影响关系。而四个因素中，感知风险因素对农民工的网购行为影响最为显著。

5.2 对策与建议

5.2.1 增加消费项目以提高感知价值

早期农民工主要以"经济型"为主体，大多数是为了生存而到城市工作，而新生代农民工已经完成了从经济到经济与生活相结合的转变，[①]即农民工外出打工是为了追求更高品质的生活。因此，电子商务企业可以针对农民工的这种转变，增加针对农民工群体的消费项目。

从问卷结果中可以看出，在消费品类方面，农民工依然以生计为主并缺

① （美）德尔霍金斯，（美）戴维L.马瑟斯博，（美）罗杰J.贝斯特著，符国群等译.消费者行为原书第10版[M].北京：机械工业出版社，2007.

乏文化生活。农民工网络消费者对于鞋服纺织、个人洗浴用品和电气、电子产品等生活消费品有很大的需求，可见他们的网络消费比较务实，往往选择消费成本低或者日常生活需要的产品，其网络消费仍然是以满足基本需求为目的。此外，因农民工群体对于书籍报刊、工艺品、旅游产品等其他文化产品也有一定需求。因此，电子商务企业在服务消费方面，可以有针对性地创新出性价比较高的文化消费项目，在满足农民工的文化精神消费的同时，引导他们的精神文明建设。

另一方面，农民工网络消费者在对电子商务网站的易操作、商品丰富能满足需求，以及节省时间和精力反面认可度比较高，对页面设计的美观性、搜索的快捷性认可度较低。因此，服务网站在建设中，应加大对美工的投入和搜索引擎的升级；同时尽量使网络地图简单易懂，店家的产品推荐和产品信息的描述要准确全面，为购物者节省时间。使得农民工网络消费者能够更加快捷有效地找到所需商品，提高易用性和有用性，提升价值感，以此来增加农民工网络消费者的粘性。

5.2.2　完善相关法律法规以降低感知风险

通过笔者的实证研究，发现农民工网络消费者在网购过程中，对购买行为影响最深的是感知风险。因此，确保农民工网购安全是第一要务。

近年来，政府针对电子商务发展发布了一系列相关政策法规，包括商务部"互联网+流通"行动计划、省商务厅"2015年商务领域扩大消费工作方案"等，这些政策法规、工作方案的发布对提高网购活跃度有着很大的促进作用。但相对而言，农民工的法律意识仍较为薄弱，政府在制定一系列政策时，要关注到农民工的相关权益。因此，相关政府部门要在完善相关法律法规的同时，加强在农民工生活或工作密集地区的宣传力度，使农民工逐步提高法律意识，维护自身消费权益；以规范交易行为的方式降低风险；加强网络购物平台的安全建设，从技术上保障消费者的购物安全，减少农民工消费者网上购物时的信息泄露等风险；同时，利用大数据、云服务平台，科学引导行业发展；做好电子商务方面的舆情监测，特别是与农民工比较相关的食用农产品、生产资料、衣物鞋帽等重要商品的监测工作，强化市场运行监测和调控。

在物流方面，农民工网络消费者所担心的物品损坏和等待时间的问题，在相关政府部门出台物流建设方面的政策法规基础上，各物流企业应该加强自身的管理，在引进科技产品满足快速分拣和分拣质量的同时，完善最后一公里的配送。针对偏远地区和农村、山区，可以和当地的交通网络合作，将当地的短程客运、供销服务点、杂货店等结合起来，使相对偏远地区的农民工网络消费者能够得到更厚的物流体验。

另外，电子商务企业要坚持诚信是企业的生命理念。政府及相关协会，可以在市场监测的基础上，着重对电子商务企业的诚信经营进行表彰，以此促进行业的自律和诚信建设。

5.2.3 完善网店页面建设以满足从众心理

由实证分析发现，农民工网络过程中，感知风险的不确定性和严重性会影响到农民工网络购买行为，而通过周边群体或者网站中其他买家的友好评论，可以有效降低农民工网络消费者的感知风险。因此，电子商务企业和购物网站在经营过程中，要完善网店页面建设，通过增加交流沟通的渠道，满足农民工网络消费者的从众心理，降低其感知风险。农民工由于工作性质的原因，比较常在临睡前浏览购物平台，因此，店家除了在日常工作时间外，应尽量延长客服时间，增加中午、下班时间的服务人数，加强与农民工消费者的沟通。面对农民工网络购物者的疑虑或不满，要耐心温和，消除言语上的轻视和不耐，通过良性沟通，有效解决问题。

此外，网购平台可以开辟购物者交流栏目，为网络消费者提供相互交流的渠道。通过这个交流平台，不仅可以使消费者认为被受到足够的重视；实现商家与消费者、消费者与消费者之间良好的互动与互通，方便消费者分享和交流各自的购物体验，从而满足农民工网络消费者的从众心理。在此基础上，通过定期不定期举行抽奖式活跃用户参与体验活动，农民工网络消费者的心理需求，增强他们对网购平台和商家的信任感，提高他们的消费期望值，从而提高他们的忠诚度和粘性。

5.2.4　利用差异化定位提供更多的优惠力度

网购平台和商家经常通过满减活动、特惠日等形式向消费者提供优惠，农民工网络消费也受到感知价值和感知优惠力度的影响。在购买时，他们追求物美价廉和方便快捷，希望买到更高性价比的产品。但是农民工消费者的工作时间性质和交流的群体的局限，使得他们经常没能及时参与到这些活动中。且他们的购买能力相比企业白领来说，还有一定差距。因此，网购平台可以在栏目设置中，特别开辟一个廉价专场，针对农民工消费群体的特点，汇总该购买层次中的商家和产品，并提供更多样化的优惠方式。而电子商务企业要实现差异化定位和精致化营销。在不断完善自己的进货渠道的同时，对店内的商品实现差异化营销方案，针对农民工群体的特征推出质量佳、性价比高的商品和服务。

5.3　研究贡献与局限

5.3.1　研究贡献

本书以福建省内谋生的农民工为研究对象，根据其网络购买现状，通过感知价值、感知风险、感知优惠力度、从众效应四个方面探讨网络购买行为的影响因素，并据此提出提高农民工网络购物体验的建议。本章的贡献主要有：

（1）对福建省农民工网络购买行为影响因素进行了专项研究。以往的学者从不同的角度差异化地分析了消费者网购行为的影响因素。但目前仍没有学者从农民工角度入手，去研究农民工网络购买问题。本书对福建省农民工网络购买行为影响因素进行了专项研究，包括农民工网购现状、影响农民工网购行为的四个影响因素及相对应的策略建议等，丰富了网络购买行为的研究。

（2）为提高农民工网络购物体验提供思路。农民工已经成为继大学生、白领之后的又一网购生力军。本章在问卷调查的基础上进行数据分析，发现了福建省农民工的网络购物总体水平较为一般，仍处级满足生理需要的初级阶段，论证了影响农民工网络购买行为的部分主要因素，并根据相关研究成果提出意见建议，拓宽了提高农民工网络购物体验的新思路，为企业实际操作提供借鉴。

5.3.2 研究局限

（1）研究样本的局限性。本章收集的样本在数量上和分布上存在较大不足。地区分布不均衡，主要以福州、泉州、厦门等经济较为活跃地区为主，而省内其他地市由于种种原因，样本数量较少，导致问卷的代表性和广泛性大大降低。数量上，整个研究有效问卷只有185份，样本量较为不足，导致问卷分析的误差概率进一步提高。

（2）研究内容不够完善。本章只对农民工网购行为影响因素进行了研究，主要通过感知价值、感知风险、感知优惠力度、从众效应四个方面探讨网络购买行为的影响因素。由于时间精力有限、不可控的外力因素等未根据农民工户籍所在地、工种等可能影响因素进行差异化研究，使得研究内容不够完善，内容不够丰富。

5.4 研究展望

基于研究局限及对未来研究方向的思考，提出以下研究展望：

（1）在研究样本选择上，后续研究可从调查数量和地区分布两方面同时拓宽样本选择范围，在增加样本量的同时，注意加大龙岩、南平、宁德、三明等地区的样本量，使得样本分布更广、数据更具代表性。

（2）在研究内容上，还可以进一步研究其他可能影响农民工网购行为的因素，如农民工的户籍地、工作种类等进行对比研究，继续探讨不同变量背景下的网购行为差异。

第七章
"柘荣太子参"产业化影响因素实证研究

1 背景

随着我国市场经济体制的不断发展和完善，中国社会主义农业发展和农民增收的主要障碍主要有以下两方面，农村的经营方式主要是以家庭联产承包的责任制，以及当今农村的耕地面积规模过于分散狭小。因此，如何克服以上问题，在新时期实现农业生产的产业化经营，仍然是有效促进农业发展和提高农民收入的关键所在。如何在小农经营的基础上，推进农业产业化进程，从而达到提高农民收入、促进农业和农村发展的目的，是我们急需解决的课题。自党的十六届五中全会中共中央正式提出了"建设社会主义新农村"的命题，农业、农民和农村问题一直是社会经济发展中的重大问题，农业产业化也是其中的主要含义。

福建柘荣县具有250多年的太子参生产历史，年产量约占全国太子参总产量的60%，是中国四大太子参生产基地，所产的太子参色泽晶黄、肉质肥厚、有效成分高，以至于柘荣被称为"中国太子参之乡"[1]。近年来，柘荣县政府一直致力于促进当地特色农产品太子参产业发展，并在多年的经验中总结建立了太子参种植的一套标准化种植体系，其中就明确了最佳的有机肥配比、最佳种植密度、最佳采收期、病虫害综合防治措施和农药配比等技术规程，进一步扩大提高了使柘荣县太子参的种植规模和产量，实现了农民的增

---

[1] 黄冬寿：《"柘荣太子参"产业现状与发展思路》，《农业科技通讯》，2010年第11期。

收、农业的发展以及企业的增效。"柘荣太子参"产业，已是当地农民增加收入的重要来源渠道，太子参产业也成为柘荣县的支柱产业之一。

然而，随着我国市场经济的不断发展，"柘荣太子参"产业发展的短板逐渐显现：生产格局的粗放性，产品的低附加值以及低科技含量，都表明柘荣的太子参产业很难实现可持续发展[1]。如何弥补柘荣县太子参产业劣势，充分发挥其资源优势，促进该产业更好更快的发展，已经成为"柘荣太子参"产业发展的当务之急。

2 理论基础和相关研究

2.1 农业产业化的定义与理论基础

2.1.1 农业产业化的定义

当前学术界对还"农业产业化"还没有统一的解释以及清晰的定义，笔者梳理了大量关于此方面的文献，发现现有理论从以下三个角度对"农业产业化"进行多侧面，多层面的含义概括：市场视角，农产品角度以及生产要素角度。蔺丽莉[2]认为，农业产业化是指在市场导向和提高质量与效益的前提下，联系不同阶层农民的各经营主体，不断地拉长产业链、扩大行业链、改善品种链，并实现多次加工、多次增值，更广泛地增加就业，最终实现国家增税、企业增利、农民增收，使农业战略性结构调整进入高级形式。以李付梅[3]的观点，农业产业化是以市场为导向，以企业为龙头，实行区域化布局，建立专业化生产基地，以基地联农户，形成农工商一体化经营[4]。庄严则认为所谓农业产业化是以国内外市场为导向，以提高经济效益为中心，对当地农业支柱产业和主导产品，实行区域化布局、专业化生产、一体化经营、社会化服务、企业化管理，把产供销、贸工农、经科教紧密结合起来，形成一

---

① 黄冬寿：《"柘荣太子参"产业现状与发展思路》，《农业科技通讯》，2010年第11期。
② 蔺丽莉：《发展我国农业产业化经营的探讨》，《中央财经大学学报》，2006年第5期。
③ 李付梅：《农业产业化与农业可持续发展》，《农村经济》，2005年第3期。
④ 邓培军：《我国农业产业化研究综述》，《边疆经济与文化》，2009年第2期。

条龙的经营体制。从这一定义可以看出，农业产业化的概念包括以下几个要点：一是以市场为导向，即根据市场的需要进行农业产业化组织的建设和运作，调整农业的产业结构及产量；二是要形成区域的支柱产业和主导产品，即在农业产业中形成专业化生产模式；三是应按产业系列组织农业生产，实行一体化经营[①]。而有的学者认为农业产业化其实是通过一种契约合同把农产品的制造者农户、加工者和最终的产业领导者龙头企业以及跟农产业的价值增益有关的参与者结合成一个利益群体，并且通过对生产要素的优化配置和重新划分形成了商品性生产经营体系，从而把原本是独立生产经营的环节整合为一个社会化生产的总过程[②]。

蔡荣在农业产业化组织治理机制及其效率特征——基于纵横一体化的理论与实证分析中论述到，在西方国家农业产业化也被称为农业一体化或农业综合经营，它是以国内外市场为导向、以提高经济效益为中心、以农业增产农民增收为目标，对当地农业的主导产业实行区域化布局、专业化生产、一体化经营、社会化服务、企业化管理，把产供销、贸工农、经科教结合起来，形成产前、产中、产后一条龙的经营体制[③]。

吴德礼也赞同蔡荣的观点，他觉得农业产业化经营是一种以市场为导向，在稳定家庭联产承包责任制的基础上，依靠各类龙头公司和中介组织的带动，把农产品的生产、加工、销售等环节连成一体，形成有机结合、相互促进的经营机制[④]。

从上述不同的学者对"农业产业化"内涵的研究中，我们可得出这些学者对于农业产业化有以下几方面的共同认识：第一，农业产业化的发展必须遵循市场规律，以市场为导向；第二，必须充分发挥龙头企业的作用；第三，以增加农民收入、提高经济效益为主要目标；第四，农业产业化的范围不应该仅仅放眼于第一产业，而应该是对于整个经济圈的所有行业。

---

① 庄严：《农业产业化的经营与结构调整研究》，《农业经济》，2006年第12期。
② 黄卫红：《"共生型"农产品价值链构建与农业产业化经营的内在关系研究——广东燕塘乳业有限公司经营模式探讨》，《农村经济》，2007年第12期。
③ 蔡荣：《农业产业化组织治理机制及其效率特征——基于纵横一体化的理论与实证分析》，《管理现代化》，2007年第3期。
④ 吴德礼：《公司+公司：一种农业产业化经营组织的新模式》，《探索》，2007年第5期。

2.1.2 产业化的理论基础

作为一种农业运营机制，农业产业化是农业在组织形式和经营机制上的创新，它不仅是社会实践的产物，更是农业发展的必然结果。这种必然性来自于农业产业化的理论基础。其理论基础主要包括以下四个方面：社会分工与协作理论，制度创新理论，交易费用理论和规模经济理论[①]。

2.1.2.1 社会分工与协作理论

分工与协作理论是马克思对于这个世界最大的贡献，解放了我们的生产力，是产业推行产业化的前提。农业产业化把农业再生产的各个环节在自己的产业内进行，形成"龙头"组织对农户提供各种服务，减少了行业见的壁垒，在本产业内，提高营运效率和经济效益。可以说，农业产业化是农业中社会劳动分工逐步深化的演进过程，即专业化、社会化、一体化相辅相成，共同促进农业与关联产业逐渐融合走上一体化的转型过程。当前，我国的农业绝大多数还是以家庭式生产为主，自己进行着生产，没有与其他相关的产业生产参与者有协作关系。因此，发展农业产业化，形成科学的产业结构与生产体系对于发展我国很重要。

2.1.2.2 制度创新理论

农业产业化，是农业生产经营在组织形式和制度上的演变，是社会生产力和生产关系矛盾运动的必然结果。创新理论首先是由美国经济学家熊彼特提出的，他在1912年著的《经济发展理论》一书中提出[②]，创新是企业对生产要素的新的组合[③]。农业生产力发展到一定水平，客观上要求其内部公司、农户等经营主体通过合同或其他途径结合成某种形式的组织，进行专业化、一体化、社会化生产经营服务，通过产加销各环节、贸工农各领域的有机结合，使农业具有产业的系列化效应和大规模组织的优势，成为一门高度社会

---

① 刘宇、贾启建等：《中国农业产业化问题研究》，《商场现代化》，2010年第7期。
② 熊彼特：《经济发展理论》，商务印书馆1990年版。
③ Altred Marshall，*Principles of Economics*，London：Maemillan，vol.1，1920，p.355.

化的产业[①]。

所以，农业的产业化其实并不是主观的妄想，也不是政府所制定的某种政策，而是经济在发展的时候自发推动和形成的一种自发式的制度创新。

2.1.2.3 交易费用理论

我国农户小而散的经营方式，使得他无法形成规模效应，而面对的费用与产出收益不对称，此时就不存在去收集足够的市场信息的激励；在缺乏信息的条件下进行生产和销售，就会形成一种纯粹的生产现象，无法估计自己生产的产品价值，只能被动接受市场价格，而掌握较多市场信息的卖家就会趁机压价，这也是当前农民无法进入市场的关键障碍。同时由于农户不了解市场信息，也不了解市场的供求情况，此时进行的生产无法实现资源的合理配置，阻碍农业效益的提高。因此，在农户进入市场的成本过高的情况下，农户就会减少自身进入市场进行交易的方式，而会选择某种可以节约交易费用的形式，而这种形式最佳的就是产业化经营[②]。对于经营农业产业化的企业，市场交易方式会存在每次交易都要产生判断产品品质等费用，而选择契约的形式就可以节省这种交易费用。

2.1.2.4 规模经济理论

规模经济，又称规模节约或规模利益，是指由于生产或经营规模扩大，致使生产或经营的平均成本下降或者收益上升。新古典经济学家马歇尔将规模经济产生的原因归结为组织创新的作用，他认为："劳动和资本的增加，一般导致组织的改进，而组织的改进增大劳动和资本的使用效率"[③]。在西方经济学的观点中，规模经济是由与技术进步相关的各种生产要素的集中程度决定的，因此，农业生产技术的发展和生产工具的进步，必然也会导致农业生产规模的增长[④]。农业产业化通过集中化、专业化、一体化等形式，扩大了经营主体的规模，这也是实现农产业规模经济的一条重要途径。

① 贾会远：《我国农业产业化经营及对策研究》，郑州大学硕士论文，2003年。
② 刘静华：《养种规模发展反馈仿真应用研究》，南昌大学博士论文，2010年。
③ Altred Marshall, *Principles of Economics*, London: Maemillan, vol.1, 1920, p.355.
④ 汪艳、徐勇：《论农业产业化的理论基础》，《农业经济问题》，1996年第12期。

2.2 农业产业化发展历程及其现状

虽然中国是一个农业大国，但与世界上发达国家比，真正的现代化农业起步较晚，农业科技含量较低，农业发展相对滞后。历经建国初期农业发展的停滞不前，随着改革开放以后，新中国的农业产业结构的逐步调整，商品农业的出现，农业产业化经营便开始在国内兴起并逐步全面推行[①]。

虽然我国农业产业化建设已经有了一点发展，但是我国农业的产业化还是处在起步的初级阶段，还有很多值得关注的问题。庄严认为当前我国农业产业化面临的问题有：农业的宏观管理体制改革力度不强；农业相关制度和法律法规不完善，难以适应农业产业化迅速发展的大问题；对于农业的资金支持不足，融资问题有待解决；总体来说，农业产业化层次低、起步晚、效益小，产业组织辐射带动农户的能力弱[②]。田永强等认为当前农业产业化经营过程中有以下问题：多数龙头企业定位混乱，缺乏自己的核心竞争力；农业产业化得不到政府的扶持；龙头企业与农户的联结机制不完善；龙头企业法人的素质普遍不高，导致企业内部的管理不够规范[③]。李话语等在谈到农业产业化发展时，就总结出以下五个方面问题：第一，加工企业小而散，难以有效形成规模；第二，企业的技术水平普遍较低，难以创造科技含量较高的产品；第三，缺乏运作资金，资金筹集难度大；第四，行业协会发展不充分或者根本不存在行业协会；第五，管理机制陈旧，管理手段单一[④]。

从这些学者的观点中可以发现，当前农业产业化发展中主要出现以下五个方面：农业产品科技含量低缺乏市场竞争力；管理制度和法律法规不够完善；政府扶持力度不够；龙头企业不具备强有力的市场竞争力；融资困难，资金短缺。

---

① 黄卫红：《"共生型"农产品价值链构建与农业产业化经营的内在关系研究——广东燕塘乳业有限公司经营模式探讨》，《农村经济》，2007年第12期。

② 蔡荣：《农业产业化组织治理机制及其效率特征——基于纵横一体化的理论与实证分析》，《管理现代化》，2007年第3期。

③ 田永强、董炜娜：《关于新形势下农业产业化发展问题的思考——以河南漯河市为例》，《农业经济问题》，2006年第5期。

④ 付志峰、朱宏利、陈国富：《锦州市农业产业化发展情况浅析》，《农业经济》，2007年第10期。

2.3 农业产业化相关研究动态

目前国内专家学者对我国农业产业化内容上的研究主要归为两个方面，即农户土地使用权和农产品的产业化。

在农户土地使用权方面，韩连贵提出，全国大多数地区在近年来都开始推进农业产业化的规模经营，以农工贸一体化的产业集团企业公司为主要形式，也形成了农产业加工销售一条龙的模式，更有工商，以及"三资"企业介入，提供生产基地配套[①]。通过农村土地使用权的转移，生产基地的形成，促使农村土地的承包经营相对集中，推进农业产业化经营的发展，加快形成农产业加工销售产业链的形成[②]。娄文光提出，依法搞好农户土地使用权是加快农业产业化发展的主要原因，只有满足了土地的需求，才有可能发展加农业产业化[③]。李启文则提出当前农户土地使用权转移也存在的问题：耕地使用权期限长；流转土地用途与国家政策法规相冲突；管理机构不健全；缺乏有效的中介组织[④]。

在农产品流通体系方面，刘成玉[⑤]对农产品流通有以下几点看法：一，农产品流通是农业产业化的前提，只有存在产品流通，才会有产品发展，直至最后才有可能形成产业化；二，农产品流通是农业产业化的关键因素，可以加快农业的产业化进程；三，农产品流通是一种保证，只要农产品流通顺利，农业效率就有可能提高[⑥]。温思美提出，农产品流通体制与农业产业化的匹配程度，决定了产业化的运行效率[⑦]。

大部分研究是从实践的宏观层面出发，对农业产业化内涵、意义、实践形式、存在问题以及对策等方面进行探讨。有研究者从微观角度出发，运用交易理论、产业组织理论等奠定了农业产业化的理论基础[⑧]；还有一些学者则

---

① 韩连贵：《关于农村土地使用权流转的考察评价意见》，《经济研究参考》，2005年第54期。
② 李话语、张林生、曾克峰：《中部山区农业产业化发展模式研究——以河南西峡县为例》，《安徽农业科技》，2007年第36期。
③ 娄文光、岑铁金：《依法搞好土地流转，促进农业产业化的进程》，《农业经济》，2000年第10期。
④ 邓培军：《我国农业产业化研究综述》，《边疆经济与文化》，2009年第2期。
⑤ 刘成玉：《理顺农产品流通促进农业产业化》，《中国流通经济》，1997年第1期。
⑥ 陈春：《深化农业产业化发展的政策建议——以湖北省为例》，《农业经济》，2008年第3期。
⑦ 温思美、杨顺江：《论农业产业化进程中的农产品流通体制改革》，《农业经济问题》，2000年第10期。
⑧ 于冷：《农业产业化的理论依据探讨》，《农业系统科学与综合研究》，2001年第17卷第1期，第9页。

只有从产业化的角度出发才能真正地认识农业[1]，换句话说，如果要搞明白农业产业化的问题，就必须了解农业产业化的内涵。中国于二十世纪九十年代就已经开始进行农业产业化的实践进程，随着农业产业化实践的发展，理论的研究也在积累的过程中渐渐获得了略有成效。生秀东在总结了二十世纪九十年代的农业产业化理论的基础上，认为规模经济并不能对农业产业化做出科学的说明，农业产业化的研究必须关注二元经济和双轨体制带来的深远影响[2]。

关于农业产业化的概念界定，我国学者比较强调"以市场为导向、以经济效益为中心"，其主要是偏向于规范性的描述，而国外的农业产业化定义则更偏向实证[3]。农业产业化就是以国内外市场为导向，以提高经济效益为目的，以资源开发为基础，围绕支柱产业优化组合各种生产要素，实现区域化的结构布局、专业化的生产、科学化的经营、系统化的管理以及商品化的服务，逐渐形成市场促产业，产业带基地，基地连农户的经营生产体系[4]。

2.4 农业产业化影响因素研究动态

闻峰山[5]分别从农户和龙头企业两个农业产业化的主要参与者来研究农业产业化的影响因素。刘宁祥[6]以黑龙江的农业产业化为例，从人们对产业的认识水平、要素市场建设水平以及约束和分配机制三个方面来研究产业化的影响因素。霍红梅[7]则从农民道德选择的角度来论述农业产业化的影响因素。

李强（2008）[8]用问卷调查的方法对两百多农户进行实地调研，研究了农业产业化的影响因素，并利用统计分析方法实证研究了各相关因素的具体影响。其结果表明：龙头企业收购价格的波动程度、户主文化程度、种植油茶

① 李强：《农业产业化：一个分析框架》，《山东农业大学学报》（社会科学版），2002年第4卷第4期，第59页。

② 生秀东：《20世纪90年代农业产业化研究的理论进展》，《中州学刊》，2001年第6期，第123页。

③ 郭建宇：《农业产业化研究的国际比较：一个文献综述》，《生产力研究》，2007年第8期，第148页、第150页。

④ 侯军岐：《论农业产业化的组织形式与农民利益的保护》，《农业经济问题》，2003年第2期，第51页。

⑤ 闻峰山：《改革开放新时期潍坊市农业产业化问题研究》，山东大学硕士论文，2005年。

⑥ 刘宁祥、徐永智：《黑龙江省农业产业化发展的影响因素及对策建议》，《哈尔滨商业大学学报》（社会科学版），2007年第2期，第49—52页。

⑦ 霍红梅、戴蓬军：《农业产业化进程中农民道德选择的影响因素分析》，《农业经济》，2007年第6期，第63—67页。

⑧ 李强：《农业产业化影响因素的实证研究》，《技术经济》，2008年第11期，第66—67页。

的年收入水平、合同的遵守程度、等因素对农业产业化有明显的作用；中介组织效益、中介组织实力、技术服务水平、政府补贴程度、年种植成本等因素对农业产业化水平作用不明显。

向琳、李季刚（2010）[1]运用统计方法方法对国内各地区的农业产业化水平作整体评价和比较分析，同时统计分析分析不同地域农业产业化的影响因素。分析认为，中国农业产业化虽然整体水平较高，但是不同地域存在一定的不同之处；中部地区农业产业化水平普遍比较低下，其主要原因主要是源于纯技术效率的低下，因此需要不断加强和完善相关的制度建设；而西部地区规模水平不高，主要是农业产业效率水平的主要阻碍，需要不断扩大农业产业化规模。

2.5 本章小结

本章首先对农业产业化的概念进行界定，回顾农业产业化的理论基础、农业产业化发展历程和发展现状。然后，对国内关于农业产业化的研究动态及影响因素的相关文献进行研究，发现目前的研究热点在农村土地流转和农产品流通体系建设，也产生了丰厚的成果。而在农业产业化影响因素这个方面，国内学者对于影响因素的研究一般侧重于案例分析和讨论，而用实证研究论证的较少。最后，结合现有的农业产业化影响因素的成果，本书拟从太子参产业化运行机制入手研究"柘荣太子参"产业化影响因素，构建模型，并提出相关假设，通过实证分析验证提出的研究假设。

3 "柘荣太子参"产业化影响因素分析

3.1 产业存在问题

3.1.1 太子参园的规模小、分布零散，且管理水准不一

柘荣县太子参的种植者以农散户为主，农散户的种植方式属于粗放式，

---

[1] 向琳、李季刚：《中国农业产业化效率及其影响因素》，《长安大学学报》（社会科学版），2010年第3期。

初级劳动，参园的面积小，分布零散。而且由于各农户的受教育程度及自立差异，导致管理水平参差不齐，在管理中普遍存在化肥、农药使用不当的现象。

3.1.2 太子参种质出现退化现象

太子参采用块根无形繁殖进行种植，这种种植方式存在很大的弊端，培育久了，会出现块根变异，抗病能力降低等情况影响太子参的品质，会降低"柘荣太子参"在消费者心中的形象，对"柘荣太子参"品牌造成信度降低。

3.1.3 品牌监管力度不足

作为中国太子参之乡出产的"柘荣太子参"，已是中国驰名商标，获得质量证明，且为原产品地域保护产品，品牌价值极大，在市场上颇具口碑。但近年来由于与柘荣县相邻的福鼎、福安、霞浦等县市也以"柘荣太子参"的名义进行生产销售，其品质与原本"柘荣太子参"的优质优价相违背，破坏了"柘荣太子参"的质量安全，混乱了太子参市场，影响了"柘荣太子参"的品牌价值[①]。

3.1.4 龙头企业数量少，缺乏市场引导左右

作为中国太子参之乡，柘荣县从事太子参产业的相关人员已经占到全县人口的20%，几乎成全县都种太子参的现象。然而，整个柘荣县成规模的太子参企业数量很少，具有大产值以及品牌影响力的只有三家：分别福建天人药业，闽东力捷迅药业有限公司，和柘荣县森荣食品有限公司。但是这三家企业并没有起到龙头企业的带头作用，由于其主导产品与太子参的相关性不大，对整个产业起到的推进作用也很有限[②]。

3.1.5 产品科技含量小、附加值低

柘荣县虽然是中国太子参四大产业基地之一，产量可达全国总产量的

---

① 黄冬寿：《"柘荣太子参"产业现状与发展思路》，《农业科技通讯》，2010年第11期。
② Muulet.The roles of attitudinal and personality variables in the prediction of environmental behavior and knowledge [J]. *Environment and Behavior*，1977，9：217-232.

一半以上，但柘荣县的太子参销售还多是初级产品，也就是未经加工的或者只是经过参农初加工的产品，并没有多少的技术含量，操作建议，区别性不高，导致"柘荣太子参"的市场价格普遍不高，只是农产品价格，无法形成市场竞争优势[①]。

3.2 产业发展优势

3.2.1 资源优势

柘荣县作为太子参之乡，具有其优越的资源优势，气候条件优越，土壤水质空气无污染，尤其适合太子参等中草药的生长，可以很好地保持其营养成分。柘荣县能成为能成为太子参之乡，不仅依靠这些环境资源，还有优质的品种资源，柘荣县政府成立了专业的农业技术推广中心，进行优质品种筛选，从当地太子参种群中筛选出优质的，适应性强，产量高的参种进行培育及推广，其中就有市面上较著名的"柘参1号"（闽认药2003001）、"柘参2号"（闽认药2003002）[②]。

3.2.2 质量优势

"柘荣太子参"品牌的打造也依托于其产品优秀的产品质量，"柘荣太子参"除了具有太子参产品的一般药用价值以外，还有区别于其他产地的独特优势，色泽晶黄、肉质肥厚且有效成分高。而且"柘荣太子参"产品的质量也是经过认证以及得到市场广泛认同的，获得的荣誉很多，包括：质量证明商标，原产地域保护产品，以及首届中国农业博览金奖[③]。

3.2.3 市场优势

柘荣县太子参产量达到全国总量的一半以上，柘荣县自己建立专业的"柘荣太子参"交易市场，给本地太子参销售提供渠道，并为全国客商提供太子参的交易平台。全国各地的太子参深加工企业都在柘荣设点，"柘荣太

---

① 黄冬寿：《"柘荣太子参"产业现状与发展思路》，《农业科技通讯》，2010年第11期。
② 李强：《农业产业化影响因素的实证研究》，《技术经济》，2008年第11期，第66—67页。
③ 黄冬寿：《"柘荣太子参"产业现状与发展思路》，《农业科技通讯》，2010年第11期。

子参"专业市场的规模可见一斑①。

3.3 "柘荣太子参"产业化影响因素分析

"柘荣太子参"产业要进行产业化，涉及产业中的各个环节与部门：包括产品研发、应用推广与中试，这些部门要联结起来形成一个整体，才能进行产业化。然而这过程中涉及的各个部门之间存在一定的利益冲突，彼此之间相互制约影响，除此之外，这些部门的联合还要受到其身处环节的制约，以及自身的局限②。"柘荣太子参"产业化刚刚起步，在其发展过程中面临着许多现实问题。本书分别从产业化系统内部和外部来分析"柘荣太子参"产业化的影响因素（如图7-1）。

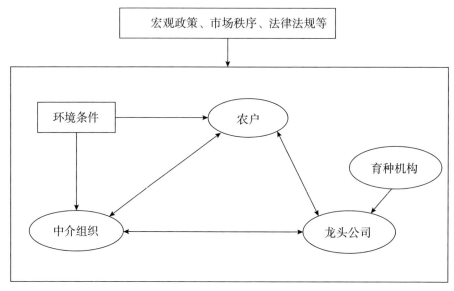

图7-1 "柘荣太子参"产业化体系及相互影响关系

3.3.1 内部影响因素

"柘荣太子参"产业化内部体系涉及太子参产业链上的各个环节，可以根据阶层划分为：太子参育种机构、龙头企业、中介组织、农场职工户或农

---

① 黄冬寿：《"柘荣太子参"产业现状与发展思路》，《农业科技通讯》，2010年第11期。
② 于继庆、李保华、李霞、赵友志：《国产芦笋种子产业化影响因素分析》，《农业科技通讯》，2009年第1期。

户。结合"柘荣太子参"产业化模式的实际调查资料,分别对涉及的各个阶层的影响因素进一步分析。

3.3.1.1 农户的影响因素

农户是太子参的生产环节,数量多而规模小,且分布零散,具有足够的自主性。自主性主要体现在他们可以自由的选择作物种的品种和数量,并且可以决定是否要加入产业化。通过调查及走访,笔者发现,农户是否会加入产业化的影响因素主要有以下几点:参与后的收入、参与的成本和技术服务等。

（1）收入

随着太子参药用价值的普及以及全民养生观念的形成,近年来我国太子参价格一直处于上升趋势。柘荣县太子参专业市场数据销售显示,"柘荣太子参"货源平稳,价格保持基本稳定。由于价格的持续走高,当地种植户对于太子参种植面积也有所增加,在笔者调研的农户中,太子参种植面积每年增加近一成。这种由于价格走高带来的刺激,导致种植户种植面积增加,相应地提高了市场上太子参的供给量。从调查走访过程中,笔者了解到,企业给农户的收购价格平稳合理,会增强农户将太子参卖给企业的积极性。从调查数据中也可以看出,农户的销售渠道分布中,太子参产量多的区域大多是龙头企业重点收购的区域,且收购数量多,价格合理[①]。

（2）成本

农产品的成本也就是种植成本,主要有以下几个方面:参种的价格;劳动力价格;发布或者收集市场信息以及物流等费用,化肥、灌溉等机械费用。对于农户来说,其规模小,购买参种时无法形成议价能力,只能被动接受价格,如果参与产业化经营可以联合购买参种,降低农户购入价格,且有专业技术人员的指导。龙头企业上门收购农户的太子参,且进行产业化经营后,可以省去农户搜集市场信息、物流等费用。根据走访及调研的数据显示,有龙头企业参与指导的农户,会更及时的预防各种灾害,并能更及时的

---

① 李强:《农业产业化影响因素的实证研究——基于安徽省10市（县）270户农户的调研数据》,《技术经济》,2008年第11期,第66–67页。

施肥灌溉。福建省的农民大多倾向留在家工作，较少外出就业，产业经营化带来的较低种植成本会使农户更愿意在家务农，促使农业产业化经营中的劳力年龄结构更合理①。

（3）技术支持

太子参产业化发展进程中离不开技术支持，技术的参与会促使太子参更好的生长，以及更多高附加值产品出现，而农户缺乏技术的实力。与此相比，龙头企业或中介组织的技术支持对"柘荣太子参"产业化就显得尤为重要。"柘荣太子参"种植技术的要求较高，然而我国农户的基本素质水平普遍较低，多根据经验采取传统的初级的种植技术，难以适应品牌太子参企业的要求。为了适应农业产业化的需要，如何通过技术支持提高农户的技术素质已经成了柘荣县进行太子参产业化过程中的一个重要任务②。

由于农户只是太子参的生产参与者，占据产业主导地位的是龙头企业，他们拥有最终的领导权，可以选择参与产业化的农户，故产业化过程中农户的自身特性、以及所处的环境条件也影响着他们能否参与并适应"柘荣太子参"产业化。龙头企业会对生产基地的基本条件及其耕地、水资源、交通以及农户的素质进行多方面的考察，严格筛选基地与参与户。因此参与户的自身特性、所处的环境条件都在很大程度上决定了他们是否具备了"柘荣太子参"产业化的硬性条件③。

在调查问卷的设计中，笔者设计通过统计技术人员每年的指导次数和龙头企业（收购方）指导的次数来对技术支持进行评价。根据问卷调查结果显示，农户种植的太子参的质量与其接受指导次数成正相关的关系。

3.3.1.2 中介组织的影响因素

龙头企业和农户之间有时候很难进行接洽，此时中介组织就是双方的纽带，连接着龙头企业和农户，是必不可少的中间环节，并且承担了"柘荣太

---

① 李强：《农业产业化影响因素的实证研究——基于安徽省10市（县）270户农户的调研数据》，《技术经济》，2008年第11期，第66~67页。

② Teece，D.Technology transfer by multinational firms：the resource cost of transferring technological know-how. *The Economic Journal*，1977，（87）：242-261.

③ 何美丽：《我国Bt棉种子产业化影响因素与运行机制研究》，中国农业大学硕士论文，2003年。

子参"产业化的组织管理与协调监督的作用。中介组织一般是由大中型的农场来担当的，根据其在模式中的地位和作用而有所区别。中介组织在"柘荣太子参"产业化中的参与，主要受到以下几个因素影响[①]。

（1）收益

在"柘荣太子参"产业化中，中介组织的利润来源主要是通过契约和利益机制参与"柘荣太子参"产业化经营，并从中分享生产和销售环节的利润。因此，中介组织的利益也就可分成两个部分：一部分来自于参种销售的增益，另一部分是来自太子参本身销售的增益，这两个部分的收益就构成了中介组织的主要收入。

（2）实力

能否参与产业化经营，扮演中介的角色，主要取决于中介组织的实力，这也是"柘荣太子参"产业化能否顺利进行的重要影响因素。占据领导地位的龙头企业，为了保证产业化顺利进行，选取中介组织的时候一般会考虑其综合实力而定，主要从以下几个方面的考量：技术力量，经济实力，信誉，加工能力，销售能力等。因此，中介组织的实力是其能否被龙头企业选作合作，参与产业化经营的决定因素。

3.3.1.3 龙头企业的影响因素

农户，中介组织能否参与产业化经营，主要是由龙头企业确立资格，龙头企业作为"柘荣太子参"产业化的领导者，要同时兼具组织、市场开拓、营运、联合内外、产品研发创新、服务等功能，是整个产业化发展的领头羊、带动者[②]。因此，龙头企业自身的实力与管理带动能力决定了"柘荣太子参"产业化发展的成效与结果，龙头企业在产业化经营中主要受到以下几个因素的影响：

（1）监管机制

如何制定合同的合理有效的监管机制，监管督促农户履行合同要求。农

---

① AlaviM，Leidner.D.E.Review：Knowledge management and knowledge management system：conceptual foundations and research issues.*MIS Quarterly*，2001，25（1）：107-136.

② 吴明隆：《问卷统计分析实务：SPSS操作与应用》，重庆大学出版社2010年版。

户是否按照要求进行种植决定了太子参产品的质量，也最终决定了龙头企业生产的产品的市场竞争力。在调研过程中，笔者发现，规模较小的农户的遵守等级普遍较低，监管制度的制定还是有其存在的必要性。

（2）龙头企业实力

作为产业化经营的领导者，组织者与营运管理者，龙头企业的实力决定了产业化发展的程度及水平，必须具备一定的实力才能推行产业化经营，主要从以下几个层面：资本力度、技术水平、组织化程度等[①]。根据前期调研、走访，笔者得出：龙头企业的资本力度决定了推行太子参产业化的渠道布局，产品推广，品牌宣传等基础建设；龙头企业的技术水平影响太子参的质量与品质，生产及加工的能力，进一步影响到"柘荣太子参"的市场竞争力；其组织化程度决定了"柘荣太子参"产业化发展的管理制度及营运能力，进一步会影响太子参产业化发展的规模与成效。

（3）龙头企业的收购价格波动程度

农户种植产品的积极性来自于价格的激励，此激励分为增长性和稳定性，通常农户获取稳定的价格保证是其参与生产的前提，价格波动越大，农户参与生产的可能性也就越低。市场价格无法保持平稳，而龙头企业在此时就祈祷了维持市场价格的作用，可以与农户以稳定的价格签订合约，保证农户的利益安全，农户参与产业化的意愿就会增强。通过对调研数据的统计分析，笔者进一步分析得出：农产品市场价格波动很大，而有企业采取稳定价格机制签约农户的地区，农户参与产业化经营的意愿更强烈。

（4）科研育种机构科研水平

龙头企业的技术支撑是科研育种机构，科研育种机构的研究水平、研究能力、研发成功将直接决定"柘荣太子参"的品质与性能，进而影响到"柘荣太子参"产业化水平和效果。不同品种的"柘荣太子参"差异显著，除了表现在个体产量的不同上，在基因稳定上也有很大的差异，基因优良的太子参品种能够抵抗更强烈的气候、环境的影响，并且抗虫性也表现不错。同时，这样的太子参在商业价值上也很不菲，品质良好的太子参直接影响"柘

---

① 薛丽莉：《人向组织知识转移的影响因素研究》，浙江工业大学硕士论文，2007年。

荣太子参"的市场需求及公司形象。因此,和科研水平高的育种机构合作,能够增加太子参品种的优良性的几率,从而促进太子参产业化的程度。总之,科研育种机构的研究水平,不仅直接影响着太子参育种、培育与转化,还影响着"柘荣太子参"产业化的地域范围、规模与成效。

3.3.2 外部影响因素

"柘荣太子参"产业化除了受到农户、中介组织和企业的影响还受到来政府、市场等外部环境的作用。主要包括政府补贴、药材市场秩序,农业管理体制以及相关法律法规等。

3.3.2.1 政府补贴

政府补贴在很大程度上会影响农户的决策。政府对农产品进行一定程度的补贴会提高农户的种植积极性。政府补贴还包括对龙头企业的政策优惠。在调查问卷中我们设置了一个专项来度量政府补贴,分为3种情况,即基本没有、中等水平和非常高,实际数量分析将在后文的计量中体现,可以预测影响是正方向的。

3.3.2.2 药材市场秩序

药材市场秩序混乱,给"柘荣太子参"产业化制造了巨大障碍。每年假冒伪劣的"柘荣太子参"给太子参产业造成千万亿的损失,同时也对农民生产经营造成了巨大影响。药材市场不规范问题也成了众多企业最为棘手的一个问题,而太子参市场混乱表现得尤为突出。其主要原因还是真品太子参价格较高,真品太子参良好的品质又深受广大消费者的偏好与信任,由于利益的驱使,不法商贩将未经加工或检验的太子参、假冒伪劣或掺假的太子参产品以高价销售给消费者,造成了太子参公司的巨大经济损失和信誉受损。

3.3.2.3 药材管理机制与法规

我国药材管理机制不健全,相关法律法规不完善,这也给种子管理与产业化造成了巨大障碍。由于农业部所实行的农业管理不像法律一样具备行政执法的权利，在进行行政管理、工商管理、市场管理以及技术监督的时候不能配以行政执法的权利，往往导致理论体系与实际操作不能相呼应，没有实际执行力的理论法规只是一张空文。因此，除了农业部分的农业法规以外，政府部门也需要对农业管理进行立法，赋予其法律效益，对相关法规进行修订、充实和完善，有必要进一步将农业产业的规范、原则以及体制与格局等进行明确定位，上升到国家法律层次，尽快出台新的种子法，使其具有更广泛的指导意义和现实可操作性。

3.4 本章小结

本章在第二章相关文献研究的基础上，首先，从"柘荣太子参"产业化的现状出发，分析"柘荣太子参"产业化存在的问题以及发展的优势。然后，在此基础上对影响"柘荣太子参"产业化的因素进行分析，分别从内部和外部对影响因素进行分析。其中内部影响因素又分为农户的影响因素、中介组织的影响因素和龙头企业三个方面的影响因素，有种植收益、种植成本、技术服务、中介组织收益、中介组织实力、农户对合同的遵守程度、龙头企业实力、龙头企业的收购价格波动程度、科研育种机构科研水平等9个影响因素；而外部影响因素有政府补贴、药材市场秩序和药材管理体制与相关法律法规3个影响因素。本章的影响因素分析为后面的模型构建及实证提供了理论依据。

4 "柘荣太子参"产业化影响因素模型构建与假设

4.1 研究的变量

4.1.1 自变量

"柘荣太子参"产业化涉及多个部门，这些部门以一定的方式相关联的，最终形成一个巨大的利益共同体。同时，实际上这些部门又存在着利益的冲突关系，彼此之间相互制约、相互影响。并且这些参与方也受自身条件和所处的外部环境的影响。"柘荣太子参"产业化内部体系涉及太子参育种机构、龙头企业、中介组织、农场职工户或农户等。"柘荣太子参"产业化外部体系受到来自政府、市场等外部环境的制约。主要包括国家宏观政策、管理体制、药材市场秩序以及相关法律法规等。总结前面对"柘荣太子参"产业化影响因素的研究,本书认为"柘荣太子参"产业化的基本影响因素是农户、中介组织、龙头企业、外部环境。

在"柘荣太子参"产业化过程中农户是否参与农业产业化主要受参与产业化后的种植收益、种植成本和技术服务等因素的影响。种植收益的直接变化会影响农户种植的积极性,进而影响市场上农产品的供给量。较低的种植成本会使农户更愿意加入到农业的产业化经营中去。为适应产业化需要,通过技术服务提高农户的技术素质已成为"柘荣太子参"产业化的一项重要内容。在"柘荣太子参"产业化过程中,龙头企业和中介的专业技术人员采取多种形式(如专题讲座、专家技术人员现场讲解、示范等)对"柘荣太子参"产业化参与户进行技术培训、及时提供技术服务以解决实际生产问题,给参与户创造极好的学习机会,从而有效地提高了参与户的技术素质,大大降低了参与户的经营风险,提高了"柘荣太子参"产业化水平。

中介组织连接着龙头企业和参与户,是承前启后的中间环节,承担了"柘荣太子参"产业化的组织管理与协调监督,其影响因素分为中介组织的收益和中介组织的实力。中介组织的收益时间是中介组织参与产业化积极性的主要因素。中介组织实力是中介组织能否参与"柘荣太子参"产业化的决定条件,也是产业化能否顺利进行的重要影响因素。

龙头企业作为"柘荣太子参"产业化的最终组织者、带动者、市场开拓者和营运中心,内联种子生产户,外连种子市场,既是生产加工中心,又是科研和技术创新中心、服务中心,具有开拓市场、提供全程服务的综合功能,成为带动整个产业化系统有效运行的"火车头"。因此,龙头企业的实力与管理带动能力决定了"柘荣太子参"产业化的规模与成效。同时龙头企业还受科研育种机构研究水平的影响。

最后,"柘荣太子参"产业化还受到来自政府、市场等外部环境的制约。主要包括国家宏观政策、管理体制、药材市场秩序以及相关法律法规等。

综上，本章的12个自变量有：种植收益、种植成本、技术服务、中介组织收益、中介组织实力、农户对合同的遵守程度、龙头企业实力、龙头企业的收购价格波动程度、科研育种机构科研水平、政府补贴、药材市场秩序和药材管理体制与相关法律法规。

4.1.2 因变量

本章以产业化水平还作为各个自变量对"柘荣太子参"产业化的规模与成效影响的因变量。太子参的产业化水平是"柘荣太子参"产业化的规模，产业化发展程度以及产业化所带来收益的体现。产业化水平越高表示"柘荣太子参"产业化发展程度越高，产业化越成熟，对于各个层面参与的角色所带来的效益也越大，最终对拓荣县整个经济的带动作用也越大。关于太子参产业化水平这个因变量的计量，丁建中从指标选择的可操作性、有用性、可比较性的角度出发，提出区域农业产业化水平综合评价指标体系、评价方法以及"四三一一"的权重确定原则①。本书对产业化水平从产业化带来的效益、产业化的满意程度、产业化对拓荣县经济的促进三个维度来衡量。对于产业化所带来的效益从对农户的效益、对中介组织的效益、对龙头企业的效益来考虑；对于满意程度，则在调查问卷中设置了一个调查项目，即用"你认为油茶的产业化水平如何"这个变量来反映，包括产业化基本没有、产业化程度较低、产业化程度一般、产业化程度良好、产业化程度非常高5种情况，每个情况对应的赋值分别是1、2、3、4、5。用这些数值来反映产业化水平可能比较粗糙，但在一定程度上还是能反映出基本的问题。对于产业化对拓荣县经济的促进作用则根据县经济增长情况来考量。

4.2 变量度量设计

本章12个自变量和1个因变量的测量范畴如下表7-1：

---

① 洪勇：《我国农村电商发展的制约因素与促进政策》，《商业经济研究》，2016年第4期，第169–171页。

表7-1 模型变量对应表

变量	变量解释	测量维度
种植收益	农户种植太子参的收入	种植年总收入 种植收益变化
种植成本	农户种植太子参的成本	种植年总成本 种植成本变化
技术服务	龙头企业或中介组织对农户的技术服务	对农户的技术培训 帮助农户解决问题
中介组织收益	中介组织参与产业化的收益	太子参种子的销售收益 太子参的销售收益
中介组织实力	中介组织参与产业化的自身实力	中介组织的经济实力 中介组织的技术力量 中介组织的人力资源
农户对合同的遵守程度	农户按照龙头企业对农产品的要求进行种植的情况	农户的完成情况 龙头企业的满意度
龙头企业实力	产业领导者龙头企业的自身实力	龙头企业的经济实力 龙头企业的技术实力 龙头企业的组织管理水平
龙头企业的收购价格波动程度	龙头企业收购价格的波动情况	价格波动程度
科研育种机构科研水平	育种机构的科研水平	育种机构的研究水平 太子参品种优良情况
政府补贴	政府对农户和农产品的补贴	政府对农户的补贴 政府对农产品的扶持
药材市场秩序	药材市场的市场秩序	假冒伪劣或掺假现象 太子参的质检
药材管理体制与相关法律法规	对于药材管理的机制及相关的法律法规	相关制度和法规的制定 法律法规的执行
产业化水平	太子参的产业化程度	产业化带来的效益 产业化的满意程度 产业化对柘荣县的经济促进

4.3 "柘荣太子参"产业化影响因素概念模型及假设

通过第二章的相关文献研读以及第三章的影响因素分析，本章第一节确定了自变量和因变量，并以此提出"柘荣太子参"产业化影响因素概念模型（如图7-2所示）。

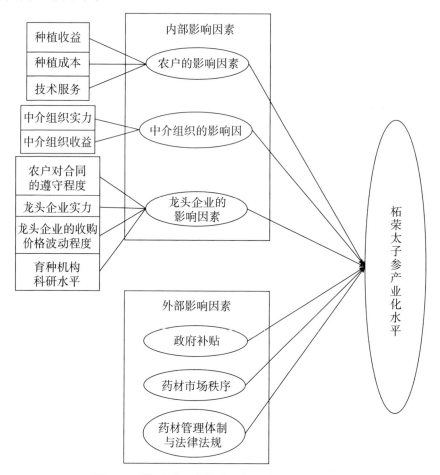

图7-2 "柘荣太子参"产业化影响因素概念模型

在前面的分析和上面的模型的基础上，本书选定了12影响因素，每个影响因素又包含若干个维度，并提出了相应的研究假设如下：

假设H1：种植收益与产业化水平正相关

假设H2：种植成本与产业化水平正相关

假设H3：技术服务与产业化水平正相关

假设H4：中介组织收益与产业化水平正相关

假设H5：中介组织实力与产业化水平正相关

假设H6：农户对合同的遵守程度与产业化水平正相关

假设H7：龙头企业实力与产业化水平正相关

假设H8：龙头企业的收购价格变动程度与产业化水平正相关

假设H9：育种机构科研水平与产业化水平正相关

假设H10：政府补贴与产业化水平正相关

假设H11：药材市场秩序与产业化水平正相关

假设H12：药材管理体制与法律法规与产业化水平正相关

4.4 本章小结

本章的12个自变量分别为：种植收益、种植成本、技术服务、中介组织收益、中介组织实力、农户对合同的遵守程度、龙头企业实力、龙头企业的收购价格波动程度、科研育种机构科研水平、政府补贴、药材市场秩序和药材管理体制与相关法律法规；以及1个因变量：产业化水平。第二小节中本书对以上的变量的度量做了设计，分别给出了各变量的解释以及度量的维度，方便研究的问卷设计。最后，在此基础上，构建了"柘荣太子参"产业化的概念模型并提出了12个假设。

5 问卷调查与数据分析

根据上一章的影响因素模型和假设，本章设计了实证研究的调查问卷，并对回收回来的有效问卷的样本数据进行描述性统计分析、信度与效度检验、单因素方差分析、相关分析和回归分析，根据实证分析的结果来验证提出的研究假设。

5.1 问卷设计与修正

根据前一章提出的影响因素模型及相关假设，对本书的调查问卷进行设计和修正。首先，借鉴国内外关于农业产业化影响因素实证研究的文献，结合自己的研究主题找出一些相关的有价值的资料，由于已有研究的问卷已经通过了信度和效度的检验，这样可以大幅度提高本书问卷的信度与效度；接着，结合本章的背景和研究目的，经过分析和修正得到本书的需要的部分问卷题目；然后，对于无可参照的问题项，在文献研究和理论分析的基础上，遵循问卷设计的原则，自行设计了问题项。同时，在问卷设计的过程中为了最大限度地降低问卷调查中的测量误差，提高变量的区别效力，本书对于全部指标都设计二个及以上的问题项，从而避免了单一问题项可能引起的测量误差；接着，本书对设计好的问卷，请相关专家对问卷的内容和指标进行评价，并通过同学、朋友在拓荣县进行小部分发放，对回收的小样本数据通过SPSS进行初步分析，并结合被调查者的意见，进一步修改问卷的问题项及描述方式，使被调查者在问卷调查过程中能准确得做出判断。最后，本书设计旨在研究"拓荣太子参"产业化影响因素的调查问卷一份。

根据各因素的特性，笔者在设计调查问卷时采取了不同的数据收集方式，即实际数据方式与虚拟数据方式。虚拟数据收集方式采用李克特5级量表法进行，前人研究证明5级量表相对于7级量表更可靠，而且对于被调查者而言，5级量表相比于7级量表更容易区别和判断，从而可以保证数据的准确性。其中，1表示"完全不符合"、2表示"较不符合"、3表示"不清楚"、4表示"较符合"、5表示"完全符合"。采用实际数据收集方式的因素主要是调查对象的年龄、种植收益和成本、中介组织收益、拓荣县经济年收入等。本章针对"拓荣太子参"产业化4方面的影响因素设计了4份调查问卷，即农户调查问卷、中介组织调查问卷、龙头企业调查问卷、拓荣县政府调查问卷，4份问卷的具体内容见附录。

5.2 数据分析方法与数据收集、样本描述统计

5.2.1 数据分析方法

本章研究的是太子参产业化水平与影响因素之间的关系，采用SPSS18.0

进行分析，主要的分析方法有：描述性统计分析、信度与效度分析、单因素方差分析、相关分析、多元回归分析。

5.2.1.1 描述性统计分析

通过频率等统计数据来了解样本的结构与分布情况。

5.2.1.2 信度与效度分析

信度反映的是量表的可靠性和稳定性，一般采用内部一致性来表示，通常用Cronbach a值来度量。效度反映的是测量工具的有效性，是衡量测量工具的核心指标。效度的测量的类型有效标关联效度、内容效度和构思效度三种类型。本书主要探讨的是构思效度，采用因子分析法来测量模型中变量问题项的构思效度。

5.2.1.3 相关分析

相关分析是考察的是变量间密切程度的一种常用的统计方法，它可以反映的两个变量间线性关系程度和方向，但不能确定变量之间是否存在因果关系[①]。一般用Pearson相关系数r来衡量变量间的相关关系的强度，一般认为：$r<0.2$时为不相关；$0.2<r<0.4$时为极弱相关；$0.4<r<0.6$时为较弱相关；$0.6<r<0.8$时为中等的相关；$0.8<r<1$时为强相关。在本章中，采用Pearson简单相关分析探讨变量之间的相关关系。

5.2.1.4 多元回归分析

多元回归分析是由多个自变量的最优组合所建立的回归方程来解释和预测因变量的相关程度的分析。本书探讨"柘荣太子参"产业化影响因素12个指标与产业化水平的因果关系，并建立它们之间的线性回归模型。

5.2.2 数据收集与样本描述统计

为了研究"柘荣太子参"产业化影响因素，作者通过到柘荣县进行实地

---

① 王黎萤、丁卫明、马万里：《高新技术企业知识型员工流动的实证研究和对策分析》，《科技管理研究》，2004年第4期，第36-38页。

访谈和调研，分别对该县270家农户和10家龙头企业进行问卷调查和访谈，这次实地考察中共发放问卷270份，回收245份，有效问卷220份，问卷有效率89.7%。

下面利用SPSS对有效问卷的样本数据进行描述性统计分析，总体上了解被调查者的特征。被调查者的企业情况如表7-2（a）所示。

5.2.2.1 龙头企业情况

表7-2（a）　龙头企业特征描述

企业情况		频数	比率
企业性质	国有	1	10.0
	乡镇	6	60.0
	股份	2	20.0
	合作 / 合资 / 外资	1	10.0
企业规模	小型	9	90.0
	中型	1	10.0
	大型	0	0
科技含量	高科技企业	0	0
	非高科技企业	7	70.0
	其他	3	30.0
与基地农户之间关系	合同关系	4	40.0
	市场关系	4	40.0
	无关系	0	0
	其他	2	20.0

表7-2（a）显示：从企业性质看，乡镇企业占样本总数的60%，其他性质的企业只占极少一部分。结果毫不意外，乡镇企业占主要部分这种情况刚好跟拓荣县的情况吻合，拓荣县虽然环境优美，但地处偏僻，本身就是福建经济发展比较一般的县镇，主要以乡镇企业为主。从企业规模来看，小型企业居首，比率为90%；中型企业在被调查中也只有一家，而大型企业基本没有。这主要还是因为拓荣县太子参产业化程度比较低，难有大中型企业的关注，一般还是由一些中介组织最后变身成小型龙头企业，成为承包产业链的领导者。从科技含量的比例来看，大部分企业科技含量还是比较低，基本没

有高科技企业，同样也是与柘荣县的经济水平以及产业化刚起步有关系。

表7-2（b） 被调查者特征描述

个人情况		频数	比率
性别	男	190	86.4
	女	30	13.6
户主年龄	25 岁以下	5	2.27
	26—40 岁	15	6.82
	41—50 岁	190	86.4
	51 岁以上	10	4.51
文化程度	小学及以下	155	70.5
	初中文化	37	16.8
	高中及以上	28	12.7
种植面积	3 亩及以下	12	5.5
	3—5 亩	55	25.0
	5-10 亩	130	59.1
	10 亩以上	26	11.4
家庭收入	1 万元以下	76	34.5
	1-2 万元	115	52.3
	2—5 万元	13	5.9
	5 万元以上	16	7.3

被调查者的情况如表7-2（b）所示：从被调查者的性别和年龄来看，在220户被调查农户中，207户的户主为男性而且年龄总体偏大。其中41—50岁（包括50岁）的男性户主为190人，占86.4%，男性户主的年龄为40岁以下和50岁以上。这符合我国农村的基本情况，即年龄偏大的长者来担当户主而且比一般家庭中都以男性户主为主。从文化程度和家庭规模来看，由于柘荣县居民整体文化程度偏低，所以调查的220户农户中，文化程度为小学及以下的农户为155户，达到70.5%，具有初中文化程度的农户为37户，其余农户的文化程度为高中及以上。家庭规模中，以5口之家居多，有156户。从种植面积情况来看，由于拓荣县地点地处山区，所以农户家庭自己的种植面积较多，其中包括自耕田地和集体耕种田地。农户家庭种地面积在5亩及以下的有67户人家，种地面积在5亩—10亩及以上的农户有153户。从家庭年收入来看，被调查者的家庭年总收入在一万元及以下的有76户；在一万元到两万元之间的

有115户；而两万以上的才仅仅29户。

5.3 样本的信度和效度检验

5.3.1 样本信度分析

本书采用Cronbach的一致性系数（α系数）和修正条款的总相关系数（corrected item—total correlation，CITC）检验测量问题项的信度。吴明隆（2010）认为：总量表的信度系数在0.80以上，可以认为量表的信度很高，大于0.70而小于0.80的量表信度可以接受；而分量表的信度系数大于0.70可以认为量表的信度很高，处于0.60和0.70区间的勉强可以接受[1]。Churchill（1979）的做法是计算CITC（Corrected Item—TotalCorrelation），其值小于0.5则删去指标；同时计算α系数，如果α系数在0.6以上，说明指标的可靠性是可以接受的。本书筛选题目的标准如下：Cronbach α信度最好在0.7以上，最低0.6，同时利用CITC值作为辅助，以0.5作为临界值，如果CITC值低于临界值，同时检验删除问题项后Cronbach α是否有明显的提升，如果是则删除该问题项，否则不予剔除[2]。本书利用SPSS18.0软件对"柘荣太子参"产业化影响因素指标的各问题项进行信度检验。具体检验结果见表7-3。

表7-3　样本的Cronbach α信度检验

因素指标	问题项	校正项目总相关（CITC）	删除题目后的 α 值	α 系数
种植收益	N1	0.606	0.a	0.755
	N2	0.606	0.a	
种植成本	N3	0.586	0.667	0.754
	N4	0.629	0.634	
技术服务	N5	0.616	0.710	0.779
	N6	0.625	0.709	
	N7	0.559	0.739	
	N8	0.570	0.748	

[1] 吴明隆：《问卷统计分析实务：SPSS操作与应用》，重庆大学出版社2010年版。
[2] 薛丽莉：《人向组织知识转移的影响因素研究》，浙江工业大学硕士论文，2007年。

因素指标	问题项	校正项目总相关（CITC）	删除题目后的 α 值	α 系数
中介组织实力	Z1	0.692	0.828	0.860
	Z2	0.705	0.824	
中介组织收益	Z3	0.599	0.549	0.815
	Z4	0.619	0.622	
农户对合同的遵守程度	Q1	0.660	0.526	0.749
	Q2	0.535	0.613	
龙头企业实力	Q3	0.703	0.750	0.881
	Q4	0.712	0.736	
	Q5	0.680	0.789	
龙头企业的收购价格波动程度	Q6	0.703	0.750	0.843
科研育种机构科研水平	Q7	0.703	0.750	0.857
	Q8	0.712	0.736	
	Q9	0.680	0.789	
政府补贴	W1	0.460	0.526	0.795
	W2	0.556	0.661	
	W3	0.613	0.638	
药材市场秩序	W4	0.760	0.526	0.827
	W5	0.613	0.688	
药材管理机制和法律法规	W6	0.460	0.526	0.727
	W7	0.613	0.388	
产业化	C1	0.632	0.856	0.872
	C2	0.512	0.868	
	C3	0.500	0.868	
	C4	0.603	0.858	
	C5	0.629	0.858	

从表7-3可以看到，中介组织收益、中介组织实力、龙头企业实力、龙头企业的收购价格波动程度、科研育种机构科研水平、药材市场秩序和产业化水平的Cronbach α系数大于0.8，具有非常好的内在一致性信度。种植收益、

种植成本、技术服务、农户对合同的遵守程度、政府补贴和药材管理体制与相关法律法规的Cronbach α系数大于0.7，也在可以接受的范围之内。而且每个测量问题项的CITC相关系数均大于0.5，因此，种植收益、种植成本、技术服务、中介组织收益、中介组织实力、农户对合同的遵守程度、龙头企业实力、龙头企业的收购价格波动程度、科研育种机构科研水平、政府补贴、药材市场秩序和药材管理体制与相关法律法规等问卷设计的问题项信度较高，具有很高的可靠性，通过信度检验。

综上所述，各因素指标的Cronbach α结果都较为理想，说明各因素所有题项的一致性非常好。因素的总体Cronbach α系数高达0.907，说明量表有着较高的内部一致性和量表信度，该测量工具具有较好的信度。

5.3.2 样本效度分析

本书利用SPSS18.0软件，采用因子分析方法对问卷量表的建构效度进行分析。一般情况下，KMO（Kaiser—Meyer—Olkin Measure of Sampling Adequacy）值在0.90以上被认为是极适合进行因素分析的，在0.80到0.90之间被认为是良好的；而在小于0.80且大于0.60的区间内是可以忍受的，在0.60以下则是勉强或不可接受的（Kaiser，1974）。本书选取KMO值大于0.6作为检验的标准。本书下面对"柘荣太子参"产业化影响因素各变量逐一进行效度检验。

（1）农户影响因素的效度检验

运用SPSS18.0软件，对农户影响指标在量表中的问题项N1—N8进行KMO和Bartlett球体检验，结果如表7-4所示。

表7-4　KMO 和Bartlett的检验

KMO 抽样适度测定值		0.761
Bartlett 的球形度检验	近似卡方	167.902
	自由度 df	28
	显著性 sig	0.000

从表7-4的结果可知，对农户影响因素的问题项进行因子分析得到其KMO

值为0.761显著大于0.60；同时Bartlett球体检验显著性Sig.为0.000小于0.001，满足因子分析的条件。

表7–5 农户影响因素的解释总方差

成份	初始特征值			提取平方和载入	
	合计	方差的 %	累积 %	合计	方差的 %
1	3.149	39.363	39.363	3.149	39.363
2	1.405	17.562	56.925	1.405	17.562
3	1.018	12.724	69.649	1.018	12.724
4	0.636	7.948	77.596		
5	0.525	6.558	84.155		
6	0.480	6.006	90.161		
7	0.418	5.224	95.385		
8	0.369	4.615	100.000		
提取方法：主成份分析					

从表7–5的结果可知，有三个成分的特征值大于1，农户影响因素指标得到了3个因子，这3个因子共同解释了农户影响因素总方差的69.649%，总体上这三个因子的解释效果比较理想。

表7–6 农户影响因素的因子载荷矩阵

	成份		
	1	2	3
N1 种植收益	0.362	0.760	−0.095
N2 种植收益	0.306	0.611	0.391
N3 种植成本	0.842	0.037	0.111
N4 种植成本	0.732	0.276	0.047
N5 技术服务	0.052	0.235	0.777
N6 技术服务	0.192	0.027	0.830
N7 技术服务	0.022	0.075	0.860
N8 技术服务	0.171	0.071	0.854

从表7-6可以清楚地看出问题项N1、N2在成份2上载荷系数较高，而这两个问题项主要反映的是种植收益，因此，可以将成份2命名为种植收益。同理，问题项N3、N4在成份1上载荷系数很高，这两个问题项主要反映了种植成本，因此，可以将成份1命名为种植成本。问题项N5、N6、N7、N8在成份3上载荷系数很高，而这四个问题反映的是技术服务，因此，可将成份3命名为技术服务因子。从因子分析的结果得出了农户因素分成了三个因子，与本书的假设模型和问卷设计的构思保持一致。

（2）中介组织影响因素指标效度检验

运用SPSS18.0软件，对中介组织指标在量表中的问题项Z1—Z4进行KMO和Bartlett球体检验，结果如表7-7所示。

表7-7　KMO和Bartlett的检验

KMO 抽样适度测定值		0.608
Bartlett 的球形度检验	近似卡方	77.049
	自由度 df	6
	显著性 Sig.	0.000

由表7-7的结果可知，对中介组织影响因素的问题项进行因子分析得到其KMO值为0.608大于0.60；同时Bartlett球体检验显著性Sig.为0.000小于0.001，满足因子分析的条件。

表7-8　中介组织影响因素解释的总方差

成份	初始特征值			提取平方和载入	
	合计	方差的 %	累积 %	合计	方差的 %
1	2.156	53.888	53.888	2.156	53.888
2	1.009	25.230	79.118	1.009	25.230
3	0.478	11.941	91.059		
4	0.358	8.941	100.000		
提取方法：主成份分析					

由表7-8可知，有两个成分的特征值大于1，中介组织影响因素指标得到了2个因子，这两个因子共同解释了中介组织影响因素变量总方差的79.118%，总体上这两个因子的解释效果比较理想。

表7-9　中介组织影响因素的因子载荷矩阵

	成份	
	1	2
Z1 中介组织实力	0.880	0.158
Z2 中介组织实力	0.881	0.171
Z3 中介组织收益	0.120	0.882
Z4 中介组织收益	0.208	0.851

从表7-9可以清楚的看出问题项Z1和Z2在成份1上载荷系数很高，而这二个问题项主要解释的是中介组织实力，因此，可以将成份1命名为中介组织实力因子。同理，问题项Z3和Z4在成份2上载荷系数很高，这二个问题项主要反映了中介组织收益，因此，可以将成份2命名为中介组织收益。从因子分析的结果得出了中介组织影响因素分成了两个因子，与本书的假设模型和问卷设计的构思保持一致。

（3）龙头企业影响因素指标效度检验

运用SPSS18.0软件，对龙头企业影响因素指标在量表中的问题项Q1-Q9进行KMO和Bartlett球体检验，结果如表7-10所示。

表7-10　KMO和Bartlett的检验

KMO 抽样适度测定值		0.837
Bartlett 的球形度检验	近似卡方	290.230
	自由度 df	36
	显著性 Sig.	0.000

由表7-10的结果可知，对龙头企业影响因素的问题项进行因子分析得到其KMO值为0.837显著大于0.60；同时Bartlett球体检验显著性Sig.为0.000小于0.001，满足因子分析的条件。

表7-11　龙头企业影响因素解释的总方差

成份	初始特征值			提取平方和载入	
	合计	方差的 %	累积 %	合计	方差的 %
1	4.343	48.250	48.250	4.343	48.250
2	2.070	11.887	60.137	2.070	11.887

成份	初始特征值			提取平方和载入	
	合计	方差的 %	累积 %	合计	方差的 %
3	1.616	11.285	71.422	1.616	11.285
4	1.012	6.805	78.227	1.012	6.805
5	0.517	5.750	83.977		
6	0.465	5.166	89.143		
7	0.431	4.790	93.933		
8	0.299	3.323	97.256		
9	0.247	2.744	100.000		
提取方法：主成份分析					

从表7-11的结果可知，有四个成分的特征值大于1，龙头企业影响因素的指标得到了四个因子，这四个因子共同解释了龙头企业影响因素变量总方差的78.227%，总体上这四个因子的解释效果比较理想。

表7-12 龙头企业影响因素的因子载荷矩阵

	成份			
	1	2	3	4
Q1 合同遵守程度	0.645	0.129	0.213	0.150
Q2 合同遵守程度	0.782	0.297	0.122	0.100
Q3 龙头企业实力	0.148	0.249	0.051	0.502
Q4 龙头企业实力	0.242	0.058	0.317	0.623
Q5 龙头企业实力	0.310	0.175	0.036	0.762
Q6 收购价格波动	0.051	0.364	0.786	0.345
Q7 育种科研水平	0.121	0.816	0.153	0.224
Q8 育种科研水平	0.379	0.755	0.117	0.416
Q9 育种科研水平	0.231	0.785	0.307	0.317

从表7-12可以清楚的看出问题项Q1、Q2在成份1上载荷系数较高，而这两个问题项主要反映的是龙头企业影响因素中农户对合同遵守的程度，因此，可以将成份1命名为合同遵守程度因子。同理，问题项Q3、Q4和Q5在成份4上载荷系数很高，这三个问题项主要反映的是龙头企业影响因素中的企业实力，因此，可以将成份4命名为企业实力因子。问题项Q6在成份3上载荷系数

很高，而这个问题反映的是龙头企业影响因素的收购价格波动情况，因此，可将成份3命名为收购价格波动因子。问题项Q7、Q8和Q9在成份2上载荷系数很高，这三个问题项主要反映的是龙头企业影响因素中的育种科研水平，因此，可以将成份2命名为科研水平因子。从因子分析的结果得出了龙头企业影响因素分成了四个因子，与本书的假设模型和问卷设计的构思保持一致。

（4）外部环境因素指标效度检验

运用SPSS18.0软件，对外部环境因素指标在量表中的问题项W1—W7进行KMO和Bartlett球体检验，结果如表7-13所示。

表7-13　KMO和Bartlett的检验

KMO 抽样适度测定值		0.807
Bartlett 的球形度检验	近似卡方	318.827
	自由度 df	21
	显著性 Sig.	0.000

从表7-13的结果可知，对外部环境因素的问题项进行因子分析得到其KMO值为0.807显著大于0.60；同时Bartlett球体检验显著性Sig.为0.000小于0.001，满足因子分析的条件。

表7-14　外部环境因素解释的总方差

成份	初始特征值			提取平方和载入	
	合计	方差的 %	累积 %	合计	方差的 %
1	4.190	59.860	59.860	4.190	59.860
2	2.030	14.719	74.579	2.030	14.719
3	1.619	8.849	83.429	1.619	8.849
4	0.433	6.186	89.615		
5	0.320	4.568	94.183		
6	0.237	3.389	97.572		
7	0.170	2.428	100.000		

提取方法：主成份分析

从表7-14的结果可知，有三个成分的特征值大于1，外部环境因素的指标得到了两个因子，这两个因子共同解释了外部环境因素变量总方差的

83.429%，总体上这三个因子的解释效果比较理想。

表7-15　外部环境因素的因子载荷矩阵

	成份		
	1	2	3
W1 政府补贴	0.128	0.929	0.412
W2 政府补贴	0.394	0.796	0.234
W3 政府补贴	0.204	0.848	0.167
W4 市场秩序	0.869	0.172	0.057
W5 市场秩序	0.817	0.290	0.341
W6 管理体制和法规	0.154	0.214	0.844
W7 管理体制和法规	0.320	0.175	0.720

从表7-15可以清楚的看出问题项W1、W2和W3在成份2上载荷系数较高，而这两个问题项主要反映的是外部环境因素中的政府补贴，因此，可以将成份2命名为政府补贴因子。同理，问题项W4和W5在成份1上载荷系数很高，显著大于0.70，这两个问题项主要反映的是外部环境因素的药材市场秩序，因此，可以将成份1命名为市场秩序因子。问题项W6和W7在成份3上载荷系数很高，显著大于0.70，这两个问题项主要反映的是外部环境因素的药材管理体制和法律法规，因此，可以将成份1命名为管理体制和法律法规因子。从因子分析的结果得出了外部环境因素分成了三个因子，与本书的假设模型和问卷设计的构思相一致。

（5）产业化水平指标效度检验

运用SPSS18.0软件，对产业化水平指标在量表中的问题项C1—C5进行KMO和Bartlett球体检验，结果如表5—15所示。

表7-16　KMO和Bartlett的检验

KMO 抽样适度测定值		0.827
Bartlett 的球形度检验	近似卡方	176.884
	自由度 df	10
	显著性 Sig.	0.000

从表7-16的结果可知，对产业化水平的问题项进行因子分析得到其KMO

值为0.827显著大于0.60；同时Bartlett球体检验显著性Sig.为0.000小于0.001，满足因子分析的条件。

表7-17 产业化水平解释的总方差

成份	初始特征值			提取平方和载入		
	合计	方差的 %	累积 %	合计	方差的 %	累积 %
1	3.245	64.897	64.897	3.245	64.897	64.897
2	0.622	12.440	77.337			
3	0.457	9.138	86.476			
4	0.399	7.974	94.450			
5	0.278	5.550	100.000			
提取方法：主成份分析						

从表7-17的结果可知，只有一个成分的特征值大于1，产业化水平的指标只有一个因子，这个因子解释了产业化水平变量总方差的64.897%，总体上这个因子的解释效果比较理想。

表7-18 物理环境成份矩阵

	成份
	1
C1 物理环境	0.793
C2 物理环境	0.779
C3 物理环境	0.833
C4 物理环境	0.822
C5 物理环境	0.799
提取方法：主成分分析法	

因为只有一个因子，无法进行正交旋转。由表7-18的成份矩阵可以清楚的看出问题项C1至C5在成份1上载荷系数都显著大于0.70，而这五个题项主要解释的是产业化水平指标。因此，可以将成份1命名为产业化水平因子。从因子分析的结果得出了产业化水平只有一个因子，与本书假设模型和问卷设计的构思一致。

综上，本章已经对样本数据的相关测量问题项进行了信度和效度的检验，调查问卷问题项的信度通过验证；在此基础上，对样本数据进行效度检验，调查问卷问题项的效度通过验证。

5.4 数据分析

5.4.1 相关分析

本部分主要是采用Person相关分析法，进行双侧显著性检验来判断"柘荣太子参"产业化影响因素与产业化水平及"柘荣太子参"产业化影响因素之间的相关关系，初步判断本书所提出的研究假设的基本状况。

通过表7-19（a）的结果表明中介组织收益和合同遵守程度与其他影响因素相关比较强，以及种植收益和种植成本与其他影响因素相关也比较强，其他各自变量之间基本上不存在高度相关。

表7-19（a）　相关性

		种植收益	种植成本	技术服务	中介组织实力	中介组织收益	合同遵守程度	龙头企业实力	收购价格波动	育种科研水平	政府补贴	市场秩序	管理机制和法律法规
种植收益	Pearson相关性	1	0.791**	0.580**	0.474**	0.759**	0.808**	0.713**	0.778**	0.809**	0.804**	0.841**	0.761**
	显著性（双侧）		0.000	0.000	0.000	0.000	0.000	0.000	0.000	0.000	0.000	0.000	0.000
	N	81	81	81	81	81	81	81	81	81	81	81	81
种植成本	Pearson相关性	0.791**	1	0.538**	0.583**	0.663**	0.743**	0.697**	0.718**	0.767**	0.770**	0.701**	0.669**
	显著性（双侧）	0.000		0.000	0.000	0.000	0.000	0.000	0.000	0.000	0.000	0.000	0.000
	N	81	81	81	81	81	81	81	81	81	81	81	81
技术服务	Pearson相关性	0.580**	0.538**	1	0.341**	0.397**	0.468**	0.554**	0.412**	0.551**	0.503**	0.559**	0.433**
	显著性（双侧）	0.000	0.000		0.002	0.000	0.000	0.000	0.000	0.000	0.000	0.000	0.000
	N	81	81	81	81	81	81	81	81	81	81	81	81
中介组织实力	Pearson相关性	0.474**	0.583**	0.341**	1	0.402**	0.413**	0.375**	0.430**	0.400**	0.442**	0.369**	0.453**
	显著性（双侧）	0.000	0.000	0.002		0.000	0.000	0.001	0.000	0.000	0.000	0.001	0.000
	N	81	81	81	81	81	81	81	81	81	81	81	81

（续表）

		种植收益	种植成本	技术服务	中介组织实力	中介组织收益	合同遵守程度	龙头企业实力	收购价格波动	育种科研水平	政府补贴	市场秩序	管理机制和法律法规
中介组织	Pearson	0.759**	0.663**	0.397**	0.402**	1	0.745**	-0.661**	0.731**	0.748**	0.721**	0.772**	0.666**
	显著性（双侧）	0.000	0.000	0.000	0.000		0.000	0.000	0.000	0.000	0.000	0.000	0.000
	N	81	81	81	81	81	81	81	81	81	81	81	81
合同遵守程度	Pearson	-0.808**	-0.743**	-0.468**	0.413**	0.745**	1	0.770**	0.805**	0.837**	0.742**	-0.806**	-0.738**
	显著性（双侧）	0.000	0.000	0.000	0.000	0.000		0.000	0.000	0.000	0.000	0.000	0.000
	N	81	81	81	81	81	81	81	81	81	81	81	81
龙头企业实力	Pearson	0.713**	0.697**	0.554**	0.375**	0.661**	0.770**	1	0.726**	0.752**	0.736**	0.718**	0.666**
	显著性（双侧）	0.000	0.000	0.000	0.001	0.000	0.000		0.000	0.000	0.000	0.000	0.000
	N	81	81	81	81	81	81	81	81	81	81	81	81
收购价格波动	Pearson	0.778**	0.718**	0.412**	0.430**	0.731**	0.805**	0.726**	1	0.793**	0.771**	0.821**	0.750**
	显著性（双侧）	0.000	0.000	0.000	0.000	0.000	0.000	0.000		0.000	0.000	0.000	0.000
	N	81	81	81	81	81	81	81	81	81	81	81	81
育种科研水平	Pearson	0.809**	0.767**	0.551**	0.400**	0.748**	0.837**	0.752**	0.793**	1	0.789**	0.873**	0.753**
	显著性（双侧）	0.000	0.000	0.000	0.000	0.000	0.000	0.000	0.000		0.000	0.000	0.000
	N	81	81	81	81	81	81	81	81	81	81	81	81
政府补贴	Pearson	0.804**	0.770**	0.503**	0.442**	0.721**	0.742**	0.736**	0.771**	0.789**	1	0.804**	0.768**
	显著性（双侧）	0.000	0.000	0.000	0.000	0.000	0.000	0.000	0.000	0.000		0.000	0.000
	N	81	81	81	81	81	81	81	81	81	81	81	81
市场秩序	Pearson	0.841**	0.701**	0.559**	0.369**	0.772**	0.806**	0.718**	0.821**	0.873**	0.804**	1	0.761**
	显著性（双侧）	0.000	0.000	0.000	0.001	0.000	0.000	0.000	0.000	0.000	0.000		0.000
	N	81	81	81	81	81	81	81	81	81	81	81	81
管理机制和法律法规境	Pearson	0.836**	0.788**	0.576**	0.465**	0.787**	0.863**	0.783**	0.853**	0.883**	0.842**	0.871**	0.788**
	显著性（双侧）	0.000	0.000	0.000	0.000	0.000	0.000	0.000	0.000	0.000	0.000	0.000	0.000
	N	81	81	81	81	81	81	81	81	81	81	81	81

**.在0.01水平（双侧）上显著相关

表7-19（b） 相关性

		种植收益	种植成本	技术服务	中介组织实力	中介组织收益	合同遵守程度	龙头企业实力	收购价格波动	育种科研水平	政府补贴	市场秩序	管理机制和法律法规	产业化水平
产业化水平	Pearson相关性	0.889**	0.782**	0.536**	0.452**	0.803**	0.891**	0.759**	0.871**	0.904**	0.858**	0.930**	0.910**	1
	显著性（双侧）	0.000	0.000	0.000	0.000	0.000	0.000	0.000	0.000	0.000	0.000	0.000	0.000	
	N	81	81	81	81	81	81	81	81	81	81	81	81	81

从表7-19（b）可知，"柘荣太子参"产业化各影响因素与产业化水平的关系中，种植收益、种植成本、技术服务、中介组织实力、中介组织收益、合同遵守程度、龙头企业实力、收购价格波动、育种科研水平、政府补贴、市场秩序管理机制和法律法规和产业化水平存在正相关关系（p<0.01），且相关系数分别为0.889、0.782、0.536、0.452、0.759、0.871、0.904、0.858、0.930、0.910、0.831、0.803、0.891；通过以上分析和表7—19（b）的结果，初步验证了"柘荣太子参"产业化影响因素与产业化水平之间相关关系的假设模型。

5.4.2 回归分析

本部分在相关分析的基础上，进一步考察变量之间因果关系，主要的思路是，先采用强迫进入多元回归分析，得到全部的影响因素自变量与产业化水平因变量的回归模型，然后再用逐步回归分析方法建立影响因素与产业化水平之间的最终的回归方程，通过各影响因素对产业化水平的回归分析对模型的假设关系进行验证。

5.4.2.1 回归模型的检验

本书主要针对多元线性回归的三大基本问题来对回归模型进行检验，判断样本数据是否符合回归分析的要求。

①多重共线性

多重共线性是指一个或者多个自变量与其他自变量有线性关系。吴明隆（2010）指出可用容忍度（tolerance）、方差膨胀因子（VIF）和条件指针（CI）来判断变量间是否存在多重共线性[①]。一般而言，VIF介于0到10区间内表明回归模型不存在共线性问题；VIF介于10到100区间内，表明回归模型存在较强的共线性问题。容忍度是VIF的倒数其在0到1的区间内，越接近0，表示VIF越大，表明变量之间存在着很强的共线性。本书选取容忍度和方差膨胀因子作为判断回归模型是否存在共线性的指标。

②序列相关

序列相关是回归模型中的不同的残差项之间具有相关关系。本书通过判断回归模型中的Durbin—Watson值（DW值）来检验模型的序列相关问题，检验的标准是：如果DW值在1.5至2.5的区间内（或者接近于2），那么可以判断误差项之间不存在自相关的现象。

③异方差

异方差是指因变量随着自变量的变化，方差存在明显的变化趋势，即模型中的不同的残差项之间具有不同的方差。本书利用散点图分布规律来判断回归模型是否存在异方差的现象。

5.4.2.2 多元回归分析

本书先使用强迫进入的回归分析方法，将所有影响因素变量全部进入回归模型，分析本书先前建立的模型及提出的各项假设的验证情况，之后采用逐步回归分析法，确定最终的回归方程。

由表7-20（a）分析结果可知，所有变量的VIF值分布在1.626到9.560的区间内，均小于临界值10，因此可以判断回归模型不存在共线性的问题；由表7—20（b）所示，DW检验值为2.030介于1.5到2.5的区间内且非常接近2，表明误差项之间不存在序列相关的现象，误差项基本上是独立的；通过以上分析可知，本书的回归模型通过检验。

[①] 吴明隆.问卷统计分析实务：SPSS操用与应用.重庆，重庆大学出版社，2010。

表7-20（a） 回归系数与显著性系数检验表[a]

模型		非标准化系数		标准系数	t	Sig.	共线性统计量	
		B	标准误差	试用版			容差	VIF
1	（常量）	7.875	3.099		2.541	0.013		
	种植收益	0.275	0.148	0.115	1.864	0.067	0.175	5.703
	种植成本	0.005	0.140	0.002	0.034	0.973	0.238	4.210
	中介组织收益	0.007	0.134	0.002	0.049	0.961	0.503	1.990
	中介组织实力	0.049	0.118	0.014	0.416	0.678	0.615	1.626
	合同遵守程度	0.063	0.109	0.027	0.579	0.565	0.314	3.189
	龙头企业实力	0.518	0.139	0.224	3.719	0.000	0.186	5.386
	收购价格波动	0.214	0.173	0.058	1.240	0.219	0.304	3.292
	育种科研水平	0.254	0.134	0.108	1.901	0.062	0.210	4.770
	政府补贴	0.332	0.161	0.136	2.060	0.043	0.153	6.521
	市场秩序	0.300	0.141	0.119	2.123	0.037	0.213	4.686
	管理机制和法律法规	0.549	0.124	0.307	4.447	0.000	0.141	7.102

a. 因变量：产业化水平

表7-20（b） 模型汇总

模型	R	R方	调整R方	标准估计的误差	更改统计量					Durbin—Watson
					R方更改	F更改	df1	df2	Sig. F更改	
1	0.977a	0.955	00.946	1.09585	0.955	109.521	13	67	0.000	2.030

由表7-20（b）可知调整的判定系数R2为0.946与1很接近，表明模型的拟合优度很高，回归模型很大程度上解释了因变量产业化水平。由表70-20（b）结果显示：F统计量为109.512，概率P值为0.000小于0.001，线性回归方程具有显著性，可以拒绝偏回归系数同时为零的假设。因此，因变量与自变量的线性关系显著，可用线性模型来描述产业化水平与各影响因素之间的关系。

表7-20（c）　Anova

模型		平方和	df	均方	F	Sig.
1	回归	1709.788	13	131.522	109.521	0.000
	残差	80.459	67	1.201		
	总计	1790.247	80			

由表7-20（a）可以建立如下线性回归方程：

产业化水平=0.115*种植收益+0.002*种植成本+0.002*技术服务+0.14*中介组织收益+0.027*中介组织实力+0.224*合同遵守程度+0.058*龙头企业实力+0.108*收购价格波动+0.136*育种科研水平+0.119*政府补贴+0.307*市场秩序+0.099*管理机制和法律法规。

但是在显著性水平为0.05的条件下，除了合同遵守程度、育种科研水平、政府补贴、市场秩序、法律法规外，剩余的变量的回归系数显著性检验的概率P值都大于0.05，表示这些变量的偏回归系数和0没有显著差异，与因变量的线性关系是不显著，应该从方程中剔除。下面采用逐步回归方法重新确立回归方程。逐步回归分析的结果如下表7-21所示。

表7-21（a）　模型汇总

模型	R	R 方	调整 R 方	标准估计的误差	更改统计量					Durbin-Watson
					R 方更改	F 更改	df1	df2	Sig.F 更改	
1	0.930a	0.865	0.864	1.74606	0.865	508.213	1	79	0.000	
2	0.960b	0.922	0.920	1.33592	0.057	56.954	1	78	0.000	
3	0.969c	0.938	0.936	1.20067	0.016	19.562	1	77	0.000	
4	0.972d	0.944	0.941	1.14446	0.006	8.749	1	76	0.004	
5	0.974e	0.948	0.945	1.11381	0.004	5.240	1	75	0.025	
6	0.975f	0.951	0.947	1.08983	0.003	4.337	1	74	0.041	
7	0.976g	0.953	0.949	1.06802	0.003	4.054	1	73	0.048	2.120

从表7-21（a）可知，经过了七步完成回归方程的建立，得到的第七个模型为最终确定的模型。在逐步回归的过程中方程的拟合优度逐渐提高，同时自变量对因变量的解释量也在提高。

表7-21（b） Anova

模型		平方和	df	均方	F	Sig.
1	回归	1549.398	1	1549.398	508.213	0.000a
	残差	240.849	79	3.049		
	总计	1790.247	80			
2	回归	1651.042	2	825.521	462.561	0.000b
	残差	139.205	78	1.785		
	总计	1790.247	80			
3	回归	1679.243	3	559.748	388.281	0.000c
	残差	111.004	77	1.442		
	总计	1790.247	80			
4	回归	1690.703	4	422.676	322.705	0.000d
	残差	99.544	76	1.310		
	总计	1790.247	80			
5	回归	1697.204	5	339.441	273.615	0.000e
	残差	93.043	75	1.241		
	总计	1790.247	80			
6	回归	1702.355	6	283.726	238.881	0.000f
	残差	87.892	74	1.188		
	总计	1790.247	80			
7	回归	1706.979	7	243.854	213.784	0.000g
	残差	83.268	73	1.141		
	总计	1790.247	80			

表7-21（c） 回归系数与显著性系数检验表a

模型		非标准化系数		标准系数	t	Sig.	共线性统计量	
		B	标准误差	试用版			容差	VIF
1	（常量）	1.252	1.136		1.102	0.274		
	市场秩序	1.665	0.074	0.930	22.544	0.000	1.000	1.000
2	（常量）	16.349	2.181		7.495	0.000		
	市场秩序	1.083	0.096	0.605	11.334	0.000	0.350	2.861
	合同遵守程度	−0.933	0.124	−0.403	−7.547	0.000	0.350	2.861

（续表）

模型		非标准化系数		标准系数	t	Sig.	共线性统计量	
		B	标准误差	试用版			容差	VIF
3	（常量）	12.891	2.110		6.108	0.000		
	市场秩序	0.853	0.100	0.477	8.490	0.000	0.256	3.913
	合同遵守程度	−0.797	0.115	−0.344	−6.912	0.000	0.325	3.080
	政府补贴	0.552	0.125	0.219	4.423	0.000	0.328	3.046
4	（常量）	10.482	2.170		4.830	0.000		
	市场秩序	0.789	0.098	0.441	8.044	0.000	0.243	4.109
	合同遵守程度	−0.715	0.113	−0.309	−6.311	0.000	0.305	3.275
	政府补贴	0.421	0.127	0.167	3.314	0.001	0.288	3.469
	管理机制和法律法规	0.294	0.099	0.139	2.958	0.004	0.331	3.022
5	（常量）	9.015	2.207		4.084	0.000		
	市场秩序	0.709	0.102	0.396	6.963	0.000	0.214	4.668
	合同遵守程度	−0.635	0.116	−0.274	−5.488	0.000	0.277	3.605
	政府补贴	0.343	0.128	0.136	2.677	0.009	0.268	3.732
	管理机制和法律法规	0.260	0.098	0.123	2.661	0.010	0.323	3.092
	种植收益	0.312	0.136	0.131	2.289	0.025	0.213	4.699
6	（常量）	7.266	2.317		3.136	0.002		
	市场秩序	0.608	0.111	0.340	5.492	0.000	0.173	5.768
	合同遵守程度	−0.543	0.122	−0.235	−4.470	0.000	0.241	4.152
	政府补贴	0.304	0.127	0.121	2.395	0.019	0.262	3.816
	管理机制和法律法规	0.243	0.096	0.115	2.529	0.014	0.321	3.115
	种植收益	0.301	0.133	0.126	2.254	0.027	0.212	4.706
	育种科研水平	0.309	0.149	0.127	2.083	0.041	0.178	5.619
7	（常量）	5.974	2.360		2.532	0.014		
	市场秩序	0.554	0.112	0.310	4.959	0.000	0.163	6.119
	合同遵守程度	−0.474	0.124	−0.205	−3.829	0.000	0.223	4.494
	政府补贴	0.264	0.126	0.105	2.101	0.039	0.256	3.911
	管理机制和法律法规	0.213	0.095	0.101	2.234	0.029	0.313	3.193
	种植收益	0.292	0.131	0.122	2.232	0.029	0.212	4.712
	育种科研水平	0.299	0.146	0.123	2.050	0.044	0.178	5.626
	收购价格变动	0.243	0.121	0.103	2.013	0.048	0.244	4.092

a. 因变量：产业化水平

表7-21（b）中的第七个模型是最终的方程，模型中的F统计量为213.784，概率P值为0.000小于0.001，线性回归方程具有显著性。因此被选入的影响因素与产业化水平之间的具有显著的线性关系。根据表7-21（c）可以确定最终的回归方程是：产业化水平=0.310*市场秩序—0.205*合同遵守程度+0.105*政府补贴+0.101*管理机制和法律法规+0.122*种植收益+0.123*育种科研水平+0.103*收购价格变动

5.5 本章小结

本章主要是对第4章提出的影响因素模型进行实证研究。首先，对回收回来的问卷数据进行描述性统计，发现样本对象分布比较均匀，不会对研究造成系统性的偏差。其次，通过对量表问题项的信度与效度的分析，对量表问题项的可靠性和稳定性进行检验，运用因子分析方法对量表问题进行建构效度的检验。然后，对产业化各影响因素之间及它们与产业化水平进行相关性分析，结果发现，自变量与因变量之间存在较强的相关关系。最后，通过多元回归方法来验证自变量与因变量之间的实质关系，结果发现：市场秩序、合同遵守程度、政府补贴、管理机制和法律法规、种植收益、育种科研水平、收购价格变动与产业化水平有显著的线性关系，是影响产业化水平的重要因素，其他因素对产业化水平的影响一般。

6 结论与展望

6.1 实证分析结果讨论

本书通过相关文献的研究，将"柘荣太子参"产业化影响因素分成农户因素、中介组织因素、龙头企业因素和外部环境因素四个方面，设计了影响产业化水平的因素模型和研究假设，然后通过问卷调查对"柘荣太子参"产业化的影响变量关系进行实证分析并对提出的假设进行验证，具体的结果讨论如下。

6.1.1 农户因素和中介组织因素与"柘荣太子参"产业化水平间的关系

根据相关分析的结果可知，"柘荣太子参"产业化中农户和中介组织涉及的影响因素与产业化水平具有相关关系。在显著性水平为0.01条件下，种植收益、种植水平、技术服务、中介组织实力与产业化水平有较强的正相关关系，验证了本书前面提出的假设。在强迫进入回归分析时，种植收益、种植成本、技术服务、中介组织实力与产业化水平的标准化系数分别为0.115、0.002、0.002、0.014，只有种植收益在显著性水平为0.05的条件下，被逐步回归方法筛选得到，因此种植收益是影响"柘荣太子参"产业化的效果的重要因素，其他三个为一般因素。

6.1.2 龙头企业因素与"拓荣太子参"产业化水平的关系

根据相关分析的结果可知，在显著性水平为0.01条件下，龙头企业实力与产业化水平成较强的正相关关系，验证了本书前面的假设。在强迫进入回归分析时，收购价格波动、合同遵守程度、龙头企业实力与产业化水平的标准化系数分别为0.027、0.224、0.058，只有合同遵守程度在显著性水平为0.05的条件下，被逐步回归方法筛选得到，因此合同遵守程度是影响"柘荣太子参"产业化的效果的重要因素，其他两个为一般因素。

6.1.3 外部环境因素与"柘荣太子参"产业化水平的关系

根据相关分析的结果可知，在显著性水平为0.01条件下，外部环境因素因素与产业化水平均具有较强的相关关系。在显著性水平0.01条件下，育种科研水平、政府补贴、药材市场秩序、药材管理机制和法律法规的相关系数均超过0.800，因此，外部环境涉及的各因素与产业化水平成较强的正相关关系，验证了本书前面的假设。同时，在强迫进入回归分析时，政府补贴、药材市场秩序、药材管理机制和法律法规与产业化水平的标准化系数分别为0.136、0.119、0.307，因此外部环境的三个因素政府补贴、药材市场秩序、药材管理机制和法律法规是影响"拓荣太子参"产业化的效果的重要因素。

本章通过问卷调查实证研究了"拓荣太子参"产业化影响因素，并对前文提出的假设进行验证。研究结论如表7-22示。

表7-22　研究假设的检验结果

假设	内容	结论
H1	种植收益与产业化水平正相关	支持
H2	种植成本与产业化水平正相关	支持
H3	技术服务与产业化水平正相关	支持
H4	中介组织收益与产业化水平正相关	不支持
H5	中介组织实力与产业化水平正相关	支持
H6	农户对合同的遵守程度与产业化水平正相关	支持
H7	龙头企业实力与产业化水平正相关	支持
H8	龙头企业的收购价格变动程度与产业化水平正相关	支持
H9	育种机构科研水平与产业化水平正相关	支持
H10	政府补贴与产业化水平正相关	支持
H11	药材市场秩序与产业化水平正相关	支持
H12	药材管理体制与法律法规与产业化水平正相关	支持

6.2 促进"拓荣太子参"产业化的对策与建议

农业的产业化是达到中国农业实现现代化目标的重要途径。因为我国农民人数众多，故土地相对匮乏的现状，因此，只有不断加快发展农业产业化，这才能够让农民有更多的发展。但是，同时也应该意识到中国地域广阔，地域性差别大，在实施农业产业化的进程中，特别需要注意地域差别、具体农产品的特性差别，走出带着区域特色的农业产业化道路。本书通过对"拓荣太子参"产业化的研究，进而对"拓荣太子参"产业化影响因素进行分析并提出研究模型和假设，然后对其进行验证，最后提出相应的解决意见。希望据此对拓荣县太子参的产业化所存在的问题以及产业化的发展提供实践意义，促使拓荣县太子参产发展成国际闻名的太子参产业基地。

6.2.1 加大推广拓荣太子参生产技术标准化的力度，提高"柘荣太子参"的品质

近几年，我国民众总体生活水平不断的提升，包括太子参在内的大多数农产品质量安全的问题已经逐步成为公众关心的焦点。同时，由于全球经济的一体化和我国中药材走加快走向世界的进程，使得这类产品的质量安全问题成为产业可持续发展的首要问题。虽然，拓荣县具有较好的地理环境因素，能够充分的发挥其在太子参产业的优势地位，然而太子参的种植是以千万家农户为基本，因为农民文化水平普遍较低，对于一些农业投放品，如农药化肥的投放仍然有很多不合理甚至是错误的地方。为此，应该加强对太子参标准化栽培的力度，规范化农户对农业农药化肥等的使用，保证太子参的绿色环保，尽量做好对太子参农药残余物等有害物质的控制，从而全面提高"柘荣太子参"的质量，生产出质量有保障、安全有保证，既高效又可控的太子参品种。

6.2.2 加大资金投入，发展科技和教育

首先，加强对太子参产业化参与群体标准化的太子参生产技术的培训，提高从业人员的知识和业务素质。一方面，对全县农业技术人员进行全面的系统的技术技能培训，提高他们的专业技术水平，从而为农务提供更好的服务；另一方面，对太子参种植的农户、太子参的营销人员进行有针对性的实用技术培训，以提升生产技术的水平。

其次，加强与院校科研机构合作积极与院校科研等机构开展合作，开发太子参深加工产品，提升太子参的科技含量、增加其附加值，延伸太子参产业链，从而做好"柘荣太子参"产业。因为拓荣县地处福建，因此，要重视利用省农科院和福建农林大学丰富的人才、科研资源，加大政府财政投入，建设先进的太子参研究和开发基地，支持太子参种质资源的收集、保存、评价、利用和品种选育等基础性、长期性的工作[1]。这方面，发达国家的做法是值得借鉴的。他们设有较多的研究推广中心，从事应用研究和技术推广工

---

[1] 薛丽莉：《人向组织知识转移的影响因素研究》，浙江工业大学硕士论文，2007年。

作。中心的研究人员还负责对当地农业公司、农场和包装间的技术人员进行培训和指导，固定时间进行农田的信息交流和处理。总而言之，要保证福建在太子参领域能够充分应用先进的科研力量，实现产业化做保障[①]。

6.2.3 培育龙头企业，通过培育龙头企业促进"柘荣太子参"产业化

实行"龙头企业+中介组织+基地+农户"的模式组织生产，加强推进太子参产业化经营，这样一方面可以促使农户太子参栽培的标准化，而且另一方面还可以充分发挥龙头企业在基地建设、开拓市场、产品研发、加工增值等多方面的优势，从而加快拓荣太子参的产业化。应重点培育闽东力捷迅、福建开人药业、福建广生堂等龙头企业，从而带动全县太子参产业的发展[②]。

6.2.4 注重开发，延伸太子参产业链

政府应鼓励县内优势药业企业，如力捷迅、广生堂、天人药业等企业，以企业为主体，高等院校和科研单位为依托的产、学、研相结合，相互渗透、互为补充的太子参新药研究开发，创制并发展太子参深加工产品，从而提高太子参附加值。虽然，柘荣县内的药业企业也长期从事太子参深加工，目前的力捷迅、广生堂等相继开发复方太子参颗粒；"好味口"太子参含片，使企业的太子参附加值显著提高，但与省外的太子参加工企业相比，差距甚远，以江西省的江中制药以例，其太子参深加工产品——"江中"牌健胃消食片，年产值就达5个多亿元，为此，政府应扶持优势太子参企业，走太子参深加工研发道路，从而做好"柘荣太子参"产业[③]。

6.3 主要创新点

（1）以往对农业产业化的研究大多数停留在理论研究，有对农业产业化影响因素进行分析的但用问卷调查实地研究的几乎没有。本书实证研究"柘荣太子参"产业化的影响因素，这对后来研究提供了指导性借鉴以及对正在

---

① 吴文毅：《福建枇杷产业化现状、存在的问题及对策》，中国农业大学硕士论文，2005年。
② 黄冬寿：《"柘荣太子参"产业现状与发展思路》，《农业科技通讯》，2010年第11期。
③ 同上。

进行农业产业化的地区有借鉴意义。

（2）构建一个"柘荣太子参"产业化的影响因素模型。通过文献的研究分析全面总结了"柘荣太子参"产业化的影响因素，以及各类影响因素对产业化水平影响作用和方向，并通过统计方法和实证分析模型，得到一个"柘荣太子参"产业化的分析和研究框架。

（3）通过实证研究"柘荣太子参"产业化的影响因素及之间的相关关系，对"柘荣太子参"产业化提出一些对策和建议。

6.4 局限性与未来展望

（1）由于时间和资源的限制，本书只对"柘荣太子参"产业化影响因素进行了实证研究，缺乏对具体"柘荣太子参"产业化案例的分析和研究。因此，在研究的现实性上比较不足。未来的研究，可以对"柘荣太子参"产业化进行案例研究，并将实证研究同案例研究结合起来，达到理论与实践结合。

（2）农业产业化过程是一个非常复杂且风险很大的系统工程，本书只是针对性的研究"柘荣太子参"产业化过程，没有考虑不同区域和不同品种之间的差异。因此，本书的研究结论比较针对性，缺乏普遍适用性。未来的研究，可以对不同品种不同区域的产业化进行普适性的研究。

（3）学术界对农业产业化研究还属于新兴的领域，农户、产业化参与者等对产业化的知识和概念等的认知存在差异。在问卷设计的时候，本书已经最大限度的使问题清晰且易于理解，但是为保持特定术语的真实含义，无法做到完全口语化，因此问卷的答案不可避免的存在被调查者的主观臆断性。因此，在未来的研究中，可以扩大问卷发放地区和行业的分布，通过一些可以物化和数据化的指标，进一步寻求更为精确、客观而又不影响收集的调查指标。

（4）本书采用SPSS对模型假设进行验证，只能证明数据不排斥模型且模型没有遭到否定，但不能说明数据确定了模型。未来的研究可以用结构方程模型拟合构建的模型。

第八章
福建省农村电商企业员工流动影响因素研究

1 背景

我国是一个农业大国。据国家统计局最新可查到的人口数据显示，截至2015年，农村人口数量60346万人，占全国总人口比重接近50%；截止到2015年，农村贫困人口5575万人。所以，促进农村经济的增长、提高农业生产力、增长农民的经济收入、带动农民脱贫致富，不但影响到国家的富强、经济发展以及社会稳定，同时也影响到广大农民切身利益以及生活水平的提高等。所以，"三农"问题成为党和国家亟需处理的大事。根据中央政府1982年至1986年以及2004年至2017年这两个阶段接连印发的以农业、农村和农民为主题的1号文件，也可看出"三农"问题处于重中之重的地位。而目前在城镇的消费水平上涨率低以及经济下行困难的背景下，大力支持农村电子商务是转变农村消费方式、开拓农产品销售生产新模式、加快农业现代前进步伐等的新动力。近几年来，中央以及地方政府都十分的看重农村电子商务的发展，相继发布了一系列的相关政策，而在《关于打赢脱贫攻坚战的决定》、《关于落实发展新理念加快农业现代化，实现全面小康目标的若干意见》等政策中，都把"电子商务应用平台技术""农村电子商务"等作为重要的发展对象。国务院办公厅发布的《关于促进农村电子商务加快发展的指导意见》中更明确指出，农村电商是改变农业发展方式的新渠道，是精准扶贫的载体。在相关政策的影响下，各省各地市都加入了发展农村电商的大军中，各大企业都在抢占农村电商的发展商机，市场以及政策成为了搞活农村电商的双轮，农村电商步入快速成长阶段。阿里巴巴集团自2014年宣布布局农村电商，进军农村市场，启动"千县万村"的计划，将近一年的时间，农村淘宝就已覆盖多个省份，一共建立了63个县级和1803个村级的农村淘宝服务中心站点。而京东也迅速占领农村市场，提出了三大战略，让工业品下乡进农村、盘活农村金融以及生鲜电商战略。建立多个县级服务中心和京东帮服务店，招募京东推广员，带动农民就业。苏宁则在2016年宣布将投资50亿到农村市场，在原有直营店的基础上增加1500家店，将发展一万家授权的服务站和代理点。采取"工业品下乡+农村品进城"的双向模式，打造专属的农村经济圈子。

根据中国电子商务研究中心的数据显示，从2014到2016年，全国的农村网购市场领域不断扩大，市场交易总额不断上涨，三年的总额为1817亿元、3530亿元、6475亿元，呈现逐年增长，且增长速度较快。从2015年6月—2016年6月，全国网购用户规模不断攀升，网购用户人数分别为4.17亿、4.8亿人。而截至2016年底，我国农村网络销售额8945.4亿元，在全国的网络销售额中占比17.4%。该数据显示说明农村电子商务的发展，不仅是改变了农村网络用户的个人消费习惯，而且也促进农村区域的农产品和工业消费品等的互相流通。据第39次《中国互联网络发展状况统计报告》显示，截至2016年年底，我国农村网民人数约2.01亿，比2015年底多了526万人，增幅为2.7%。农村地区互联网普及率为33.1%。虽然城市比农村地区的互联网普及率高，但是农村地区的普及率稳步上升，这也使农村电子商务的发展有了基本的条件。根据阿里研究院的数据可知，淘宝村的发展从开始到2016年，大约历时10年，截至2016年8月底，全国的淘宝村和淘宝镇都实现了新的突破，其中淘宝村分布在以下省市区，分别为浙江（506个）、广东（262个）、江苏（201个）、山东（108个）、福建（107个）、河北（91个）、河南（13个）、天津（5个）、江西（4个）、辽宁（4个）、四川（3个）、北京（1个）、湖北（1个）、吉林（1个）、宁夏（1个）、云南（1个）、湖南（1个）、安徽（1个），由以上数据可看出，福建省的淘宝村数量在各省市中排名前列，位列第5。随着淘宝村网商经营规模的不断扩大，淘宝村部分网商逐渐往企业化方向发展。而近年来在"互联网+"这个大背景下，福建省农村电商企业连片而起，不仅在改变农村经济发展方面起到了重要的作用，还在农村的就业等方面发挥了重大的影响。所以，福建省农村电商企业的稳定发展非常的重要。然而，由于现在通信网络的发达，福建省农村电商企业员工得到信息的速度加快，择业、就业观念也发生了变化。因此，对人力资源的合理管控成为福建省农村电商企业迫切需要解决的一个问题。而员工的流动在企业的管理中也日益彰显出它的重要性。

2013年10月发布的《Hroot全球人力资源行业市场观察报告》刊登了怡安翰威特的调查结果，中国企业员工的平均流动率高达15.9%，在全球除于高位。合理的员工流动，会给农村电商企业的发展带来益处。而不合理的员工流动，会给农村电商企业造成了一定的冲击和损失。在这种矛盾的状况下，如果不对农村电商企业员工流动影响因素进行探讨，那么人力资源管理就显得没有实际价值。因此，本论文探讨福建省农村电商企业员工流动的影响因素，从而提出福建省农村电商企业员工的合理流动的对策，旨在给福建省农村电商企业管理者一点参考。

2 理论基础与研究综述

2.1 农村电子商务相关综述

2.1.1 农村电子商务的内涵

洪勇（2016）[1]认为农村电子商务指的是与"三农"相关联的工业品下乡和农产品进城双向流通的电子商务。吴乔一康（2015）[2]、郭承龙（2015）[3]、岳欣（2015）[4]则提出农村电子商务是互联网与农村经济相结合

---

① 洪勇：《我国农村电商发展的制约因素与促进政策》，《商业经济研究》，2016年第4期，第169-171页。

② 吴乔一康：《福建农村电子商务发展态势分析》，《物流技术》，2015年第23期，第54-56页。

③ 郭承龙：《农村电子商务模式探析——基于淘宝村的调研》，《经济体制改革》，2015年第5期，第110-115页。

④ 岳欣：《推进我国农村电子商务的发展》，《宏观经济管理》，2015年第11期，第66-67页、第70页。

的自然产物，主要立足于农业产品、土地等资源，并利用网络在上面进行农业产品以及相关服务等的售卖和金钱等业务交易过程。

综上所述，笔者将农村电商的定义为：农村电子商务是区别与城市电子商务，以互联网为载体，围绕农村的各种资源，通过电子化交易和管理的一种活动。

2.1.2　农村电商企业及其员工的界定

邱联章、徐昌教（2016）[1]认为农村电商企业大都是民营的中小企业，随着国家的大力推进支持与发展，逐渐分为本地的传统企业和外来的现代企业两大类。石瑞丽、颜颖（2016）[2]指出农村电商企业为农产品企业利用网络开展电子商务，并在网络上完成线上交易等。农村电商企业员工包含网站编辑、美工设计、运营管理、营销推广人员等。

综上所述，本书作者结合农村电子商务的内涵、阿里研究院以及京东研究院等所查到的资料，整理合并完，将本章中的农村电商企业界定如下：广义的农村电商企业指的是运用电脑等多媒体信息设备，通过互联网完成产品以及相关服务的买卖、金钱等业务交易的涉农领域的生产经营主体；狭义的农村电商企业指的是从事农产品、农资经营的电商企业或者农村（乡镇、村）从事消费品经营（非涉农产品）的电商企业。农村电商企业员工界定如下：广义的农村电商企业员工指的是在农村电商企业中所有用工形式的人员；狭义的农村电商企业员工主要包括电商运营员工、技术性员工，推广销售员工、供应链管理员工、客服等员工。

2.1.3　农村电子商务的特点和服务

郭承龙（2015）[3]、李成钢（2015）[4]认为农村电子商务具有明显的集群

---

① 邱联章、徐昌教：《中国农村电商企业发展现状分析》，《全国商情》，2016年第31期，第20-21页。

② 石瑞丽、颜颖：《重庆市农村电商企业发展现状调研分析及对策研究》，《经营管理者》，2016年第35期，第107页。

③ 郭承龙：《农村电子商务模式探析——基于淘宝村的调研》，《经济体制改革》，2015年第5期，第110-115页。

④ 李成钢：《"互联网+"下的农村电子商务模式分析》，《商业经济研究》，2015年第32期，第77-78页。

效应、不断变换的自发性创新活动、明显的区域性特色产品以及对网络以及服务平台有较强的依赖性。郑英隆、潘伟杰（2015）①则认为农村电子商务具有如下特点：一是服务对象主要是农村居民。二是农村网民不但是农村消费者也是农村电商的参与者。涂同明、涂俊一、杜凤珍（2011）②指出网上农贸市场、数字农家乐、特色旅游、特色经济和招商引资等都是农村电子商务的服务内容。

2.2 员工流动相关研究综述

2.2.1 员工流动的内涵

员工流动有广义和狭义的概念。Price（1977）③曾给予了一个广义的概念："在一个组织中个体作为成员其状态的改变"。按照这个定义，员工不管是流入企业、在企业中晋升、在企业中降级、在企业内部轮岗或者同一级别的调整以及流出都包括在这一类概念中。Mobley（1982）④则给予了一个狭义的概念："员工流动是员工不再从组织中获得精神以及物质上的利益并且自动终止与组织契约关系的一个过程"。Ann Denvir and Frank Mc Mahon（1992）⑤把员工流动分为了内部流动和外部流动。其中内部流动是在企业的员工数量不变的情况下，通过企业内部的岗位的调整来提升企业竞争力；外部流动则是改变企业现有员工的数量。Abraham Pizam and Steve W.Thornburg（2000）⑥则把员工流动分为两类，一类是雇员出于自身的原因而自愿的流出，另一类是雇员被组织开除或者被强迫离职而非自愿的流出。姜秀丽、

---

① 郑英隆、潘伟杰：《农村电子商务发展与村民信息消费成长效应》，《福建论坛》（人文社会科学版），2015年第11期，第25-30页。

② 涂同明、涂俊一、杜凤珍：《农村电子商务》，湖北科学技术出版社2011年版。

③ Price, J.L.*The Study Of Turnover*［M］.Ames：Iowa State University Press, 1977, （7）：45-60.

④ Mobley.W.H.Employee Turnover, cause, consequences and control［J］. *Addison-Wesley Publishing Company*, 1982, （76）：199-204.

⑤ Ann Denvir and Frank Mc Mahon.Labor Turnover in London Hotels and the Cost ffectiveness of Preventative Measures［J］. *International Journal of Hospitality Management*, 1992, （2）：330-352.

⑥ Abraham Pizam and Steve W.Thornburg.Absenteeism and voluntary turnover in Central Florida hotels：a pilot study［J］. *International Journal of Hospitality Management*, 2000, 19（2）：211-217.

石岩（2004）[①]认为，员工流动是员工从一个工作状态到另一个工作状态的变化。

综上所述，笔者将员工流动界定为：员工自愿与其所在的企业解除劳动关系，然后从一个企业流动到别的企业的过程。本书所定义的员工流动，属于狭义概念的范畴。员工的内部流动不属于这个范畴，员工的被迫离职也不属于这个范畴。

2.2.2　员工流动的影响因素

随着信息技术的进步与发展，农村电商企业员工所接触到的信息知识更加快捷，就职观念在潜移默化中发生变化，再加上社会环境多变、劳动力市场的进化等，导致了农村电商企业的员工流动越来越频繁。员工流动影响因素很多，例如性别、年龄、婚姻状况、教育水平、薪资福利、职业发展前景、晋升机制、管理模式、社会环境等因素。本书梳理总结当前国内外学术界员工流动影响因素，大体分为如下三因素。

2.2.2.1　社会因素

国外学者Ham&Griffeth（1995）[②]认为社会经济状况、人才市场的就业率等都是影响员工流动的重要社会因素。国内学者范丹，李文川，吴俊（2013）[③]认为企业周边的公共服务设施的完善程度以及整个环境造就的社会文化圈子也都会影响到员工流动。徐明（2007）[④]、邵春玲（2006）[⑤]、刘永安、王芳（2006）[⑥]等人也提出社会环境、地理位置等因素，也是造成员工流动的一个重要因素。

目前国内外学术界对于员工流动社会影响因素主要集中在经济水平、政府出台的各项政策以及就业环境等方面来进行研究。

---

① 姜秀丽、石岩：《员工流动管理》，山东人民出版社2004年版。
② Hom P W，Griffeth R.*Why Employee Turnover* [M].Cineinnati：South Western College Publishing，1995.
③ 范丹、李文川、吴俊：《农民工职业流动和选择影响因素实证研究——以浙江省制造业为例》，《农村经济》，2013年第12期，第102-106页。
④ 徐明：《国有企业知识型员工流动问题研究》，《中国人力资源开发》，2007年第1期，第45-48页。
⑤ 邵春玲：《中小企业人才流动的因素分析》，《商业研究》，2006年第4期，第52-55页。
⑥ 刘永安、王芳：《影响员工离职意向的因素研究》，《企业经济》，2006年第6期，第42-44页。

2.2.2.2 个体因素

国外学者Iverson（1999）[①]、Zeffane（1994）[②]等认为工作压力、个人的发展等这些个人因素都会影响到员工的流动。Somors等（1996）[③]认为员工在一个组织中工龄越长，工作的时间越久，那么他的流动率就会越低。Parker（1993）[④]通过实证研究发现，一个人在高控制力的因素下，其本身的自信度会提高一个人的主观态度，从而降低员工的流动率。

在国外学者员工流动理论研究基础之上，国内学者在员工流动问题的研究上也提出了自己不同的见解。曾坤生、徐旭辉（2004）[⑤]、王虹、程剑辉（2001）[⑥]、李向民、程春梅（2007）[⑦]提出员工流动与其个人因素有关，如员工的家庭情况、生活因素等。朱晓伶（2010）[⑧]则提出员工流动的个人因素除了工作压力之外，还受到人际关系的影响。胡蓓、孙跃（2009）[⑨]、王玉珍（2009）[⑩]则提出个人的收入水平、户口问题、从事职务、个人对工作的满意度等也是影响员工流动的主要个人因素。徐明（2007）[⑪]则提出个人的发展机会以及同一学历和能力员工的报酬高低也会引发流动。王一（2015）[⑫]认为员工工作职责设计不合理、工作压力大等因素也会影响员工的流动率。田建

① Iverson, Roderick D.An event history analysis of employee turnover: the case of hospital employees in Australia ［J］. *Human Resource Management Review*, 1999, 9（4）: 397–418.

② Zeffane, Rachid M.Understanding Employee Turnover: The Need for a Contingency Approach ［J］. *International Journal of Manpower*, 1994, 15（9）: 22–38.

③ Somors, Mark John.Modelling employee withdrawal behavior over time: a study of turnover using survival analysis ［J］. *Journal of Occupational and Oraganizational Psychology*, 1996.

④ Parker L E.When to Fix It and When to Leave: Relationship Among Perceived Control, Self–efficacy, Dissent, and Exit ［J］. *Journal of Applied Psychology*, 1993, （78）: 949–959.

⑤ 曾坤生、徐旭晖：《高新技术企业人才流动的主要因素及模型分析》，《广西社会科学》，2004年第3期，第159–161页。

⑥ 王虹、程剑辉、吴普：《员工流失分析与研究》，《商业经济与管理》，2001年第5期，第36–40页。

⑦ 李向民、程春梅：《企业员工流动机理及控制策略》，《中国人力资源开发》，2007年第1期，第29–33页。

⑧ 朱晓伶：《心里所有权对员工离职倾向的调节效应研究——以上海市中小民营企业为例》，复旦大学硕士论文，2010年。

⑨ 胡蓓、孙跃：《个体特征对人才流动风险偏好的影响研究》，《科技进步与对策》，2009年第5期，第153–156页。

⑩ 王玉珍：《个体知觉与员工流动机理探究》，《中国人力资源开发》，2009年第1期，第106–108页。

⑪ 徐明：《国有企业知识型员工流动问题研究》，《中国人力资源开发》，2007年第1期，第45–48页。

⑫ 王一：《我国中小民营企业人才流失现状分析及对策研究》，《创新科技》，2015年第1期，第45–47页。

春、陈婉梅（2015）[①]、王国辉、史晓露和岳立柱（2015）[②]认为员工流动影响因素为工作稳定性、工作自助、丰富性、工作乐趣、工作成就感等。

纵观当前学术界对员工流动的个体因素的研究主要还是集中在工作稳定性、工作自助、工作压力、工作乐趣、工作成就感等方面。

2.2.2.3 企业因素

国外学者Mowday（1982）[③]在对员工流动问题进行研究之后，认为员工的流动与工作满意度呈负相关。当雇员对工作感到不合意的时候，那么他就想要流出，此时流动率也会变高。Jean—Mari&Hiltrop（1999）[④]则认为企业所提供的工资待遇、工作强度和难度、晋升以及培训机会、工作的自由度和所应该承担的责任、工作环境和保障、职业发展前景等是影响员工流动的主要因素。Margaret A.Deery（1997）[⑤]认为，企业文化以及企业管理人员和员工之间的交流比较少，或者比较难以交流，也会导致员工流动。Judge（1993）[⑥]通过实证研究得出员工的工作满意度较低时流动率就相对较高，而当他的工作满意度高时，那么他的流动率就低。

国内学者在国外学者所研究的基础上，针对不同的领域以及主体，结合该领域的实际情况，提出了各自不同的见解。谢彬（2015）[⑦]认为影响员工流动的因素包括薪酬福利水平、个人晋升以及企业管理的合理性。杨金廷、李忠利、杨倩倩（2013）[⑧]通过实证研究得出员工离职影响因素为企业对薪酬的

①　田建春、陈婉梅：《零售业基层员工流动影响因素实证研究》，《东南学术》，2015年第3期，第125-132页。

②　王国辉、史晓露、岳立柱：《煤矿员工离职倾向影响因素实证研究：以沈煤集团红阳三矿为例》，《数学的实践与认识》，2015年第6期，第50-58页。

③　Mowday R T，Porter L W，Steers R M. *Organizational Linkages*：*The Psychology of Commitment Absenteeism and Turnover*［M］.San Diego CA：Academic Press，1982.

④　Hiltrop，Jean-Marie.The quest for the best：human resource practices to attract and retain talent［J］. *European Management Journal*，1999，17（4）：422-430.

⑤　Margaret A.Deery.An Exploratory Analysis of Turnover Culture in the Hotel Industry in Australia ［J］. *International Journal of Hospitality Management*，1997，（4）：375-392.

⑥　Judge T A，Walanabe S.Another look at the Jab Satisfactionship［J］. *Jounal of Applied Psychology*，1993，（18）：939-948.

⑦　谢彬：《物流企业一线员工流动影响因素研究》，《物流技术》，2015年第17期，第164-166页。

⑧　杨金廷、李忠利、杨倩倩：《高新技术企业员工离职倾向影响因素的实证研究》，《科技与经济》，2013年第1期，第80-84页。

分配、以及员工对组织认同等。范丹，李文川，吴俊（2013）[①]在对前人的研究基础上，运用问卷调查方法研究，最终得出员工流动的影响因素主要是工作的内容、岗位的薪酬福利、组织内部的管理制度，以及内部组织文化。赵西萍、刘玲、张长征（2003）[②]认为员工在上班后所得到的满意度和之前预期的越接近，那么员工对工作就越满意，相对的他的流动率就越低。

基于员工流动企业方面影响因素的理论研究，国内外学术界普遍集中于组织特性、企业文化、企业制度、管理和运行机制、工作的环境、工资福利待遇等方面来展开。

2.2.3 员工流动基本理论

2.2.3.1 勒温的场论

勒温（Lewin）指出，影响个人绩效的因素除了个人条件和个人能力，还与个人所处的环境有关，个人绩效与个人条件、个人能力以及个人所处的环境之间存在着一种类似物理学中的场强函数关系。因此，他提出了下面的公式：$B=f(p, e)$，其中B代表个人的绩效；p代表个人的能力和条件；e代表个人所处环境。这个公式表明，一个人所能创造的绩效和其本身的能力、素养以及所处的环境（也就是他的"场"）紧紧关联。如果一个人置身于一个不良的环境中，比如同事关系不和、领导处事专断、待遇福利不均、岗位不匹配等，那么他就很难在这样的工作环境中取得良好的工作成绩。在这样的情况下，就会出现不适应工作环境，他只能流转到更合适自己的地方去工作，这就是所谓的员工流动。[③]

2.2.3.2 卡兹的组织寿命学说

卡兹（Katz）通过大量的实证研究发现在同一个企业内部工作的科研人员，工作年限低于一年半的，企业内部工作的科研人员之间比较少进行沟通

① 范丹、李文川、吴俊：《农民工职业流动和选择影响因素实证研究——以浙江省制造业为例》，《农村经济》，2013年第12期，第102–106页。

② 赵西萍、刘玲、张长征：《员工离职倾向因素的多变量分析》，《中国软科学》，2003年第3期，第71–74页。

③ 姜秀丽、石岩：《员工流动管理》，山东人民出版社，2004年版。

交流的时候，那么工作收获就不多；工作年限在一年半到五年之间的，企业内部工作科研人员之间的沟通比较多，那么工作收获比较多；而工作年限高于五年的，企业内部工作科研人员之间由于过于熟识，导致信息交流下降，组织变的没有活力。卡兹的组织寿命学说启示，企业和人相同，有自己的一个生长阶段，从萌芽、成长到衰落。他认为组织的最好的寿命为一年半到五年之间。超过五年，组织的活力度下降，那么就要进行员工的流动来改善。所以卡兹的理论验证了员工流动的重要性，他认为员工应控制在一个合理的流动率，不能太快，也不能太慢。[①]

2.2.3.3　库克曲线

库克（Kuck）对刚毕业的研究生工作后创造力的发挥进行统计分析，并绘出了库克曲线。通过分析得出，研究生刚工作的时候，对所承担的工作内容以及所处的工作环境感到新鲜且充满好奇，这些激励因素激发了他们的创造力，并使他们的创造力迅速上升；当创造力达到顶峰后，将出现一个初衰期，这个时候创造力会开始下降；当他们的创造力降到一个低临界点的时候，如果不对他们的工作内容和环境进行变换，那么他们的创造力水平将停留在低临界点上。所以，为了激发他们的创造力，应该让他们进行流动。库克曲线告诉我们：创造力的发挥从顶峰、衰退到稳定有一个最好的年限期。所以，为了能够激发员工的创造力，在他们的创造力的衰退的时候，就应该及时的改变工作内容、环境等，或者让员工流动换一个工作岗位。[②]

2.2.3.4　目标一致理论

日本学者中松义郎认为目标一致理论是当个人的目标和组织目标一致的时候，个人的能力才能够有效的发挥，如果个人在心情不愉悦的情况下，工作效率降低，他很难在工作中激发潜能并展示出自己的才能，那么他也就不会得到组织的认同。这两者之间是存在着一种可以量化的函数关系。中松义

---

① 姜秀丽、石岩：《员工流动管理》，山东人民出版社，2004年版。

② Ann Denvir and Frank Mc Mahon.Labor Turnover in London Hotels and the Cost Effectiveness of Preventative Measures [J]. *International Journal of Hospitality Management*，1992，（2）：330–352.

郎提出了两者方向不一的改善途径为个人目标和组织目标两者相互靠拢或者个人可以通过流动，找到一个和个人目标相同的组织中去，使自己对工作的期望值增加，激发个人的创造潜能以及积极性的开发，提高工作效率，从而得到组织的认同。[①]

综上所述，学者们根据自身不同的情况以及角度研究得出，合理的员工流动，会促使企业增强组织的创新力以及组织的创造力。

2.2.4 员工流动模型

国外学术界对于员工流动问题的研究已经比较成熟。胡美娟（2008）[②]指出1958年至2001年，国外典型的员工流动模型有March&Simon模型（1958）、Price模型（1977）、Mobley中介链模型（1979）、Steers&Mowday（1981）模型、Sheridan和Abelson（1983）的"尖峰突变"模型、Lee&Mitchell（1994）的"展开"模型、Price—Mueller（2000）模型等。由于影响员工流动的因素较多，每个学者根据不同的行业不同的状况提出了不同的模型，笔者选取了与本书论点相关的三个理论模型来进行描述，对于其他模型则不再进行介绍。本书所介绍的理论模型如下：扩展的Mobley中介链（1979）模型、Steers&Mowday（1981）模型和Price—Mueller（2000）模型来进行描述。

2.2.4.1 Mobley中介链（1979）模型

Mobley（1979）[③]在March&Simon（1958）[④]、Price（1977）[⑤]研究的基础上进一步提出了这个中介链模型。该模型主要讲述的是员工决策流动的心理变化过程。首先，当一个员工对于现有的工作岗位感到不满意的时候，那么他就会有离开这个岗位的念头。在计算好辞职和辞职到找到新工作为止这段时间所需要花费的成本后，最终决定是否辞职。其次，一些员工因为非工作的因素而有辞职念头，比如家庭因素等。最后是员工对于岗位的预期，比如

① 姜秀丽、石岩：《员工流动管理》，山东人民出版社，2004年版。
② 胡美娟：《国外离职模型影响因子提取路径分析》，《科技管理研究》，2008年第5期，第127-128页。
③ Mobley W H.Griffeth WR.Hand H.H&Megino B.M. *Review and Conceptul Analysis of The Employee Turnover Process*［M］.APA：Psychological Bulletin，1979.
④ March&Simon，H.A..*Organizations*［M］.New York：Wiley，1958.
⑤ Price，J.L.*The Study Of Turnover*［M］.Ames：Iowa State University Press，1977，（7）：45-60.

他会考虑这个岗位对于个人是否有发展机会，如果有，那么他就不会轻易从企业中流失。如果他觉得这个岗位对于个人没有发展和晋升机会的话，那么在考虑到各方面因素后，他会综合考虑利弊，选择辞职。Mobley的中介链模型就是分析了影响员工流动的各个因素，并针对这些因素提出降低员工流动率的对策，那就是在保证企业稳定发展的同时，应做好内外部的各项规划，提高雇员对企业的认同感，还应考虑到各个影响员工流动的因素，并针对各因素做出合理的管控，从而减少员工不必要的流动。

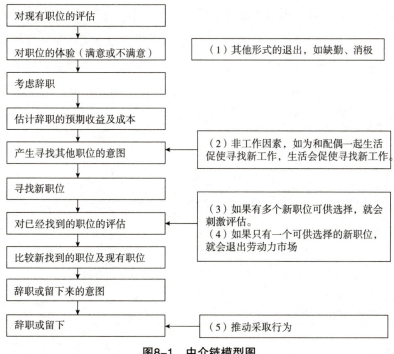

图8-1　中介链模型图

2.2.4.2 Steers&Mowday（1981）模型

Steers &Mowday（1981）[1]在Price（1977）[2]、Mobley（1979）[3]所研究模型的基础上提出了员工流动动因模型。该模型主要讲述的是影响员工流动的

① Steers R M，Mowday R T.Employee turnover and post-decision accommodation process［J］.*Cornell Hotel and Restaurant Administration Quarterly*.1981（6）：14-21.

② Price，J.L.*The Study Of Turnover*［M］.Ames：Iowa State University Press，1977，（7）：45-60.

③ Mobley W H.Griffeth WR.Hand H.H&Megino B.M. *Review and Conceptul Analysis of The Employee Turnover Process*［M］.APA：Psychological Bulletin，1979.

主要因素以及各因素在员工流动中之间的相关性。该模型说明如下因素的变化影响着员工辞职或者留下：（1）工作期望和价值影响员工对工作的满意度以及参与度等的认可；（2）除了一些非工作因素外，对工作的满意度以及组织承诺度、工作参与度的认可影响员工决定辞职还是留下；（3）离开企业的想法才是导致实际的流动行为。

以上这些变量可能会因为个人的不同而导致变化顺序不同。Steers&Mowday（1981）提出的这个动因模型的特别之处是：（1）从模型中可看出工作和组织的有用信息在员工流动中的作用；（2）影响主观态度的变量增加了一个工作绩效；（3）员工流动的前因变量引进工作参与度和组织承诺度；（4）和之前其他学者的研究相比它着重指出了工作变量对员工流动意向的影响；（5）员工在对工作不满意的时候就会想要改变现有的处境。

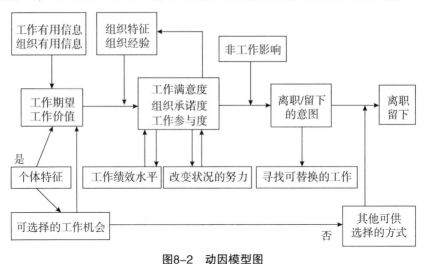

图8-2　动因模型图

2.2.4.3 Price—Mueller模型

Price（2000）[1]提出的Price—Mueller模型。该模型主要建立在一个整体的员工流动理论之上，它认为影响员工流动的因素为环境、个体、结构化变量以及中介因素。环境因素为各种机会机遇以及亲属责任；个体因素为个人消极和积极的情感因素、个人的工作参与程度和个人的培训机会；结构化变量

① Price.J.L.The development of a causal model of voluntary turnover［J］.University of Iowa.2000.

因素为工作分配的公平性、自主性、所受到的压力、晋升以及薪资福利待遇等；中介因素为员工对工作的满意度和组织承诺度等。

Price—Mueller模型的作用机制是由一系列的假设组成的，假设员工是带着一定的工作期望进入企业的；假设员工和企业之间是存在利益关系，企业付给员工相应的报酬来换取员工的服务等等。

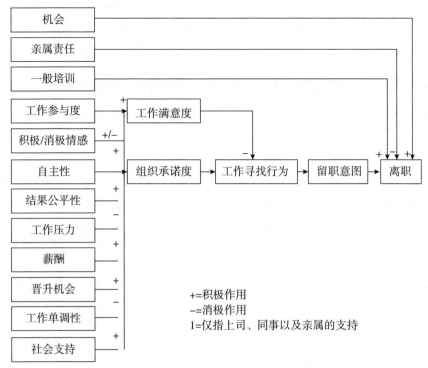

图8-3　Price—Mueller模型图

2.2.5 员工流动率过高造成的影响

2.2.5.1 增加人力资源成本

员工流动率过高，会使企业的管理成本变高，难以保证企业的可持续发展。所以员工的流动问题需要企业重点关注。Timothy R.HinKin and J.Bruce Tracey（2000）[①]指出员工的流动不仅会导致企业增加分离和招聘成本，还会

---

① Timothy R.Hinkin and J.Bruce Tracy.The Cost of Turnover［J］. *Cornell Hotel andRestaurant Administration Quarterly*，2000，（6）：14–21

增加选拔聘用和生产耗损成本。王黎萤、丁卫明、马万里（2004）[①]、衣莉芹
（2011）[②]分别以高新技术企业和饭店为例，指出员工流动率过高，除了会增
加招聘、培训和身体检查的成本外，还会增加经营的成本。

2.2.5.2 降低企业的生产效率

对于农村电商企业来说，员工流动率过高将会影响到企业内部的工作氛
围，形成连带效应，从而导致企业工作效率的降低。蔡志梅（2015）[③]提出员
工流动过高不仅会降低企业的生产管理效率，还会影响到其他的员工，导致
企业内部工作气氛的破坏，使得其他员工对企业的组织认同感降低，从而使
得新一轮员工流动。

2.2.5.3 企业内部资料的流失

涂淑丽（2012）[④]指出当流动的员工素质比较低的时候，那么他的流动极
有可能会带走企业的内部竞争资料，比如技术资料和客户资源等重要材料，
从而直接导致企业的业绩下滑，减少企业经营所得利润。魏清（2012）[⑤]认
为，当一个手里有企业机密资料的员工流动时，他不仅带走了企业无可替代
的宝藏，也会给企业带来巨大的损失。刘艳莉（2011）[⑥]同样提出如果员工流
动带走的是企业内一些竞争资料，比如创意资料、企业的发展规划、新技术
新工艺等，那么他的流动所带来的后果有可能对企业是毁灭性的打击。

2.2.6 员工流动的对策研究

唐春勇、刘蓉、陈婷婷（2014）[⑦]从和谐劳动关系的角度提出了降低员工
流动率的对策。首先，有一个好的员工管理计划，好的计划是企业管理员工

① 王黎萤、丁卫明、马万里：《高新技术企业知识型员工流动的实证研究和对策分析》，《科技管理研究》，2004年第4期，第36-38页。
② 衣莉芹：《饭店员工流动率过高问题的经济学分析》，《企业经济》，2011年第1期，第92-94页。
③ 蔡志梅：《国有施工企业人才流失问题探析》，《中国高新技术企业》，2015年第5期，第170-172页。
④ 涂淑丽：《我国民营快递企业人才流失现状及防范对策》，《企业经济》，2012年第6期，第63-66页。
⑤ 魏清：《浅析民营企业人才流失》，《企业技术开发》，2012年第8期，第5-6页。
⑥ 刘艳莉：《国有企业人才流失的原因分析及对策》，《商场现代化》，2011年第5期，第112-113页。
⑦ 唐春勇，刘蓉，陈婷婷.基于人力资源管理的和谐劳动关系构建［J］.西南交通大学学报（社会科学版），2014，（03）：22-25。

的重要的一个步骤。这些规划也应该要符合企业的发展。其次，制定适合的招聘准入机制，把好员工进入企业工作的第一关。再次，可以加强绩效管理和有激励性的福利待遇，增加他们对企业的认同感。最后，企业可以提供给员工一个发展的平台，员工个人能够得到发展，那么他的流动率就会低。

王恒宇（2012）[1]结合自己的研究从四个方面入手提出应对员工流动问题的对策。首先，应坚持人力资源管理的"二八原则"，建立流动成本、流动收益等机制，结合其他管理措施，来保持企业合理的员工流动率；其次，建立公平的薪资管理和绩效考核体系，帮助员工制定相关的职业规划；再次，做好企业文化的定位，多为员工谋福利，给予他们提升的空间等；最后，企业应尊重员工，在尊重的基础上引导员工的个人感知，并随时关注人力资源市场的动向。

Margaret A.Deery（1997）[2]提出要防止员工流动率过高，就要在招聘的第一步就做好把关，尽量去挑选一些合适企业的员工。员工和企业的契合度比较高的时候，相应的员工的流动率也就低。

解志恒、李全生（2009）[3]、刘冰、王泓晓（2009）[4]提出解决企业员工流动问题的五点对策。第一，营造一个良好的企业专属文化，给员工创造舒适的空间。第二，应为员工提供个人发展的平台和机缘，在企业自身发展的同时也保证他们个人的成长。第三，制定帮扶计划，减轻他们的生活压力，从而提升工作的质量。第四，可引入有可比较以及竞争力的薪酬机制。第五，重视员工的工作满意度。张琴（2009）[5]则在这五点对策基础上，针对知识型员工的流动增加了一个对策，那就是企业可以实行内部轮岗制度，让员工感受到挑战性，减少他们对于工作的消极态度，从而使流动率变低。

① 王恒宇：《中小企业员工流动性影响因素研究》，沈阳工业大学硕士论文，2013年。
② Margaret A.Deery.An Exploratory Analysis of Turnover Culture in the Hotel Industry in Australia ［J］.*International Journal of Hospitality Management*，1997，（4）：375-392.
③ 解志恒、李全生：《基于马尔科夫链的企业核心员工流动预测》，《华东经济管理》，2009年第10期，第98-100页。
④ 刘冰、王泓晓：《基于心理契约的知识型员工流动管理》，《现代管理科学》，2009年第9期，第50-53页。
⑤ 张琴：《论企业知识型员工的流失风险与防范》，《技术与创新管理》，2009年第4期，第506-508页、第533页。

胡杨、刘国花、许幼林（2007）[①]提出如何降低员工流动率的对策，首先，应该要了解影响员工流动的原因，比如个人原因、工作原因、社会原因等。然后，根据不用的影响因素制定不同的人力资源对策，不能够使用"一刀切"的方法。其次，应为他们设立一个自我提升和发展的平台，让他们感觉到在一个企业中还有晋升的空间。可以实行工作轮换，使员工的个人发展得到更加全面的锻炼，也可以更加的熟悉一个企业的所有业务流程。最后，任何一个企业都要尊重员工，让他们发自内心的认同组织，这样才可以避免不必要的流动。

目前学术界对降低员工流动率的对策主要集中在薪资福利待遇的提高、人事制度的规范、工作环境的建设等企业层面，少部分集中在社会层面和工作层面，如国家政策制度的制定、就业市场的调控、工作的挑战性等。极少有提到降低员工流动率可以从个人层面入手，本书将尝试着从社会层面、个人层面、企业层面综合入手，找出改善福建省农村电商企业员工流动率高的对策建议。

3 福建省农村电商企业员工流动影响因素分析

3.1 福建省农村电子商务企业发展现状

在"互联网+农村农业"这个大背景下，福建省农村电商的迅猛发展，农村电商企业连片而起。福建省政府也相继出了一系列指导性文件来促进福建省农村电子商务以及农村电商企业的发展，在《推动农村电子商务发展行动方案》中更明确指出了福建省农村电商的发展目标，争取到2018年福建省农产品的网络交易额达到600亿元，建立形成乡镇农村电商创业园五十个等。

截止到2016年底，福建省有107个淘宝村，注册地在福建农村（含县）的网店突破5万个，随着淘宝村网商经营的规模不断扩大，淘宝村部分网商注册公司以及商标往企业化的方向发展。据福建省各地市商务局统计，福州市电

---

① 胡杨、刘国花、许幼林：《TBC下员工流失分析及管理对策》，《中国人力资源开发》，2007年第1期，第38-41页。

子商务从业人员超28万。其中，仅闽侯县以"中国木艺在线联盟""木艺电商联盟"等交易平台为代表的根雕业专业电商企业已有近600家。

厦门市电子商务从业人员达15万；莆田市电子商务从业人员有30多万人，形成了9个淘宝村；泉州市电子商务从业人员30万，其中，仅安溪县以茶叶等农产品销售的电商企业3000多家，电子商务从业人员约7万人；漳州市电子商务从业人数达2.9万人，共有电子商务企业1194家；龙岩市电商从业人员达10万余人，龙岩新建的电子商务产业园区近200多家企业入驻；三明市电子商务企业1150家，电商从业人数达2.6万人；南平市共电子商务企业610家；宁德市拥有电商企业1263家，宁德市各县（市）农村电子商务发展迅速。目前，福建省各地区的农村电子商务发展水平各不相同，农村电子商务发展比较突出的是泉州市，福州市以及莆田市。其中，泉州有69个淘宝村，农村电商企业数量也是最多。

根据福建省统计局开展的淘宝村等抽样调查数据显示，2015年福建省电商企业交易额前三位分别是厦门、泉州以及福州（含平潭），其中厦门市的电商交易额为2619亿元，同比上涨36.8%；泉州市的电商交易额为2609亿元，同比上涨29.1%；福州市（含平潭）的电商交易额为1799亿元，同比上涨57.0%。此外，莆田市的电商交易额为1048亿元，同比上涨55.0%；三明市的电商交易额为413亿元，同比上涨65.9%；漳州市的电商交易额为621亿元，同比上涨61.7%；南平市的电商交易额为323亿元，同比上涨37.4%；龙岩市的电商交易额为345亿元，同比上涨86.5%；宁德市的电商交易额为419亿元，同比上涨36.9%。

综上所述，当前福建省农村电商整体的发展水平较高，在福建省政府的大力支持下，农村电商企业通过自建网站或者依托京东淘宝等第三方电商平台入驻的方式，积极推动农产品以及消费品等的双向流通，农村电商企业的发展不仅推动了农村经济的稳定发展，同时也解决很多农民的就业问题。

3.2 福建省农村电商企业员工的特征

福建省农村电商企业员工的稳定是保证一个企业能够稳定可持续发展

的重要因素，这是一个特殊的人群，他们主要有以下特点：第一，福建省农村电商企业员工年龄大多集中于26—30岁之间，31岁以上，26岁以下的人较少。农村电商企业为新兴行业，大多都是农村青年、大学生、农民工等返乡创业，所以员工在年龄上青年较多。这一类人往往思想能够跟上潮流。第二，福建省农村电商企业员工的文化程度普遍较低，大部分为返乡创业的农民工，少部分为大学生和部分大学生村官等，文化程度大多是在本科大专以下。第三，福建省农村电商企业员工的工作任务以及工作压力大。

3.3 福建省农村电商企业员工流动现状

福建省农村电商企业作为一个新兴行业，不仅关系到了农村的发展，也关系到农民生活质量的提高等。福建省农村电商企业管理的不完善导致了企业员工流动常常被企业所忽略，福建省农村电商员工承担公司要职，他们的流动不仅会给企业带来经济损失以及重新招聘员工等带来的时间耗费，还会引起企业内部的恐慌等各种问题。所以，企业应该重视员工流动问题，福建省农村电商企业员工流动有如下现状：

第一，一般性流动。这类员工并非是对农村电商企业有所不满而想要离开企业，而是由于上下班的便利度以及自身的家庭因素等而导致有必要进行工作的调动。对于这类员工，农村电商企业应及时了解到员工的家庭状况，如有条件可适当的为员工安排就近住宿就业，安排员工子女就近上学等。

第二，薪资需求的流动。这类员工对于薪资有比较高的要求，当农村电商企业所提供的薪资达不到员工的要求的时候，员工自然想要流动到更好的企业。

第三，个人发展需要的流动。这类员工对自身的要求较高，他们试图寻找更高的发展，所以，企业可以帮助他们进行职业生涯规划，让他们感受到在这个企业是有发展空间的，那么他们流动的意向也就会慢慢减弱了。

第四，人际关系不和的流动。这类员工通常会因为和领导同事关系不和而流动，如果一个员工在一个企业中人际关系处理不好，他就会觉得自己不适合待在这个企业，从而通过流动来寻找更加适合自己的企业。对于这部分员工，企业应及时关注，防止他们的不满影响到其他的员工，引起离职潮，同时，企业也应该从自身内部找原因，找出问题的关键点。

3.4 福建省农村电商企业员工流动影响因素

根据前文2.2.2所述，造成员工流动的因素很多，主要分为三大类，社会因素、个体因素和企业因素。本书以Price—Mueller模型作为研究福建省农村电商企业员工流动影响因素的研究基础，结合福建省农村电商企业的实际发展、行业特殊性以及福建省农村电商企业员工本身的特点作为筛选标准和原则，并在Price—Mueller模型以及国内外该领域较有代表性的研究中，从社会因素、个体因素、企业因素这三大因素出发筛选得出福建省农村电商企业员工流动影响因素，然后，研究其与员工流动的关系。

本书选择Price—Mueller模型，因为它结合了多位学者在员工流动领域的研究，在解释员工决策流动的心理变化过程有很好的预测力。另外，该模型结合了经济、心理、社会和管理等多学科研究成果，有很多实证研究的支持。根据图8-3可看出，该模型主要建立在一个整体的员工流动理论之上，它认为影响员工流动的因素为外部环境因素、个体因素、结构化变量因素以及中介因素。环境因素为各种机会机遇以及亲属责任；个体因素为个人消极和积极的情感因素、个人的工作参与程度和个人的培训机会；结构化变量因素为工作分配的公平性、自主性、所受到的压力、晋升以及薪资福利待遇等；中介因素为员工对工作的满意度和组织承诺度等。具体筛选出福建省农村电商企业员工流动的影响因素的指标如下。

3.4.1 社会因素

福建省农村电商企业和员工都是存在于社会这个大环境中。而一个国家的整体经济发展水平、就业率水平、通货膨胀以及社会保障制度等都对员工流动行为有很大的影响。而不同的区域地理位置和不同层次的员工管理体系内所受到的影响也不同。结合福建省农村电商企业发展的实际情况，认为影响福建省农村电商企业员工流动的社会因素主要如下：农村电商企业所在地区的经济状况、农村电商企业所处的地理位置、农村电商企业所在地区的基础设施、国家给予农村电商企业所在地区的各项福利政策等。

3.4.2 个体因素

造成福建省农村电商企业员工流动率高的原因有很多，本书所认为影响福建省农村电商企业员工流动的个人因素主要如下：农村电商企业所提供的个人发展机会、工作自主权、工作压力、人际关系。

（1）个人发展机会是员工体现自身的价值，使自身的能力能够获得提高。因此，他们通过流动来获取更好的资源、教育以及培训机会，使自己能够学习到更多的知识，从而提高自己的能力。

（2）工作自主权是福建省农村电商企业赋予员工可支配自己工作权力大小的程度。员工的工作自主权越高，那么他的工作满意度高，相对的流动意愿也就低。所以这个农村电商企业的管理风格紧密相关。

（3）工作压力主要来源于福建省农村电商企业所赋予员工的工作量、工作难度以及同事间、领导间的相处关系等。如果一个员工在工作中觉得压力山大，那么他的流动意愿就会增强，从而导致其流动。

（4）人际关系是同事之间、上下级之间、员工与客户之间等的联系，一个员工在一个工作中人际关系处理的不好，经常和同事、上级或者客户起冲突。那么，他会觉得自己不适合待在这个企业，从而通过流动来寻找更加适合自己的企业。

3.4.3 企业因素

根据Price—Mueller模型中的组织因素变量的筛选与修改。本书所认为影响福建省农村电商企业员工流动的企业因素主要如下：农村电商企业所提供的薪酬、农村电商企业所提供的晋升机会、农村电商企业的分配公平性、农村电商企业的工作氛围。

（1）薪酬是直接反映福建省农村电商企业员工所付出的劳动而得到的回报，从心理学的角度上来说，薪酬是对员工的最好的激励。薪酬越高，员工对工作的满意度越高，流动意向也就越低。

（2）晋升机会是影响员工流动的关键变量，福建省农村电商企业赋予员工的晋升机会越多，那么员工对企业的认同感就越高，那么他也就不会轻易的想离开。

（3）分配公平性是社会学和心理学因素相结合的变量，福建省农村电商企业员工通过与其他同行业的员工或者同企业同岗位的员工比较来判断自己是否受到了公平的待遇。当他觉得自己受到了不公平的待遇，那么他的流动意愿就是变高。

（4）工作氛围是影响员工流动的一个重要因素，如果在一个不好的工作氛围环境中工作，不仅影响到工作的效率，也会使员工感觉到精神压力，从而懈怠工作，影响工作。使其产生流动意向。

4 福建省农村电商企业员工流动影响因素研究模型构建与设计

基于前文笔者对福建省农村电商企业员工流动影响因素的分析，福建省农村电商企业员工流动主要包括社会、个体和企业这三大影响因素。接下来，本书将以此作为依据来提出本书的研究假设，构建模型并进行研究设计。

4.1 研究假设

田建春、陈婉梅（2015）[1]和赵文莉（2012）[2]指出员工的流动实际上是员工对于流动的个人感知状况，他们通过实证研究发现人口统计变量对员工流动的影响有各不相同的差异显著性。不同性别、年龄、婚姻状况、教育程度、工作年限都会影响到福建省农村电商企业员工的认知感受，以往学术界的研究当中有很多学者将人口统计变量当作一个背景变量来进行测量。所以，本书将以人口统计变量作为背景变量，结合福建农村电商企业员工流动的实际情况，提出如下的研究假设：

假设1：性别对福建省农村电商企业员工流动的影响有显著性差异；

假设2：婚姻状况对福建省农村电商企业员工流动的影响有显著性差异；

① 田建春、陈婉梅：《零售业基层员工流动影响因素实证研究》，《东南学术》，2015年第3期，第125–132页。
② 赵文莉：《我国民营企业新生代知识型员工流动影响因素研究》，宁波大学硕士论文，2012年。

假设3：年龄对福建省农村电商企业员工流动的影响有显著性差异；

假设4：教育程度对福建省农村电商企业员工流动的影响有显著性差异；

假设5：工作年限对福建省农村电商企业员工流动的影响有显著性差异；

陈婉梅（2011）[①]通过研究发现，员工流动影响因素与员工流动部分正相关，部分负相关。而根据国内外学者对于员工流动影响因素与员工流动之间相关性的分析结果表明两者具有显著的相关性，福建省农村电商企业员工流动影响因素与员工流动是否相关，还有待考究。为此，本书提出如下的假设：

假设6：福建省农村电商企业员工流动影响因素中社会因素、企业因素以及个体因素与员工流动之间具有显著的相关性；

假设7：福建省农村电商企业员工流动影响因素中社会因素、企业因素以及个体因素三者之间具有显著的相关性；

李伶（2010）[②]通过实证研究发现，员工影响因素对员工流动具有显著的影响以及较好的预测力。国外学者基于员工流动影响因素对员工流动进行研究，员工流动影响因素对员工流动具有预测力。据此，本书提出如下的假设：

假设8：福建省农村电商企业员工流动影响因素中社会因素对员工流动具有预测力；

假设9：福建省农村电商企业员工流动影响因素中企业因素对员工流动具有预测力；

假设10：福建省农村电商企业员工流动影响因素中个体因素对员工流动具有预测力。

4.2 研究模型

根据前文的员工流动影响因素综述、福建省农村电商企业员工流动影响因素分析以及研究假设，笔者认为员工对企业相关政策以及制度、薪酬、晋升机会等的不认同很大程度上导致其流动。这些"不认同"的感觉是由综

---

① 陈婉梅：《基于心理契约的零售业基层员工流动研究》，华侨大学硕士论文，2011年。

② 李伶：《基于心理契约的知识型员工流动影响因素研究》，中南大学硕士论文，2007年。

合性的因素产生，包括社会因素、企业因素、个人因素综合作用形成。每个人都有自己个性的特质，对自身的感知状况管理也有差异性，而这些差异性就导致了对社会和企业等有不同的认知，进而对工作也产生不同的满意度以及认可度，流动意向的强弱也就不一样。基于这一点可以看出，福建省农村电商企业员工的流动原因是在于每个人对事物的不同的看法和认知。综上所述，本书构建了如下模型，具体如图8-4：

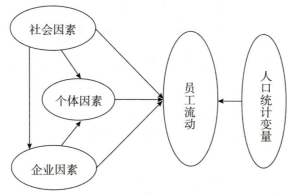

图8-4 研究模型图

4.3 福建省农村电商企业员工流动影响因素研究问卷的设计

福建省农村电商企业员工流动影响因素调查问卷包括三个部分，第一部分，简要的介绍，说明本次调查的目的以及匿名和保密性的保证；第二部分，显示被调查的员工个人的基本状况，主要包括性别、年龄、婚姻状况、教育程度、工龄等信息，掌握这些信息有助于了解不同特征的员工的流动状况；第三部分，问卷的主体部分，即福建省农村电商企业员工流动影响因素描述和员工流动意向描述。

如上文所述，在设计福建省农村电商企业员工流动调查问卷的时候，笔者没有直接照搬国内外成熟的研究学者的现成的问卷量表，而是在参考李伶（2010）[1]、陈婉梅（2011）[2]、赵文莉（2012）[3]等量表的基础上，综合福

---

① 李伶：《基于心理契约的知识型员工流动影响因素研究》，中南大学硕士论文，2007年。
② 陈婉梅：《基于心理契约的零售业基层员工流动研究》，华侨大学硕士论文，2011年。
③ 赵文莉：《我国民营企业新生代知识型员工流动影响因素研究》，宁波大学硕士论文，2012年。

建省农村电商企业的实际，设计出符合现状的新量表。问卷主体一共分为三个部分，具体如下表8-1。第一部分，个人基本情况。一共5个题目。其中，性别包含男和女两个选项；婚姻状况包含已婚和未婚两个选项；年龄包含20岁以下、21-25岁、26-30岁、31岁及以上四个选项；教育程度包含大专以下、大专、大学本科、硕士及以上四个选项；工龄包含1年以下、1-3年之间、3-5年之间、5年以上四个选项。第二部分，福建省农村电商企业员工流动影响因素描述。根据4.1福建省农村电商企业员工流动影响因素的提炼，问卷初稿涉及经济状况、地理位置、基础设施、福利政策、个人发展机会、工作自主权、工作压力、人际关系、薪酬、晋升机会、分配公平性、工作氛围等多方面。一共30个题目。第三部分，福建省农村电商企业员工流动的描述。一共2个题目。问卷主体部分架构如下：

表8-1　问卷主体部分架构

一级指标	二级指标	指标描述
福建省农村电商企业员工流动影响因素	社会因素	（1）企业所在地区的经济状况以及发达度 （2）企业所在地区的地理位置偏僻程度 （3）企业所在地区的交通便利度 （4）企业所在地区的住宿条件（包括水电使用的方便程度） （5）国家对于农村电商企业所在地区的各项福利政策 （6）企业提供给员工的福利政策和国家政策相符合程度
	个体因素	（7）企业能够为我提供个人发展平台和发展机会 （8）在工作中我学到东西的多少 （9）现有企业所提供的发展机会的多少 （10）工作方式的自由度 （11）农村电商企业的集权程度 （12）工作任务的多少 （13）工作压力的大小 （14）和同事相处关系的融洽度 （15）和上级领导相处关系的融洽度

（续表）

一级指标	二级指标	指标描述
福建省农村电商企业员工流动影响因素	企业因素	（16）企业提供给员工薪酬待遇的好坏程度 （17）企业提供的薪酬待遇和我的工作付出相比的正反比 （18）企业提供的薪酬待遇和同一个企业内其他同事的工作付出相的公平性 （19）目前我所在的企业和同行业其他企业相比所提供的薪酬待遇的优势度 （20）企业为我提供晋升空间的大小 （21）企业为我提供学习和培训机会的多少 （22）在现有的企业里我的晋升空间大小 （23）企业晋升政策的清晰度 （24）企业的规章制度对每个员工的公平性 （25）企业的薪酬、晋升机会和奖励等的分配公平性 （26）企业的人文关怀程度 （27）企业领导非常的关心和体谅下属 （28）企业领导能够听取员工的意见 （29）企业领导能够给予我工作上的指导 （30）企业同事之间能够互相帮助 （31）如果有其他合适的工作机会，我会离开现在这个企业 （32）我觉得我所在的企业发展前景很好，我不会离开 （33）我正在密切关注其他就业机会

　　福建省农村电商企业员工流动影响因素研究调查问卷的测量方法使Likert5点量表法，员工流动影响因素描述部分，每个题项共5个可选答案，依次为"不影响""影响不大""影响一般""影响较大""影响很大"，并用1分、2分、3分、4分、5分表示，分数越高代表该项指标所描述的因素对员工流动影响比较大。员工流动描述部分，每个题项共5个可选答案，依次为"非常不同意""不同意""一般""同意""非常同意"，并用1分、2分、3分、4分、5分表示。

　　问卷初稿设计好后，为提高福建省农村电商企业员工流动影响因素研究调查问卷的真实性和可靠性，笔者联系了3位人力资源管理专业理论造诣较高的专家、1位在农村电商领域颇有研究的专家以及5位在农村电商企业工作的员工针对福建省农村电商企业员工流动的影响因素对问卷初稿的每个题项进行讨论。最后，根据他们的讨论意见，进行订正，形成了最终37道题的问卷设计。

5 福建省农村电商企业员工流动影响因素问卷编制

5.1 问卷调查对象概述

本章的调查对象是福建省农村电商企业员工，具体为从事农产品、农资经营的电商企业或者农村（乡镇、村）从事消费品经营（非涉农产品）的电商企业的员工。笔者将对福建省范围内的农村电商企业的员工展开调查。农村电商企业员工主要包括电商运营员工、技术性员工、推广销售员工、供应链管理员工、客服等农村电商企业中各种用工形式的人员，这些员工有学历高的也有学历低的。跟其他行业的员工相比，不仅仅只看重个人的薪资待遇，同时也看中个人的发展机会等。本章考虑了福建省农村电商企业员工的这些特征和需要，在前文设计调查问卷的时候有所体现。

5.2 研究步骤

近几年，随着网络的普及，政策的引导，福建省农村电商企业快速成长成为一个新兴行业。学术界对于农村电商企业员工流动影响因素对员工流动的实证研究还不多，但对于大型企业员工流动影响因素对员工流动的实证研究还比较多。所以，本书在参考了学术界学者的研究后，初步确定采取自行编制调查问卷作为本书的研究工具。福建省农村电商企业员工流动影响因素问卷的编制有三个步骤：首先，通过大量阅读国内外在员工流动领域和农村电商领域相关研究文献、约访面谈等搜集相关资料，为问卷的设计做铺垫，根据搜集到的相关资料以及相关理论等编制问卷初稿。然后，笔者联系3位人力资源管理专业理论造诣较高的专家、1位在农村电商领域颇有研究的专家以及5位在农村电商企业工作的员工针对福建省农村电商企业员工流动的影响因素对问卷的每个题项进行讨论，根据讨论结果进行修改。最后，通过预调研检验问卷，通过信效度分析，看可否在下一个环节中使用。

5.3 预调研

福建省农村电商企业员工流动影响因素问卷设计好后，为了避免在正式调查中发现问卷存在的问题而产生严重的影响，笔者对问卷做预先调研。对福州市的农村电商企业员工通过发放纸质版进行调研，对福州市以外的其他地区则采用发送电子邮件及链接的方式进行调研。本次预调研发放问卷共计90份，回收87份，有效问卷85份。通过分析，Cronbach a系数的计算结果a=0.967，说明问卷信度较好。

5.4 问卷的发放与回收

在福建省农村电商企业员工流动影响因素研究调查问卷经过预调研后，2016年10月笔者进行问卷的正式发放。本次正式调查问卷采用纸质版发放以及发送电子邮件链接等方式，一共发放300份，回收299份，回收率高达99.6%，在回收的问卷中进行筛选，将10份存在漏答和应付答卷的问卷进行删除，最后剩余有效问卷289份，有效率比率为96.3%。接下来文将对调查基本资料进行描述性统计分析：

表8-2 调查基本资料的描述性统计表

		频数	有效百分比（%）
性别	男	107	37.0
	女	182	63.0
婚否	未婚	195	67.5
	已婚	94	32.5
年龄	20岁以下	21	7.3
	21—25岁	61	21.1
	26—30岁	116	40.1
	31岁及以上	91	31.5
教育程度	大专以下	146	50.5
	大专	87	30.1
	大学本科	43	14.9
	硕士及以上	13	4.5
工作年限	1年以下	53	18.3
	1—3年	65	22.5
	3—5年	61	21.1
	5年以上	110	38.1

如上表8-2所示为本次调查基本资料的统计量表。在性别上，可看出男性有107人，占总人数的37%；女性有182人，占总人数63%。在婚否上，未婚有195人，占总人数67.5%；已婚有94人，占总人数32.5%。在年龄上，20岁以下有21人，占总人数7.3%；21-25岁有61人，占总人数21.1%；26-30岁有116人，占总人数40.1%；31岁及以上有91人，占总人数31.5%。在教育程度上，大专以下有146人，占总人数50.5%；大专有87人，占总人数30.1%；大学本科有43人，占中人数14.9%；硕士及以上有13人，占总人数4.5%。在工作年限上，1年以下有53人，占总人数18.3%；1-3年有65人，占总人数22.5%；3-5年有61人，占总人数21.1%；5年以上有110人，占总人数38.1%。

5.5 研究工具

问卷形成发放后，本书将对回收的数据进行分析，数据分析部分采SPSS20.0软件对问卷数据进行处理。数据处理方法包括信效度分析法、描述统计分析法、独立样本T检验、单因素方差分析法、相关分析法和回归分析法。

5.6 福建省农村电商企业员工流动影响因素问卷效度和信度分析

福建省农村电商企业员工流动影响因素调查问卷经过调查基本资料的描述性统计分析后，可知本次的调查对象，在性别上，女性偏多；在婚否上，绝大多数未婚；在年龄上，青年居多；在教育程度上，大多数的员工教育程度比较低等。为了验证福建省农村电商企业员工流动影响因素问卷的科学性与可靠性，本书对其进行效度和信度分析。

5.6.1 福建省农村电商企业员工流动影响因素问卷效度分析

根据国外学者Kaiser给出的常用的KMO度量标准：当KMO值高于0.9时，代表非常适合做因子分析；当KMO值在0.8到0.9之间时，代表很适合做因子分析；当KMO值在0.7到0.8之间时，代表适合做因子分析；当KMO值在0.6到0.7之间时，代表一般适合做因子分析；当KMO值在0.5到0.6之间时，代表不太适合做因子分析；当KMO值在低于0.5时，代表极不适合做因子分析。接下来先对福建省农村电商企业员工流动影响因素问卷进行效度分析，详见下表8-3：

表8-3　KMO和Bartlett球体检验

取样足够度的 Kaiser—Meyer—Olkin 度量。		0.972
Bartlett 的球形度检验	近似卡方	9058.706
	df	496
	Sig.	0.000

福建省农村电商企业员工流动影响因素问卷通过KMO和Bartlett检验，得出结果KMO统计量为0.972，大于最低标准0.5，适合做因子分析。Bartlett球形检验，拒绝单位相关阵的原假设，P<0.001，适合做因子分析。

基于前文的检验分析，本章主要通过直接限定4个因子个数进行主成分分析法，验证之前对福建农村电商企业员工流动影响因素及员工流动进行的划分，通常在因子分析中，如果因子的累计方差超过50%，说明该量表设计的建构效度满足可接受的标准，在福建省农村电商企业员工流动影响因素调查问卷的研究中，累积方差贡献率已然超过72.016%。接下来，本书将进行因子分析，结果如下：

表8-4　福建省农村电商企业员工流动影响因素调查问卷因子分析结果

	因子载荷			
	1	2	3	4
20. 企业为我提供晋升空间的大小	0.791			
22. 在现有的企业里我的晋升空间大小	0.783			
24. 企业的规章制度对每个员工的公平性	0.780			
19. 目前我所在的企业和同行业其他企业相比所提供的薪酬待遇的优势度	0.762			
21. 企业为我提供学习和培训机会的多少	0.761			
23. 企业晋升政策的清晰度	0.740			
18. 企业提供的薪酬待遇和同一个企业内其他同事的工作付出相的公平性	0.732			
16. 企业提供给员工薪酬待遇的好坏程度	0.702			
26. 企业的人文关怀程度	0.692			

（续表）

	因子载荷			
	1	2	3	4
17. 企业提供的薪酬待遇和我的工作付出相比的正反比	0.688			
25. 企业的薪酬、晋升机会和奖励等的分配公平性	0.680			
30. 企业能够为我提供个人发展平台和发展机会	0.606			
28. 企业领导能够听取员工的意见	0.562			
27. 企业领导非常的关心和体谅下属	0.557			
9. 现有企业所提供的发展机会的多少		0.686		
10. 工作方式的自由度		0.681		
8. 在工作中我学到东西的多少		0.667		
7. 我的个人能力在企业中的发挥度		0.659		
11. 农村电商企业的集权程度		0.649		
12. 工作任务的多少		0.588		
13. 工作压力的大小		0.559		
15. 和上级领导相处关系的融洽度		0.547		
6. 企业提供给员工的福利政策和国家政策相符合程度		0.532	0.505	
5. 国家对于农村电商企业所在地区的各项福利政策		0.511	0.504	
14. 和同事相处关系的融洽度		0.506		
2. 企业所在地区的地理位置偏僻程度			0.755	
1. 企业所在地区的经济状况以及发达度			0.670	
3. 企业所在地区的交通便利度			0.623	
29. 企业领导能够给予我工作上的指导	0.501		0.505	
4. 企业所在地区的住宿条件（包括水电使用的方便程度）			0.501	
32. 我正在密切关注其他就业机会				0.892
31. 如果有其他合适的工作机会，我会离开现在企业				0.785

福建省农村电商企业员工流动影响因素调查问卷因子分析结果可看出，根据0.5原则，各项指标在各类因子上的解释比较明显，虽然题项5、6从因子3进入因子2，题项29从因子1进入因子3，题项但从总的来看，和原先的划分还

是较为一致，3个题项在各因子上载荷差不多。所以，还是按照原先划分，根据各题项所涵盖的含义，笔者将因子1命名为企业因素，因子2命名为个体因素、因子3命名为社会因素。

5.6.2 福建省农村电商企业员工流动影响因素调查问卷的信度分析

问卷信度分析本书采用目前最常用的Cronbach's Alpha信度系数法进行分析，通常情况下，Cronbach's Alpha值越高越好，总量表的信度系数最好在0.8以上，0.7-0.8之间是可以接受的；分量表的信度系数最好在0.7以上，0.6-0.7之间是可以接受。Cronbach's Alpha系数如果在0.6以下，那就要考虑重新编制问卷。

本次通过Cronbach's α信度系数法对福建省农村电商企业员工流动影响因素总体量表以及各因子进行信度统计量，具体如下：

表8-5　福建省农村电商企业员工流动影响因素调查问卷的信度分析结果

	题数	Cronbach's Alpha 值
整体问卷	37	0.972
社会因素	6	0.886
个体因素	9	0.953
企业因素	15	0.970
员工流动	2	0.809

上表8-5所示为福建省农村电商企业员工流动影响因素调查问卷的信度分析结果。可知问卷整体信度为0.972，社会因素信度为0.886、个体因素信度为0.953，企业因素信度为0.970，员工流动信度为0.809，说明此量表信度较高。

6 福建省农村电商企业员工流动现状及影响因素实证分析

根据前文福建省农村电商企业员工流动影响因素调查问卷的效度和信度分析，信效度结果较好。接下来，将重点对福建省农村电商企业员工流动现状及影响因素进行实证分析。

6.1 福建省农村电商企业员工流动现状分析

为了研究福建省农村电商企业员工的流动现状，本书采用描述性统计对人口统计变量在员工流动上的感知反应进行分析，结果如下：

表8-6 福建省农村电商企业员工流动现状描述性统计表

		均值	标准差
性别	男	3.09	0.95
	女	3.01	0.91
婚姻状况	未婚	3.05	0.96
	已婚	3.02	0.84
年龄	20 岁以下	3.31	0.75
	21–25 岁	2.90	0.81
	26—30 岁	3.05	0.94
	31 岁及以上	3.05	0.99
教育程度	大专以下	2.91	0.91
	大专	3.05	0.86
	大学本科	3.26	0.89
	硕士及以上	3.69	1.20
工作年限	1 年以下	2.90	0.94
	1–3 年	2.92	0.88
	3—5 年	2.84	0.83
	5 年以上	3.29	0.93
员工流动		3.04	0.92

如上表8-6可以看出，员工流动的均值为3.04，说明不同个体变量的员工流动整体水平处在中等偏上。在性别上，男性员工流动意向比女性员工流动意向更大；在婚姻状况上，还没有结婚的员工流动意向比已经结婚的员工流动意向更大；在教育程度上，学历文化水平越高的员工流动意向很大；在工作年限上，工作5年以上的员工流动意向更大。

6.2 人口统计变量对福建省农村电商企业员工流动的影响分析

基于福建省农村电商企业员工流动现状分析可知，人口统计变量对于员工流动的感知各不相同，接下来，本书将对福建省农村电商企业员工人口统计变量和员工流动的影响进行详细分析。

6.2.1 不同性别对福建省农村电商企业员工流动的影响分析

性别作为人口统计变量的一个重要因素，在员工流动的影响方面，将采用独立样本T检验（Independent—samples T Test）对其进行检验，具体如下：

表8-7　性别和员工流动独立样本T检验

性别	员工流动	T	P
男	3.09 ± 0.95	0.693	0.489
女	3.01 ± 0.91		

从上表8-7可看出性别和员工流动的T检验结果，t=0.693（P>0.05），无统计学意义，即不同性别对福建省农村电商企业员工流动的影响不存在差异。

6.2.2 不同婚姻状况对福建省农村电商企业员工流动的影响分析

在婚姻状况对福建省农村电商企业员工流动的影响分析上，本书仍然采用独立样本T检验（Independent—samples T Test）对其进行检验，具体如下：

表8-8　婚姻状况和员工流动独立样本T检验

婚姻状况	员工流动	T	P
未婚	3.05 ± 0.96	0.305	0.761
已婚	3.02 ± 0.84		

从上表8-8可知婚姻状况和员工流动的T检验结果，t=0.305（P>0.05），无统计学意义，即不同婚姻状况对福建省农村电商企业员工流动的影响不存在差异。

6.2.3 不同年龄对福建省农村电商企业员工流动的影响分析

在年龄对福建省农村电商企业员工流动的影响分析上，采用单因素方差分析对其进行检验，具体如下：

表8-9 年龄和员工流动的单因素方差分析

年龄	员工流动	F	P
20 岁以下	3.31 ± 0.75		
21–25 岁	2.90 ± 0.81		
26—30 岁	3.05 ± 0.94	1.073	0.361
31 岁及以上	3.05 ± 0.99		

从上表8-9可知年龄和员工流动的单因素方差分析检验结果，F=1.073（P>0.05）无统计学意义，即不同年龄对福建省农村电商企业员工流动的影响不存在差异。

6.2.4 不同教育程度对福建省农村电商企业员工流动的影响分析

在教育程度对福建省农村电商企业员工流动的影响分析上，本书采用单因素方差分析对其进行检验，具体如下：

表8-10 教育程度和员工流动单因素方差分析

教育程度	员工流动	F	P
大专以下	2.91 ± 0.91		
大专	3.05 ± 0.86		
大学本科	3.26 ± 0.89	3.988	0.008
硕士及以上	3.69 ± 1.20		

从上表8-10可知教育程度和员工流动的单因素方差分析检验结果，F=3.988（P<0.05），有统计学意义，即不同教育程度对福建省农村电商企员工流动的影响存在差异。

接下来，本书将采用两两比较（LSD法）对其进行更详细的检验，了解不同教育程度对福建省农村电商企员工流动的影响，具体如下：

表8-11　教育程度对员工流动影响的两两比较（LSD法）结果

	（I）4、教育程度	（J）4、教育程度	均值差（I—J）	标准误	显著性
LSD	大专以下	大专	−0.141	0.133	0.290
		大学本科	−0.370*	0.171	0.031
		硕士及以上	−0.836*	0.285	0.004
	大专	大专以下	0.141	0.133	0.290
		大学本科	−0.228	0.184	0.214
		硕士及以上	−0.695*	0.293	0.018
	大学本科	大专以下	0.370*	0.171	0.031
		大专	0.228	0.184	0.214
		硕士及以上	−0.466	0.312	0.136
	硕士及以上	大专以下	0.836*	0.285	0.004
		大专	0.695*	0.293	0.018
		大学本科	0.466	0.312	0.136

经过两两比较，与大专以下相比，大专和大专以下不存在显著差异（P>0.05），大学本科、硕士及以上与大专以下存在显著差异（P<0.05），大专以下均值为2.91低于大学本科的均值3.26、硕士及以上的均值3.69；与大专相比，大学本科与大专不存在显著差异（P>0.05），硕士及以上与大专存在显著差异，大专均值为3.05低于硕士及以上均值的3.69；与大学本科相比，硕士及以上与大学本科之间不存在显著差异（P>0.05）。

6.2.5　不同工作年限对福建省农村电商企业员工流动的影响分析

在工作年限对福建省农村电商企业员工流动的影响分析上，本书采用单因素方差分析对其进行检验，具体如下：

表8-12　工作年限和员工流动单因素方差分析及两两比较（LSD法）结果

工作年限	员工流动	F	P
1年以下	2.90 ± 0.94		
1–3年	2.92 ± 0.88	4.636	0.003
3—5年	2.84 ± 0.83		
5年以上	3.29 ± 0.93		

从上表8-12可知工作年限和员工流动的单因素方差分析检验结果，F=4.636（P<0.05），有统计学意义，即不同工龄对福建省农村电商企业员工流动的影响存在差异。

接下来，本书将采用两两比较（LSD法）对其进行更详细的检验，了解不同工作年限对福建省农村电商企业员工流动的影响，具体如下：

表8-13 工作年限对员工流动影响的两两比较（LSD法）结果

	（I）5、工作年限	（J）5、工作年限	均值差（I-J）	标准误	显著性
LSD	1年以下	1–3年	−0.023	0.182	0.900
		3—5年	0.053	0.184	0.772
		5年以上	−0.430	0.164	0.009
	1–3年	1年以下	0.022	0.182	0.900
		3—5年	0.076	0.175	0.664
		5年以上	−0.408*	0.154	0.008
	3—5年	1年以下	−0.053	0.184	0.772
		1–3年	−0.076	0.175	0.664
		5年以上	−0.484*	0.157	0.002
	5年以上	1年以下	0.431*	0.164	0.009
		1–3年	0.408*	0.154	0.008
		3—5年	0.484*	0.157	0.002

经过两两比较，与5年以上相比，1年以下、1–3年、3—5年与5年以上之间存在显著差异，5年以上均值为3.29高于1年以下的均值2.90、1–3年的均值2.92、3—5年的均值2.84；1年以下、1–3年、3—5年之间不存在显著差异。

6.3 福建省农村电商企业员工流动影响因素对员工流动的影响分析

6.3.1 福建省农村电商企业员工流动影响因素与员工流动的相关分析

本章使用皮尔森（Pearson）对福建省农村电商企业员工流动的变量展开

相关性分析，最终得出3个影响因子与员工流动的影响程度大小。通常情况下，Pearson相关系数绝对值越接近1，其线性相关程度就越大；若Pearson相关系数绝对值小于0.3，则被称为微弱相关；若Pearson相关系数处于0.3和0.5之间，则为低度相关；若Pearson相关系数处于0.5和0.8之间，则为显著（中度）相关；若Pearson相关系数处于0.8和1之间，则为高度相关。福建省农村电商企业员工流动影响因素和员工流动的Pearson相关性分析结果如下：

表8-14　福建省农村电商企业员工流动影响因素和员工流动的相关性结果

		社会因素	企业因素	个体因素	员工流动
社会因素	Pearson 相关性	1	.		
	显著性（双侧）		.		
	N	289			
企业因素	Pearson 相关性	0.891**	1	.	
	显著性（双侧）	0.000		.	
	N	289	289		
个体因素	Pearson 相关性	0.858**	0.940**	1	
	显著性（双侧）	0.000	0.000		
	N	289	289	289	
员工流动	Pearson 相关性	0.658**	0.658**	0.673**	1
	显著性（双侧）	0.000	0.000	0.000	
	N	289	289	289	289

**.0.01水平（双侧）上显著相关。

上表8-14所示为福建省农村电商企业员工流动影响因素和员工流动的Pearson相关性分析结果。两者相关系数的显著性（双侧）小于0.05，表示两者显著相关；相关系数绝对值越接近1表示两者相关程度越高，绝对值越接近0表示两者相关程度越低。

社会因素、企业因素、个人因素三者之间相关系数在显著性（双侧）水平0.01上非常显著，相关系数分别为0.891、0.858、0.94，均呈正相关，且二者间两两相关程度较高。员工流动和社会因素、企业因素、个人因素三者间相关系数在显著性（双侧）水平0.01上非常显著，相关系数分别为0.658、0.658、0.673，均呈正相关，员工流动和社会因素、企业因素、个人因素三者间具有相关性。因此，员工影响因素各变量与员工流动呈现正相关关系在很大程度上得到了支持。

6.3.2 福建省农村电商企业员工流动影响因素与员工流动回归分析

前文关于福建省农村电商企业员工流动影响因素与员工流动相关分析的研究结果说明两者之间具有中度正向相关的关系，为了深入了解每个因素对农村电商企业员工流动的影响程度，本章视福建省农村电商企业员工流动为因变量，福建省农村电商企业员工流动因素为自变量进行回归分析。经过分析可知模型中R2=0.477，调整R2=0.473，方差分析P值非常显著（P<0.001），即模型有意义，回归结果如下：

表8-15　福建省农村电商企业员工流动影响因素与员工流动回归分析结果

	非标准化系数		标准系数	t	Sig.
	B	标准误差	试用版		
（常量）	1.112	0.127		8.776	0.000
社会因素	0.283	0.089	0.302	3.18	0.002
企业因素	0.002	0.137	0.003	0.018	0.986
个人因素	0.391	0.119	0.412	3.279	0.001

上表8-15所示为福建省农村电商企业员工流动影响因素和员工流动的多元线性回归分析结果。模型中企业因素（0.002）系数检验结果不显著（P>0.05），社会因素（0.283）和个人因素（0.391）系数检验结果非常显著（P<0.01），说明员工流动和社会因素、个人因素存在一定正相关关系，员工流动和企业因素不存在相关关系。即此次调查中影响员工流动因素为社会因素和个人因素。

6.4 研究结果讨论

6.4.1 福建省农村电商企业员工流动现状讨论

本次调查对象为福建省农村电商企业员工，在调查基本资料的统计分析出现的结果主要也是和行业特性有关，福建农村电商企业大多数是大学生，青年农民工等返乡创业以及农村青年就地创业等。在调查中发现，福建省农村电商企业在招聘员工的时候，大部分招的是年轻人，信息时代，年轻人的思想比中老年人更能够跟得上潮流，也更能够掌握网络新技术功能的使用，所以在年龄段上，青年居多。而大多的青年处于刚出社会的阶段，比如大学生刚毕业创业以及工作，通常都想要等到事业稳定的时候考虑个人的婚姻问题，因此，在婚姻上，未婚的人数居多。农村电商企业本身的性质，大多数都是青年农民工返乡创业或者农村青年就地创业等，本身他们自己的教育程度普遍较低，而大多创业者所招聘的员工是当地的一些懂网络的青年人，在教育程度上普遍较低。

在福建省农村电商企业员工流动现状描述性统计分析结果中，在性别上，男性员工流动意向比女性员工流动意向更大；在婚姻状况上，未婚员工流动意向比已婚员工流动意向更大；在教育程度上，受教育程度越高的员工流动意向很大；在工作年限上，工作5年以上的员工流动意向更大。员工如果遇到合适的工作，那么他很大可能就会想要离开现在的企业。同时，也在密切的关注其他的就业机会。造成这种情况的原因很多，大体上归结为以下三个方面：一是社会因素。经过调查得知，福建省农村电商企业大多数经营地是在农村，而农村电商企业所在地区的经济状况、农村电商企业所处的地理位置、农村电商企业所在地区的基础设施、国家给予农村电商企业所在地区的各项福利政策都是员工所关注的问题，员工往往想要去更发达的地区发展，给自己提供一个更好的平台发展，而农村电商企业所在地的各种便利度，也导致员工想要流动。二是企业因素。薪酬往往是员工比较关注的问题，薪酬为一个人的生活成本，当一个人的薪酬无法满足他现有的生活成本，那么他就会为了寻求更高的薪酬而流动。在一个农村电商企业中晋升机会的多少，直接体现了员工的个人价值，大多数员工都会希望农村电商企业能够给予自己晋升机会以及发展的空间。所以，当他们觉得在一个农村电商企业中没有晋升机会以及发展空间的时候，他们就会密切的关注其他更好的发展机会，一旦有合适的机会就会选择流动。而企业分配的公平性以及工作氛围也会导致员工流动，当一个员工在一个企业受到不公平的待遇以及不良工作氛围的时候，他的工作积极性也将会受到影响，从而恶性循环，影响工作的顺利开展。三是个人因素。调查中发现，由于农村电商企业的工作强度以及压力大，大多数员工觉得自身无法承受这个工作压力的时候，他就会想要找一个工作强度以及压力小的工作。而员工自身在农村电商企业中的人际关系不好的时候，其本身在企业中工作就会很不愉悦，这会影响工作也影响员工的自身健康，所以员工往往会通过流动来进行调节。

6.4.2 人口统计变量对福建省农村电商企业员工流动的影响分析讨论

6.4.2.1 不同性别对福建省农村电商企业员工流动的影响分析

不同性别对福建省农村电商企业员工流动的影响不存在差异。这与福建省农村电商企业的行业特性息息相关，农村电商企业员工大多都是运用网络办公，比如网络推广，客服等，男性和女性的工作性质类似，而农村电商企业大多工作任务较重，工作强度较大，普遍的男女员工无法承受高强度以及多任务的工作的时候，都会密切的关注其他的就业机会，如果有合适的工作机会，他们就会离开企业。所以，在本次调查中，性别对福建省农村电商企业员工流动的影响无显著差异。

6.4.2.2 不同婚姻状况对福建省农村电商企业员工流动的影响分析

不同婚姻状况对福建省农村电商企业员工流动的影响不存在差异，在调查基本资料统计中可看出，在婚姻状况上，绝大多数未婚。但从均值与标准差上看，未婚员工比已婚员工有更大的流动意向，这和两者的家庭责任感差异相关。未婚员工的家庭责任感比已婚员工的家庭责任感轻，已婚员工需要用工作的薪酬来维持一个家庭的开支，一个家庭的存在使已婚员工更有安定的感觉，他也会把这种安定的情绪延续到实际的工作中来，而家庭也使他们对工作抱有较现实的期望，因为一旦随意从辞职，也将瞬间切断家庭的收入来源，从而影响到家庭，所以这些因素也促使他们的流动意向低于未婚员工。

6.4.2.3 不同年龄对福建省农村电商企业员工流动的影响分析

不同年龄对福建省农村电商企业员工流动的影响不存在差异。在调查基本资料分析中可发现，福建省农村电商企业员工大多集中在青年，从均值与标准差上看，26岁-30岁、31岁及以上，这两个阶段的员工比21-25岁、20岁以下这两个年龄段的员工有更大的流动意向。21-25岁、20岁以下的员工往往因为年龄小，学历程度较低，所以能够得到一份工作觉得来之不易，从而更加的珍惜。而26岁-30岁、31岁及以上的员工思想比21-25岁、20岁以下的员工更加成熟，他们往往有更大的抱负以及更远的追求，在这个年龄段的员工，面临了比较大的压力，比如婚姻问题等。各种因素导致了其流动意向比较大。

6.4.2.4 不同教育程度对福建省农村电商企业员工流动的影响分析

不同教育程度对福建省农村电商企业员工流动的影响存在差异。从均值上可看出，大专以下均值为2.91低于大学本科均值3.26、硕士及以上均值3.69。员工的学历越高，那么他的流动概率越大。首先，因为这个群体的数量比较大，就业人数多。当前整个社会的就业率，使得学历在本科、硕士及以上的员工在就业的过程中所工作的岗位预期比较低，但是出于就业的压力他们不得不暂时退而求其次地选择预期较低的工作。在工作了一段时间后，学历高的员工大多会为了寻求更高的发展空间而选择流动。

6.4.2.5 不同工作年限对福建省农村电商企业员工流动的影响分析

不同工作年限对福建省农村电商企业员工流动的影响存在差异。经过调查，由于福建省农村电商企业为新兴行业，企业在内部的管理体制上还不够完善，对于工作年限较长的员工企业也暂时还未形成一个制定工龄工资标准来充分考虑员工对企业发展的贡献，从而提高员工的工作积极性，减少自身的流动。所以，在本次的调查中，工作年限长的员工反而流动意向更高。

6.4.3 福建省农村电商企业员工流动影响因素对员工流动意向影响分析讨论

（1）福建省农村电商企业员工流动影响因素与员工流动的相关分析结果表明，社会因素、企业因素、个人因素三者之间均呈正相关，且三者间两两相关程度较高。员工流动和社会因素、企业因素、个人因素三者间均呈正相关，员工流动和社会因素、企业因素、个人因素三者间具有相关性。具体为福建省农村电商企业所在地区的经济状况、所处的地理位置、所在地区的基础设施、国家给予所在地区的各项福利政策、薪酬、晋升机会、分配公平性、工作氛围、个人发展机会、工作自主权、工作压力、人际关系这些因素与员工流动息息相关。

（2）福建省农村电商企业员工流动影响因素与员工流动回归分析结果表明，福建省农村电商企业员工流动影响因素中社会因素和个体因素对员工流动具有预测力。首先，从影响员工流动的社会因素和个体因素分析，福建省农村电商企业目前大多经营地在农村，而随着新农村以及美丽乡村建设，农村的基础设施、互联网等都有了很大的改善，但还是有很大一部分地区存在经济状况较为贫穷，所处的地理位置偏僻等，各种因素导致了农村电商企业员工流动频繁。而福建省农村电商企业员工大多数是80后和90后一代的年轻人，这个群体大多数都是接受比较好的教育，在思想上更加新潮，更富有想象力和创造力，随着企业的主力军被80、90后一代所替代，他们也成为了企业必不可少的一个重要组成部分。然而，年轻人的思想以及价值观已打破传统的观念，不再像60后、70后一样只注重生存，他们更多是的勇往直前，不安分于现状，更加喜欢自由，更关注自我内心的感受需要，他们热情、有冲劲，容易接受新鲜事物，知识面广，相对容易塑造团队氛围，对薪资待遇、晋升机会等的要求不再作为首要的条件。经过调查得知，80后，特别是90后员工的心理素质和抗压能力相对偏弱，如果企业一旦给员工造成的工作压力过大，那么就很容易造成员工放弃工作导致员工流动。其次，从企业因素看，虽然在本次调查的回归分析中对员工流动无预测作用，但在相关分析时可看出，社会因素、个体因素、企业因素三者相关，在新时代的背景下，福建省农村电商企业员工更加注重个人感受，所以企业因素在个体因素上的转化而影响员工流动，如员工的薪资、晋升机会等为福建农村电商企业所提供，但是个体在薪资等上面的感受不同，当个体觉得薪资水平不符合自己的预期，那么他就会选择流动，当个体认为在企业里没有晋升的机会和空间的，这个时候产生的个体主观感受也会使其流动。最后，社会因素同样也会在个体因素上转化进而影响员工的流动，每个人对于事物的看法不同，感受不同，福建省很多的农村电商企业所处的地理位置偏僻、基础设施还不齐全，而现在的年轻人都喜欢去大城市发展，所以当员工感受到在农村电商企业里没有发展前途，感受到工作环境带来的不便利，那么此时他就会想要通过流动来换取更好的工作条件以及发展机会。

7　研究结论与建议

7.1　研究主要结论与假设验证

本章通过对福建省农村电商企业员工流动影响因素进行深入研究，经过文献阅读及实地访谈设计调查问卷，发放问卷回收并对其进行数据分析，分析结果显示如下：

（1）人口统计变量对福建省农村电商企业员工流动的影响分析结果显示，不同的变量对员工流动的影响呈现部分差异性显著，部分差异性不显著。在性别上，不同性别对福建省农村电商企业员工流动的影响无显著性差异；在婚姻状况上，不同婚姻状况对福建省农村电商企业员工流动的影响无显著性差异；在年龄上，不同年龄对福建省农村电商企业员工流动的影响无显著性差异；在教育程度上，不同教育程度对福建省农村电商企业员工流动的影响存在差异；在工龄上，不同工龄对福建省农村电商企业员工流动的影响存在差异。

（2）福建省农村电商企业员工流动影响因素与员工流动之间的相关性，根据研究结果，员工流动和社会因素、企业因素、个人因素三者间相关系数在显著性（双侧）水平0.01上非常显著，均呈现正相关。

（3）福建省农村电商企业员工流动影响因素对员工流动具有预测力，经过分析发现，社会因素和个人因素对员工流动具有预测力。研究假设结果验证汇总表如下：

表8-16   研究假设结果验证汇总表

研究假设	研究结果	研究假设验证
假设 1 不同性别对福建省农村电商企业员工流动的影响有显著性差异	无显著性差异	不成立
假设 2 不同婚姻状况对福建省农村电商企业员工流动的影响有显著性差异	无显著性差异	不成立
假设 3 不同年龄对福建省农村电商企业员工流动的影响有显著性差异	无显著性差异	不成立
假设 4 不同教育程度对福建省农村电商企业员工流动的影响有显著性差异	存在差异	成立
假设 5 不同工龄对福建省农村电商企业员工流动的影响有显著性差异	存在差异	成立
假设 6 福建省农村电商企业员工流动影响因素中社会因素、企业因素以及个体因素与员工流动之间具有显著的相关性	三者间呈正相关关系	成立
假设 7 福建省农村电商企业员工流动影响因素中社会因素、企业因素以及个体因素三者之间具有显著的相关性	三者间呈正相关关系	成立
假设 8 福建省农村电商企业员工流动影响因素中社会因素对员工流动具有预测力	社会因素对员工流动具有预测力	成立
假设 9 福建省农村电商企业员工流动影响因素中企业因素对员工流动具有预测力	企业因素对员工流动没有预测力	不成立
假设 10 福建省农村电商企业员工流动影响因素中个个体因素对员工流动具有预测力	个体因素对员工流动具有预测力	成立

7.2 福建省农村电商企业员工合理流动的对策建议

研究发现，人口统计变量中不同的教育程度和工作年限对福建省农村电商企业员工流动的影响有显著性差异。所以，企业应针对学历进行一个合理的工作分配，建立完善的工龄工资标准，来充分考虑员工对企业发展的贡献。而福建省农村电商企业员工流动影响因素中社会因素、企业因素以及个体因素三者之间具有显著的相关性。福建省农村电商企业员工流动影响因素中社会因素和个体因素对员工流动具有预测力。因此，本书主要从社会因素、个体因素等角度分别对福建省农村电商企业员工合理流动给出一些对策建议。

7.2.1 改善福建省农村电商企业员工的工作环境

福建省农村电商企业为新兴行业，企业所在地在农村的居多，与城市相比，整体的工作环境都比较不好。研究发现企业所在地的经济状况、基础设施以及所处的地理位置等会影响到福建省农村电商企业员工的流动，随着时代的变化，80后、90后已成为福建省农村电商企业员工的主力军，他们年轻，喜欢挑战，喜欢新鲜的事物，敢闯敢拼，时代的特性赋予他们更注重地域的因素。所以，虽然社会因素为企业所不可控的因素，但是企业可以通过内部的改善来调整员工对于社会因素的关注。在这点上，首先，企业可以通过设立员工宿舍，来缓解外部的基础设施、地理位置等给员工带来的不便利，员工宿舍尽量选址在靠近上班的地方，避免上班路途遥远给员工带来的疲劳感。其次，企业在条件许可的情况下，可在内部设立一个休闲的场所以及娱乐设施，年轻人本身就比较爱玩，在一个比较偏僻的位置上班，如果没有一点娱乐来缓解工作压力等，那么他自然就会轻易的想要流动。最后，国家现在都大力的提倡发展农村电商，一系列的指导性文件也可以看出国家对于农村电商的重视，所以企业可以多关注政府的一些政策，及时的为员工开展解读会议，帮助他们快速得了解政策。

7.2.2 提供个人发展机会，完善培训机制

对于农村电商企业的大多数员工来说，农村电商企业提供给予员工的个人发展机会是决定员工是否流动的一个重要因素。当员工觉得在这个企业里个人发展机会不多的时候，那么员工就会通过离职来寻求更好的发展。农村

电商企业在为员工提供充足的个人发展空间的时候，同时也需要密切关注员工的切身利益，了解员工的各项需求，为员工制定职业发展规划，让他们能够清晰的了解到自身在企业中的发展。

同时，农村电商企业应完善培训机制，培训不仅可以提高农村电商企业员工业务水平的提高，而且可以提高员工的综合素质，更可以使农村电商企业员工感受到农村电商企业对他们的重视程度，增加其对农村电商企业的认同感，从而降低农村电商企业员工流动率。

7.2.3 提高福建省农村电商企业员工的工作自主权

工作自主权指的是个体在所从事的工作中自我感觉能独立控制手上的工作的特性，其包括工作方法自主选择性、工作程序自主操作性等。员工工作自主权可以让农村电商企业员工感受到被信任，能够提高员工对企业的归属感，对工作更加的投入。提高员工工作的自主权，在职责范围内将工作的决定权可交由员工自主掌握，通过增加员工的工作自主权，增强其工作效能感，提高工作效率和工作满意度。员工的工作自主权的提高方法主要有加强其职业技能的培训、制定完善的绩效考评机制、在职责范围内进行放权等。

7.2.4 适当缓解福建省农村电商企业员工的工作压力

工作压力大不仅影响员工的工作效率，也影响员工自身的健康。因此企业在寻求工作的高效率，也不应过分强加工作压力给员工，这不仅会给员工带来负面情绪，也会导致员工流动频繁。由于福建省农村电商企业本身的行业性质问题，企业给员工分配的任务较多，员工的工作压力大。所以，福建省农村电商企业可以合理的配置员工的工作岗位，降低其工作负荷，优化管理流程和工作程序，减少无效的工作，减轻员工的工作压力，也可以组织一些心理培训，通过培训，加强他们的心理承受力，开导他们及时的化解工作压力。而员工自身，应学会自我减压，避免压力过大引起身心健康问题，学会正确的看待的工作。合理的规划安排工作，尽量避免做无用工，或者是浪费时间重复做同样的工作。在合理规划工作的同时，员工可通过倾诉等多种减压的方式进行调节。企业和员工共同做好减压的工作，不仅能够帮助员工更有效率更好的完成工作，也能够提升企业的整体效率。

7.2.5 在人际关系方面企业应适当提供人力支持

人际关系对于员工在福建省农村电商企业的工作中起重要的作用，如果员工在一个企业中的人际关系不好，那么相应的他在企业工作的过程中也会觉得压力很大，从而影响到工作的顺利开展。所以，当员工遇到困难的时候，企业内部领导和同事给予员工精神以及物质上相应的支持，员工则会感受到企业的人文关怀，增加其对企业的认同感，更加积极的工作，提高效率。所以，在人际关系方面福建省农村电商企业应适当提供人力支持，可通过多与员工沟通交流，来了解企业内部员工间关系情况，发现员工人际关系出现问题的时候，应及时的给予疏导，帮助员工人际关系的重塑。总之，良好的人际关系不仅能够提高福建省农村电商企业内部工作氛围融洽度，也可以提高福建省农村电商企业员工的工作效率，使员工对工作感到满意，降低其不必要的流动。

7.2.6 提高员工薪酬福利待遇

薪酬是影响福建省农村电商企业员工流动的因素之一，其关系到福建省农村电商企业员工切身的个人利益。合适的薪酬水平是农村电商企业员工生活和工作的基本保障。福建省农村电商企业员工流动率高的最主要原因就是对薪酬的不满意。所以，适当的提高福建省农村电商企业员工的薪酬，有利于降低福建省农村电商企业员工流动率。

和同行业的薪酬水平相比，某种程度上来说，导致了福建省农村电商企业员工流动率的高低。企业和同行业的薪酬水平相比较低，则员工的流动率就高；企业和同行业的薪酬水平相比较高，则员工的流失率就低。福建省农村电商企业要留住员工，那么必须要为员工提供合理且比同行更有竞争力的薪酬。制定有利于留住员工的薪酬制度，福建省农村电商企业应当明确企业自身所处的内部环境和外部环境。明确企业内部环境，包括企业自身的经营情况、企业的管理制度等；再结合企业外部环境，即同行业的员工薪酬待遇。通过客观分析企业的内外部环境，制定合理且比同行有竞争力的薪酬，可以有效的降低农村电商企业员工流动率。

7.2.7 完善企业内部培训机制，给员工创造晋升机会

福建省农村电商企业员工的在岗培训尤为重要，据有关研究成果显示，对员工进行精心的培训是日本企业发展速度超过美国同行企业的重要原因。福建省农村电商企业员工培训须具有较强的针对性，即针对不同的人，不同的层次，采取不同的培训。

福建省农村电商企业可争取与各大高校形成良好的合作关系，并作为企业的培训教育基地和科研技术研究场所。营造良好学习环境、培养创新文化氛围，这样才可以激励员工、留住员工。福建省农村电商企业应加强外部合作培养，通过一系列的外部合作培养方式，也可以提升员工的整体素质水平。与此同时，给员工创造晋升机会，员工在一个企业里有晋升空间，那么他自然就不会轻易的想要离职；如果员工在一个企业里没有晋升空间，那么他工作时间长了，就会消耗工作积极性，对组织的归属感和认同感不强，那么自然他的流动率就高。

7.2.8 提高福建省农村电商企业员工的分配公平性

福建省农村电商企业在和同行业相比的基础之上，应该重点考虑员工分配公平性的问题。使员工觉得自己所在的企业规章制度对于每个员工都是公平的，企业提供给员工的薪酬、晋升机会、奖励等也是公平的。在进行薪酬、晋升机会、奖励分配的时候，农村电商企业内部应有明确规定，分配制度中应该明确每位员工在涉及与薪酬、晋升机会、奖励分配相关的场合中，都具有同等大小被选中的机会，任何人不能通过公开或隐蔽条件取消或者剥夺其他人的机会。当员工在一个企业当中感受到自己工作的付出与分配回报、个人的付出和回报比与他人付出与回报比之间、个人付出与回报与领导或组织对个人的期望之间都是公平的时候，那么他的流动率就低。

7.2.9 改善福建省农村电商企业内部工作氛围

一个好的工作氛围能够带动福建省农村电商企业员工产生巨大的心理

效应，激发员工的工作积极性和对工作的热情程度。农村电商企业内部良好的工作氛围可以使农村电商企业员工在一个轻松愉快的环境中工作，团队成员彼此信任，目标一致，在良好的工作气氛下，也将激发团队的创造性和潜力的开发，同时提高业绩量；相反，如果在一个企业中工作气氛不好，员工和员工之间相处淡漠，领导和员工之间交流不多，同事之间互相推卸工作任务，互相猜忌等，都会使整个团队的目标偏离。所以，农村电商企业中形成良好的工作气氛，不仅能够增加团队的凝聚力，同时也能够使工作更加顺利的开展。

7.3 研究不足与展望

7.3.1 研究不足

第一，研究样本较为局限。由于地域因素，本章的样本收集量比较片面，在福建省各地市的数据收集上，收集的样本量不是非常多，研究结果仅作为本次调查的结果。

第二，研究模型有待完善。本章以福建省农村电商企业员工流动影响因素为自变量，员工流动为因变量，研究人口统计变量在员工流动认知上的差异性、员工流动影响因素与员工流动之间的关系。在影响因素和员工流动的中间，还有许多的中介变量，所以研究模型还有待完善。

7.3.2 研究展望

福建省农村电商企业员工的流动问题影响着福建省农村电商企业的稳固发展。所以降低福建省农村电商企业员工不必要的流动是人力资源的一项重中之重的工作。本书通过对福建省农村电商企业员工流动的现状，分析不同个体变量以及社会因素、企业因素和个人因素对员工流动的影响，根据分析结果给出降低员工流动率的建议。但是，由于种种条件的局限，本书的研究内容还有待完善。

在福建省农村电商企业员工流动的研究上，由于地域因素，所搜集的各地市的样本量并不是很多且有比较高的代表性。所以，在样本的选取上，可以将选取容量尽可能的分布到福建省各地市的。在研究模型上，后续的研究中可以增加中介变量。

　　福建省农村电商企业员工流动与流动影响因素还没有得到更加权威的论证，降低员工流动率的对策还有待完善。本书作者在国内外学者研究的基础上，提出的观点有许多不完善的地方，希望福建省农村电商企业员工流动问题能在今后其他学者的研究之下得到更完善的补充。